屈子书院全景

屈子书院大门

屈子书院沅湘堂

屈子书院亭台水榭

第 8 届东亚书院国际学术研讨会暨 2019 年中国书院学会年会合影

汨罗市领导与屈子书院讲坛嘉宾合影

屈子书院讲坛第 1 辑《家国情怀与文明传承》新书发布会

屈子书院讲坛第 2 辑《艺术创意与文化传统》新书发布会

屈子書院 讲坛·第3辑

艺术审美与文化中国

王琦 朱汉民 主编

湖南大学出版社·长沙

内 容 简 介

中国文化源远流长、博大精深，以其特有的文化特质、精神内涵、审美传统与艺术追求塑造着中国人的文化生活世界。本书汇聚了唐浩明、舒大刚、肖永明、郑佳明、朱汉民、吕锡琛、欧阳祯人、干春松、刘悦笛、邹其昌、廖可斌、张学智、万俊人、陈霞、郭伟民等来自四川大学、湖南大学、中南大学、武汉大学、北京大学、清华大学、中国社会科学院、同济大学等著名学府与研究机构的15位学者在屈子书院演讲的内容，体现了他们对湖湘文化与中华文明、艺术审美与美好生活、儒家哲学与道家智慧、价值理想与人生追求、传统文化与现代发展等问题的真知灼见与文化创新。

图书在版编目（CIP）数据

屈子书院讲坛. 第3辑，艺术审美与文化中国 / 王琦，朱汉民主编. -- 长沙：湖南大学出版社，2024.12.
（屈子书院讲坛）. -- ISBN 978-7-5667-3759-5

I . C53

中国国家版本馆CIP数据核字第2024X8T463号

屈子书院讲坛 · 第 3 辑

艺术审美与文化中国

QUZI SHUYUAN JIANGTAN · DI 3 JI

YISHU SHENMEI YU WENHUA ZHONGGUO

主　　编：王　琦　朱汉民

责任编辑：王桂贞　李　婷

印　　装：湖南雅嘉彩色印刷有限公司

开　　本：710 mm × 1 000 mm　1/16　　**印　　张：**22.5　　**字　　数：**376千字

版　　次：2024年12月第1版　　**印　　次：**2024年12月第1次印刷

书　　号：ISBN 978-7-5667-3759-5

定　　价：86.00元

出 版 人：李文邦

出版发行：湖南大学出版社

社　　址：湖南 · 长沙 · 岳麓山　　**邮　　编：**410082

电　　话：0731-88821691（营销部）　88820008（编辑部）　88821006（出版部）

传　　真：0731-88822264（总编室）

网　　址：http://press.hnu.edu.cn

序

文化、知识与增长

刘祚祥

在以经济发展为目标的战略规划中，文化成为经济发展的重要资源，成为新的生产要素。很多地方将文化理解为文化产业，理解为美食、民俗、传统舞蹈、历史传说……显然，这是对文化的一种功利化与狭隘化的阐释。基于这种理解，很多人将对文化遗产的挖掘作为发展旅游的重要契机，并因此提出了“文旅融合”的区域发展战略。将文化作为“文旅融合”的核心资源，促进文旅产业发展，已经是很多地方政府推动经济增长的重要抓手，也成为当代很多地方政府负责人的基本“常识”。但是，深究下来，人们发现，文化在促进经济增长方面还存在更深层次的含义：文化是偏好、价值观和信念的集合（马蒂亚斯·德普克，2019）。文化的普及、传播，能够改变社会民众的心理偏好，并因此改变市场主体中个体的决策倾向。也就是在这个层次上，邵斯塔克（2009）认为文化构建了制度形成的基础，制度不过只是不同信念的简单汇编。因此，当今世界越来越多的经济学家将不同国家的经济增长差异，归因于不同的制度与文化。2024 年的诺贝尔经济学奖颁布给了“对制度如何形成以及如何影响繁荣的研究”做出突出贡献的三位美国经济学家，表彰他们在探索经济增长、国家繁荣等内在机制方面所做的艰辛探索。

制度是经济内生增长的关键因素，这是诺斯对“美国经济的兴起”进行长期研究之后得出的著名论断。其实，文化也是现代经济增长中不可忽视的要素。2004年著名增长经济学家泽维尔·萨拉-伊-马丁及其合作者在《美国经济评论》上发表了一篇重要论文，他们用了88个经济体（其中包括中国香港、澳门和台湾）的数据分析了1960—1996年人均GDP（国内生产总值）年增长率是由哪些因素决定的。他们得出的结论是：决定一个经济体增长率最重要的因素在于其是否位于东亚。具体地说，在控制了所有其他因素的情况下，一个东亚经济体的人均GDP年增长率要比其他经济体快2%，而同一时期所有88个经济体的平均增长率只有1.8%，这是一个巨大的效应，说明东亚有高达2%的年增长率是无法用任何已知因素来解释的。换句话说，除了地理位置和文化，其他任何已知因素都无法充分解释为什么一个有儒家文化传统的经济体的增长速度会快过其他经济体。从内生增长理论来看，一个重视教育、具有学习传统的社会，所累积的人力资本会高于不重视教育、没有学习传统的国家与地区。因此，共同的文化因素使得这些经济体与其他大多数发展中的经济体区别开来。武汉大学国学院原院长郭齐勇教授在屈子书院做了一场名为“劝学的传统及其现代化转化”的演讲，他认为中国是一个好学的国度，中国的文明是学习的文明，并因此认为中国的好学传统决定了中国人具有很强的学习能力。这种“1-N”式卓越的学习能力，成为中国经济社会发展的内生动力。同时，很多经济学家认为学习是企业家创新能力的来源，将企业家能力视为学习的函数，这是对熊彼特企业家创新理论的一大推进。可惜的是，鲍莫尔等经济学家，也没有将“文化传统与创新创意的内在逻辑”纳入企业家创新理论（刘祚祥，2022），从而为文化在现代经济增长中的作用探索留下了很大的空间。

西方经济学解释经济增长的模型主要有两个：一个是“斯密增长”，一个是“熊彼特增长”。两者之间的差异在于，前者将基于信任或法律的交流合作视为人与人之间的“游戏”，其目的是实现生产要素的最优配置，从而实现整个社会经济效率的最大化，而后者的本质是基于对自然规律和现象的把握，通过对经济社会文化活动中经验的概括与总结，形成新的知识，并使之在人群中积累。这些新的知识包括人们对产品属性的新需求以及实现这种新需求的解决方案。一旦具有企业家精神的人获得这些知识，他们的市场警觉性就会被触发，从而诱导他们进行创新活动，创造出新的产品或开拓新的市场。因此，实现熊彼特增长的关键是市场主体要拥有新的知识或者新的技术。新知识与新技术将以两种不同的方式改变生产函数，或者通过改变要素的组织结构而改变生产函数，或者通过改变生产要素本身以改变生产函数。

但是，根据新古典经济学对经济增长的研究，文化一直未在其增长模型之中。美国著名的经济学家罗伯特·索洛曾经指出，所有希望通过文化来解释经济表现的不同及经济增长的努力，最终都不过是“外行人的社会学研究”而已。索洛的这个判断代表了新古典经济学家对文化的基本态度，将偏好的形成与广义的文化视为经济学之外的东西，认为文化难以纳入现代经济学的分析框架。但是，通过历史的研究与现实的实证检验，把偏好、文化、道德作为外生变量是有问题的：其一，文化因素会随着经济条件和制度环境发生变化；其二，文化和偏好对于制度和经济绩效有重要影响（格雷夫，1994）。基于对文化在经济增长中的这种认识，越来越多的文献开始将内生的文化变化纳入经济模型，学术界涌现了一些将偏好、文化和创新相联系的文献（Mokyr，2011），从而开启了经济学研究的新篇章。

乔尔 · 莫基尔（2020）认为，文化是一套能够影响人类行为的信念、价值观以及偏好的组合，它们通过社会传播，也被社会中的不同子集所共享。我们从中可以看出，这个定义强调文化与社会学习密切相关。一个人的信仰、价值观和知识并不是自己胡写乱画出来的，而是通过学习他人而形成的，而制度是社会确定的有限定的激励，是行为的结果，伴随着人类行为而产生的制度信仰，是"干中学"与文化传统互相融合的产物。格雷夫（2006）认为，制度应该是一组要素，它们共同形成了人类行为中的规则。格雷夫同时也进一步提出，如果对人类行为的规范性要产生作用，一定要存在使个体愿意遵从它们的动机，而这里的"动机"包括了期望、信念和内化规范在内的广义激励。制度所依赖的根基就是人们所相信和知道的，也就是广义的文化。如果文化与制度不一致，那么根基就不稳定。如果文化与制度之间存在冲突，在某些制度的基本信念或合法性已经不再牢固的情况下，一种政治不均衡状态就出现了（乔尔 · 莫基尔，2020）。由此可见，人类文化结构的稳定性是人类社会得以平稳运行的基石，同时也是人类社会进一步发展的基础与源泉。儒家的礼乐文化在一定的历史时期，与其社会政治、经济是相适应的，并对其个体、团体产生了相应的激励与影响。

由此可以解释泽维尔 · 萨拉 – 伊 – 马丁及其合作者所提出的东亚国家"经济增长之谜"。具有学习传统的国家或地区，其人力资本水平远远高于没有学习传统的国家或地区。中国儒家传统非常注重学习，强调"学而知之"。《论语》开篇即讨论"学习"，体现了学习在人成长过程中的重要性。中国很多传统村落中的堂屋设有神龛，神龛两边的对联基本上体现了"敬祖宗""劝学"等儒家理念。因此，在以儒家文化为核心的中国传统文化中，重视学习、重视教育等文化特性，为该区域的人力资本积累提供了内在的激励机制与文化基础。特别是当今中国社会还处在城乡融合发展阶段，不同的知识、文化、技术将会融合重组。因为数字技术而形成的网络状的城乡融合空间，人们得以相对自由地参与某一组织的价值创造、价值分享与价值投资，从而为新的技术、新的商业模式提供新的源泉。

当前，创新已成为推动人类社会发展的关键力量，同时深刻影响着文化领域的变革。文化作为一种非正式制度，能够影响经济社会激励机制的运行，同时也能够作为生产要素改变一定时期社会中的生产函数，从而促进经济增长与社会繁荣。随着人类社会进入数字经济时代，文化的生产要素特性日益明显。例如，对于在经济社会中影响日益重大的 AI 大模型而言，其关键要素主要包括了“算法”“算力”以及“数据”。“算法”奠定了 AI 大模型的逻辑框架，而“算力”则由一个国家的电力所决定。这两个因素与国家的科研能力以及基础设施投入直接相关，但是“数据”则取决于一个国家或者一个社会的文化传承与文化资源的积累。湖南万兴科技与湘江实验室开发的“天幕”大模型，依托 15 亿名用户的行为数据和百亿条本土化音视频数据，采用先进的音视频生成式 AI 技术，为全球创作者提供了全链路的创作支持，而基于湖南广播电视内容和技术的“芒果大模型”、AIGC 等新技术，之所以能够取得巨大成功，关键在于湖南广播电视的综艺节目、纪录片、电视剧以及晚会等，既为数字技术提供了应用场景，也为 AI 提供了大量高质量的音视频数据。

高质量的文化数据是养育“创意大模型”的宝贵资源，而优质的文化资源转化为适应 AI 所需的大数据，则需要使之进一步数字化。例如，历史博物馆的数据化能力将会影响到 AI 大模型的生产效率，并因此影响其生产能力。此外，科技的迭代进步不仅推动文化产业的发展，还对文化产业的形态、内容和传播方式产生深远影响。越来越多景区建起了 VR（虚拟现实）体验馆，让游客随时随地实现沉浸式游览；高新技术广泛渗透到文化产业的生产、传播、消费、体验等各个层面和环节，线上虚拟文化消费和体验不断增长……这些都体现了文化与科技相互融合、深度互动的趋势。随着数字经济这种透明的网络经济的到来，文化已经从信息技术的重要应用场景转化为人工智能技术的主要创新源。文化从科技创新的旁观者变成科技创新的参与者和主导者，这是数字经济时代最重要的特征。因此，随着数字经济的发展，文化在创新领域中的功能日益明显，文化对经济增长与社会进步的作用日益增强。文化不只是一个国家的软实力，还将成为一个国家的硬实力。

是为序。

2024 年 10 月于湘江新区

前言

屈子书院：爱国忧民　修远求索

王　琦　朱汉民

湖南汨罗屈子书院是为了纪念与弘扬屈原爱国主义精神而建立的祭祀、讲学与培养人才的场所，创建于北宋大中祥符年间（1008—1016），又名汨罗书院、清烈书院、屈原书院等。其办学与搬迁始终与屈子祠相伴相随，几经兴废。

千年书院　弦歌不绝

公元前278年，秦将白起率兵攻破楚国郢都，屈原满怀孤愤，于五月初五投汨罗江以身殉国，汨罗先民们感佩屈原爱国忧民之精神，为其立祠，“汉末犹存”。《湖广通志》云：“汨罗庙在汨罗江上，祀楚屈原。《水经注》：‘罗渊北有屈原庙，庙前有碑。又有汉太守程坚碑记在原庙。’”可见屈子祠至少在汉代就已修建。因屈原曾任三闾大夫等职，并被封为昭灵侯、忠洁侯，故屈子祠又有屈原庙、汨罗庙、昭灵侯庙、忠洁侯庙、三闾庙、三闾大夫祠、屈原祠等不同名称，中间虽经战乱屡次被毁，但在唐、宋、元、明、清等诸代均多次重修，历代香火不断。

北宋大中祥符年间，在汨罗庙东始建汨罗书院，承担起培养人才、教化乡民、纪念先贤等任务。元仁宗延祐五年（1318）封屈原为“忠节清烈公”，屈子祠与书院也相应更名为“忠节清烈公庙”与“清烈书院”。《湘阴县图志》曰：“《通志》载元至元（1335—1340）间茶陵张希辙充湘阴清烈书院山长，元封屈原清烈公，书院亦以为名。”茶陵举人张希辙是书院历史上第一位有姓名可考的山长。又据元致和元年（1328），湘阴知县刘行荣《重建忠洁清烈公庙记》载，“古唐孙侯天才元质来继守，庙东仍创斋居，出其盈余贸田三十六亩，州士彭翼飞又输私田五百益之”，可见书院仍建在庙东。

明代屈子祠复名汨罗庙，书院亦随之更名为汨罗书院。清乾隆十九年（1754），书院随同屈子祠搬迁到汨罗玉笥山。清咸丰甲寅（1854），屈子祠毁于兵燹。同治年间，当地富绅欧阳博吾见“玉笥山有书院遗址，群谋拓其祠之地以为兴学计”（《湘北欧阳氏族谱·博吾公寿序》），捐钱千贯修复屈子祠山门，并在祠东新建了教室和庖厨，书院同时被恢复。1926 年欧阳博吾后人欧阳淑回乡，利用屈子祠和书院旧舍，创办了私立汨罗初级中学，并从祠产中拨谷 700 石，于祠西新建教室和办公用房。中华人民共和国成立后，在屈子祠内创办了湘阴县第二十三完全小学，后改为屈子祠完全小学。

屈子精神　与日争光

汨罗是屈原晚年行吟栖息之地、魂归之处。屈原“哀民生之多艰”的爱国忧民的高尚情操，“虽九死其犹未悔”的追求美政的崇高理想，“路漫漫其修远兮，吾将上下而求索”的进取精神，感动着一代又一代汨罗人。

先民们在屈原投江之日“命舟楫以拯之”“以竹筒贮米，投水以祭之”的行为，逐渐演变为中华民族端午吃粽子、插艾叶、龙舟竞渡的传统节日习俗。如今汨罗江畔的端午习俗已成为世界非物质文化遗产，而汨罗屈子祠及屈子书院的建设，则又为人们祭祀屈原、传承屈子精神树立了一座独特的历史文化地标。这里不仅走出了明代治世能臣夏原吉，明宣德年间为守城全家十八口同日捐躯的谅山知府易先，清雍正五年（1727）进士孟启谟，而且也是清代名臣郭嵩焘，开国元勋任弼时，文艺名家杨沫、白杨、康濯的故乡。

同时，屈子祠与屈子书院所承载、传承的屈子精神，不仅仅是汨罗人民的宝贵财富，更是湖湘文化的源头与中华民族精神的源泉，从古至今引来了贾谊、司马迁、颜延之、杜甫、韩愈、柳宗元、刘禹锡、贯休、文天祥、郭嵩焘、左宗棠、郭沫若、毛泽东等凭吊缅怀，他们或追古思今感时伤怀，或寄寓经世济民之情，留下了大量的吊屈原赋、祭屈原文等诗文作品，激励了一代代中华儿女们，在国家生死存亡之际，敢于舍生取义、杀身成仁。湖南在近现代中国史上，仁人志士辈出，便是屈原爱国主义精神长期感召与浸润的结果，体现了屈子精神对湖湘人格建构与湖湘文化发展所产生的重要影响。

书院重建　生机勃发

在文化大发展大繁荣的背景下，2009 年 12 月，中共中央政治局原常委李长春等同志莅临汨罗屈子祠视察，提议重建屈子书院，并亲笔题写“屈子书院”牌匾。复建后的屈子书院位于湖南省汨罗市玉笥山北麓，将湖湘风土建筑、《楚辞》意境意象与楚地特色的纹饰、色调、图腾等元素有机结合，采取了湖湘传统院落东、中、西三路式的布局，由牌坊、求索堂、沅湘堂、藏骚阁、清烈堂、众芳阁等 19 个单体建筑组成，整体风格古雅、简拙、恬淡、舒展。书院占地 15000 平方米，建筑面积 4539.2 平方米，是中国目前体量最大的穿斗式偶数开间的全木结构仿古建筑，与屈子祠、汨罗江、玉笥山等自然人文景观融合，成为屈子文化园的有机整体。

屈子书院现已逐渐恢复其三大功能。一是讲学功能。以“屈子书院讲坛”为载体，秉承屈原的求索精神与爱国精神，倾力打造以传承中华优秀传统文化为己任的公益性学术讲坛，深入挖掘屈子文化与湖湘地域文化资源，整合国内外传统文化研究与传播的优秀力量，拉近学术与大众、传统与现代的距离，彰显新时代文化自觉与文化自信。二是展示功能。在屈子书院的西厢阆风厅、质正堂、椒兰堂等建筑群，集中展示了屈原《离骚》《天问》《九歌》等 25 篇作品；书院东厢的众芳阁、清烈堂等建筑以现代多媒体技术展示播放屈原浪漫千古的短片、全国屈原庙（祠）时空分布以及汨罗端午文化、民情民俗。三是藏书功能。屈子书院以藏骚阁为载体，收集国内外屈学研究、楚辞研究等文献资料与研究专著，为全国屈学研究者与诗词交流者提供学术资料。

重建后的屈子书院，以崭新的面貌、包容的心态积极参加文化传播与学术交流。目前已经与中国屈原学会、中国诗词学会、中国书院学会、中南大学、长沙理工大学等单位建立了长期合作关系；设立了中国屈原学会汨罗屈原文化研究院，深入研究屈原文化，弘扬屈原的爱国主义精神，打造学术高地；加入中国书院学会，成为其理事单位，将学术灵魂注入古老而年轻的书院。

屈子书院，这座承载着屈原爱国主义精神的文化地标，在21世纪的今天，秉承着“守正创新”的理念，正焕发出勃勃生机。

（本文于2020年10月16日发表于《学习时报》，并于2020年10月28日、2021年7月23日被“学习强国”转载）

目次

第1讲

左宗棠的传奇人生

唐浩明，著名作家、学者，湖南省作家协会名誉主席。获国家有突出贡献中青年专家称号、中国出版政府奖优秀出版人物奖，被评为中国书业界十大新闻人物。先后获得第一、二届姚雪垠长篇历史小说奖，国家图书奖，中宣部“五个一工程”奖等。长期致力于近代文献的整理出版与历史小说创作，著有经典长篇历史小说《曾国藩》《杨度》《张之洞》，另著有读史随笔集《冷月孤灯》及“评点曾国藩”系列。自1984年开始了对曾国藩的研究，曾任《曾国藩全集》《曾国荃全集》《胡林翼集》的责任编辑，掌握了大量的关于曾国藩的第一手资料，其中包括与曾国藩同时代人的著述和大量的正史、野史资料，被誉为“中国研究曾国藩第一人”。

直播二维码

直播在线参与人数：49.8万

导言

作为与曾国藩等并称的晚清中兴四大名臣之一，左宗棠是如何从一名默默无闻的乡村举人一跃成为声名显赫的封疆大吏的？乱世之末，左宗棠为何能力挽狂澜，平定叛乱，收复新疆，抗击外侮，兼顾海防塞防？左宗棠经历了怎样的传奇人生？为什么左宗棠会获得后世的高度赞誉？

2022 年 7 月 24 日，著名作家、湖南省作家协会名誉主席唐浩明先生莅临屈子书院讲坛，在左宗棠诞辰 210 周年之际，讲述“左宗棠的传奇人生”，并与现场听众进行了精彩的互动。讲座由凤凰网湖南频道全球同步直播，在线参与人数多达 49.8 万；湖南大学岳麓书院杰出教授、湖南汨罗屈子书院院长朱汉民先生担任嘉宾主持。

尊敬的朱书记，尊敬的汉民院长，各位朋友：

大家好！

非常高兴能有这么一个机会，在充满诗意、充满灵气的汨罗江畔，与大家相聚。今天来跟大家谈谈左宗棠。为什么谈左宗棠？一是今年是左宗棠诞辰 210 周年；二是汨罗在历史上长期是湘阴的一部分。近五十年来，汨罗才从湘阴分出来，所以汨罗也是左宗棠的家乡。我今天在左宗棠的家乡、在他诞辰 210 周年这样一个特殊的时刻，来说一说这个历史人物。

一、左宗棠人生的四个阶段

左宗棠的人生真不平凡，是一个名副其实的传奇。清嘉庆十七年十月初七即公元 1812 年 11 月 10 日，左宗棠出生在湖南湘阴县一户普通人家中。那时，他的祖父母都健在。祖父名左人锦，有监生功名。父亲左观澜尚在岳麓书院读书，以后一辈子教私塾。由此可知左家是一个耕读之家，不富裕，但比一般农民家境要好一些。他上面有两个哥哥：大哥在二十五岁时便去世，二哥名叫左宗植。

左宗棠的一生，大致可分为四个阶段。

1. 求学求功名阶段

左宗棠五岁时进入他父亲办的私塾，跟着两个兄长读书。他不仅苦读“四书五经”做应试诗文，在 18 岁那年，还迷上了顾炎武的《天下郡国利病书》、顾祖禹的《方舆纪要》，以及齐召南的《水道提纲》。顾炎武的书谈的是民生经济，顾祖禹的书说的是山川形势，齐召南的书说的是水道水利，相对于儒家经典来说，这些都是杂书，因为科举考试不涉及这些内容，故而读书人通常不会去读。其实，这些书才是真正有用的实学，左宗棠一生的学问和功业都基于此。

19 岁时，左宗棠遇到了贵人。这贵人是贺长龄、贺熙龄兄弟。贺长龄此时官居江苏布政使，贺熙龄官居监察御史。兄弟俩因母亲去世而回到老家长沙。左宗棠慕名前去拜访他们。一番长谈下来，贺氏兄弟看出了左宗棠的不寻常，称他为当今少有的国士。

从那以后，左宗棠经常出入贺府。贺氏兄弟将家里的藏书向左宗棠开放，因此左宗棠的眼界与胸襟日渐开阔。一年后，贺长龄奉命提前归职，离别时将一套魏源编的《皇朝经世文编》送给左宗棠，又将左宗棠引进长沙城南书院。此时书院的山长正是贺熙龄。

贺长龄拥有一个那个时代的超级朋友圈，他与林则徐共同的上司是两江总督陶澍。贺长龄的秘书则是魏源，魏源正是奉他的命令编辑了近代名著《皇朝经世文编》与《海国图志》，振聋发聩的“师夷长技以制夷”名言，便出自《海国图志》序言。

就这样，左宗棠在不经意间进入当时中国体制内最高层次的经世团队的视野。这是他传奇生涯中的第一次幸运，为他日后的人生既指明了方向，又做了坚实的铺垫。

21 岁时，左宗棠用银钱买了一个监生的资格。凭着这个与秀才等同的资格，他参加了当年湖南的乡试。这一届乡试，他的二哥左宗植名列第一，成为三湘地区的解元，而左宗棠没被录取。不料，道光皇帝突发奇想，下了一道圣旨，说是被淘汰的试卷中也可能有更优秀的，要主考官把这些试卷再仔细看看，如果真有，要予以录取。被淘汰的试卷被称为遗卷，这个过程叫搜阅遗卷。

湖南的主考官徐法绩忠实地执行了这个命令，亲自将遗卷拿过来一卷一卷地细读，果然从中挑出六份来，名列第一的便是左宗棠的卷子。左氏兄弟同时中举，成为当时三湘士林中的一个热门话题。这是左宗棠传奇生涯中的第二次幸运。

第二年，左宗棠进京参加会试，但名落孙山。左不以为意，隔年又进京，再次参加会试。这次会试他本已被录取了，名列第十五。到了快要发榜时，考官却发现湖南多取了一名，湖北则少取了一名，于是在湖北考生中再挑选一名递补，在湖南考生中将左宗棠降为誊录。誊录即誊抄文书的工作人员，不是进士。心高气傲的左宗棠不能接受，愤而辞职。这算得上是一桩极少发生的怪事，偏偏就落到左的头上。这也可以算得上是一个传奇。当然，这个传奇带给他的是沮丧。

27岁那年，左宗棠第三次进京会试，又没考上。左宗棠被彻底激怒了，决定从此不再参加会试。他为此刻了一枚“湘上老农”的闲章，决心接续祖上耕读传世的家风，在湖南老家做一辈子农民。

2. 隐居民间阶段

促使左宗棠决心做一辈子湘上老农的原因，除了会试失利外，还有陶澍的重托。这件事说起来，还真是近代中国官场士林中的一段佳话。

因为贺长龄的破格称誉，两江总督陶澍很早就听说了左宗棠的大名。道光十六年（1836），左宗棠以举人身份在醴陵渌江书院担任主讲。这年秋天，陶澍到他管辖的江西省巡阅兵事。江西紧邻湖南，借这个机会，陶澍向朝廷请假回老家省亲，朝廷同意了。醴陵是从江西进入湖南的第一个县。知县来到驿站，以最高礼仪接待这位名满天下的总督大人。驿站里什么都准备好了，就缺一副合适的楹联。知县就请渌江书院的主讲左宗棠来写。

听说是为陶澍准备的，左宗棠很认真地对待。他用心地思考着，写出一副楹联。上联是：春殿语从容，廿载家山，印心石在；下联是：大江流日夜，八州子弟，翘首公归。

上联说的是，皇上在如春风沐浴般的宫殿里，与陶澍畅谈天下大事，离家二十年了，家乡没有改变，当年御笔亲题的“印心石屋”四个字，还镌刻在家门口的石山上。下联说的是，江水日夜奔流，仿佛在时时念叨着，父老乡亲们也在盼望为家乡挣得大面子的游子早日归来。陶澍的远祖为东晋陶侃，陶侃当年以荆、江二州刺史的身份都督八州军务，与今天陶澍的境遇很相似。不直接说陶澍，而用他引以为荣的先祖来替代，更显得高明。

这样的楹联是何等的好啊；再加上飘逸雄健的书法，真的是美不胜收。

当陶澍看到这副楹联时，赞赏不已，忙叫知县将左宗棠请来叙话。左宗棠赶来拜见陶澍，弯腰行礼之际，不小心将陶澍颈脖上所挂的朝珠线碰断，顿时朝珠洒满一地。只见左宗棠不慌不忙，一边一粒粒地拾起珠子，一边从容不迫地与陶澍对话。大约一个时辰的对话下来，陶澍不禁对左宗棠的博学明识深为佩服，而且看出了左宗棠过人的胆量与气度。要知道，那时的陶澍已经 59 岁，是一品大员，威震四海，而左宗棠只有 26 岁，是举人功名，一个教书先生。通常人遇到这种情况，早已紧张惶恐，而左宗棠却像无事一般。这需要多么强大的内心力量！从此，陶澍认定了这个奇才。

隔年，当左宗棠第三次进北京会试而落第时，陶澍托人带信给左，要他绕道走东南一路回家，以便在南京见面，他有大事相托。

再次见面后，陶澍郑重地对左宗棠说，自己身患重病，日子已不多了，愿与他结儿女亲家，死后请左宗棠把他的独子陶桄教育成才。左宗棠听后大吃一惊。且不说地位悬殊，在年龄上他也是陶澍实实在在的晚辈，怎么可以结儿女亲家呢？见左宗棠推辞，陶澍说：你现在虽然没有官职，但将来的官位一定在我之上。尽管我们两人年龄相差很大，但儿女的年龄差不多，宜结为夫妻。你就不要推辞了，就算帮我的忙，也帮陶家的忙吧！听了这番话，左宗棠只得答应下来。

没想到两年后，陶澍真的去世了。左宗棠践诺把担子挑起来，他离开湘阴老家去到安化小淹陶家，尽心尽意地做未来女婿的老师。这一住便是八年，直到陶桄与他的女儿孝瑜正式成亲。

八年里，左宗棠在小淹教育陶桄之余，把陶家丰富的藏书全部读了。陶澍是个做实事的大官员，家里有关实学的书很多。八年时间饱读实学书籍的左宗棠，满腹治国治民的真实学问。

现实迫使左宗棠从他渴望施展才华的官场退回民间，退回家庭。说起左家来，也极有意思。左宗棠的夫人周诒端出身湘潭望族，与左宗棠同年。周氏天资聪颖，喜欢读书，诗文都做得很好，有“湘潭才女”之称。两人的亲事，在多年前便由双方父母定下来。后来左宗棠的父亲去世，家道中落，贫寒中的左宗棠只得在 21 岁那年做周家的上门女婿。这在当时，是很没面子的事。

不料结婚才一个月，左宗棠便高中举人，再加上他二哥的第一名，左家门庭瞬间大为提高。所以，左宗棠 25 岁那年，便在周家以上门女婿的身份讨小老婆，而且以后大、小两个老婆所生的四子四女全部姓左，其中没有一个按上门女婿通常的惯例姓周。这在当时也是少见的。由此可知，左宗棠是一个很强势的人。

这期间，左宗棠用陶家所送的教学银钱，在湘阴柳庄购买 70 亩水田。他往来小淹与柳庄之间，身兼教师与地主两职。他懂农学，在他的指导下，70 亩良田年年丰收，家境也日渐富裕。虽然左宗棠满腹学问不为朝廷所用，但他隐身民间，既不愁衣食，又无责任压肩，日子过得很舒坦，他对自己的处境很满意。

这些年里，有一个人与左宗棠交往密切，此人即日后广被称誉的湘军四杰中的胡林翼。

胡林翼为什么会与左宗棠的关系密切？原来，胡林翼的夫人是陶澍的女儿，于是胡林翼就成了陶桄的姐夫。按辈分排起来，左宗棠是胡林翼的长辈。但左宗棠与胡林翼同一年出生，胡林翼比左宗棠还大四个月，因此他们一直以兄弟相称。

因为胡林翼不同寻常，我在这里给大家多说几句关于胡的事。胡是湖南益阳人，他的父亲胡达源探花出身，后来担任过学政、詹事府少詹事等官职。胡达源的父亲胡显韶与陶澍的父亲陶必铨是岳麓书院的同学。两家是世交。嘉庆二十四年（1819），陶澍以给事中身份视察川东，取道益阳，胡林翼随父亲去拜访陶。

胡林翼长得虎头虎脑，又聪明伶俐，陶看着喜欢，便摸了摸胡的光头。不料，胡却把他的手推开，一本正经地说："你知不知道，男人的头是不能随便摸的！"胡达源正要斥责儿子，陶澍反而哈哈大笑起来，连声说有意思，此子今后前途无量，并立刻与胡达源定下了这门亲事。

胡的成长道路比较曲折。他绝顶聪明，但又不能静下心来读书。成年以后，他滥交朋友、饮花酒。母亲汤夫人格外宠他，任他胡闹。父亲实在看不下去了，关起门来将他狠狠地打了一顿，并立下死规矩：一年内不准出大门，在家读书，准备乡试。胡林翼无奈，只得收下心来好好读书。一年后考中举人，第二年又高中二甲进士点翰林，那年他才 25 岁。翰林胡林翼虽然比过去有所收敛，但滥交友、饮花酒的坏习惯依旧。传说拜堂成亲的当天，胡林翼还在朋友家喝酒大醉。陶夫人为此哭着责备丈夫误了女儿终身。陶澍却不以为然，笑着说：此子乃瑚琏之器，现在让他玩够，今后为国担重任时，想玩都没有时间了。

胡林翼的彻底醒悟，是在其父去世的时候。30 岁的胡林翼在家守丧，突然间意识到自己的责任，从此与过去的自己一刀两断，完全变了一个人。胡林翼在守丧期间，去小淹拜会左宗棠，并在小淹住了一段时间。这是左宗棠与胡林翼的第一次比较深入的交往。胡林翼很早便听说过左宗棠，心里一直佩服他。在小淹期间，胡林翼见到左宗棠对大小事情应对有余，遂对左宗棠更为敬佩。从那以后，胡林翼就成了左宗棠的铁杆朋友。

过了几年，胡林翼去贵州做知府，那时的云贵总督正是林则徐。因为陶澍、贺长龄常常在林则徐面前提起左宗棠，林则徐便委托胡林翼写信给左宗棠，请左宗棠来总督衙门做幕僚。考虑到离家太远有诸多困难，左宗棠谢绝了这个邀请。第二年秋天，林则徐因病辞职回福建，特意绕道湖南，请左宗棠来长沙见面。

于是，在道光二十九年（1849）十一月二十一日，长沙城外朱张渡口江面上，有了林则徐与左宗棠的历史性的舟中会晤。那一年，林则徐 65 岁，左宗棠 38 岁。两人就天下大事尤其是新疆事务，整整谈了一个通宵。林则徐贬谪新疆期间，对新疆体察深刻。他对左宗棠说，新疆最大的问题是屯田制度已败坏，本来是一块肥沃之地，但老百姓不能过上好日子，将来若有机会在新疆为官，一定要整顿屯田制度，兴办水利，让新疆真正富起来。天亮分手时，林则徐紧紧握住左宗棠的手说，你是当今的奇才，一定要好自为之。后来发生的事情，简直让我们惊讶：那时的林则徐，怎么就能通过一番谈话，确定左宗棠是绝世大才，又怎么会把新疆之事委托给他？这真是不可思议！

3. 幕府生涯阶段

就在左宗棠打算以湘上老农的身份终老此生时，一场惊天动地的大事变在湖南旁边爆发了。那就是 1851 年发生的太平天国起义。第二年，起义军便冲出广西进入湖南，并很快兵临长沙城下。林则徐的部下云南巡抚张亮基临危受命来到湖南。

得知湖南巨变的第一时间，时任贵州道员的胡林翼便给张亮基写信：你到长沙后，务必请左宗棠出山，此人有大才，会是你的得力助手。张亮基是江苏人，对湖南一无所知，迫切需要当地的人才辅佐，于是，在赴任途中便打发人先到湘阴去请左宗棠。左宗棠答应了。那时，长沙城已被太平军包围，趁夜半无人的时候，左宗棠坐着竹箩筐，由绳子吊进长沙。一进城内，张亮基便聘左宗棠为幕僚长，有关打仗的事情都交给左宗棠去办理。

没有一天打仗经历的左宗棠，便这样肩负起守卫长沙的重任。那时，长沙兵马云集、将帅成群，但真正能与太平军对抗的只有举人出身、丁忧在籍的前知县江忠源召募的兵勇。

在张亮基、江忠源、左宗棠等人的共同努力下，长沙城一直坚守着，太平军在围攻八十多天后终于放弃长沙，转而北上。左宗棠初次出山便表现出过人的才干，令湖南官员刮目相看。不久，张亮基擢升为湖广总督，继任巡抚骆秉章更加倚重左宗棠。咸丰二年（1852）底，曾国藩奉旨来长沙出任湖南团练大臣，从此曾国藩与左宗棠开始共事。

左宗棠协助骆秉章做的大事有这么几桩。一为平定湖南内乱，二为调遣团练出省作战，三为曾国藩的湘军筹集粮饷。当然，那时候凡重要的奏折，都出自左宗棠的手笔。

左宗棠实心实意办事，成绩卓著。他的实实在在的才能引起大家的重视与称誉。监察御史宗稷辰向朝廷推荐人才，将左宗棠列在第一名，于是左宗棠引起了咸丰皇帝的格外关注。咸丰皇帝只要见到湖南籍的朝廷大员以及与湖南有过关联的人，就会向他们打听左宗棠。

这时，左宗棠的一个湘阴同乡正在南书房供职，此人名叫郭嵩焘，他是曾国藩最要好的朋友。后来，郭嵩焘与曾国藩成了儿女亲家。郭嵩焘晚年成为中国首位驻英法公使。有一天，咸丰皇帝问郭嵩焘：你认不认得左宗棠？郭嵩焘答：从小就认得。咸丰皇帝问：有书信往来吗？郭嵩焘答：有。咸丰皇帝说：你写信告诉他，说是我的意思，不必再做幕僚，可以出来自己做事。左宗棠始终不出山，是什么缘故，是不是功名心很淡？郭嵩焘答：左宗棠这个人晓得自己性格刚直，难以与人共事。现在给骆秉章做幕僚，与骆性情相投，他不愿意离开。咸丰皇帝问：左宗棠的才能如何？郭嵩焘答：左宗棠才能极大，料事又明白，没有他办不了的事，尤其是人品端正。咸丰皇帝问：左宗棠多大年纪了？郭嵩焘答：四十七岁。咸丰皇帝说：再过两年就五十岁，那时精力就衰退了。趁着这时精力尚好，可以出来做事，莫糟蹋了自己。你要劝一劝他。郭嵩焘说：我也曾劝过，他总说自己性格不好，不能与人共事，所以不出来。这几年来，湖南的事情多亏他出力。咸丰皇帝说：听说他想参加会试。郭嵩焘说：我也听说过。咸丰皇帝说：何必一定要以做进士为荣。文章报国与立功业报国，哪种所得的好处多？他有这样的才能，也需要出来自己单独办事才好。郭嵩焘说：左宗棠是个豪杰之士，若谈起国家大事来，他就热血奔腾。皇上这样器重他，他决没有不出来的理由。

郭嵩焘用书信将咸丰皇帝的意思告诉了左宗棠。咸丰皇帝都发出了这样的邀请，左宗棠却置之不理，我行我素。这样的人，确实少见。如果不是一件突发的案子出来，左宗棠大概会在湖南巡抚衙门幕府里一直待下去。

不久，湖南官场出了一件大事。先前，湖南巡抚骆秉章状告湖南永州镇总兵樊燮，说他贪婪可鄙，在军营中名声恶劣。樊燮不服，在得到湖广总督官文的支持后，上告都察院。又说骆秉章是听信幕僚左宗棠的不实之言，而湖南巡抚衙门已久为左宗棠所操纵，骆秉章不过是一个傀儡。咸丰皇帝看了这道折子后很生气，亲自批示：想不到湖南巡抚衙门竟然为劣幕所把持，着都察院即刻派人去湖南调查，如果查实，可将左宗棠就地正法。见到这道圣旨后，左宗棠在湖南待不下去了，他要进京鸣冤，对外则称进京赶考。

消息一传出，第一个站出来为左宗棠鸣不平并出手相援的是胡林翼，当时他官居湖北巡抚，深得咸丰皇帝信任，在湘军中举足轻重。胡林翼一面写信给沿途重要城市的官府官员，要他们拦住左宗棠，不让左宗棠进京；一面给在北京的老朋友王闿运写信，请他想办法救左宗棠。

王闿运是近代湖南的头号风流名士，他那时正在协办大学士、户部尚书肃顺家做家庭教师。肃顺最得咸丰皇帝的倚重。当王闿运提到这事时，肃顺说，必须得有人先上折为左宗棠说好话，他才好出面。王闿运就找来郭嵩焘商量。郭嵩焘想到了潘祖荫。潘祖荫是探花出身的刑部侍郎，是北京城里的文坛领袖。潘祖荫答应了，于是很用心地上了一道折子。潘祖荫在折子里为左宗棠说了许多好话，其中有两句话特别出彩：国家不可一日无湖南，湖南不可一日无左宗棠。

这两句话写得太好了，咸丰皇帝也被打动了。咸丰皇帝又去征求曾国藩的意见，曾国藩立马回复，说左宗棠这个人刚明耐苦、晓畅军事，是个难得的人才，请朝廷授予左宗棠藩臬重任，他一定会把事情做好。于是咸丰皇帝赦免了左宗棠，并让他组建一支军队，赴曾国藩帐下听命。

就这样，左宗棠又返回长沙，立即召募五千人马，名为楚军。咸丰十年（1860）八月，左宗棠率领楚军奔赴安徽，迎来了他一生中最为辉煌的时期。

4. 大器晚成阶段

左宗棠是一个军事天才，他统率的楚军可谓无往不胜，很少打败仗。曾国藩正需要左宗棠这样得力的辅佐。这时曾国藩已被朝廷任命为两江总督，兼管浙江。朝廷明令江苏、安徽、江西、浙江等四省从巡抚到县令，全交给曾国藩管理。朝廷是将半壁江山委托给了曾国藩。曾国藩借此推荐左宗棠。他上奏朝廷说，左宗棠的才能足可独当一面，浙江就交给左宗棠吧！朝廷接受了曾国藩的举荐。咸丰十一年（1861）十二月，朝廷任命左宗棠为浙江巡抚，那年左宗棠50岁，离组建楚军只有短短的一年零四个月。同治二年（1863）四月，朝廷又将左宗棠提拔为闽浙总督兼浙江巡抚。从官位来看，已与曾国藩并列。这种火箭式的提拔，在官场上极为罕见。

同治三年（1864）六月，曾国荃的吉字营打下南京。曾国藩封一等侯，曾国荃、李鸿章、官文封一等伯。朝廷许诺，待浙江全省平定后，再给左宗棠封赏。三个月后，浙江平定，朝廷兑现诺言，封左宗棠为一等恪靖伯。

同治五年（1866）九月，左宗棠奉命出任陕甘总督，前往西北。当时的陕甘边区正处在大混乱中，既有捻军暴动，又有回民暴动。

在捻回之间，左宗棠采取先捻后回的方针。同治六年（1867）六月，左宗棠部刘松山追捻军张宗禹于山东徒骇河，与淮军刘铭传合围。捻军大败，张宗禹投水死。活跃了16年的捻军彻底失败。朝廷晋升左宗棠为太子太保。刘松山率部返回陕甘，全力对付回乱。同治九年（1870）十一月，回乱头目马化龙投降。朝廷论功行赏，左宗棠加一等骑都尉世职。

自同治五年（1866）到同治十二年（1873），左宗棠只用了七年时间，便将陕甘回民暴动平息。陕甘之乱平定后，左宗棠向朝廷请求，应趁此兵威强盛之际，西出嘉峪关，收复新疆。

当时新疆的局面是这样的：由英国与沙俄支持的中亚浩罕国首领阿古柏占据新疆多年，并成立哲德莎尔国。伊犁地区则因混乱而被沙俄强行夺去。如果再不出兵，新疆有可能从中国版图分裂出去。

当左宗棠提出收复新疆的建议后，朝廷内外爆发了一场海防与塞防之争。

主张海防的人认为，欧美、日本等国都是从海路入侵，国家必须严守东南海疆，因经费有限，西域不必急图进取。海防派以李鸿章为首。主张塞防的人认为，中国边患，自古以来西北多于东南，眼下沙俄居心叵测，一直想吞并西域，决不能掉以轻心。国家若西北无虞，则东南自固。塞防派以左宗棠为首。在左宗棠的坚持下，朝廷决定采取东则海防、西则塞防二者并重的方针，支持左宗棠用兵新疆的战略部署，并晋升左宗棠为东阁大学士。左宗棠算是入阁拜相了。

西北用兵有三大难处：一是银钱，二是粮草，三是运输，而粮草比银钱难，运输又比粮草难。同是西北，新疆又比陕甘难得多。左宗棠面临的是天下最难的事，但他不畏惧。

没有银钱，他要靠胡雪岩替他向外国银行借500万两银子，加上朝廷所拨的200万两、各省及海关协饷300万两，共1000万两银子，通过晋商乔致庸票号周转。有了银钱，他用高价在关内买粮草，然后把民间凡能调动的骆驼聚集起来，将粮草运到关外。

凭借着平定陕甘的强大军威，与“问良莠而不问汉回”的正确的民族政策，左宗棠收复新疆可谓进展神速。从光绪二年（1876）三月，左宗棠移营肃州、湘军出嘉峪关算起，到光绪三年（1877）十二月，阿古柏的四个儿子被擒获，天山南北被彻底平定，为时仅一年零九个月。为奖励左宗棠对国家的巨大贡献，朝廷晋升他为二等恪靖侯。

为让新疆长治久安，左宗棠在新疆大力推行屯田制度的同时，连续五次上疏朝廷，请示在新疆建省。光绪十年（1884）二月，朝廷正式在新疆设立行省。湖南湘乡人、左宗棠的得力部属刘锦堂出任巡抚，湖南邵阳人、左宗棠的另一得力部属魏光焘出任布政使。

想想五十年前，左宗棠写了《燕台杂感》八首诗，其中有这样的诗句：“置省尚须它日策，兴屯宁费度支钱。”不料，置省、兴屯都在他的手中办成。想想三十多年前，林则徐将自己对新疆的思考和盘托出给左宗棠，希望他有朝一日能把新疆的事办好。不料，新疆的事真的在他手里办好了。这一切，真是一个令人难以解释的传奇！

光绪七年（1881）正月，朝廷命左宗棠入值军机处；九月，任命左宗棠为两江总督兼南洋大臣。光绪十年（1884）七月，因法军入侵福建海域，朝廷命左宗棠为钦差大臣，督办福建军务。光绪十一年七月二十七日（1885 年 9 月 5 日），左宗棠于福州抗法前线病逝，享年 74 岁。一个鲜活的生命虽然终止，一个光辉的名字却永远载入史册。

二、左宗棠人生的六个闪光点

当我们理性地分析这个历史人物的传奇一生时，我们能清晰地看到他身上那些特别的闪光点。依我看，主要有以下 6 点。

1. 志向崇高

左宗棠从小就有崇高的志向，我们从他青年时代撰写的两副联语可以看得出。

第一副：身无半文，心忧天下；读破万卷，神交古人。

第二副：文章西汉两司马；经济南阳一卧龙。

正是有这样超迈流俗的远大志向，才有他日后非同寻常的事业。

2. 用功切实

在全国学子都迷恋科举之时，他能刻苦钻研有利于国计民生的实学，为后来干大事业储备了坚实的学问基础。

3. 坚定自信

左宗棠从年轻时起，就认为自己有诸葛亮的才干。他给别人写信，署名为今亮。这种信念贯穿他一生，给了他强大的内心力量。

4. 血性担当

左宗棠身上最能显示出湖湘文化中的血性与担当的品质。他并不是朝廷官员，却在湖南最危险的时候，出山担当重任。用兵新疆非常艰难，许多人不赞成，且他年事已高，本来不必再担艰巨的任务，但他坚持要收复西北疆域。血性与担当成就了他的丰功伟绩。

5. 见识明远

左宗棠一生有许多英明远大的见识。前面所说的塞防是一个，另外我还说两个。（1）咸丰十年春天，左宗棠因樊燮案北上途中，被曾国藩接往安徽宿松。不久，太平军在苏南取得大胜，江南大营崩溃，江苏南部全部落入太平军手中。

消息传到宿松，大家都有危机感，唯独左宗棠特别兴奋，他说，江南大营本是一个脓包。现在脓包穿了，伤口会好得快些。果然，朝廷很快任命曾国藩为两江总督，把军事期盼全部寄托在湘军身上。（2）被学术界视为揭开近代洋务运动序幕的文献，是曾国藩于咸丰十年十一月初八日上报的奏折《遵旨复奏借俄兵助剿发逆并代运南漕折》。这道奏折的起草者为左宗棠，他在该道折子里提出的观点是："目前资夷力以助剿济运，得纾一时之忧；将来师夷智以造炮制船，尤可期永远之利。"这个见识要高于魏源的"师夷长技以制夷"。

6. 意气豪迈

翁同龢在第一次与左见面后，在日记中记下对左的八个字印象："豪迈之气，俯视一世。"意气豪迈是左宗棠一生最突出的特色。光绪六年（1880）四月，为表达收回伊犁地区的坚决态度，也为了配合曾纪泽与俄国人的谈判，左宗棠亲自出关。六十九岁的左宗棠白发飘飘，身后抬着一副棺材，凛然走出嘉峪关，以死来捍卫国土。这幅画面，感天动地，彪炳史册！左宗棠一生便是靠这种豪迈之气踏平千难万险。他是真正的中华民族的英雄！

与英雄豪迈同样记载在史册上的，还有左宗棠说大话、吹牛皮、自视甚高、霸道率性的另一面，它们共同组合成一个有血有肉的真实的左宗棠。

年轻时，左宗棠北上赶考，路过洞庭湖时他做了一个梦，梦见有人来打劫。醒来他给夫人写信，说自己在洞庭湖与水贼打斗，将贼人打得狼狈而逃，保护了大家。他的瞎吹乱说被人揭穿后，他不但没有愧色，反而挺认真地对别人说：你不懂，史册上那些大战争，都是文人编造的，和我编的差不多。

就是到了晚年，他也不改这种习惯。中法战争期间，他托人告诉慈禧太后，说他一定可以打败法国人，因为他放生的牛在梦中告诉他会胜利。慈禧听后笑道：好，好，我等他的喜讯。

据野史记载，永州镇总兵樊燮之所以告左宗棠的状，是因为受了左宗棠的气。有一次，樊燮进巡抚衙门跟骆秉章汇报时，没有跟左宗棠打招呼，左宗棠不但骂樊燮，叫他滚出去，还用脚踢他的屁股。

左宗棠在骆秉章手下做幕僚，为骆秉章起草奏折，居然可以不经骆秉章过目，便直接寄发朝廷。有野史记载，说骆秉章一天早上躺在床上尚未起来，听见辕门外有炮声，便问身边人是怎么回事，身边人答曰左师爷正在拜折。骆秉章说这个折子我还没有看呢！身边人问骆秉章要不要追回来，骆秉章说不用了。

左宗棠在做陕甘总督时，一个知县来向他汇报，他闭着两眼面无表情，一言不发。知县在他面前很恐慌地陈述着，突然左宗棠张开双眼，目光凌厉，问：某某是你什么人？知县诚惶诚恐地回答“是我叔父”，左宗棠大声叫道“好官呀！”。知县不知这三个字是褒奖还是嘲讽，大惊不已，回家后即病倒了。后来知县托人悄悄地打听，知道了左宗棠说“好官呀”是称赞的意思，病才慢慢好起来。

左宗棠叫部属办事，稍有拖延，他便瞪大眼睛斥责道：你的官是哪里来的，下次再这样，我立刻参掉你！

左宗棠在军机处，对身边的大学士也好，尚书侍郎也好，都是随意呼叫训斥。一个军机大臣对另一个军机大臣抱怨说：“左相将我辈视作他的军中下属一般，随心使唤。”那个军机大臣冷笑道：“军中下属，你这是抬高了自己，在左相眼里，我们就是他的奴才仆人！”

即使对曾国藩，他也是这样。他常常说曾国藩不会打仗，迂腐、呆滞，根本不懂军事。曾老九打下南京，他的部下发现幼天王已逃出，他并不知会曾国藩，便直接向朝廷告发。因为这件事，曾国藩与左宗棠结怨。左宗棠晚年与人聊天，主要的话题只有两个：一是夸耀自己的西北功劳，二是骂曾国藩无能。他常发牢骚，说世人都说曾左，为什么不说左曾呢？

左宗棠是举人出身，因此他总是瞧不起进士出身的人。他路过江西九江时，凡来拜访他的人得先递上名片。只要名片上写着进士出身的，他一律不见。有一天，他看到一张名片上写着“九江府同知王惟清，举人出身”时，立马召见。见到王惟清时，左宗棠对他很客气，并有意问他，举人与进士谁更优秀。王惟清知道左宗棠的心思，说举人优秀。左宗棠问他为什么，王惟清说：一个人做秀才时，用心的只是八股试帖，没有工夫做其他事。考上进士后，若为翰林，则得应对大考、差试等麻烦事，若为部曹知县，则杂事繁多穷于应付。唯有举人，功名告一段落，胸襟得以初展，志气开始恢宏，可以有时间有心情去研读真学问，若有机会出来做官，就可以把官做得最好。王惟清一说完，左宗棠拍案叫绝，称王惟清是他见到的九江府里的最好官员，并亲自送王惟清出门。

左宗棠七十岁那年，回湘阴老家省亲，与乡亲们闲话家常。左宗棠问身边的儿时伙伴：你们看今天的左三爹爹与过去的左三爹爹有哪些不同？大家仔细看了看，有的说没有多大的不同，有的说比以前胖了些。有一个人说，你的肚子比以前大多了。左宗棠拍拍自己的大肚子问：你们知道我的肚子里装的是什么吗？乡亲们说：你的肚子里当然装的是人参燕窝。左宗棠说：不对，我的肚子里装的是绝大经纶。有一个从来没有读过书的人听了后大吃一惊，说：左三爹爹，你怎么把一个金子做的轮子吞到肚子里去的，那不会胀死吗？大家听了哈哈大笑，左宗棠也跟着哈哈大笑，一点都不责怪这个冒冒失失的老乡。

三、结语

我给左宗棠如下四个定义。

1. 民族英雄

左宗棠是一个伟大的民族英雄，他当之无愧。他是唐太宗以后在中国领土和主权方面作出重大贡献的第一人。这话不是我讲的，这是民国时期的历史学家、中央大学的历史教授讲的，这是他对左宗棠的评价。左宗棠是唐太宗以后中国最伟大的一个民族英雄。

2. 个性张扬的书生

左宗棠是一个个性张扬的书生，这是他本身的一个很重要的部分。

3. 霸气十足的官员

左宗棠是一个霸气十足的官员，他为了办实业，霸气十足，这也是他性格很重要的一部分。

4. 可爱的湖湘子弟

左宗棠是我们的一个亲近的大叔，是我们的一个好兄长，是我们的一个平易近人的左邻右舍；也是一个可爱的湖湘子弟，一个可爱的湘阴人。

谢谢大家！

（王琦整理并经主讲嘉宾审定）

现场互动

主持人（朱汉民）：非常感谢唐老师在两个小时之内给我们讲了左宗棠的传奇人生。唐老师既是一位严谨的学者，又是一位非常有文采的作家。他娓娓道来，不仅让我们了解到左宗棠跌宕起伏、丰富多彩的传奇人生，又让我们感受到左宗棠的鲜明个性，内容非常精彩。最后唐老师对左宗棠的四个方面的总结非常到位。我看过唐老师的小说，大家都说唐老师是曾国藩的异代知己；今天听到唐老师讲左宗棠，我觉得唐老师也是左宗棠的异代知己。让我们一起用掌声向唐老师表示感谢。谢谢！

现在进入现场互动环节，欢迎朋友们积极向唐老师提问。

观众提问：唐老师，您好！非常感谢您在炎炎夏日给我们带来的文化清凉，这让我受益匪浅。汨罗是屈原文化的传扬地，请问：屈原文化对左宗棠的经世致用的思想有什么影响？您对汨罗人传承屈原文化有什么建议？谢谢！

唐浩明：屈原文化有两个鲜明特点：一个是爱国，一个是心系百姓，哀民生之多艰。左宗棠跟屈原是相似的，这是中华民族文化中一个很重要的传承，左宗棠很好地继承了屈原的精神。今天的汨罗人也正在这样做，我希望大家把中华民族文化当中最优秀的部分继承下来，弘扬下去。

观众提问：唐老师，您好！从 20 世纪 90 年代开始我就是您的忠实粉丝，一部中国近代史，就是半部湘人奋斗史。特别是湘军人物，如曾国藩、左宗棠、胡林翼、彭玉麟、郭嵩焘等，他们展示了湖湘人的血性、担当、理性和阳刚。我认为现在的中国人，特别是现在的青少年更需要血性、担当、理性和阳刚。请问：我们应该如何去继承、弘扬这种精神品格？谢谢！

唐浩明：这个问题提得很好，血性、担当是湖湘文化中的一个很重要的特色。左宗棠、郭嵩焘，这些人是我们的骄傲。我们为什么能够记住他们？因为他们为国家和人民作了贡献，在国家和人民遭受危难的时候能够挺身而出。屈子书院在传承中华优秀传统文化方面办得很好，这个讲座要继续办下去，而且要越办越好。要通过讲座让广大的汨罗市民了解汨罗的文化，了解汨罗的先贤，了解湖湘的先贤，了解中华民族的先贤，把这个精神继承下来，要将血性、担当、理性这些优良的东西继承下来，落到实地。比如说，现在汨罗要发展经济，要改善民生，要提升汨罗的精神文明和物质文明水平，年轻人贡献自己的一份力量，这就是具体落实，这叫作知行合一。我希望大家都这样做。

主持人（朱汉民）：谢谢唐老师！我们做屈子书院讲坛就是在弘扬湖南人的精神，所以很多讲坛的内容都跟这里有关系。感谢唐老师的精彩演讲，同时也感谢线上49.8万朋友以及现场的朋友们！另外，感谢工作人员和媒体朋友的精心组织！本次屈子书院讲坛到这里圆满结束。祝朋友们身体健康！万事如意！

我们下期再见。谢谢大家！

（王琦整理并经主讲嘉宾审定）

第2讲

苏东坡的起落经历与人生观

舒大刚，四川大学教授、博士生导师。四川大学中华文化研究院执行院长、国际儒学研究院院长、古籍整理研究所所长、《儒藏》《巴蜀全书》首席专家；兼任国际儒学联合会副会长、中华孔子学会副会长、尼山世界儒学中心副主任、四川中国哲学史学会会长、成都复性书院院长、彭州昌衡书院院长、温江岷江书院山长。主要从事国学、中国儒学、历史文献学等研究，发表论文200余篇，出版专著20余部。先后主持完成国家重点项目《中华大典·宋辽金元文学分典·元文学部》、国家社科基金规划项目《中国孝经学史》、教育部重点基地重大项目《儒家文献学研究》、教育部重点基地重点项目《三苏全书》。担任国家211工程、985工程、中国孔子基金会重大项目《儒藏》编纂首席专家兼总主编，国家社科基金重大项目、四川省重大文化工程《巴蜀全书》首席专家兼总编纂，贵阳孔学堂重点项目“大众儒学”“西部儒学”系列发起人，并担任主编。

直播二维码

直播在线参与人数：45.9万

导言

苏轼词开豪放一派，与辛弃疾并称“苏辛”；诗歌清新豪健，与黄庭坚并称“苏黄”；为文纵横恣肆，位列“唐宋八大家”之中；书法成就斐然，为“宋四家”之一；经学造诣深厚，是“蜀学”领袖人物，为北宋当之无愧的文坛领袖。

面对三起三落的人生遭际，苏轼如何“苦”中作“乐”，获得精神与境界的超越？苏轼豁达、乐观的人生态度与精神追求带给现代人什么启示？

2022年8月19日，四川大学中华文化研究院执行院长、国际儒学联合会副会长舒大刚教授莅临屈子书院讲坛，讲述“苏东坡的起落经历与人生观”，与现场听众展开了精彩的互动。讲座由凤凰网湖南频道全球同步直播，在线参与人数多达45.9万；长沙理工大学设计艺术学院教授、湖南汨罗屈子书院执行院长王琦担任嘉宾主持。

各位领导、朋友，汨罗市的父老乡亲们：

大家周末好！

我非常高兴来到屈子书院讲坛。这次讲座，我们约了将近一年时间，去年年末已经订了机票，但由于成都发生疫情，就推后了。好在屈子在天有灵，今天终于成行了。我今天演讲的主题是“苏东坡的起落经历与人生观”。由于屈原与苏东坡有很多相似之处，所以我会从“东坡与屈原”开始谈起，这样会与大家有更多的共鸣。

一、千古知己：苏东坡与屈原

苏东坡与屈原可谓“千载知己”。屈原生活在公元前 340 年到公元前 278 年，是战国时期楚国诗人与政治家；而苏东坡生活在 1037 年到 1101 年，是北宋的大文豪和政论家。他们虽然相隔 1300 余年，却有许多相似之处，无论是才气、忠义、气节，还是人生际遇，他们二人都非常相似。《史记》说屈原：“博闻强志，明于治乱，娴于辞令。入则与王图议国事，以出号令；出则接遇宾客，应对诸侯。王甚任之。”[①] 苏东坡也是一样的，他一举中进士，到应制举入高等，到做翰林学士、礼部尚书、兵部尚书，距宰相一步之遥，可谓顺风顺水，君臣心心相印，尤其是得到几任太后的欣赏。但是他们二人后来都境况不妙，屈原虽“正道直行，竭忠尽智，以事其君”，[②] 却被谗

① 司马迁：《史记》，中华书局 1959 年版，第 2481 页。

② 司马迁：《史记》，中华书局 1959 年版，第 2482 页。

人陷害，“信而见疑，忠而被谤”[①]；苏东坡也是博极经史，文采飞扬，长于议论，尽忠事君，尽心为民，远近闻名，四夷推崇，本有宰相之才，却忠而见谤，被贬而终。在人生经历上，他们两人是很相似的，他们相见必然是惺惺相惜、同感共情的。当然，作为后辈晚生的东坡，只有遇见屈原遗迹的份了。

苏东坡凡是遇到有屈原遗迹的地方都有诗、赋、歌，对屈原发出悲悼、赞叹和惋惜之声。比如宋仁宗嘉祐四年（1059），苏东坡全家从四川东迁，顺岷江、长江而下，过三峡，沿途遇到风景名胜、历史古迹，父子仨都要吟诗作颂，互相唱和。到忠州（今重庆忠县一带）时，苏东坡发现有座屈原塔，就写了一首《屈原塔》诗：“楚人悲屈原，千载意未歇。精魂飘何处，父老空哽咽。至今沧江上，投饭救饥渴。遗风成竞渡，哀叫楚山裂。屈原古壮士，就死意甚烈。世俗安得知，眷眷不忍决。”[②]说楚人绵延千年不断地悼念屈原，不知屈原精魂归往何处了。又称赞屈原为“古壮士”，并非贪生怕死的懦夫！又言：“南宾旧属楚，山上有遗塔。应是奉佛人，恐子就沦灭。此事虽无凭，此意固已切。古人谁不死，何必较考折。名声实无穷，富贵亦暂热。大夫知此理，所以持死节。”[③]虽然屈原没有来过这个塔的所在地，但既然现在叫“屈原塔”，想必是奉佛的人为了提醒后人记住屈原而修建或命名的。屈原知道美名的重要，所以用自己的生命来徇名践节。全诗对屈原不愿降志辱身、甘愿赴死，表示了深深的同情。这是他最早歌颂屈原的作品。

苏东坡一行到了秭归，发现那里有屈原庙，又写了《屈原庙赋》，表达了对屈原慷慨赴死、忧君爱国的钦佩：“悲夫！人固有一死兮，处死之为难。徘徊江上欲去而未决兮，俯千仞之惊湍。赋《怀沙》以自伤兮，嗟子独何以为心。忽终章之惨烈兮，逝将去此而沉吟。吾岂不能高举而远游兮，又岂不能退默而深居？独嗷嗷其怨慕兮，恐君臣之愈疏。生既不能力争而强谏兮，死犹冀其感发而改行。”[④]以屈原的才华，他是完全可以选择不死的，楚国容不下他，他大可以高

---

① 司马迁：《史记》，中华书局 1959 年版，第 2482 页。

② 张志烈等校注：《苏轼全集校注 · 诗集》一，河北人民出版社 2010 年版，第 41 页。

③ 张志烈等校注：《苏轼全集校注 · 诗集》一，河北人民出版社 2010 年版，第 41 页。

④ 张志烈等校注：《苏轼全集校注 · 文集》一，河北人民出版社 2010 年版，第 5 页。

举远游它国，或当个隐士，退隐而深居。但是他办不到、忍不住，既然生时不能用谏书的方式让国君觉醒，那么就采取慷慨赴死的方式来“死谏”，希望国君能够“感发而改行”。这种精神实在令人敬佩！苏东坡又感叹屈原去世之后，“世愈狭而难存”，不能容纳忠直的残酷世道并没有改变，给予忠臣、直臣、谏臣的位置越来越窄。苏东坡说这个话的时候，是宋仁宗嘉祐四年（1059），当时是北宋最好的时代。但是苏东坡看出了潜藏在太平盛世中的危机，他说：“自子之逝今千载兮，世愈狭而难存。贤者畏讥而改度兮，随俗变化斫方以为圆，黾勉于乱世而不能去兮，又或为之臣佐。”① 以忠直来处世的方式已经行不通了。春秋时，鲁国柳下惠早就说过：“直道而事人，焉往而不三黜？枉道而事人，何必去父母之邦？”② 直道事人，无论古今中外，在专制时代都是行不通的。既然不能直道事人，人们就不得不改变方方正正的处事办法，将自己搞得圆滑一点，采取“枉道以事人”，以求勉勉强强苟活于浊世。对于屈原投江自沉之事，苏东坡却认为“虽不适中，要以为贤兮”，虽然不一定符合儒家“事君数，斯取辱矣”的“中庸”精髓，但他本人仍然不失为一名贤达之人。

继而他们行至荆州，苏东坡作有《荆州十首》诗，其中第二首就说：“南方旧战国，惨淡意犹存。慷慨因刘表，凄凉为屈原。废城犹带井，古姓聚成村。亦解观形胜，升平不敢论。”③ 对楚地多屈原、刘表等慷慨悲歌之士深表感叹。他还在《竹枝歌》（并序）中，对屈原的忠直表示赞赏。他说《竹枝歌》本是楚地的一种民歌，具有“幽怨恻怛，若有所深悲者”的特点，其常见的歌颂题材有娥皇、女英二妃，还有屈原、楚怀王、项羽，“此亦楚人之意相传而然者”。歌中咏叹了很多人物，最集中的仍是屈原：“水滨击鼓何喧阗，相将扣水求屈原。屈原已死今千载，满船哀唱似当年。海滨长鲸径千尺，食人为粮安可入。招君不归海水深，海鱼岂解哀忠直？”④ 屈原投水后，人们还要划船去寻找他。屈原已经死了千年，人们并没有因为时间的流逝而减轻对他的哀悼。屈原之死为后人留下

---

① 张志烈等校注：《苏轼全集校注·文集》一，河北人民出版社 2010 年版，第 5 页。

② 刘宝楠：《论语正义》，中华书局 1990 年版，第 715 页。

③ 张志烈等校注：《苏轼全集校注·诗集》一，河北人民出版社 2010 年版，第 125–126 页。

④ 张志烈等校注：《苏轼全集校注·诗集》一，河北人民出版社 2010 年版，第 45 页。

了刚强之气，他的精神是永恒的。

绍圣年间（1094—1098），苏东坡被贬海南岛。元符初，遇赦北归，行经广州，有位读书人谢民师慕名来访。别后，苏东坡回了一封《与谢民师推官书》，盛赞屈原、贾谊的儒者情怀，他说，“屈原作《离骚经》，盖风雅之再变者，虽与日月争光可也。可以其似赋而谓之雕虫乎？使贾谊见孔子，升堂有余矣”[①]。认可屈原、贾谊践行了儒家理念，上可以并三光而悬日月，下可以升孔子之堂为孔门后生。

以上东坡诸诗赋，都表达了同一个意思，即对屈原的同情和敬佩，对楚地忠诚悲歌的惋惜；同时，也抒发了千年之后，在家天下的专制统治下，世道仍然未有改变，忠臣贤士更加难行的喟叹。苏东坡少年得志，也满怀壮志。但从 44 岁到 65 岁去世，中间在朝时间极短，多数时间是转徙地方，不安厥位；甚至一贬再贬，从黄州、惠州直到海南儋州，前后贬居达 11 年。在被贬的这段时间里，他看尽了世态炎凉，看到了一些人为了自身名利不惜出卖朋友、改变立场。“自子之逝今千载兮，世愈狭而难存。贤者畏讥而改度兮，随俗变化斫方以为圆，黾勉于乱世而不能去兮，又或为之臣佐。”[②]这是多么无奈和无助啊！非深知屈原，非深受迫害者，不能为是辞也。

二、苏东坡印象：天下奇才

苏东坡是北宋时期天才式的人物，在很多方面都取得了杰出的成就，我们可以从普通人、同辈人、史学家、文学家等不同角度来看世人对他的印象。

1. 普通人对苏东坡的印象

苏东坡是北宋中期的文坛领袖，在诗、词、散文、书、画等方面取得了很大的成就：诗题材广阔，清新豪健，与黄庭坚并称“苏黄”；词开豪放一派，与辛弃疾并称“苏辛”；散文著述宏富，豪放自如，与欧阳修并称“欧苏”，是“唐宋八大家”之一；擅长书法，为“宋四家”之一；擅作文人画，尤擅墨竹、怪

① 张志烈等校注：《苏轼全集校注·文集》七，河北人民出版社 2010 年版，第 5292 页。

② 张志烈等校注：《苏轼全集校注·文集》一，河北人民出版社 2010 年版，第 5 页。

石、枯木等。时人评价苏东坡是“全才式的艺术巨匠”！

2. 同辈人对苏东坡的印象

宋仁宗赵祯非常赏识苏东坡，他说“吾为子孙得两宰相”[①]。当年宋仁宗殿试完苏东坡等考生后回到宫中，面带喜色，曹皇后问他是什么原因让他如此高兴，宋仁宗说苏东坡和他弟弟都是宰相人选。刘安世是苏东坡的朋友，他说“东坡立朝大节极可观，才意高广，惟己之是信”[②]，盛赞苏东坡为人有大节、有才气，并自信满满。黄庭坚也说东坡“挟以文章妙天下，忠义之气贯日月”[③]，将其誉为“真神仙中人”。苏辙说其兄苏东坡：“其于人，见善称之如恐不及；见不善斥之如恐不尽。见义勇于敢为，而不顾其害，用此数困于世，然终不以为恨。”[④]苏东坡为人正直忠义，因此常常招人埋怨，甚至给自己带来灾难。

3. 史学家对苏东坡的印象

《宋史》其他传写得不一定很好，但是苏东坡传写得不错，评价也很到位。本传说，苏东坡还在读小学时，有人将石介《庆历圣德诗》传到蜀中，苏东坡历举诗中所言韩（琦）、富（弼）、杜（衍）、范（仲淹）诸贤，问他的老师这些人是谁？他的老师觉得很奇怪：小孩子为什么问这些大人物呢？苏东坡就说，我正想跟这些人结识呢！史家说苏东坡，“盖已有颉颃当世贤哲之意”[⑤]。意思是他想要跟这些贤哲平起平坐、对话商量、讨论政事。苏东坡在20岁左右，和他父亲苏洵、弟弟苏辙一起到京师，兄弟俩为同榜进士，其父的文章也广被传诵，一日之间父子的声名传遍朝野。不久，苏东坡又“登上第，擢词科”（词科是制举的意思，是专门为公卿、宰相人选而选拔的人才），后来“入掌书命”（代皇帝起草各种文告，即进翰林院），出典方州（做知州，类似今天的省长）。史赞苏东坡“器识之闳伟，议论之卓荦，文章之雄隽，政事之精明，四者皆能以特立之志为之主，而以迈往之气辅之。故意之所向，言

---

① 脱脱等：《宋史》卷二四二《曹皇后传》，中华书局1977年版，第8622页。

② 马永卿编，王永庆解：《元城语录解》卷上，上海古籍出版社1987年影印《文渊阁四库全书》，第863册，第359页。

③ 黄庭坚著，刘琳等点校：《黄庭坚全集》，中华书局2021年版，第699页。

④ 苏辙著，曾枣庄、马德富校点：《栾城集》，上海古籍出版社1987年版，第1422页。

⑤ 脱脱：《宋史》，中华书局1977年版，第10818页。

足以达其有猷，行足以遂其有为”。[①] 赞扬他器识闳伟、文章雄隽、见识卓远、政事精明，为民造福。孔子所说的德行、政事、言语、文学四科，苏东坡都具备了。当祸患来的时候，他也没有改变自己的操守，以一种浩然之气坚持自己的理想与追求。仁宗在初读苏东坡、苏辙制策的时候，曾经高兴地赞叹：“朕今日为子孙得两宰相矣。”[②] 神宗尤其喜爱苏东坡的文章，在宫中读之，往往废寝忘食，称苏东坡为“天下奇才”。仁宗、神宗两位皇帝都非常赞赏苏东坡，但他还是没有得到重用。虽然苏东坡与欧阳修齐名，但始终未做成宰相。所以《宋史》说：“一欧阳修先识之，其名遂与之齐，岂非轼之所长不可掩抑者，天下之至公也，相不相有命焉，呜呼！轼不得相，又岂非幸欤？”[③] 苏东坡没有当成宰相，也许不是一件坏事。也有人说：“轼稍自韬戢，虽不获柄用，亦当免祸。”[④] 如果苏东坡能够稍微韬光养晦，即使没有被重用，也应该可以免祸。但是史家又反问：“假令轼以是而易其所为，尚得为轼哉？”[⑤] 如果苏东坡改变他的禀性和行为，苏东坡还是苏东坡吗？正因为他没有收敛自己，把自己想说的、想表达的以各种不同的形式表达出来，才成就了这样一个伟大的思想家、文学家、政论家。

4. 文学家对苏东坡的印象

林语堂是一个大文学家，他用英文写了《苏东坡传》，后来又用中文翻译过来。他说：“苏东坡是一个无可救药的乐天派，一个伟大的人道主义者，一个百姓的朋友，一个大文豪、大书法家、创新的画家、造酒试验家，一个工程师，一个憎恨清教徒主义的人，一位瑜伽修行者、佛教徒、巨儒、政治家，一个皇帝的秘书、酒仙、厚道的法官，一位在政治上专唱反调的人。一个月夜徘徊者，一个诗人，一个小丑。”[⑥] 简直不能用一句话来评价他。但是这还不能道出苏东坡的全部，“苏东坡比中国其他的诗人更具有多面性天才的丰富感、变化感和幽默

---

① 脱脱等：《宋史》，中华书局 1977 年版，第 10818–10819 页。
② 脱脱等：《宋史》，中华书局 1977 年版，第 10819 页。
③ 脱脱等：《宋史》，中华书局 1977 年版，第 10819 页。
④ 脱脱等：《宋史》，中华书局 1977 年版，第 10819 页。
⑤ 脱脱等：《宋史》，中华书局 1977 年版，第 10819 页。
⑥ 林语堂：《苏东坡传》，海南出版社 2001 年版，第 20 页。

感，智能优异，心灵却像天真的小孩——这种混合等于耶稣所谓蛇的智慧加上鸽子的温文”①。他似乎无所不能，无所不是，简直不可形容，不可方物！

三、苏东坡的人生：三起三落

苏东坡一生三起三落，仕途坎坷。

北宋仁宗景祐三年十二月十九日（公元 1037 年 1 月 8 日），苏东坡出生于眉州眉山（今四川省眉州市东坡区）。苏东坡少年聪慧，博闻强识，文采飞扬，风流倜傥。嘉祐二年（1057），21 岁的苏东坡跟弟弟苏辙在父亲带领下，远赴京城开封应考进士，一举成名。没多久，其母去世，兄弟俩回家奔丧。嘉祐六年（1061），他们兄弟俩应制举，又中了，苏东坡入第三等。这个第三等，并不像常科的第三等，也不是状元、榜眼、探花的第三名，宋代制举第三等实际上就是第一等。因为前面一等和二等往往被认为只有像周公、伊尹那样的圣人才可以达到，年轻人怎么可能一开始就达到周公、伊尹的高度呢？所以一等、二等只是虚设，从来没有授过，因此第三等就是当时的最高等。整个宋代 22 科制举，只有 40 余人有幸被选中，其中 4 人入第三等，其他人都是四等、五等。苏东坡所中三等就是当时制科的最高等，享受“状元”待遇，可以说是“春风得意”。

宋神宗执政时，苏东坡于 1061 年任职凤翔签判（类似秘书长）。但没多久，父亲苏洵去世，他与弟弟又回乡为父亲守丧三年。1071 年，苏东坡做杭州通判（相当于副州长），在杭州学习填词；1074 年，苏东坡任密州（治今山东诸城）知州，写有《江城子 · 乙卯正月二十日夜记梦》（十年生死两茫茫）和《江城子 · 密州出猎》（老夫聊发少年狂）等；1077 年，做了徐州知州，主持抗洪成功，颇有政绩；1079 年，在湖州做了三个月知州，被人告发说他写诗讽刺“新法”，遭罗织弹劾而被逮捕下狱，被关在开封御史台狱中 130 天，这就是著名的“乌台诗案”。后来在仁宗曹皇后的劝说下，神宗将苏东坡贬为黄州团练副使

---

① 林语堂：《苏东坡传》，海南出版社 2001 年版，第 20 页。

（相当于地市军分区副司令），但是没有实职，相当于今天的副巡视员，但只能领一半微薄俸禄，在那里闭门思过。这一年他才44岁，正是精力充沛、志气高昂、经验丰富、大展宏图的黄金年龄，却在此地一贬就是5年，可以说是“鹏翅初折”。

宋神宗元丰七年（1084），苏东坡被解禁了，量移汝州，乞求常州居住，除知登州（治今山东蓬莱）。1085年，宋神宗去世，哲宗继位，苏东坡又在太皇太后高氏的关照下，入朝为官，1086年任翰林学士，后又做了侍读学士、中书舍人，知制诰。这时，以司马光为主的旧党当权派与“新党”一派针锋相对、水火不容，要废除所有新法。苏东坡认为新法虽然有弊端，但有些措施行之既久，有利于百姓，不应该全部废除，于是提出反对意见，因此又得罪了旧党，所以旧党也排挤他。1089年，苏东坡出知杭州；1091年，到颍州任知州；1092年，又出知扬州，期间曾回朝，任兵部尚书兼侍读。除端明殿学士兼翰林院侍读学士，守礼部尚书，与副宰相之职只有一步之遥了，高太后去世后，政局有变，苏东坡又请补外，出知定州（1093），可谓是大起大落。

哲宗亲政，起用新党，又把元祐年间的旧党统统贬谪，苏东坡又被划入旧党，初贬英州，中途再贬宁远军节度副使，安置惠州（1094）；三年后再贬儋州（1097）。在今广东与海南等地一待就是六七年，可谓艰难困苦。直到徽宗时才遇赦北还，1100年量移廉州、舒州、永州，遂逾大庾岭，顺赣水入长江，途中卒于常州（1101），巨星陨落，终年65岁。

苏东坡曾作《自题金山画像》自嘲：“心似已灰之木，身如不系之舟。问汝平生功业，黄州、惠州、儋州。”[①] 他说自己身不由己，心灰意冷，对什么事都没有感觉了。如果问他平生干出什么成绩来，就只有黄州、惠州、儋州三段贬谪生涯。具体来说如下：

（1）贬黄州。从元丰三年（1080）至元丰七年（1084），共五年；

（2）贬惠州。从绍圣元年（1094）至绍圣三年（1096），共三年；

（3）贬儋州。从绍圣四年（1097）至元符三年（1100），共四年。

---

① 张志烈等校注：《苏轼全集校注·诗集》八，河北人民出版社2010年版，第5573页。

这三段经历，前后加起来有 12 年。他在这三个地方待的时间最长，一方面好像无所事事，无所成就；但是另一方面，也正是这段经历成就了苏东坡，可以说一语双关。“朝廷不幸江山幸”，这三段经历对他自己来说不一定满意，但从别人来看正是值得欣赏的地方，类似你在楼上看风景、看风景的人却在看你，就是这个意思。

四、苏东坡的落难地：黄州、惠州、儋州

苏东坡被贬黄州、惠州、儋州之时，都做了一些什么？

1. 初贬黄州

元丰三年（1080），在乌台诗案中，苏东坡蹲御史台狱 130 天，后被无罪释放；但是不能官复原职，于是以 44 岁年富力强之身，被贬黄州团练副使，不得签署公事，在那里一待就是 5 年。他在黄州干什么呢？一是暂住僧舍，因为没有地方住。当时有一个公家废弃的驿馆，叫临皋亭，他暂时住在那里。但他是罪臣，因而不能长期住，他就住僧人庙，先是定惠院，再到安国寺。在这里他待的时间很长，每天无所事事，只能对江彷徨，拄杖徘徊。当时黄州很荒凉，对面一江之隔是武昌，划一叶扁舟就可以过去；西面不远处是鄂州，也是沿江而上可通。苏东坡把自己打扮成农民的样子，或放浪山水，渔樵杂处，甚至在船上被醉汉抢了座位，人们根本不知道他是大名鼎鼎的苏东坡！他也放下身段，跟人比打水漂，听人讲鬼故事。他数度游赤壁，写出了千古流传的《前赤壁赋》《后赤壁赋》和《水调歌头·大江东去》，将自己的情怀和才气抒发在这些蛮荒之地，而这些地方因为他的诗词歌赋，后世成为重要的旅游景点。

后来，苏东坡看到迁徙无望，朝廷既不让他回四川，又不让他回京师，于是便在城东借了一块废地，在那里开荒耕地。东坡真是一把好手，不仅能写文章，还能劳动，于是他慢慢地有了一些收入和积蓄，然后修了房子（雪堂、南堂），想办法改善生活。当地猪很多、肉价很便宜，但当地人不会做猪肉，他就发明了“东坡肉”，还专门写了一首诗，其中有“早晨起来打两碗，饱得自家君莫

管”。[①] 他嫌当地的酒没有味道，官府的酒贵又难得，于是自己学着酿酒，结果更难喝，喝了还拉肚子。后来他的朋友知道他喜欢喝酒，就隔三岔五给他送酒。他很喜欢朋友来访，但是他是戴罪之身，一般人也不敢来呀，他等得无聊时就去敲朋友家的门，跟朋友们聊天、参禅问道、修炼气功。

苏东坡在《与秦太虚书》中谈到在黄州的困窘生活：“初到黄，廪入既绝，人口不少，私甚忧之。但痛自节俭，日用不得过百五十。”[②] 每月初一便取四千五百钱，断为三十块，挂在屋梁上。每天只能挑取一块来用。如果没用完，就用大竹筒藏起来，以待宾客。他告诉秦观，手中的钱财可以用一年多，待钱用完了再做打算。由此可见，苏东坡十分旷达。

苏东坡在黄州度过第一个中秋时，写了一首词《西江月》：“世事一场大梦，人生几度秋凉。夜来风叶已鸣廊，看取眉头鬓上。酒贱常愁客少，月明多被云妨。中秋谁与共孤光，把盏凄然北望。”[③] 以诗来抒发自己的苦闷心情。据说神宗读到这首诗时说：“苏轼终是爱君。”他就像范仲淹那样“居庙堂之高则忧其民，处江湖之远则忧其君”。

《卜算子》为苏东坡寓居定慧院时所作，也反映了他当时的心情：“缺月挂疏桐，漏断人初静。谁见幽人独往来，缥缈孤鸿影。惊起却回头，有恨无人省。拣尽寒枝不肯栖，寂寞沙洲冷。”[④] 这首词表达了他的徘徊、孤独的心情，以及忠直之心无人可诉的状态。

为排遣自己的苦闷，苏东坡还学道参禅。他在《与王定国》书中说：“近颇知养生，亦自觉薄有所得，见者皆言道貌与往日殊别。……非久冬至，已借得天庆观道堂三间，燕坐其中，谢客四十九日。虽不能如张公（方平）之不语，然亦当阖户反视，想当有深益处也。”[⑤] 又其《答程彝中推官》载：“所要亭记，岂敢于吾兄有所惜，但多难畏人，不复作文字，惟时作僧佛语耳。千万体察，非推

---

① 张志烈等校注：《苏轼全集校注·文集》三，河北人民出版社 2010 年版，第 2292–2293 页。
② 张志烈等校注：《苏轼全集校注·文集》八，河北人民出版社 2010 年版，第 5754 页。
③ 张志烈等校注：《苏轼全集校注·词集》，河北人民出版社 2010 年版，第 262–263 页。
④ 张志烈等校注：《苏轼全集校注·词集》，河北人民出版社 2010 年版，第 249 页。
⑤ 张志烈等校注：《苏轼全集校注·文集》八，河北人民出版社 2010 年版，第 5685 页。

辞也。”[①] 均记录了他在这段被贬生活中与僧道为友、静坐参禅的状态。

2. 惠州生涯

元祐八年（1093）八月、九月，苏东坡的夫人王闰之、英宗皇后高太后相继去世，苏东坡便从端明殿学士、翰林院学士，被外放北部边州定州。次年（1094），贬英州，中途降官一级；行至南康军（治今江西庐山），再贬宁远军节度副使，惠州安置。此时，他跟前的侍妾只剩下王朝云一个人了。王朝云十二岁入苏府，曾为苏东坡生过一个儿子，可惜未满周岁而夭。苏东坡曾为他写过一首著名的《洗儿诗》：“人皆养子望聪明，我被聪明误一生。唯愿孩儿愚且鲁，无灾无难到公卿。”[②] 朝云不但是苏东坡患难时的伴侣，还是他的灵魂知己。宋代费衮《梁溪漫志》载，苏东坡有次吃饱了摸着自己的肚子，戏问诸妾里面装的是什么。诸妾争说是“锦绣文章”，唯有王朝云说“是满腹不合时宜”。东坡哈哈大笑，以为知言。苏东坡此时便携朝云与小儿苏过一同前往惠州，可惜在惠州不到两年，王朝云便不幸病逝，东坡葬她于惠州西湖，还建了个六如亭。六如者，《金刚经》所谓“一切有为法，如梦幻泡影，如露亦如电，应作如是观”也。

苏东坡在惠州，也是先寓居官驿合江楼，然后寄居嘉祐寺。后来看到回京遥遥无期，便自己在惠州白鹤峰上造房二十余间，准备就此养老。他习惯了此间气候，喜欢南方风物，他写的《食荔枝》说：“罗浮山下四时春，卢橘杨梅次第新。日啖荔枝三百颗，不辞长作岭南人。”[③] 他又觉自己修的房子住得很舒服，于是写了一首《纵笔》诗：“报道先生春睡美，道人轻打五更钟。”[④] 可是这首诗传到京师，被他的政敌知道了，觉得苏东坡在那里过得太舒服了，又把他贬到海南岛。

在惠州远离政治中心的闲散生活，让他想起了东晋诗人陶渊明“不为五斗米折腰”的傲骨，于是将陶集取来，一一唱和。诗词唱和，本流行于现实中人，但

---

① 张志烈等校注：《苏轼全集校注·文集》八，河北人民出版社 2010 年版，第 6391 页。

② 张志烈等校注：《苏轼全集校注·诗集》四，河北人民出版社 2010 年版，第 2485 页。

③ 张志烈等校注：《苏轼全集校注·诗集》七，河北人民出版社 2010 年版，第 4744 页。

④ 张志烈等校注：《苏轼全集校注·诗集》七，河北人民出版社 2010 年版，第 4770 页。

现实中人却因避祸远离东坡，于是东坡便远和渊明，不意却起到了创新作用。释惠宏《冷斋夜话》中记录："东坡在惠州，尽和渊明诗。时鲁直在黔南，闻之作偈曰：'子瞻谪海南，时宰欲杀之。饱吃惠州饭，细和渊明诗。渊明千载人，子瞻百世士。出处固不同，风味亦相似。'"[①]苏东坡就是这样一个人，能够将困窘的日子过得有滋有味、雅趣无穷！

3. 海南寂寥

苏东坡在儿子苏过的陪同下，冒着万险漂泊到了儋州（今海南岛儋州市）。在这里，苏东坡更加寂寞，先是在儋州军使张中帮助下租住官舍，可是却被当年的朋友、当时的政敌章惇所派之人赶出去，于是他在海南黎民和学生们的帮助下，在桄榔林中搭草屋数间，取名桄榔庵，他还为之写有《桄榔庵铭》。居住其中，借书阅读，抄书写书，也自得其乐。可是没有朋友，没有物资，生活异常艰苦。他在《与程天侔》信中写道："此间食无肉，病无药，居无室，出无友，冬无炭，夏无寒泉，然亦未易悉数，大率皆无耳。惟有一幸，无甚瘴也。近与小儿子结茅数椽居之，仅庇风雨，然劳费已不赀矣。赖十数学生助工作，躬泥水之役，愧之不可言也。"[②]日子虽然过得很艰辛，但他仍然高兴，所幸没有瘴气，还有人帮忙，让他稍安，得以度日。

五、苏东坡读书：博极经史

苏东坡在贬居的地方没有沉沦，没有虚度，而是在不断地读书写书，博极经史，遍注三经。

1. 读史抄史

为了探究古今治乱，苏东坡在黄州时，曾读《战国策》。据杨慎《丹铅余录》记载，苏东坡读《汉书》十分仔细，于治道、人物、地理、官制、兵法、货财，全部分类抄写。一部《汉书》他都能背，只要告诉他每一篇每一段的第一

---

① 释惠宏：《冷斋夜话》卷七，上海古籍出版社1987年影印《文渊阁四库全书》，第863册，第266页。

② 张志烈等校注：《苏轼全集校注·文集》八，河北人民出版社2010年版，第6068页。

个字，他都能背出来，可见其功夫非常深。在惠州，苏东坡叫他儿子也读唐史（书）、读《汉书》；在海南岛，又叫他借书抄书。

2. 黄州注《易》《论语》

为了探讨天地法则和人生哲理，苏东坡在黄州读佛书、道书，究心于《周易》和《论语》。他在《与滕达道》书中说："某闲废无所用心，专治经书，一二年间欲了却《论语》《书》《易》。舍弟亦了却《春秋》《诗》。虽拙学，自谓颇正古今之误，粗有益于世，瞑目无憾也。"① 又《黄州上文潞公书》曰："到黄州，无所用心，辄复覃思于《易》《论语》。端居深念，若有所得，遂因先子之学，作《易传》九卷，又自以意作《论语说》五卷。"②《易》为群经之首，大道之源；《论语》是圣贤语录，五经总汇。读通了这两本书，便能明了儒家治身、治心、治世，乃至宇宙本原、万物变化的道理。

3. 海南注《尚书》

为了探寻人类社会最理想的治理之道，苏东坡到海南岛继续读经，《东坡书传》为其诠释《尚书》的著作。他从海南回来后，感慨自己的人生没有虚度，在贬谪中还能有所成就。他跟朋友李端叔说："所喜者，海南了得《易》《书》《论语》传数十卷。"③ 他又说："但抚视《易》《书》《论语》三书，即觉此生不虚过。"④ 他在自己被贬的人生最低谷的地方，克服各种困难，写了三部不朽的著作——《东坡易传》《东坡书传》《东坡论语说》。

为什么苏东坡这个文学家还要读史书、经书呢？因为经典才是学术、文化的根本。打一个比喻，文学就像一棵树上的花朵，诸子百家思想相当于果实，史书是树干，经典就是树根，所以读了诗文会辞章，读了诸子会思想，读了正史知得失，读了经典有信仰。苏东坡在整个三段贬谪时期，其他的事都不足以让他扎下根、静下心来，只有经典才让他安心立命、心安理得。《庄子》

---

① 张志烈等校注：《苏轼全集校注·文集》七，河北人民出版社 2010 年版，第 5532 页。

② 张志烈等校注：《苏轼全集校注·文集》七，河北人民出版社 2010 年版，第 5202 页。

③ 张志烈等校注：《苏轼全集校注·文集》八，河北人民出版社 2010 年版，第 5775 页。

④ 张志烈等校注：《苏轼全集校注·文集》八，河北人民出版社 2010 年版，第 6364 页。

中说："《书》以道事，《易》以道阴阳。"[①]《尚书》是讲尧舜夏商周历史的，提倡仁政德治；《周易》讲万事万物的发展变化，揭示运动原理和未来的走向。前者通过人事宣扬政治理想，后者通过阴阳揭示吉凶祸福。明白两经，就明白了宇宙天地的道理、人生世间的祸福。马一浮又说："《六艺》之教，散在《论语》。"[②]儒家"六经"的基本原理都经由孔子师徒的言行在《论语》有所体现，而"六经"（即六艺）就是中华文化的源头，读通《论语》，也就找到了中华文化的源头活水。孔子说："古之学者为己，今之学者为人。"[③]苏东坡的母亲程夫人也曾告诫他们兄弟俩："汝读书，勿效曹耦止欲以书自名而已""每称引古人名节以励之"。[④]读书是为了让自己更加明白事理，更加高尚，而不是为了富贵荣华。苏东坡将《周易》《尚书》《论语》三部经书都读通了，读透了，并且自己做了注解，当然要无限自豪地感觉到"此生不虚过"，也能够告慰于孔老夫子了。

六、苏东坡的人生观：旷达超越

在苏东坡三起三落的人生旅程中，他有着怎样的人生观与价值观呢？那就是旷达、超越，与人民同休戚，与天地相往返。在这一点上，他与屈原颇不一样。

1. 蔑视困难，发现美好，热爱生活

苏东坡说："人生悲乐，过眼如梦幻，不足追，惟以时自娱为上策也。某名位过分，日负忧责，惟得幅巾还乡，平生之愿足矣。"[⑤]人生没有定势，全在自己的心境。过去的事情就让它过去，不必久久萦绕于心，自己要学会"以时自娱"。他不以自己才高受挫而自怨自艾，而是"名位过分"，得过于实，所以他只盼望幅巾还乡，能够安享天年。对于现实，他说："吾无求于世矣。所须二顷

---

① 郭象注，成玄英疏，曹础基、黄兰发点校：《庄子注疏》，中华书局2011年版，第556页。

② 马一浮著，虞万里校点：《马一浮集》第一册，浙江古籍出版社、浙江教育出版社1996年版，第15页。

③ 刘宝楠：《论语正义》，中华书局1990年版，第586页。

④ 孔凡礼撰：《苏轼年谱》上册，中华书局1998年版，第17页。

⑤ 张志烈等校注：《苏轼全集校注·文集》九，河北人民出版社2010年版，第6569页。

稻田，以充饘粥耳。”[①] 不想富贵尊显，只需要几亩田地，当个农民也很好。因此苏东坡初贬黄州时，明知道那里是一个很荒凉的地方，但是他一看到浩浩长江就想到了鱼很美，一看到满山翠竹就觉得笋很香，所以写下“长江绕郭知鱼美，好竹连山觉笋香”的诗句，将眼前的忧愁完全抛诸脑后。后来他到了惠州，那里当时也是一片蛮荒之地，又写出《食荔枝》：“罗浮山下四时春，卢橘杨梅次第新。日啖荔枝三百颗，不辞常作岭南人”[②] 这么令人神往的华章。苏东坡真是变逆境为福地、化蛮荒为天堂的高手。

2. 旷达乐观，迎难而上

面对困难，苏东坡能积极面对，迎难而上。他在黄州时去看一块田，走到半途下雨了，雨具被其他人拿到前面去了，同行之人惊慌失措，他却无所谓，挽起裤脚，拄着拐杖，继续往前走。后来雨过天晴，风光依然美好，苏东坡写下了词家耳熟能详的《定风波》：

莫听穿林打叶声，何妨吟啸且徐行。
竹杖芒鞋轻胜马，谁怕？一蓑烟雨任平生。
料峭春风吹酒醒，微冷，山头斜照却相迎。
回首向来萧瑟处，归去，也无风雨也无晴。[③]

苏东坡就是以这种“一蓑烟雨任平生”“也无风雨也无晴”的心态，来藐视困难，实现自己旷达超越之人生的。

3. 自我排遣，改善生活

苏东坡在《饮酒说》中说：“予虽饮酒不多，而日欲把盏为乐，殆不可一日无此君。”[④] 他喝酒不多，从来不会酗酒滥酒、以酒来消遣。他所到之处，除了朋友送他酒以外，他还自己发明酿酒方法，自酿美酒，既待人也自享。

---

① 张志烈等校注：《苏轼全集校注 · 文集》十，河北人民出版社 2010 年版，第 8078 页。
② 张志烈等校注：《苏轼全集校注 · 诗集》七，河北人民出版社 2010 年版，第 4744 页。
③ 张志烈等校注：《苏轼全集校注 · 词集》，河北人民出版社 2010 年版，第 351–352 页。
④ 张志烈等校注：《苏轼全集校注 · 文集》十一，河北人民出版社 2010 年版，第 8444 页。

4. 民本思想，超越小我

作为一名有情怀的读书人，苏东坡是以人为本、以民为根的。从自然层面而言，他关心的是人的问题，是“人本”主义者，从来不是以神、鬼为本。从政治层面来说，他时时关注民生问题，是以民为本，而不是以官为本。从其个人来说，他关注的不是抽象的概念（如道、理等），而是以情为本，不违背一个人的基本常识与感情。因此，苏东坡每到一地，都是尽量地推行仁政德治，不忘初心，热爱人民，热爱生活，与民同乐。

5. 修德行道，忘却荣利

苏东坡在惠州时，命名书房“德有邻斋”，寓意孔子“德不孤，必有邻”。他每到被贬地，失意不失志，处境再难也不忘为民造福。被贬到儋州时，他已经62岁，但依然不改入仕初心。当地缺乏淡水、岁岁疟疾成灾，他就带领百姓开凿水井，消除病患之源；海岛教育落后，他便开办学堂授业，用文化泽惠穷人。此前，儋州乃至全岛从未有人登科中举，但从苏轼在此播下中原文化种子之后，海南自宋代以来，共考出举人767名、进士96名，而第一位举人姜唐佐、第一名进士符确，都是苏轼的学生。从此，开启了海南的科举时代。

6. 黄州救婴，惠州修桥

苏东坡在黄州时救济了很多婴孩。因为黄州生活条件艰苦，很多人生了孩子尤其是生了女孩后，就把孩子淹死。苏东坡被贬到这里后，发起成立一个基金会，让有钱人捐出十钱，他自己虽不富裕，也捐出十钱，救济那些贫穷的人所养育的新生孩子。他一生重视水利，修建了两堤一桥：在杭州修了苏堤，在惠州也修了苏堤，在惠州修成东新桥。东新桥修成的时候，父老乡亲奔走相告，连日宴会，欢饮达旦，“三日饮不散，杀尽西村鸡”（苏轼《东新桥》）。身处贬谪之地的他，还是做了很多利民的好事。

7. 推广验方

苏东坡还在黄州推广验方。陈著在《梁宰观经验良方序》中记载了这样一件事：“昔巢谷有《圣散子方》，能活伤寒之秘，不欲传之人，指松江为誓。苏长公得之，笑其隘。时有庞安，医而善著书，授之以医术。曰：‘使巢谷同此不朽。’”[①]他一生记载了许多验方，后人将他所记与沈括所集共编为《苏沈良方》，利民无数。

8. 超越生死，超越物我

苏东坡在注《易经》的时候，体会到天道分成阴阳，阴阳形成天地，天地合和，产生万物。人和万物就是阴阳的组合。他认为，人就是阴阳的合体，人的生命就是阴阳在升降变化，所以他将生死置之度外。他在黄州时写了“小舟从此逝，江海寄余生”[②]，要顺着长江进入大海，做海上仙人。这首诗传到京师，人们传说苏轼跳江死了，结果皇帝、太后担心得不得了，派人来看，他在家里呼呼睡大觉。

9. 乐天知命故不忧，穷达有命故不怨

苏东坡乐天知命，知晓穷达有命，因此不忧不怨。他的经学著作中常常有对命、性、道的解释，体现了对天地、人生的理解与修养境界。他在《送沈逵赴广南》诗中说：“嗟我与君皆丙子，四十九年穷不死。……我谪黄冈四五年，孤舟出没烟波里。……功名如幻何足计，学道有涯真可喜。”[③]功名如梦幻，朝露夕花，哪能自主？即使一时得势，君不见：“大江东去，浪淘尽，千古风流人物！”。何者为得？何者为失？谁能说清楚！何必为之悲喜动情！唯有“学道”参悟真理，可以自己说了算，内足以润身，外足以启人，这才是真正可喜之事！

10. 立德立言，追求不朽

儒家所追求的人生“三不朽”是立德、立功、立言。苏东坡被贬期间没有立功机会，他就追求立德立言，尽量做好事、著书立说，以实现自己的人生理想。苏东坡去世后，弟弟苏辙为他写了《东坡先生墓志铭》，叙述了苏东坡的学术生涯与学术成就，说他初好贾谊、陆贽书，继而读《庄子》，继父遗志做《易传》，“卒以成书，然后千载之微言，焕然可知也”。又说他“复作《论语

---

① 陈著：《本堂集》卷三八，上海古籍出版社1987年影印《文渊阁四库全书》本，第1185册，第183页。

② 张志烈等校注：《苏轼全集校注·词集》，河北人民出版社2010年版，第409页。

③ 张志烈等校注：《苏轼全集校注·诗集》四，河北人民出版社2010年版，第2659页。

说》，时发孔氏之秘。最后居海南，作《书传》，推明上古之绝学，多先儒所未达”[①]。《易传》《论语说》《书传》三书正是苏东坡为自己立德、立言的重要依据。“至其遇事所为诗、骚、铭、记、书、檄、论、撰，率皆过人”，脍炙人口。最近我们又整理了《苏东坡全集》，由中华书局出版，非常畅销。

七、余论

苏东坡少年得志，文采飞扬，豪气干云，大有“致君尧舜上，再使风俗淳”的气概！可一旦步入仕途，又因忠直性格，事与愿违，时时碰壁，并不如意，甚至一贬再贬，从黄州、惠州，直到海南儋州，离权力中心越来越远，实现自己政治抱负的机会也越来越小。苏轼前后共被贬11年，政治生命也在这迁谪中被浪费了。好在东坡熟读经史、诸子、佛道之书，洞悉宇宙人生、成败荣辱之理，读书、注经、访古、吟诗，反而取得了更多的文学成就和学术成果，表现出深邃的思想造诣和达观的人生态度。“长江绕郭知鱼美，好竹连山觉笋香”[②]，此东坡之初贬黄州也。“报道先生春睡美，道人轻打五更钟”[③]，此东坡之再贬惠州也。“海南寡书籍，蠹简仅编缀。《诗》亡不见《雅》，《易》绝空余《系》。借书如假田，主以岁月计”[④]，此东坡之三贬海南也。东坡被贬的历程，也是他深入研究经典的过程，这也许是他忘记荣辱，最终超越生死，与屈原有不同归宿的原因吧。

正因为亲近民众，亲近自然，亲近经典，东坡先生渡过了人生苦厄，超越了自我，超越了得失，超越了生死，完成了文学家、思想家和政论家甚至“天下奇才”的形象塑造，最终超越了学科的区域和局限！综观东坡的经历，他写诗文最多的时期是贬谪时，他的三部学术著作《易传》《书传》《论语说》也完成于贬

① 苏辙著，曾枣庄、马德富校点：《栾城集》，上海古籍出版社1987年版，第1422页。

② 张志烈等校注：《苏轼全集校注·诗集》四，河北人民出版社2010年版，第2150页。

③ 张志烈等校注：《苏轼全集校注·诗集》七，河北人民出版社2010年版，第4770页。

④ 苏过：《借书》，蒋宗许、舒大刚等笺注，舒星校：《苏过诗文编年笺注》，中华书局2012年版，第118–119页。

谪处，他实现了“立德立言立功”的士大夫追求。人生没有定势，前途不明，回首却是无限风光。

我就讲到这里，谢谢大家！

（王琦整理并经主讲嘉宾审定）

现场互动

主持人（王琦）：舒教授用非常翔实的文献资料和生动的事例，为我们展现了一个丰富、立体的苏东坡。非常感谢！通过舒教授对屈原与苏东坡这对千古知己的描述，我们可以看到，苏东坡作为一个有着“致君尧舜上”伟大理想的天才人物，与屈原一样有着类似的才情与境遇，同时也有着与屈原不一样的旷达与超越。从苏东坡的三起三落的人生经历中，我们感受到了其乐天知命、不忧不惧的精神境界与人生态度。

在今天的讲座过程中，我想起了当年我被保送研究生面试时的场景，老师问“在古代众多的文人墨客中你最喜欢的人是谁”，我当时脱口而出：最喜欢的就是苏东坡。为什么呢？因为我欣赏苏东坡那种“大江东去，浪淘尽，千古风流人物”的豪迈，佩服他在遭遇人生困厄时，表现出“日啖荔枝三百颗，不辞长作岭南人”的乐观，也喜欢他那种“一蓑烟雨任平生”的豁达与超越。通过今天的讲座，我们也可以体会到当一个人面临困难时应有的态度与精神：我们要在困境中寻找超越。我想，这是拉开人和人差距的一个非常重要的因素。让我们再次以热烈的掌声感谢舒教授带来的思想盛宴。谢谢！

现在我们进入互动环节，现场开放两个问题，欢迎朋友们积极向舒教授提问。

观众提问：舒老师好！我是四川大学历史文化学院的学生，我也听过您的“中国儒学”和“巴蜀文化”的课，很荣幸我在家乡能听到您的讲座。我有一个问题想向您请教。在宋代，不仅苏轼非常推崇屈原，而且还有很多著名学者，例如朱熹、欧阳修、司马光等都非常关注屈原。他们既有对屈原爱国主义精神、高洁品质的赞扬，又有对他自沉汨罗、激愤狂狷个性的批评。请问：为什么会产生这种不同评价？谢谢！

舒大刚：川大的校友、汨罗的子弟相当优秀，因为考上川大是很不容易的，今年川大的招生分数也是很高的。你刚才问的这个问题非常好，但是由于今天主要是讲苏轼，所以有关屈原的问题就阐发得少了一点。对一个人的评价取决于两个原因。一个是时代原因。时代需要什么，人们就要发掘、阐发哪一种思想，因为要应势、就势。时代产生思想，时代造就英雄。另一个与个人际遇和爱好有很大关系。司马光一生比较顺，个人性格比较温和，又深通古今治乱之道，写《资治通鉴》，更多地是从历史场合来评价屈原。欧阳修既是史学家，又是文学家，而且是北宋的宰执，当时国家是内忧外患，也存在楚怀王时的状况，存在君臣信与不信、用与不用的状况，所以他对屈原的评价跟他个人的际遇与观点也有很大关系。

观众提问：我想请教舒教授，屈子文化是湖湘文化的精神源头，也是中华传统文化的源头之一。请问：我们应该怎样传承好屈子文化与中华优秀传统文化？谢谢！

舒大刚：这个问题问得非常好，既对屈原文化，也对整个中华文化做了思考。关于屈原，世人可能会有一些相反的不同看法。一方面，从爱国情怀、从忠直刚毅的品格等角度来说，屈原会得到一些正直之士的赞赏。另一方面，关于屈原自沉汨罗江以及狂狷的个性，一些人又持批评态度。有人会说，秦国不是完成了统一吗？他们也是中华大版图与中华民族的一部分，屈原当时那么排斥、反感秦国，有意义吗？其实对人、事、物的评价要结合时代特点。西周之时，周天子是天下共主，下面的诸侯国都处在一个共同体中，共同立法、以礼治国，有着共同的天下观。进入东周之后，周天子权力衰落，各诸侯国互相征伐混战，到战国时是七雄，楚国是七雄之一。他们或合纵，或连横，最后秦朝以武力统一天下，但是这个过程非常血腥，破坏性非常大。屈原爱的不仅是楚国，也是整个华夏，所以他的爱国主义是一个永久的话题。

无论是在当代还是在未来，屈原的爱国主义精神仍然要大力弘扬。我们要大力挖掘屈原的思想资料和历史资源。将以屈原为代表的文化更多地推向全球。不要因为韩国申请了端午节或其他非物质文化遗产后，我们就无所事事，其实还是有很多事可以做的。屈原的作品，对培养孩子们的书卷气是很有用的。屈原的信仰体系，既跟儒家中原六经体系有关系，又更多的是南方体系，跟《山海经》、巴蜀文化也有很大的关系，这种信仰体系所养成的人格力量是很值得挖掘的。总之，可以挖掘的东西很多，需要我们共同努力，从政府到学校，到个人、到民间，大家一起来弘扬屈原的精神。

主持人（王琦）： 谢谢观众朋友们的提问，感谢舒教授精彩的回答。香草美人地，诗韵汨罗江。感谢现场的观众朋友们以及线上 40 多万网友的倾情守候，感谢工作人员和媒体朋友的精心组织。本次屈子书院讲坛圆满结束！

祝朋友们身体健康、万事如意！

我们下期再会。

谢谢大家！

（王琦整理并经主讲嘉宾审定）

第3讲 朱张会讲、朱张之绪与湖湘文化的发展

肖永明，历史学博士，湖南大学岳麓书院教授、院长、博士生导师。长期从事中国思想文化史研究，曾主持国家社科基金重大课题“中国四书学史”，独立或合作出版学术专著、译著8部，在国内外重点刊物上发表学术论文120多篇。科研成果获教育部高校人文社会科学优秀成果奖二等奖、湖南省社会科学优秀成果奖一等奖。兼任教育部历史学科教指委委员、中华朱子学会副会长。入选教育部“长江学者”特聘教授、中组部“万人计划”哲学社会科学领军人才，获国务院政府特殊津贴。

直播二维码

直播在线参与人数：47.7万

导言

1167年，南宋大儒朱熹与张栻的岳麓会讲，不仅开中国书院史上会讲制度之先河，也是湖湘文化发展史上影响深远的大事。“朱张之绪”作为湖湘道统的象征，在湖湘文化传承发展过程中发挥着重要作用。朱张两位先贤为何要到岳麓会讲？他们会讲的内容、要解决的问题是什么？会讲的过程如何？宋代以来，湖南人是如何叙述朱张会讲和建构朱张之绪的？“朱张之绪”如何赋能明清以来湖湘文化发展？朱张会讲对新时代文化发展有何启示和借鉴？

2022年9月18日，湖南大学岳麓书院院长、教育部“长江学者”特聘教授肖永明先生莅临屈子书院讲坛，在朱张会讲855年之际，发表题为“朱张会讲、朱张之绪与湖湘文化的发展”的主旨演讲，与现场听众进行了精彩的互动。讲座由凤凰网湖南频道全球同步直播，在线参与人数达47.7万；长沙理工大学设计艺术学院教授、湖南汨罗屈子书院执行院长王琦担任嘉宾主持。

尊敬的艾部长、尊敬的各位领导、各位嘉宾、各位朋友：

大家下午好！

今天我非常荣幸地来到了历史文化积淀深厚的汨罗，来到了屈子书院。这让我想起了余光中先生所说的“蓝墨水的上游是汨罗江”，她是我们共同的精神文化家园，也是湖湘文化重要的精神象征。历代一直在提倡的“忠君爱国”精神渊源于屈原，并经朱熹对屈原《楚辞集注》的解读而进一步发扬光大。今年正好是朱张会讲 855 周年，我选择朱张会讲、朱张之绪这个切入点来谈湖湘文化。

一、旷世大儒：朱熹与张栻

我首先介绍一下朱熹与张栻两位先贤的基本情况。

（一）朱熹的基本情况

1. 生平。公元 1130 年，朱熹出生在南剑尤溪（今福建尤溪），字元晦，又字仲晦，号晦庵，晚称晦翁。他祖籍徽州婺源（今江西婺源），是南宋理学的集大成者，建构了博大精微的理学思想体系，为闽学学派代表人物。朱熹 19 岁中进士，历任南康知军、漳州知府、浙东巡抚等职共九年，官拜焕章阁侍制兼侍讲，曾为宋宁宗讲学，但“立朝才四十日”[①]。晚年遭遇庆元党禁，削官奉祠。公元 1200 年逝世，享年 71 岁，身后被追赠为太师、徽国公，赐谥号“文”，故世称朱文公。

---

① 脱脱等：《宋史》卷四百二十九《道学三 · 朱熹》，中华书局 1985 年版，第 12767 页。

2. 学术成就。朱熹博览经史，治学严谨，著作宏富，现存著作25种，包括《周易本义》《四书章句集注》《四书或问》《家礼》《楚辞集注》等，其中《四书章句集注》在元代以后成为钦定的教科书和科举考试的标准。朱熹理学在明清时代成为官方主流意识形态。在朱熹的著作当中，有好几本书与屈原的作品相关，他对屈原“忠君爱国”形象的定位，影响了此后很多的思想家和诗人对屈原形象的认知与塑造。

3. 历史地位。朱熹在历史上的地位如何？当时的人怎么看待他呢？我们非常熟悉的、与湖南有密切关系的辛弃疾对朱熹的评价是：“所不朽者，垂万世名。孰谓公死，凛凛犹生。”① 评价非常高。康熙皇帝评价朱熹：“集大成而绪千百年绝传之学，开愚蒙而立亿万世一定之归。”② 称赞朱熹在学术上集儒家之大成，把千百年来已经失传的学统、道统接续起来，教化民众，给亿万世立了规矩。全祖望在《宋元学案》里说朱熹的学术是“致广大，尽精微，综罗百代”③，赞扬他学术规模宏大、精微深刻，把历代儒家的学术思想做了综合。现代学者钱穆评价朱熹：“在中国历史上，前古有孔子，近古有朱子，此两人，皆在中国学术思想史及中国文化史上发出莫大声光，留下莫大影响。旷观全史，恐无第三人堪与伦比。”④ 钱穆认为朱子和孔子是中国思想学术史上的两座高峰。

4. 朱熹与岳麓书院的渊源。公元1167年，朱熹和当时主持岳麓书院教习的张栻在岳麓书院会讲，历时近两个月，留下很多遗迹，包括百泉轩、咏归桥、极高明亭、赫曦台等等，这是朱熹第一次到岳麓书院。第二次是在绍熙五年（公元1194年），他当时担任潭州知州。朱熹到任以后，便改建、扩建岳麓书院，亲自到岳麓书院讲课。据年谱介绍：“先生穷日之力，治郡事甚劳，夜则与诸生讲论，随问而答，略无倦色。多训以切己务实，毋厌卑近而慕高远，恳恻至到，

① 脱脱等：《宋史》卷四百一《辛弃疾》，中华书局1985年版，第12165–12166页。

② 玄烨：《御制朱子全书序》，朱杰人、严佐之、刘永翔主编《朱子全书》第二十七册《附录》，上海古籍出版社、安徽教育出版社2010年版，第845页。

③ 黄宗羲：《宋元学案》卷四十八《晦翁学案上》，全祖望补修，陈金生、梁运华点校，中华书局1986年版，第1495页。

④ 钱穆：《朱子新学案·第一册》，《钱宾四先生全集》第十一册，联经出版事业股份有限公司，1998年版，第1页。

闻者感动。”[①] 他白天非常辛苦地处理公事，履行自己的职责，晚上到岳麓书院跟学生们交流讨论，对他们进行指导。他还采取了一系列兴学岳麓的措施，如聘讲书职事与学录；亲身执教，亲自授课；颁《白鹿洞书院教条》于岳麓；扩建书院，增加书院的名额与学生的奖学金；为岳麓置学田五十顷，以保证岳麓书院的运行所需要的经济支持。

朱熹对当时岳麓书院的学生倾注了很多心力。《朱子语类》中记载，“先生至岳麓书院，抽签子，请两士人讲《大学》”[②]，结果都讲得不太好，语句的意义都没有阐发清楚。于是朱熹跟学生们说：前人建书院，不是为了科举，而是让四方士友相互切磋论道，讲明学问。作为岳麓书院的学生，对《大学》的理解、体会应该比州学的学生更深刻，结果却反而不如州学学生，于是他指示“教授诸职事共商量一规程，将来参定，发下两学，共讲磨此事”[③]。可见朱熹对这些学生是充满期待的，并用心制定规程来教育学生。这是朱熹与岳麓书院、与湖南的渊源。

（二）张栻的基本情况

张栻是一代学者宗师，曾经在岳麓书院主持教习七八年，对岳麓书院文化品格的提升起了非常大的作用。

1. 生平。张栻比朱熹小三岁，出生于公元 1133 年，字敬夫，后避讳改字钦夫，号南轩，汉州绵竹人。张栻的父亲是当时的抗金名将、名臣、学者张浚，曾任宰执。张栻和朱熹、吕祖谦齐名，被称为“东南三贤”，后从祀孔庙，非常了不起。他年轻时，曾到湘潭碧泉书院拜访过湖湘学派的创始人胡宏。胡宏见到他后，跟他交谈，发现这个年轻人了不得，说：“圣门有人，吾道幸矣。”[④] 这说明胡宏慧眼识人，能够看到张栻的能力与才华。

2. 事功与经世活动。宋孝宗刚继位时，起用张栻的父亲张浚抗金，这个时候

---

① 王懋竑：《朱熹年谱》卷四，何忠礼点校，中华书局 1998 年版，第 228 页。

② 黎靖德：《朱子语类·第七册》卷一百六，王星贤点校，中华书局 1986 年版，第 2655 页。

③ 黎靖德：《朱子语类·第七册》卷一百六，王星贤点校，中华书局 1986 年版，第 2655 页。

④ 黄宗羲：《宋元学案》卷五十《南轩学案》，全祖望补修，陈金生、梁运华点校，中华书局 1986 年版，第 1609 页。

张栻年龄不大，还是少年，但却“内赞密谋，外参庶务”[①]，里里外外都参与谋划，张浚幕府的人都自认为比不上张栻。

后来张栻到严州（今杭州建德市）做知州，又做了吏部侍郎，他的很多议论都得到皇帝的首肯。当然他有特殊的家庭背景和地位，所以他的很多行动、谋划、主意在皇帝那里是直通的。他还担任过侍讲，给皇帝讲课，后来因为一些事情得罪了当朝宰相虞允文，因而出知袁州（今江西宜春），在家里住了一些年头。后来孝宗想起了张栻，复其旧职，去静江府（今桂林）当知州，后来改知江陵府（今荆州）。张栻是在江陵府任上去世的，年仅 48 岁，而朱熹去世时 71 岁。48 岁的年龄对于一位学者来说太年轻，如果假以天年，他的学术成就肯定会达到一个更精湛的程度。历代很多人对此都觉得非常可惜。

张栻一生居官十余载，大半都在地方州府任职，他每到一个地方任职，便问民疾苦，改革地方弊政，减轻人民负担，同时重视兴办地方学校。最可圈可点的是他主持岳麓书院教事七八年，培养了大批弟子。下面我会集中讲这一主题。

3. 学术成就和特色。张栻学术师承湖湘学派创始人胡宏，学术实尊周敦颐、二程之学，主要著作有《论语解》《孟子说》《太极图说解》等。《论语》《孟子》是春秋战国时期的两部典籍，历代很多人对它们进行了解释。张栻也对它们进行了解释，而且他的解释非常有特色。他不重视章句训诂，而主要阐发其中的义理，通过解释《论语》《孟子》阐发自己的思想主张与观点，阐发己见，以理解经，理学造诣很深，发展了湖湘学派。不然，我们很难想象张栻在当时为什么有那么大的名气，朱熹会不远两千里从福建武夷山走一个多月到岳麓书院，与他进行长达两个月的学术交流和探讨。

张栻的另外一部著作是《太极图说解》。《太极图说》是湖湘先贤周敦颐的作品，《太极图说解》是张栻对《太极图说》的进一步阐发。周敦颐在后世有理学宗主的地位，他的思想学说之所以受到后世的推崇，与朱熹、张栻的进一步阐发是有密切关系的，所以《太极图说解》也是张栻的一部很重要的著作。后来朱熹将他的著作汇编成了《南轩集》。张栻思想上的特色是把传统的义利之辩上升到公私之辩、理欲之辩的高度。早在先秦的时候，传统儒家对什么是义、什么

---

① 脱脱等：《宋史》卷四百二十九《道学三 · 张栻》，中华书局 1985 年版，第 12770 页。

是利，有非常细致的辨析。孔子说“君子喻于义，小人喻于利”（《论语·里仁》），到孟子的时候进一步讨论了义利之辩。但是在汉唐的时候，人们对义利有很多不同的看法。在北宋王安石时期，人们对义利关系也有不同看法。到南宋中期，张栻对义利关系又有自己的新阐发，他说“君子心存乎天下之公理，小人则求以自便其私而已”[①]，他将“义”释为“天下之公理”，将“利”释为一己之“私”，用理学的一套话语对传统的义利观念进行了新的阐发，把义利之辩纳入天理论的范畴。所谓“义”就是对长远的、整体的、全局的合理利益的关注，“利”是对局部的、短暂的、不合理的一己之私的关注。援天理人欲辩义利，是张栻明义利之辩的理学特色，其目的在于由明义利之辩引申出“存天理、去人欲”的道德论。

4. 历史地位。关于张栻在理学史上的地位，有几个方面。一是从学术思想来说，张栻尊崇周敦颐和二程。明末清初的黄宗羲说“南轩之学，得之五峰。论其所造，大要比五峰更纯粹”[②]，全祖望则称“南轩似明道”[③]。二是张栻奠定了湖湘学派的规模。湖南是宋代理学中湖湘学派的发源地，张栻主持岳麓书院教事，从学者很多，因而奠定了湖湘学派的规模，可惜后继无人。三是在现实生活当中，张栻的很多思想仍然是我们今天治国理政、修身养性、为人处事的思想资源。比如说 2018 年 12 月 18 日，习近平总书记在庆祝改革开放 40 周年大会上的讲话中引用张栻“行之力则知愈进，知之深则行愈达”[④]一句，来阐述认识和实践互相促发的重要性。[⑤]此外，张栻还作有《潭州重修岳麓书院记》，确立了岳麓书院“造就人才，以传道而济斯民”[⑥]的教育宗旨。所谓“传道”是传圣贤之

---

① 张栻：《南轩先生论语解》卷二，《张栻集》第一册，杨世文点校，中华书局 2015 年版，第 130 页。

② 黄宗羲：《宋元学案》卷五十《南轩学案》，全祖望补修，陈金生、梁运华点校，中华书局 1986 年版，第 1635 页。

③ 黄宗羲：《宋元学案》卷五十《南轩学案》，全祖望补修，陈金生、梁运华点校，中华书局 1986 年版，第 1609 页。

④ 张栻：《南轩先生论语解序》，《张栻集》第一册，杨世文点校，中华书局 2015 年版，第 94 页。

⑤ 参见习近平：《在庆祝改革开放 40 周年大会上的讲话》，http://cpc.people.com.cn/n1/2018/1219/c64094-30474974.html。

⑥ 张栻：《新刊南轩先生文集》卷十《潭州重修岳麓书院记》，《张栻集》第三册，杨世文点校，中华书局 2015 年版，第 900 页。

道，明确价值导向；"济民"是让老百姓过上幸福的生活，解决老百姓的问题。这就是传道济民。书院要培养的就是这种真正传道济民的人才。岳麓书院创立后，因为培养的人才在当时的考试中出类拔萃，获得了宋真宗的关注，甚至真宗还特别召见山长周式，给予奖励。但岳麓书院初创时，在教育宗旨方面还没有高远的理想，社会责任感强调得不多。张栻《潭州重修岳麓书院记》强调士大夫的文化理想和社会责任，提升了岳麓书院的文化品格。2020 年 9 月 17 日，习近平总书记调研考察岳麓书院，在讲堂仔细看了张栻的《潭州重修岳麓书院记》，对其中基本理念，表达了充分的认同。

（三）朱熹、张栻的交往与深厚情谊

1. 朱熹、张栻会讲前的两次见面。朱熹与张栻在会讲之前的交往如何呢？他们在此之前有两次见面。公元 1163 年，朱熹奉旨入都奏事。张浚正被召入朝为宰相，儿子张栻也在都城，皆为孝宗赏识，于是朱熹与张栻在杭州（当时南宋的都城）见面了，虽然他们两个人的地位相差比较大，但是两人相互倾慕，十分投缘。事后，朱熹在给友人的信中，对张栻夸赞不已："虽未能绝无渗漏，终是本领是当，非吾辈所及。"[①] 张栻对朱熹也非常钦佩，说"元晦卓然特立，真金石之友也"[②]，赞叹朱熹有坚毅刚强的气质。这是他们的第一次见面。他们第二次见面是在隆兴二年（公元 1164 年），当时张栻的父亲张浚在江西余干病逝，张栻兄弟扶灵柩回湖南宁乡。朱熹得知消息，赶到江西豫章（今南昌）祭奠张浚，并和张栻兄弟一起护送灵柩到江西丰城，一路上，两人就一些学术问题深入探讨了三天。这是他们在会讲之前的两次见面。

除此之外，朱熹与张栻还多次往来书信，讨论交流学术问题。他们是学术上的同调、知己，精神上相互契合，彼此倾慕、互相钦佩，而且两人有当面讨论、对话交流的强烈愿望。朱熹说，与张栻的通信，让他受益很多，对很多问题

---

① 朱熹：《答何叔京》，朱杰人等主编《朱子全书》第二十二册，《晦庵先生朱文公文集》卷四十，上海古籍出版社、安徽教育出版社 2010 年版，第 1822 页。

② 张栻：《新刊南轩先生文集》卷二十六《答陆子寿》，《张栻集》第四册，杨世文点校，中华书局 2015 年版，第 1168 页。

豁然贯通了。朱熹在信中曾经说，“幸甚幸甚，恨未得质之”①。有一些问题，要当面去讨论才更好。张栻也说，“数年来，尤思一会见讲论，未知何日得遂耶”②。张栻说他和朱熹总是靠通信来交流，不知道哪天能够见面痛痛快快地讨论交流，见面的愿望是非常强烈的。

2. 会讲。朱熹和张栻一起诗酒唱和、往返朱张渡、登赫曦台观日出。长沙现在还有朱张渡这个地名。这是朱熹与张栻渡过湘江，从城南书院到岳麓书院，再从岳麓书院到城南书院的地方。他们经常登上岳麓山顶的赫曦台看日出，总是在一起诗酒唱和。如《登岳麓赫曦台联句》：

泛舟长沙渚，振策湘山岑。（朱）
烟云渺变化，宇宙穷高深。（张）
怀古壮士志，忧时君子心。（张）
寄言尘中客，莽苍谁能寻？（朱）③

他们两个人还一起到南岳，乾道三年（公元 1167 年）十一月十日至十六日，南岳大雪，他们登上南岳，诗兴大发，七天作诗 149 首，留下了《南岳唱酬集》。有的研究者称：“醺醺然有太白遗风，毫无一点道学气。”④ 因为很多人对道学家、理学家形象的设定，就是那种正襟危坐、整齐严肃的样子。我们来看看他们的诗。如朱熹的诗句：“浊酒三杯豪气发，朗吟飞下祝融峰。”⑤ 他们登上了祝融峰顶。张栻诗句：“云气飘飘御晚风，笑谈嘘吸荡心胸。”⑥ 胸怀宽

---

① 朱熹：《答罗参议》，朱杰人等主编《朱子全书》第二十五册，《晦庵先生朱文公续集》卷五，上海古籍出版社、安徽教育出版社 2010 年版，第 4748 页。

② 张栻：《新刊南轩先生文集》卷二十三《答朱元晦》，《张栻集》第四册，杨世文点校，中华书局 2015 年版，第 1115 页。

③ 朱熹：《登岳麓赫曦台联句》，朱杰人等主编《朱子全书》第二十册，《晦庵先生朱文公文集》卷五，上海古籍出版社、安徽教育出版社 2010 年版，第 374 页。

④ 陈书良主编：《湖南文学史》，湖南教育出版社 2018 年版，第 215 页。

⑤ 朱熹：《醉下祝融峰作》，朱杰人等主编《朱子全书》第二十册，《晦庵先生朱文公文集》卷五，上海古籍出版社、安徽教育出版社 2010 年版，第 386 页。

⑥ 张栻：《新刊南轩先生文集》卷七《和元晦醉下祝融》，《张栻集》第三册，杨世文点校，中华书局 2015 年版，第 850 页。

广、气概豪迈。朱熹还有一句诗：“安知明日千峰顶，不见人间万里天。”① 这些诗作都收录于《南岳唱酬集》中，张栻作序，说这几天作诗实在太多了，甚至有一点玩物丧志的感觉了，以后两人在南岳再不作诗了。

结果两人行至株洲一带，就要分别了，朱熹要回福建，张栻要回长沙，离愁别绪涌上心头，他们又作了很多诗。朱熹的《二诗奉酬敬夫赠言并以为别》说：“明当分背去，惆怅不得留。”② 张栻《诗送元晦尊兄》说：“朝来出别语，已抱离索忧。”③ 这两首诗是《南岳唱酬集》所未收的，诗句中两人都对即将到来的离别感到极为不舍，可知二人在整个朱张会讲、南岳之游的过程中结下了深厚的情谊。

3. 朱熹怀念张栻。公元 1180 年 3 月，张栻去世，年仅 48 岁。朱熹听到噩耗后悲愤不已，他给另一个朋友吕祖谦写信说，自己两个月以来，每一念及张栻去世的事情就潸然泪下。半年以后他又说，张栻去世已经半年了，但每次想到这个事情都“未尝不酸噎”④。张栻的弟弟张杓请朱熹给张栻写一个碑铭，他跟朱熹说，“知吾兄者多矣，然最其深者莫如子”⑤。朱熹在《祭张栻文》中怀念了他们深厚的友谊：“我昔求道，未获其友。……盖自从公，而观于大业之规模，察彼群言之纷纠，于是相与切磋以究之，而又相厉以死守也。……嗟惟我之与兄，吻志同而心契。”⑥ 关于朱张之间的交往与情谊，湘潭大学陈代湘教授有更深入的研究，大家可以参阅。

---

① 朱熹：《福严寺回望岳市》，朱杰人等主编《朱子全书》第二十册，《晦庵先生朱文公文集》卷五，上海古籍出版社、安徽教育出版社 2010 年版，第 383 页。

② 朱熹：《二诗奉酬敬夫赠言并以为别》，朱杰人等主编《朱子全书》第二十册，《晦庵先生朱文公文集》卷五，上海古籍出版社、安徽教育出版社 2010 年版，第 387 页。

③ 张栻：《新刊南轩先生文集》卷一《诗送元晦尊兄》，《张栻集》第三册，杨世文点校，中华书局 2015 年版，第 712 页。

④ 朱熹：《答吕伯恭》，朱杰人等主编《朱子全书》第二十一册，《晦庵先生朱文公文集》卷三十四，上海古籍出版社、安徽教育出版社 2010 年版，第 1503 页。

⑤ 朱熹：《右文殿修撰张公神道碑》，朱杰人等主编《朱子全书》第二十四册，《晦庵先生朱文公文集》卷八十九，上海古籍出版社、安徽教育出版社 2010 年版，第 4130 页。

⑥ 朱熹：《祭张敬夫殿撰文》，朱杰人等主编《朱子全书》第二十四册，《晦庵先生朱文公文集》卷八十七，上海古籍出版社、安徽教育出版社 2010 年版，第 4074 页。

二、思想碰撞：朱张会讲缘起与过程

（一）会讲缘起

张栻、朱熹的学术思想都源自二程。二程是北宋前期著名理学家，也是朱、张的理学前辈。真德秀曾说：“二程之学，龟山得之而南，传之豫章罗氏，罗氏传之李氏，李氏传之考亭朱氏，此一派也。上蔡传之武夷胡氏，胡氏传其子五峰，五峰传之南轩张氏，此又一派也。”①也即二程的学术四传之后到了朱熹和张栻这一辈。虽然他们的思想从基本取向上来说是一致的，但经过数代传承之后，已处在不同的思想谱系中。朱熹是闽学的传人，张栻则是湖湘学的传人，他们的学术观点已出现很多差异，而这种学派上、思想上的差异正是互相交流吸收、质疑辩论的基础，朱张会讲的必要性即体现在这里。

会讲之前，朱熹、张栻已有过面谈，且有多次通信往来，讨论、交流学术问题。在信件往复过程中，虽然二人都颇有收获，但是他们也感到，许多复杂的理论问题在书信中无法酣畅淋漓地表达和讨论，而双方的困惑、分歧，更需要当面商榷、探讨，由此二人产生了当面讨论、对话交流的强烈愿望。因而，从缘起看来，会讲是朱熹与张栻几年来共同的愿望，目的在于面对面地、更为深入地探讨二人共同关心的学术问题，解决理论建构中的困惑。会讲只是他们长时期书信讨论的延续和发展。朱熹不远两千里，从福建来到长沙，既不是挑战者，也不是求教者，朱、张二人是平等的学友关系。

（二）会讲时间

公元1167年农历八月，朱熹携弟子从福建崇安动身，走了近一个月，行程达两千余里，九月初八到达长沙。张栻前往醴陵渌江书院相迎。朱熹在他的诗作中说：“我行二千里，访子南山阴。不忧天风寒，况惮湘水深。辞家仲秋旦，税驾九月初。”②朱熹到达长沙后，经常与张栻往来城南书院与岳麓书院。除去讲

---

① 真德秀：《真文忠公读书记》卷三十一，文渊阁四库全书本，第706册，上海古籍出版社1987年版，第106页。

② 朱熹：《二诗奉酬敬夫赠言并以为别》，朱杰人等主编《朱子全书》第二十册，《晦庵先生朱文公文集》卷五，上海古籍出版社、安徽教育出版社2010年版，第387页。

堂会讲外，两人还去岳麓山顶赫曦台观看日出，晚上一起住在百泉轩。朱熹在湖南待了两个月后，年底要回家过年，于是农历十一月十日到十六日，两人同游南岳，随后在株洲告别。于小年这一天，朱熹结束旅程，回到了福建武夷山。

（三）朱张会讲的内容、过程与意义

1. 具体内容

关于朱张会讲的具体内容，已无法详细考证，后世学者从存留不多的文献上，看到他们主要讨论了以下几个问题：一是中庸之义；二是关于太极的问题；三是知行问题。从他们的作品与书信材料来看，朱熹、张栻对以上问题进行了热烈讨论，取得不少共识，彼此都有不少收获。但在某些学术问题上依然存在着分歧，这在他们的诗作里面也有反映。比如说朱熹的一句诗"惟应微密处，犹欲细商量"①，说的是两人思想的大体框架、基本的取向没有很大分歧，但是一些细微的地方还需辨析讨论。这也说明张栻、朱熹都秉持严肃认真、坦诚相见的态度，坚守各自的立场，唯理是求，折中于理。朱张会讲是两位学友在共同的理论探索过程中的平等交流与对话。

2. 会讲的现实指向

朱熹与张栻会讲所讨论的问题是中庸、太极、知行等问题，其中的太极、中庸是非常高深、抽象的理论问题。他们为什么讨论这些高深、抽象的理论问题呢？因为他们的讨论有非常明确的现实指向。正像他们一起作诗所说的"怀古壮士志，忧时君子心"②，两个人讨论抽象的理论问题，最后都要归结到对现实问题的关注，都要经世致用，都要重视如何重建社会纲常秩序。

3. 会讲的激烈程度与人气

朱熹与张栻的会讲讨论非常激烈，清人所作《朱子年谱》说："是时，范念德侍行，尝言二先生论《中庸》之义，三日夜而不能合。"③说的是他们讨论

---

① 朱熹：《有怀南轩老兄，呈伯崇、择之二友二首》，朱杰人等主编《朱子全书》第二十册，《晦庵先生朱文公文集》卷五，上海古籍出版社、安徽教育出版社2010年版，第408页。

② 朱熹：《登岳麓赫曦台联句》，朱杰人等主编《朱子全书》第二十册，《晦庵先生朱文公文集》卷五，上海古籍出版社、安徽教育出版社2010年版，第374页。

③ 王懋竑：《朱熹年谱》卷一，何忠礼点校，中华书局1998年版，第32页。

《中庸》的问题，两人三天三晚都没有达成一致的意见。这种为了一个问题，要弄个水落石出的精神，我们现在也应该去好好发扬。据《年谱》记载，会讲的人气很高，当时包括长沙、湘阴、汨罗等长沙府属地的很多人聚集在岳麓，多达千人，“舆马之众至饮池水立竭”[①]。由于人来得太多了，以至于他们的马把池塘里的水都喝干了，这是当时的一种盛况。当代著名儒学家杜维明先生来岳麓书院时，曾提出一个问题：朱张会讲时，那么多人来听讲，声音问题是怎么解决的呢？后来我们也探讨过该问题，认为很可能是采取坐在前面的人不断地向后面传话的方式。

4. 会讲的意义

第一，朱张互相影响、互相取益，促进了理学的发展。在会讲的过程中，双方意识到自己的问题，同时也看到对方的一些问题，可以取长补短、互相取义。比如朱熹的中和旧说主要是在张栻的启发和引导下获得的，等到朱熹独立思得中和新说后，张栻转而认同朱熹的观点，其晚期思想又受到朱熹的深刻影响，从而促进了理学的发展。

第二，在整个中国学术思想史上具有非凡的意义。朱张会讲开中国书院史上不同学派自由交流对话、相互质疑论辩的先河，为书院增添了兼容开放的精神内涵。以前大家觉得书院是一个藏书和培养人才的地方，但朱张会讲增加了一个新的兼容开放的精神内涵，使得远近四方的读书人都去参与，使得会讲活动成为学术交流的良好平台。

此后，会讲形式被广泛采用。朱熹和陆九渊兄弟的鹅湖之会（公元 1175 年）、朱陆白鹿洞书院会讲（公元 1181 年），影响之所以如此巨大，得益于“朱张会讲”所开创的这种形式。朱张所开创的这种会讲形式，成为不同学派交流对话、求同存异的典范，对于南宋学术的繁荣、理学的发展和传播产生了巨大的推动作用。到明代，会讲进一步发展成讲会的形式，对阳明心学的发展传播影响很大。很多学者立书院、联讲会，参加人数动辄上千，促进了学术的平民化。宋代以后，尤其是明代，出现了明显的学术下移的趋势，这与会讲、讲会形式的盛行有着很大关系。

---

① 赵宁纂修：《新修岳麓书院志》卷三《书院》，邓洪波、谢丰点校，岳麓书社 2012 年版，第 225 页。

第三，此次会讲使得岳麓书院声名大振。此后，湖南各地及周边省份都有大批士子前来岳麓，求学问道、研经穷理，甚至有的士人“以不得卒业于湖湘为恨”①。“朱张会讲”提升了岳麓书院的学术地位，扩大了湖湘学派的影响，使岳麓书院成为声闻遐迩的理学传习基地。元代吴澄《岳麓书院重修记》中言：“自此之后，岳麓之为书院，非前之岳麓矣！”②一直到今天，承载朱张会讲的岳麓书院几乎成了一种具有象征意义的文化符号。冯友兰先生曾于岳麓书院留下了“惟楚有材，于斯为盛；沅生芷草，澧育兰花”的佳句，饶宗颐先生曾以“斯文在兹”赠送给岳麓书院，寄托了他们对岳麓书院继续弘扬中华优秀传统文化的厚望与期待。

三、朱张之绪：朱张会讲的叙述与意义建构

上面我们讲了朱张会讲的缘起和过程，那么历代湖南士人是怎么看待和叙述朱张会讲事件并赋予其重要意义的呢？

（一）朱张会讲与朱张之绪

朱张会讲对朱熹、张栻两位学者而言，是一次在学术建构过程中为解决自身困惑、启发思路而进行的跨区域学术交流与对话。当时，朱熹 37 岁，张栻 34 岁，两人都处于学术体系的建构发展期，都还不是后人眼中地位崇高的学术大师。从朱熹、张栻的诗文中也可以看到，他们两人对这次会讲的认识和定位很明确，那就是相互切磋和对话。

随着理学尤其是朱子学地位的不断提高，当朱子学成为学术主流、官方哲学之后，朱张会讲作为朱子的重要学术活动，被历代许多学者以“倒放电影”的方式，进行了一种追溯性的叙述，在叙述中对这一活动进行了意义赋予。这实际上就对历史上的朱张会讲进行了一种塑造和建构。明清以后，这种塑造和建构得到

① 朱熹：《答刘公度》，朱杰人等主编《朱子全书》第二十三册，《晦庵先生朱文公文集》卷六十四，上海古籍出版社、安徽教育出版社 2010 年版，第 3143 页。

② 吴澄：《岳麓书院重修记》，《吴文正集》卷三十七，文渊阁四库全书本，第 1197 册，上海古籍出版社 1987 年版，第 392 页。

越来越多人的认可和传播。甚至湖湘后学为了突出湖湘之学的正统性、正宗性，表明湖湘之学已经超越了湖湘一隅的地域局限而属于主流学术的一部分，也刻意彰显、突出朱张会讲的意义。毫无疑问，这种塑造和建构有其历史事实基础。但是我们应该看到，其中不可避免地存在着意义添加。这种意义在代代相传的过程中不断被强化。

在历史的传承中，承载这些意义的朱张会讲作为一个符号化事件，也逐渐与湖湘道统相联系，变成了具象的“朱张之绪”，成为鞭策、激励湖湘士人步武前贤、继志绳武、光大湖湘文化的精神动力，在不同时期发挥着实际的作用与影响。下面，我们按照历史线索来考察在朱张会讲的叙述与意义建构过程中朱张之绪的逐渐显现。我在看湖南地方志、《岳麓书院志》的时候，看到很多很有意思的材料，所以收集了很多资料。

（二）南宋时期涉及“东南三贤”朱、张、吕的各种说法

南宋时期，朱熹、张栻和吕祖谦已经有非常高的地位了，当时很多著名的学者或把他们三人并称，或把朱、张并称，这说明朱、张的地位不是后人赋予的，而是当时就有很重要的地位。例如，陈亮曾对朱熹、张栻、吕祖谦三人在当时学术上的地位有一个整体的评价：“乾道间，东莱吕伯恭、新安朱元晦及荆州（张栻）鼎立，为一世学者宗师，亮亦获承教于诸公后。”① 辛弃疾说：“厥今上承伊、洛，远溯洙、泗。佥曰朱、张、东莱，屹鼎立于一世，学者有宗，圣传不坠。”② 叶适则说：“（吕祖谦）与张栻、朱熹同时，学者宗之。”③ 陆九渊把朱熹和张栻比作北宋理学非常重要的二程兄弟，说：“元晦似伊川，钦夫似明道。伊川蔽固深，明道却通疏。”④ 这个评价是非常之高了。楼钥也认为：“乾道、淳熙间，儒风日盛。晦庵朱公在闽，南轩张公在楚，而东莱吕公讲道婺女。是时以学问著述为人师表者相望，惟三先生天下共尊仰之。”⑤ 周密说：“伊洛之学

---

① 陈亮：《与张定叟侍郎》，《陈亮集》卷二十一，中华书局 1974 年版，第 322 页。

② 辛弃疾：《辛殿撰幼安》，《东莱吕太史文集》附录卷第二，《吕祖谦全集》，浙江古籍出版社 2008 年版，第 763 页。

③ 叶适：《皇朝文鉴》，《习学记言序目》卷四十七，中华书局 1977 年版，第 695 页。

④ 陆九渊：《语录上》，《陆九渊集》卷三十四，中华书局 1980 年版，第 413 页。

⑤ 楼钥：《东莱吕太史祠堂记》，《楼钥集》（第三册）卷五十二，浙江古籍出版社 2010 年版，第 970 页。

行于世，至乾道、淳熙间盛矣。其能发明先贤旨意，溯流徂源，论著讲解卓然自为一家者，惟广汉张氏敬夫，东莱吕氏伯恭，新安朱氏元晦而已。”[①]这是南宋时期，士人对他们的评价。

当时学者还建构了一个儒家之道的传承谱系，将朱熹、张栻、吕祖谦一起纳入其中。如李心传说：“中立传郡人罗仲素，仲素传郡人李愿中，愿中传新安朱元晦。康侯传其子仁仲，仁仲传广汉张敬夫。乾道、淳熙间，二人相往来，复以道学为己任，学者号曰晦庵先生、南轩先生。东莱吕伯恭，其同志也。”[②]丁端祖说：“本朝濂溪二程，倡义理之学，续孔孟之传，而天下学者，始知所适从。……又得晦庵朱氏、南轩张氏、东莱吕氏复阐六经之旨，续濂溪二程之传，而大道以明，人心以正，然三儒同功一体，天下均所宗师。”[③]认为他们以复兴道学为己任，续濂溪、二程之传，使儒家之道得以彰显。甚至有人说，“朱张二先生倡道东南，共扶千载之坠绪”[④]，接续千年以来已失传的道统，这个评价也是非常高的，把他们放在道统传承的谱系里去谈。南宋时期，“东南三贤”的地位非常高，这是学者的一个共识，也是一个客观事实。

（三）朱张会讲的叙述与意义建构

具体把朱张会讲这个事件和湖湘道统联系起来的，是南宋后期长沙地区的最高领导、著名的理学家真德秀。他曾经在公元1222年知潭州（长沙），兼湖南安抚使，距今正好800年，明代时曾从祀孔子庙庭，地位也非常高。他站在湖湘的立场上说话，认为湖湘渊源最正，前有周敦颐、后有胡宏这些人，而“张朱二先生接迹于此，讲明论著，斯道益以光”[⑤]。由于朱、张二人在此讲学论道，使湖湘承载的儒家之道发扬光大。真德秀是较早将朱张会讲和湖湘道统联系起来说的学者。

元代著名的理学家吴澄对朱张会讲在岳麓书院发展史上的意义给予了高度评

---

① 周密：《道学》，《齐东野语》卷十一，中华书局1983年版，第202页。

② 李心传：《道学兴废》，《建炎以来朝野杂记》甲集卷六，中华书局2000年版，第138页。

③ 丁端祖：《东莱先生吕成公覆谥议》，李心传《道命录》卷八，中华书局1985年版，第102页。

④ 家铉翁：《敬室记》，《则堂集》卷二，《文渊阁四库全书》本，第1189册，上海古籍出版社1987年版，第291页。

⑤ 真德秀：《先贤祠》，《西山先生真文忠公文集》卷四十九，商务印书馆1937年版，第909页。

价。他说朱熹与张栻二先生在岳麓相与讲论，“阐明千古之秘”（《岳麓书院重修记》），将千古以来别人没有阐发出来的儒家宗旨彰显出来了，“自此之后，岳麓之为书院，非前之岳麓矣”[①]。为什么说岳麓书院不再是以前的岳麓书院呢？这是因为“地以人而重也”[②]。因朱张二人在这里讲过学，所以岳麓书院才这么重要。这是对朱张会讲在岳麓书院发展史上的意义的高度评价。此外，吴澄还认为在朱张会讲的过程中，朱熹受益比较多。他对朱张会讲的过程中二人的角色有另外一番叙述：“是晦庵太极之说尽得之于南轩，其言若合符节。”[③]按照这一叙述，则朱熹太极之说乃“尽从南轩之说”“尽得之于南轩”[④]，这就与朱子门人后学所说的朱熹说服张栻，张栻“幡然从之”的叙述相反。

到明代，湖湘士人对朱、张尊崇有加，朱、张已经被作为道统的象征而加以祭祀，朱张会讲成为湖湘道统传承的符号性事件。首先，朱、张作为道统的象征被加以祭祀。在很多书院里，有祭祀朱、张的场所。如南岳有朱张祠。明朝成化年间（1465—1487），知府钱澍修复岳麓书院的时候，把朱熹和张栻的像挂到后堂，表示对他们的尊崇。明朝弘治年间（1488—1505），通判陈钢于“岳麓、道林二寺之间，剪辟荒榛，创建讲堂数楹，列诚明、敬义二斋，北上祠祀朱张二先生，曰崇道”[⑤]。祭祀朱、张两人，把他们和道统联系在一起。同时代的另外一个官员吴世忠对风水特别感兴趣，他为岳麓书院做了一件大事，把岳麓书院大门的方位调整了一下。岳麓书院从宋代建立以后，屡兴屡废，吴世忠认为建筑布局有一些问题，所以把大门的朝向和其他地方进行了一些调整。据《岳麓书院志》记载，调整以后，岳麓书院整体布局顺畅多了。吴世忠还写有《题岳麓书院诗

---

① 吴澄：《岳麓书院重修记》，《吴文正集》卷三十七，文渊阁四库全书本，第1197册，上海古籍出版社1987年版，第392页。

② 吴澄：《岳麓书院重修记》，《吴文正集》卷三十七，文渊阁四库全书本，第1197册，上海古籍出版社1987年版，第392页。

③ 吴澄：《答田副使第三书》，《吴文正集》卷三，文渊阁四库全书本，第1197册，上海古籍出版社1987年版，第53–54页。

④ 吴澄：《答田副使第三书》，《吴文正集》卷三，文渊阁四库全书本，第1197册，上海古籍出版社1987年版，第53–54页。

⑤ 陈论编、吴道行续：《重修岳麓书院图志》卷一《沿革》，邓洪波点校，岳麓书社2012年版，第29页。

序》，认为岳麓书院是朱熹和张栻“讲道过化”的文化圣地，“今学者承朱张之教，而天下坐享道学讲明之功，顾乃使其遗址荒榛如此，不亦可为人文世道之叹也哉”[①]，认为将其废弃成为一个遗址是不对的，这说明他当时是非常重视朱张会讲这件事情的。当时知府王瑫等撰《请善化司训主岳麓书院教启》，奏请有司派人主教岳麓书院时也说：“岳麓名山，尝致朱张之文会。自此士风彬蔚，他郡莫之能先。逮夫圣化沾濡，人才于斯为盛。”[②] 由于朱、张曾在岳麓这座名山进行会讲，所以之后湖南比其他地方的文化发达多了，这也是对朱张会讲作用的一种叙述。现在岳麓书院有副对联：“惟楚有材，于斯为盛”，据我们考察，“于斯为盛”这四个字最早就出现在这篇文献里面。

此外，还有一些祭文表达了对朱、张的尊崇。陆相《时祭朱张二先生文》称他们“承诸儒之统绪，立百代之旌麾”[③]。将朱、张作为道统传承过程中的一个关键节点。当时的官员陈凤梧在《兴复书院以崇正学事案验》中也说：“照得岳麓书院实晦庵、南轩二先生讲道之所，距今数百余载，而流风遗化尚有存者。”[④] 从朱、张二先生在岳麓书院讲道到现在已经有几百年了，他们的流风遗化还有遗留，如果要崇尚正学、启迪正道，就一定要修复岳麓书院。

明代岳麓书院山长陈论要回家，他写的《辞山长呈状》中言：“唯时有晦庵朱子、南轩张子，相与交会，讲明性道，教于其中。自是岳麓为天下四大书院，称首当时，颂为小邹鲁，不诬也。”[⑤] 认为朱熹、张栻会讲之后，岳麓书院成为当时天下第一的书院。另外，陈论的《重修岳麓书院图志》中有一幅《晦庵南轩岳麓讲道图》。嘉靖三十八年（公元 1559 年）徐爌书“正脉”二字于

---

① 吴世忠：《题岳麓书院诗序》，陈论编、吴道行续《重修岳麓书院图志》卷八《艺文三》，邓洪波点校，岳麓书社 2012 年版，第 107 页。

② 王瑫：《请善化司训主岳麓书院教启》，陈论编、吴道行续《重修岳麓书院图志》卷六《艺文一》，邓洪波点校，岳麓书社 2012 年版，第 78 页。

③ 陆相：《时祭朱张二先生文》，陈论编、吴道行续《重修岳麓书院图志》卷七《艺文二》，邓洪波点校，岳麓书社 2012 年版，第 92 页。

④ 陈凤梧：《兴复书院以崇正学事案验》，陈论编、吴道行续《重修岳麓书院图志》卷六《艺文一》，邓洪波点校，岳麓书社 2012 年版，第 75 页。

⑤ 陈论：《辞山长呈状》，陈论编、吴道行续《重修岳麓书院图志》卷六《艺文一》，邓洪波点校，岳麓书社 2012 年版，第 76 页。

朱张祠。将朱、张视为儒家之道传承中的正宗。乾隆皇帝给岳麓书院赐了一块“道南正脉”匾，也是对他们在道统传承中地位的充分肯定。董策《重修岳麓书院记》说朱熹“与张南轩往来，反复辨论《中庸》之旨”[①]，是继道统、开来学，将其与道统联系在一起。明代岳麓书院最后一位山长吴道行，认为朱、张两位在这里讲学，是“倡道作人”。“倡道”就是讲明道学，“作人”就是作育人才、培养人才。他是从道统传承的角度来说朱张会讲的。据吴道行《重修岳麓书院图志》记载，他曾“修朱张二先生祠，竖坊二面：曰圣道中天，曰继往开来”[②]。为朱、张二先生修祠，竖了两个牌坊。把朱、张放到圣道中天、继往开来的道脉中来谈。

以上是宋、元、明三代的情况。到清康熙年间，一个重要事件进一步凸显了朱张会讲的重要意义。康熙二十五年（公元1686年），湖南巡抚丁思孔上《请书额疏》，其中提及朱张会讲，作为请求赐书赐额的依据，引发了崇尚理学的康熙皇帝对此事的关注。但是因为朝廷认为《长沙府新志》中并未记载朱张会讲一事，对此提出疑问，要求补充材料，然后，丁思孔再次上奏，详细叙述了朱张会讲一事以及历代名儒的有关叙述与评论。最终在丁思孔的努力下，朱张会讲的意义得到康熙皇帝的认可。康熙赐给岳麓书院“学达性天”匾额及经史图书。显然，朱张会讲这一符号性事件是岳麓书院获得赐额赐书的决定因素。因此，在所有的庆贺书院获赐匾额的诗作中，几乎都会提及朱张会讲的事情。这一机缘，使得朱张会讲的意义进一步凸显，与湖湘道统之间也建立了确乎不拔的联系，朱张之绪的内涵也开始明确。下面我们来看具体情况。

巡抚丁思孔第一次上《请书额疏》，奏请赐额时说，“张栻、朱熹等相继于此讲学，四方学者至数千人”[③]，提到了朱张会讲的事情，但没有着力渲染、突出。而朝廷批复说，《长沙府新志》中没有看到张栻、朱熹在岳麓书院讲学这一事件，

---

① 董策：《重修岳麓书院记》，陈论编、吴道行续《重修岳麓书院图志》卷八《艺文三》，邓洪波点校，岳麓书社2012年版，第109页。

② 陈论编、吴道行续：《重修岳麓书院图志》序，邓洪波点校，岳麓书社2012年版，第3页。

③ 赵宁纂修：《新修岳麓书院志》卷一《〔新典恭纪〕·请书额疏》，邓洪波、谢丰点校，岳麓书社2012年版，第187页。

所以要求把这个事情查核明白。巡抚丁思孔按要求补充了朱张会讲的材料：乾道元年，刘珙为安抚使，重新修葺岳麓书院，请张栻主教事。乾道三年，朱熹自福建来潭州（长沙）访张栻，停留了两月，讲学于岳麓书院，手书“忠孝廉节”四字及道乡台等题额……将历代学者对朱熹、张栻在岳麓讲学一事的叙述与评论列出来，并解释说，第一次奏请不敢多为援引，以滋烦冗，“今令臣确查明白，因考长沙新、旧《府志》暨《宋史》及文集诸书，张栻、朱熹确曾于此讲学，其新修本省《通志》虽书院本条之下未经备载，而亦散见于岳麓山图注及祠祀、古迹、名宦诸条之中。用敢再疏题请。伏乞皇上睿鉴，敕部议覆施行”[①]。说明丁思孔此前的奏疏对朱张会讲的认识还不够，而康熙皇帝看重的乃是朱张会讲这一符号性事件。后来朝廷说事情查清楚了，“照江西白鹿洞书院之例，颁给御书匾额，并给发日讲解义及经史诸书”[②]。这是岳麓书院赐额事情的来龙去脉。

岳麓书院获得康熙皇帝赐的匾额和书后，学者们写了很多诗。如朱前诒的“振兴学校播教化，重新书院绍朱张”[③]、徵朗山的《钦赐岳麓书院御书匾额》“道心追孔孟，学术溯朱张”等。[④]在这些庆贺诗中，朱、张的核心地位进一步凸显。其他文字中也凸显了朱张传统对于岳麓书院的重要性，把朱、张作为岳麓书院的灵魂。如乾隆时期的岳麓书院山长旷敏本的《朱张祠碑记》曰：“南岳七十二峰，独岳麓传者，以书院也。书院遍域中，独首岳麓者，以朱张也。”[⑤]凸显了朱张的地位。现在岳麓书院还有旷敏本写的一副长联：“是非审之于己，毁誉听之于人，得失安之于数，陟岳麓峰头，朗月清风，太极悠然可会；君亲恩何以酬，民物命何以立，圣贤道何以传，登赫曦台上，衡云湘水，斯文定有攸归。”今天到屈子书院的

---

① 赵宁纂修：《新修岳麓书院志》卷一《〔新典恭纪〕· 第二疏》，邓洪波、谢丰点校，岳麓书社 2012 年版，第 190 页。

② 赵宁纂修：《新修岳麓书院志》卷一《〔新典恭纪〕· 第二疏》，邓洪波、谢丰点校，岳麓书社 2012 年版，第 191 页。

③ 赵宁纂修：《新修岳麓书院志》卷一《〔新典恭纪〕· 四月十六日》，邓洪波、谢丰点校，岳麓书社 2012 年版，第 284 页。

④ 赵宁纂修：《新修岳麓书院志》卷一《〔新典恭纪〕· 钦赐岳麓书院御书匾额》，邓洪波、谢丰点校，岳麓书社 2012 年版，第 282 页。

⑤ 旷敏本：《朱张祠碑记》，丁善庆纂辑《长沙岳麓书院续志》卷四《艺文 · 碑记》，邓洪波校点，岳麓书社 2012 年版，第 634 页。

时候，讲解员说还记得这一对联，可见这一副长联对世人的影响之大。很多人对这副长联中的上联讲的读书人的精神境界以及下联所说的社会责任感非常认同。另外，易宗涒作了《岳麓书院记》，从地理位置上说岳麓书院是衡山的一部分，有洞庭环绕，“踞湖南之胜地，固重矣”，地位本来已经非常重要了，但“又有朱张两大儒讲学其间，而地又以人重也”①。在朱张讲学之后，其地位越发重要。最有意思的是，查昇在《岳麓书院赋》中，不称岳麓书院，而直接称“朱张二夫子书院”。② 可见朱、张对岳麓书院的重要性。还有更多的诗词，把朱张传统界定为湖湘道脉。如张仲举在《朱张祠》中说：“道脉千秋启，书堂万古名。”③ 唐源《岳麓书院》曰：“楚甸道脉起，荒徼俗习嘉。”④ 都是把他们和湖湘道脉联系起来。

关于朱张遗绪、朱张之绪的提出，丁思孔《重建岳麓书院碑记》中有“能继朱张两夫子之遗绪，讲明性天之学”⑤；姚颐《岳麓书院文泉记》明确提出“继朱张之绪”⑥。我在《湖南方志》和《岳麓书院志》里面查到的都是朱张之绪，湖南大学的校歌“承朱张之绪，取欧美之长”，我觉得可能应该也是出自这里。

四、道脉绵延：朱张之绪在湖湘文化发展过程中的影响

关于朱张之绪在湖湘文化发展过程中的影响，有以下几点。

其一是成为激励湖湘学子步武前贤、追迹先儒的精神力量。以前汨罗和湘阴

---

① 易宗涒：《岳麓书院记》，丁善庆纂辑《长沙岳麓书院续志》卷四《艺文・碑记》，邓洪波校点，岳麓书社 2012 年版，第 631 页。

② 查昇：《岳麓书院赋》，赵宁纂修《新修岳麓书院志》卷四《赋》，邓洪波校点，岳麓书社 2012 年版，第 276 页。

③ 张仲举：《朱张祠》，赵宁纂修《新修岳麓书院志》卷五《书院诗》，邓洪波校点，岳麓书社 2012 年版，第 318 页。

④ 唐源：《岳麓书院》，赵宁纂修《新修岳麓书院志》卷五《书院诗》，邓洪波校点，岳麓书社 2012 年版，第 307 页。

⑤ 丁思孔：《重建岳麓书院碑记》，赵宁纂修《新修岳麓书院志》卷七《记》，邓洪波校点，岳麓书社 2012 年版，第 432 页。

⑥ 姚颐：《岳麓书院文泉记》，赵宁纂修《新修岳麓书院志》卷四《艺文・碑记》，邓洪波校点，岳麓书社 2012 年版，第 640 页。

是一家，湘阴的仰高书院，修建于嘉靖三十一年（公元1552年），重建于乾隆十二年（公元1747年），郭嵩焘等曾在此就读。为什么叫仰高书院呢？其"定名仰高，期诸生向进者仰法朱张，以为行止之地与！"①就是说，要以朱、张为法，激励湖湘学子以希圣希贤自我期许，立志高远，格局宏大，最终能够脱颖而出，彪炳史册。

其二，对朱张之绪的强调，也使得地方官员和地方文化精英从历史维度进行思考，将其纳入了历史的序列之中，增强了接续传统、继往开来的使命感与责任感。这种使命感与责任感使得他们重视地方文教，致力于兴复书院、整顿校风、施行教化。如弘治年间，陈凤梧在《兴复书院以崇正学事案验》中说："照得岳麓书院实晦庵、南轩二先生讲道之所，距今数百余载，而流风遗化尚有存者……"如果要崇正学，迪正道，"则书院之兴复尤在所不可缓者"。②

其三，对湖湘地区的学风和士风产生深刻影响。关于朱、张对湖湘地区的影响，首先体现在以张栻为代表的湖湘学派学者重视经世致用，强调践履实行，务实而不务空谈。张栻说："若如今人之不践履，直是未尝真知耳。"③"圣门实学，贵于践履，隐微之际，无非真实。"④实学归于践履。这种经世取向在历史发展过程中逐渐内化为湖湘学者的精神追求。如清代的贺长龄、魏源编了《皇朝经世文编》，左宗棠非常有名的说法"识得一字即行一字"⑤，经世致用的取向都非常明显。其次，朱、张以兼容开放、唯理是求的态度开展学术讨论，相互取益，堪称后世学者的楷模，深刻地影响了湖南学风。岳麓书院山长黄衷在《岳麓书院祠祀记》中说：朱熹和张栻的学问造诣如此高深，他们在此不断地通过讨论

---

① 嘉靖《湘阴县志》卷上《学校·仰高》，嘉靖三十三年（1554）刻本，第49页。

② 陈凤梧：《兴复书院以崇正学事案验》，陈论编、吴道行续《重修岳麓书院图志》卷六《艺文一》，邓洪波点校，岳麓书社2012年版，第75页。

③ 张栻：《新刊南轩先生文集》卷三十《答朱元晦》，《张栻集》第三册，杨世文点校，中华书局2015年版，第1217页。

④ 张栻：《南轩先生论语解》卷四《述而篇》，《张栻集》第三册，杨世文点校，中华书局2015年版，第157页。

⑤ 左宗棠：《家书》，《左宗棠全集》，刘泱泱等点校，岳麓书社2009年版，第6页。

来解决疑难，作为一个年轻的读书人，为什么不多向别人请教，互相讨论呢？[①]这对湖南的学风影响很大。

朱熹与张栻对湖南的士风影响也很大。如朱熹“忠孝廉节”的碑刻、张栻“传道济民”的教育宗旨、援天理人欲辨义利的价值观念，以及一系列有关朱张的纪念性建筑、对朱张的祭祀，所体现的都是对朱张理学思想价值观念的推崇。《宋元学案·南轩学案》记载：“南轩先生岳麓之教，身后不衰。宋之亡也，岳麓精舍诸生乘城共守。及城破，死者无算。”[②]元军攻打长沙的时候，岳麓书院的学子拿起武器奋起抵抗元兵，最后死者有十九，十分惨烈。湖南益阳籍历史学家周谷城先生在《中国通史》中列举岳麓诸生抗元斗争事实之后，说这些东西虽不一定全部是理学所直接培植出来的，但理学所亟欲培植的却不可能不包括这种精神在内。[③]所以我们可以看到，在国家民族危难时刻，湖湘士人所表现出的忠勇奋发、刚毅果决的精神气质，是一代又一代文化传统长期培植、塑造的结果。可以说，南宋岳麓诸儒所奠定的“经世致用”“传道济民”“忠君爱国”的传统，朱张所代表的理学精神，是近代湖湘大地人才辈出的精神底蕴。

朱熹、张栻培养了大批人才，推动并促进了湖湘地区文化教育事业的发展。朱、张在湖湘地区培养了一批亲传弟子，这些弟子散处湖湘各地，或者为官理政，或者著书讲学，或者沉潜于民间，致力于地方文化建设。朱张亲传弟子薪火相传，代有传人，对湖湘地区文化教育事业的发展起到了推动和促进作用。如张栻以岳麓、城南为基地，十多年中培养了大批湖湘英才，声名盛于一时，“湘蜀门徒之盛，一时无两”[④]。弟子胡大时、彭龟年、吴猎、游九功、游九言，皆为湖湘学派之巨子（中坚）。在《宋元学案》中专门辟有《岳麓诸儒学案》，系统叙述了影响巨大的湖湘学派人才群体，并赞称湖湘学在当时为最盛。《朱子年谱》中称朱熹绍熙五年（公元 1194 年）到任长沙，为湖南安抚使。“长沙士

---

① 赵宁纂修：《新修岳麓书院志》卷七《岳麓书院祠祀记》，邓洪波、谢丰点校，岳麓书社 2012 年版，第 423 页。

② 黄宗羲：《宋元学案》卷五十《南轩学案》，全祖望补修，陈金生、梁运华点校，中华书局 1986 年版，第 1647 页。

③ 周谷城：《中国通史》（下），上海人民出版社 1957 年版，第 302 页。

④ 李肖聃：《李肖聃集》，岳麓书社 2008 年版，第 19 页。

子，素知向学，及邻郡数百里间，学者云集。先生诱诲不倦，坐席不能容，溢于户外，士俗欢动。”[①]据一些学者研究，朱熹在岳麓培养了一批弟子，他们或仕进为官，或从事文教、学术活动。这些学者活跃在湖湘大地，薪火相传，传播儒学，教化民众，其学术和政治活动使湖湘学派流光溢彩。

从整体上看，宋代以后，湖湘士人非常重视对朱张思想遗产的继承，将朱张视为湖湘道统中的关键人物，一并祭祀于书院与学宫。朱张之学成为湖湘学术的核心内容，对湖湘的学术传承和人才培养产生了深刻影响。众多湖湘士人自觉地认同朱张传统，弘扬朱张之学，遵循朱张遗教，接续朱张之绪，将湖湘文化的发展推向高峰。

五、结语：朱张会讲的借鉴意义

朱张会讲，是不同地域、不同学术流派之间的思想碰撞与学术交融。当今世界越来越成为一个多元格局下的国与国之间密不可分的世界，如何在这一格局中和谐共存，将进一步考验人类的智慧。855年前的“朱张会讲”虽已一去不返，但其本身所彰显出来的文明对话、文明交流、文化多元、文化并存的模式和主张以及理念与我们这个时代息息相关，而且也将会在多元的文化生态环境中保持中华文化应有的地位，促使中华文化走出国门、走向世界，为人类命运共同体的新发展贡献一己力量。

我们今天对朱张会讲、朱张之绪的分享就到这里，敬请各位嘉宾、各位朋友批评指正。谢谢各位！

（王琦整理并经主讲嘉宾审定）

---

① 王懋竑：《朱熹年谱》卷四，何忠礼点校，中华书局1998年版，第226页。

现场互动

主持人（王琦）：肖教授用详细的史料和生动的事例，回顾了朱熹与张栻的生平、交往与学术，阐述了朱张会讲的缘起、过程与意义，揭示了朱张会讲、朱张之绪作为一个文化符号与文化建构，对湖湘文化乃至中华文化所产生的重大影响。朱熹和张栻虽同出“二程”，但在不断地传承、发展中，在思想上产生了一些差异。为了更好地辨明学术，朱熹不远两千里来到岳麓书院，与张栻切磋论道，从中我们可以看到古代先贤们的求真、求实的精神。朱张会讲不仅开启了中国书院史上不同学派的学者自由辩论的先河，而且成为中国文化史上兼容并包、求同存异的典范，同时也是鞭策湖湘士子传承湖湘文化的道统、经世致用的强大精神武器。屈子书院自启动讲坛以来，每个月邀请来自全国各地的学术大咖们分享思想，也是希望能够继承朱张之绪，弘扬湖湘文化，让最纯正、最优秀的中华文化通过我们的讲坛与直播更好地走进千家万户。让我们以热烈的掌声再次感谢肖老师。

今天机会非常难得，我们现场开放几个问题，欢迎朋友们向肖教授请教！

观众提问：谢谢肖教授让我重新认识了朱熹和张栻。关于朱张会讲，有人说是张朱会讲，因为在当时张栻的地位高于朱熹，朱熹到岳麓书院是向张栻求教的！请问您是怎么看这个问题的？

肖永明：谢谢你的问题。我在准备这个讲座的时候，脑海中也浮现了这个问题。不少学者都提到，朱张会讲应该叫张朱会讲。我认为不管是朱张会讲还是张朱会讲，都有道理。这两位先贤在岳麓书院进行的学术交流与讨论，已经成为中国历史上的一件大事，是一个象征性符号。在这中间，既有朱熹向张栻请教的一面，又有张栻从朱熹那里获得思想资源的一面，所以无论讲朱熹更重要，还是讲张栻更重要，都能找到足够的理由。

当然，我们如果梳理一下他们之前的往来书信，就会知道他们想要会面讨论的强烈的愿望与急迫的程度，应该说两个人是像磁铁一样互相吸引的。有人说朱熹从福建武夷山到湖南是要去给张栻赐教，也有人说朱熹是抱着一个求教者的姿态去向张栻学习的，这和他们当时激烈争论三日三夜不能合的情形是不相符的，所以我把朱张会讲定义为两个人在学术建构过程当中都遇到了困惑，非常想找朋友讨论、解决这些困惑，我认为将它理解为两个同道者之间的学术讨论交流更好。如果认同这个定位的话，无论是朱熹在前还是张栻在前，都不影响我们对这次事件的判断。

而且在历史上，800 年前长沙府的最高领导真德秀写的是张朱。这是为什么？他也有自己的理由。当时他是湖南岳麓书院主持教席的，而且他的文章宗旨是要彰显湖湘道统，因此把张栻放在朱熹前面。但是相对而言，更多材料写的还是朱张，所以如果我们不那么去纠结这个排序的话，我讲朱张会讲，你讲张朱会讲，我觉得都没有关系。此外，还有一个大家比较容易接受的理由，朱熹比张栻年长三岁，所以叫朱张会讲也是可以的，这中间既没有价值评判的问题，也没有谁高谁低的问题。

王琦：感谢肖教授传道解惑。我赞同肖教授的观点，不管是朱张还是张朱，谁在前、谁在后并不重要，重要的是他们在中国文化史上所开启的不同学派之间自由交流对话、相互质疑的论辩精神，值得我们去传承、去关注。

观众提问：尊敬的肖教授，尊敬的王老师，感恩你们为屈子书院的付出。我听了这堂讲座非常受启发，我为作为一个湖南人感到骄傲。我有两个问题想问。我刚才听肖教授讲湖湘文化，朱熹不远千里来到长沙与张栻会合，进行会讲，这是一个符号性的事件，对湖湘文化的形成起了非常大的作用。我的问题是从湖湘文化的形成来看，它融入了外来文化。此外，我还听说过阳明心学，请问：王阳明的心学对湖湘文化影响大还是朱张会讲的影响大？

我的第二个问题是，屈子书院讲坛已经开讲了27次，我非常喜欢听这样的讲座，我想了解以前有没有佛学讲座。习近平总书记提出要弘扬中华传统文化，传统文化包括儒释道，请问以后能不能听到佛家文化讲座？

肖永明：谢谢你的提问。第二个问题主要是提给王院长的。程朱理学和阳明心学在不同时期产生的影响都非常大。在宋代朱张会讲之后，真德秀在湖湘地区传播湖湘理学，已经给湖湘理学打下了非常深厚的基础。到阳明心学兴起以后，前面朱张之学的基础仍然存在。甚至王阳明于公元1508年去贵州龙场的时候路过湖南，也到长沙来拜谒朱张祠，还留下几首拜谒朱张祠的诗。湖湘地区的道学或理学，在传承过程中形成了自己的系统，哪怕王阳明及其后学，对这个传统也是尊重的。我们有时候把阳明心学与宋明理学的对立性和差异性加以突出，但在实际历史过程中可能没有那么截然对立。阳明后学对湖南产生了很大影响，王阳明本身有众多弟子在这里当地方官，在书院做主讲，长沙、常德、衡阳都有他的弟子在讲学，传播阳明心学，甚至形成了一定的气候。但是我们要意识到一点，阳明心学很兴盛的时候并不妨碍朱张理学在湖湘的传播。当时朱张理学是官方正统的意识形态，阳明心学在一定时期有影响，但他们总是把朱熹的旗帜也打出来。甚至说到一些和朱熹实质上不同的话，都说这是朱熹晚年的定论，所以我们不能认为他们一定那么反朱熹。

清代以后，阳明心学在全国的影响小了，朱熹理学的影响力很大。湘军当中的一些人物，如曾国藩等人对理学都有很深的造诣。正是因为他们有理学的造诣，所以他们成就了内在的修炼功夫，最后一帮书生能够打天下，取得了很大的事功。从整体来看，阳明心学在湖南可能就是在那么一个时期，在某一个层面、某一个范围内有影响。

主持人（王琦）：我来回答您的第二个关于屈子书院讲学的问题。屈子书院是以传播中华优秀传统文化为己任的公益性文化讲坛，秉持的正是兼容并包的精神。我们开讲的27讲中，有两讲是讲道家文化的。如果有朋友对佛家文化感兴趣，在未来我们也可以找机会邀请儒、释、道三家的学者来讲坛会讲。谢谢您的提问，谢谢肖教授带来的精彩演讲。

香草美人地，诗韵汨罗江。感谢现场的观众朋友们，以及线上近50万网友们的参与，感谢工作人员、媒体朋友们的辛勤工作。

本次屈子书院讲坛至此圆满结束。

祝大家身体健康、万事如意。

我们下期再会。

（王琦整理并经主讲嘉宾审定）

第4讲

三明（民）会讲：屈原与文化中国

唐浩明，湖南省作家协会名誉主席，著名作家与学者，长期致力于近代文献的整理出版与历史小说创作，著有经典长篇历史小说《曾国藩》《彭玉麟》《杨度》《张之洞》等，被誉为“中国研究曾国藩第一人”，曾获中国出版政府奖优秀出版人物奖，被评为中国书业界十大新闻人物。

郑佳明，湖南师大历史文化学院教授，曾任湖南省委宣传部副部长、湖南省政协常委等职。著有《湖南城市史》《清政府封闭状态和心态研究》《创业大本营》《长沙历史文化丛书》等；在长篇历史题材电视剧《雍正王朝》《走向共和》《恰同学少年》中，分别担任总监制和总策划，在大型理论专题片《走向和谐》中担任总撰稿。

朱汉民，湖南汨罗屈子书院院长，湖南大学岳麓学者杰出教授、岳麓书院国学院院长，兼任国际儒学联合会副理事长、中华孔子学会副会长等。承担国家重大学术文化工程项目《（新编）中国通史·中国思想史》《清史·湘军史料丛刊》主编，主持国家社科基金重大项目、重点项目、一般项目十余项，著有《玄学与理学的学术思想理路研究》《儒学的多维视域》等著作20余种，发表论文300余篇。获评国务院政府特殊津贴专家、首届湖南省优秀社会科学专家、中华人民共和国成立70周年百名湖湘人物，获徐特立教育奖等。

直播二维码

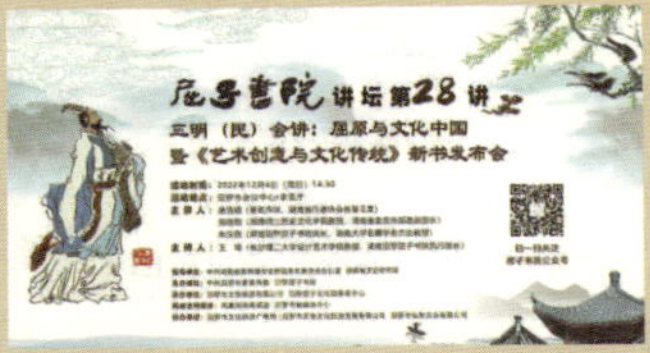

直播在线参与人数：80.5万

导言

中华优秀传统文化源远流长、博大精深，是中华文明的智慧结晶。屈原作为中国历史上最伟大的浪漫主义诗人，不仅是湖湘文化的源头，而且是中华优秀传统文化建构的重要组成部分。在迈向中国式现代化的过程中，我们应该如何植根本民族的历史文化沃土，重新认识、传承与发展屈原精神及其文化价值，坚定历史自信、文化自信，坚持古为今用、推陈出新，将具有重要的理论与现实意义。

2022 年 12 月 4 日，唐浩明、郑佳明、朱汉民三位先生齐聚屈子书院讲坛，开启“三明（民）会讲”，解读“屈原与文化中国”，探寻中华优秀传统文化的创造性转化、创新性发展之路，并与现场听众进行了精彩的互动。讲座由凤凰网湖南频道全球同步直播，在线参与人数多达 80.5 万；长沙理工大学设计艺术学院教授、湖南汨罗屈子书院执行院长王琦担任嘉宾主持。

主旨演讲

主持人（王琦）：中华优秀传统文化源远流长、博大精深，是中华文明的智慧结晶。屈原作为中国历史上最伟大的浪漫主义诗人，不仅是湖湘文化的源头，而且是中华优秀传统文化建构的重要组成部分。党的二十大报告指出，要把马克思主义基本原理同中国具体实际相结合、同中华优秀传统文化相结合。在迈向中国式现代化的过程中，我们应该如何植根本民族的历史文化沃土，重新认识、传承与发展屈原精神及其文化价值，坚定历史自信、文化自信，坚持古为今用、推陈出新呢？

800 多年前，朱熹与张栻在岳麓书院会讲，开启了不同学派的不同学者自由交流对话、相互论辩的先河，不仅为书院增添了兼容开放的精神内涵，而且使得会讲活动成为文化交流传播的重要平台。今天，屈子书院有幸邀请到唐浩明、郑佳明、朱汉民三位先生同台会讲，共同探讨“屈原与文化中国”，这不仅是对书院传统精神的致敬，更是在新时代对中华优秀传统文化的创造性转换、创新性发展的探索。

本次会讲分为两个环节：第一个环节是三位先生依次发表演讲，第二个环节是请三位先生共同登台，开展主题讨论与现场互动。现在，我们进入会讲第一个环节，请三位老师依次发表对“屈原与文化中国”的看法。关于发言的次序，我想还是按照书院会讲的惯例，依据“齿序”发言，年长者优先。首先，让我们以热烈的掌声欢迎唐浩明先生分享“屈原在中国文学史上的地位”。

一、屈原在中国文学史上的地位

唐浩明

各位领导，各位朋友：

大家下午好！

每次来到汨罗，我都能感受到这里有一股浩然之气，有一束瑰丽之光。这股浩然之气可以开拓我们的胸襟，这束瑰丽之光可以给我们带来艺术上的灵感，因为在这块土地上安息着伟大屈原的灵魂。屈原深受中国广大民众喜爱，关于他有许多动人的传说，他的头上也戴着诸多耀眼的光环，比如说政治家、理想主义者、爱国志士、湖湘精英文化的源头等。屈原本质上是一个诗人，他对中华民族的贡献是他的那些不朽的篇章，他的地位更主要地是奠定在中国文学史上。他在中国文学史上有着怎样的地位呢？限于时间关系，我只能简单地跟大家说一说。

（一）屈原是中国文学史上第一个署名的诗人

中国文学史上的第一本诗集是《诗经》。《诗经》是集体创作的产物，收录了诗歌 305 篇。这些诗，有的是从民间采集而来，有的是贵族文人们的创作与祭祀燕飨的乐歌。这些诗歌在定本之前都有一个加工润色的过程。总之，305 篇诗，没有哪一篇是一个人写的，它是集体创作的产物，哪怕是贡献最多的原创者，也没有在诗集上留下自己的名字。中国最古老的文学作品是没有署名的，屈原是第一个署名的诗人。他所写的诗歌，《史记》上说是 5 篇，《汉书》上说是 25 篇，不管是 5 篇还是 25 篇，他都是第一个给自己的作品署上自己名字的诗人，这一点是确切无疑的。为自己的作品署名，现在是很平常的事情。但在远古时代，屈原是首创者。这是他在中国文学上的一大贡献，为作者争得了署名权。

（二）屈原是一种新文体的开创者

《诗经》创造了中国古代诗歌的一种样式，这种样式的特点主要有以下三点：一是以整齐的四句为主体，二是篇幅简单短小，三是文字朴素质直。以《离骚》为代表的屈原作品，却一反《诗经》固定的样式。句式上可长可短，没有限制。篇幅上比较长，《离骚》甚至长达 372 句、2400 多个字，真可谓鸿篇巨制。文字上大量使用华美绚丽的辞藻，铺张敷衍。这类作品已经完全脱离《诗经》的样式，形成一种新的诗歌体裁，后人将它称为骚体诗，又称为辞赋。李白曾经这样说过："屈平辞赋悬日月，楚王台榭空山丘。"楚王的楼台早已不见了，屈原的辞赋却像日月一样永远照耀着。到了汉代，文人们在骚体诗及辞赋的基础上发扬蹈厉，写出《子虚》《上林》这种大部头的作品，文学史称之汉赋。汉赋是在楚辞的基础上形成的。汉赋的出现，标志着一种新的文体已经成熟。整个汉代，都是赋体文的天下。一直到西晋，还产生了著名的《三都赋》。左思的《三都赋》发表以后，人们纷纷传抄，以至于洛阳城纸贵。洛阳纸贵这个成语就是从这里来的。

（三）屈原是山水诗的开山鼻祖

湖南地处亚热带，温暖潮湿，多山岭，山上草木繁盛，一些老林子更是茂密幽深，充满着神秘诡异的色彩。屈原在他的作品里以极大的兴趣，不惜用宏大的篇幅来描摹山水，我们没有在《诗经》中看到这样的诗句。这种文字中的自然风光给读者带来美的享受，也给后世诗人以启发。陶渊明、谢灵运、王维等著名诗人都擅长写这一类诗歌，逐渐形成了一个流派，这个流派被称为"山水诗派"。"山水诗派"的创始人就是屈原。

（四）屈原是第一个将作者的主体情感浓烈而炽热地倾注于诗词中的诗人

诗人主体的情感以很浓烈、很炽热的方式倾注在作品中，屈原是第一人。屈原是一个感情充沛且外露的人。我们读史书，有人说屈原是露才扬己。可知他是一个外向的人，而且感情很充沛、很炽烈。他爱祖国、爱家人、爱亲人，也很爱自己，他爱得热烈、爱得深厚。他恨奸佞、恨谗言、恨一切丑恶的社会现象，恨也恨得坚决、恨得无情，恨得宁愿自沉汨罗江，也不愿与丑恶同流合污。我们在此前很难看到这样的诗人，《诗经》中也找不到这样的诗句。他把自己的爱与恨以空前未有的激烈的文字写进作品里，给人以雷鸣电闪般的震撼，将文字的感染力提升到空前未有的高度。我们在以前能看到这样的文字吗？没有。第一个就是屈原。

（五）屈原是最先打造人、鬼、神三界，不受时间、空间限制的穿越诗人

现在大家喜欢讲穿越，第一个穿越的就是屈原。他把人、鬼、神打通了，没有时间和空间的限制。屈原的作品有着最为瑰丽奇特的思绪幻想，最无边际的精神制约。他戴高冠，佩长剑，饮马咸池，飞辔扶桑。他坐瑶车，驾飞龙，路过不周山，奔向西海。他朝发苍梧，夕至县圃。他叫醒天宫中的守门人，游览天宫瑶台。他拜访天神云神、尧舜禹汤。他召见雷公雨师。他与宓妃相处，与山鬼对话。在他的想象境界里，没有人与鬼神的界限。在他的精神世界里，他获得了最大的自我。纵观上下三千年，似乎找不出第二个像屈原这样独来独往、自由自在的诗人，甚至连李白也不能跟他相比。人神鬼、时间与空间都不能限制他。他是第一个伟大的穿越诗人。

（六）屈原是先秦楚国时代的湖湘风情的形象记录者

我一直持这样的观点，即湖湘文化是楚风与湘学共同孕育出的地域文化中的瑰宝。楚风的源头在先秦楚国时代，而这个时代的湖湘风情的形象记录者便是屈原。那个时候没有录影没有照片，形象的记录就是靠文学作品。先秦的典籍都是很简单的记载，文学作品才能走进那个时代的深处。屈原担负起这个重任。研究者们指出，屈原的作品有一个显著的特点，那就是书楚语、作楚声、记楚地、名楚物。一句话，就是充满着浓厚的楚地特色。他用楚语写楚地的事情，记下楚地的地名，把很多香草的名字都写进他的辞赋中。我们要感谢屈原，因为他在两千多年前给我们留下了那么多香草的名字。在屈原的笔下，我们读到了两千多年前的楚地方言。现在很多研究语言的专家，关于湖南湖北这一带方言的研究，最早的根据就是屈原的作品，就是《楚辞》。我们知道那时候就有溆浦了，“溆浦”就是在《涉江》中出现的。我们看到了诡谲奇幻的南楚巫风。我们看到招魂：魂兮归来，东边不能去，南边不能去，西边不能去，北边不能去，只有回到自己家里来，这里才是最温暖的地方。屈原把两千多年前楚人的这种风俗写进了他的作品中。我们也由此知道当时楚人祭天神、云神、太阳神，祭大司命、少司命，祭湘水之神、桑林之神，尤其是以格外隆重的礼仪去悼念那些为国捐躯的勇士。楚地的神异浪漫，楚人的多情刚毅，在这些辞赋里得到了最为生动形象的记录。文学史专家们认为，屈原开创的《楚辞》，与《诗经》共同构成中国诗歌乃至整个中国文学的两大源头。北边的是《诗经》，南边的是《楚辞》。这两大源头对后世形成了巨大的影响，其中《楚辞》的影响更在《诗经》之上。因此，我认为屈原在中国文学史上的地位是无人可及的，也就是说前无古人后无来者。

谢谢大家!

主持人（王琦）：感谢唐老师激情澎湃的演讲。刚才唐老师通过《诗经》与《楚辞》的对比及作品分析，不仅突出了屈原作为第一位署名的诗人、楚辞体的开创者、湖湘风情记录者的地位，而且赋予了屈原中国山水诗的开山鼻祖、穿越诗人的称号，认为屈原在中国文学史上的地位无人能及，这是对屈原的高度评价。唐老师说屈原的诗作中充满了强烈的主观情感，我觉得唐老师今天在讲屈原的时候同样充满着激情。谢谢唐老师精彩的演讲。

主持人（王琦）：接下来，让我们有请郑佳明先生登台，分享“屈原与廉洁文化”。掌声欢迎!

二、屈原与廉洁文化

郑佳明

今天，我来到汨罗屈子书院，与唐浩明先生、朱汉民先生一起探讨“屈原与文化中国”这样一个主题。我们对屈原的研究，在爱国主义、在屈原与湖湘文化的关系以及屈原对文学的贡献等方面成果丰硕。我想说的是，屈原在廉洁文化方面具有非常重大的意义，同样值得我们认真地研究和挖掘。

（一）什么是廉洁文化，屈原与廉洁文化有什么关系

1. 什么是廉洁文化？廉洁文化是提倡廉洁自律，秉公办事，不徇私情，不谋私利，为人民服务，清白做人的中华优秀传统文化。主要包括以下四个方面的内容。

（1）廉洁文化包括提倡廉洁精神，弘扬廉洁思想，褒扬廉洁人士；（2）表现形式可以是文学、历史和哲学；（3）廉洁文化核心是价值观，其中涉及公与私的关系、国与家的关系、官与民的关系、义与利的关系、利己与利他的关系、个人与社会的关系等；（4）廉洁文化是廉洁政治的基础，是廉洁制度的基础，是官员廉洁道德的基础，廉洁文化是中华优秀传统文化的重要组成部分。

2. 屈原与廉洁文化有什么关系？屈原是廉洁文化的开创者、实行者、探索者和倡导者。司马迁热情称赞：“屈平正道直行，竭忠尽智……其文约，其辞微，其志洁，其行廉，其称文小而其指极大，举类迩而见义远。其志洁，故其称物芳。其行廉，故死而不容。自疏濯淖污泥之中，蝉蜕于浊秽，以浮游尘埃之外，不获世之滋垢，皭然泥而不滓者也。推此志也，虽与日月争光可也。”（《史记·屈原列传》）意思是说，他的文笔简练，用词精微；他的志向高洁，行为清廉。他的作品描写的事物虽然细小，但意义非常大；虽然写得浅近，但含义极其深远。他的志向高洁，所以作品中多用芳草香花作比喻；他的行为清廉，所以到死都不愿苟合取容。他虽出自污泥之中，但就像蝉蜕壳一样，浮游于尘世之外，不受浊世的污垢，清清白白，出污泥而不染。可以断言，他的这种志向，与日月争光也是可以的。司马迁对屈原的廉洁品性作了极高的评价。

3. 屈原是中国历史上第一个提出“廉洁”概念和思想的人，其影响巨大、深远。据郭沫若先生考证，“廉洁”一词最早就出自屈原的楚辞作品《卜居》和《招魂》。《卜居》曰：“宁廉洁正直以自清。”《招魂》曰：“朕幼清以廉洁兮，身服义而未沬。”意思是：我年幼时禀赋清廉的德行，献身于道义而不稍微减轻。汉代王逸《楚辞章句》注此曰：“不求曰清，不受曰廉，不污曰洁。”也就是说，不接受他人馈赠的钱财礼物，不为私利求人，不让自己清白的人品受到玷污，就是廉洁。

屈原对“廉洁”一词的创造，成为中华民族廉洁文化的开端。李白说，“屈平辞赋悬日月”，文如其人，屈原清正廉洁、勤政为民、忠贞爱国的人格追求与他的辞赋一样，照耀了我们两千多年。毛泽东对屈原毕生追求的廉洁给予很高的评价，这集中体现在毛泽东写于1961年的诗作《七绝·屈原》。“屈子当年赋楚骚，手中握有杀人刀。艾萧太盛椒兰少，一跃冲向万里涛。”全诗虽然只有短短的28个字，却体现了毛泽东对屈原道德人品的最高礼赞，特别是用“椒兰”这种意象来比喻屈原，突出地表现了屈原廉明高洁的品性。

（二）屈原廉洁文化的内容与特点

1. 以“美政”为政治理想，追求建设廉明政治。屈原在《离骚》的结尾处，表明其坚持理想的决心说：“既莫足与为美政兮，吾将从彭咸之所居。”既然不能实现理想政治，我只好走彭咸那样的路，表现屈原为实现美政而不惜一死的精神。王逸《楚辞章句》说：“彭咸，殷贤大夫，谏其君不听，自投水而死。”屈原赴水，就是效法彭咸。屈原诗文中多次提到彭咸，美政是屈原政治思想的核心，是他毕生的追求。

对“美政”思想内涵的最早解释，是王逸《楚辞章句》中的“行美德施善政”之说。王逸认为屈原的“美政”思想，包含了施政者个人内在品德之“美”与其施政之善两方面的内容，即以“善”释“美”。在屈原心目中，“美政”说具体一点，就是所谓“圣君贤相”的政治，他认为只有圣君贤相才能改变楚国的政治和社会的现实，使楚国强大起来。屈原在他的作品当中，热烈颂扬了古代的圣君如尧、舜、禹、商汤、后稷、文王以及齐桓、晋文和楚之三后等，也热烈颂扬了大批古代的贤臣。

屈原的美政追求是有针对性的。他在《离骚》中多次表达了自己对朝廷中人人追逐权力的愤恨，“众皆竞进以贪婪兮，凭不厌乎求索”，几乎所有的贵族和官吏都自私自利、贪婪腐败。楚国本来是一个泱泱大国，号称“地五千里，带甲百万”，终亡于秦，从根本上说就是思想僵化、利益固化。比屈原早几十年的吴起深知楚国弊政，厉行改革，惨死于贵族们的乱箭之下。腐败使楚国病入膏肓，腐败的主体是权力，腐败的载体是利益，腐败的关键是官吏，腐败损害的是公众利益。官员的廉洁、政治的清明、社会的风清气正才是国泰民安的根本、长治久安的保证。屈原深知这一点，他想通过改革遏制腐败，建设美政。

2. 屈原的美政思想强调依靠制度来治国理政、管人管事。《史记》记载“怀王使屈原造为宪令”，“造宪令”是楚国一场严重的政治斗争，屈原被贬与此事有关。“宪令”里面谈的应该是治国大事，其中一定会有屈原的治国理念，可惜“宪令”的内容不得而知。尽管如此，我们还是可以透过屈原的诗句来探究他的思想和主张。“循绳墨而不颇”，是屈原的重要主张。在他的诗句里，“绳墨”“规矩”“法度”这样的词语时常出现。“不抚壮而弃秽兮，何不改乎此度？”（《离骚》），意思是：为什么不趁着国家强盛的时期，抛弃如今腐朽而不合时宜的制度呢？他说：“固时俗之工巧兮，偭规矩而改错。背绳墨以追曲兮，竞周容以为度。”（《离骚》）他痛斥时下的庸俗之人，他们工于取巧，舍弃正常的法则而不用，而以徇私枉法、苟合取容为常规。

与《史记》的记载相对应，屈原在《惜往日》里回顾了受到怀王重用的那段好时光：“惜往日之曾信兮，受命诏以昭时。奉先功以照下兮，明法度之嫌疑。”他强调“法度”不是可有可无的，而是必不可少的：“乘骐骥而驰骋兮，无辔衔而自载；乘泛泭以下流兮，无舟楫而自备。背法度而心治兮，辟与此其无异。宁溘死而流亡兮，恐祸殃之有再。不毕辞而赴渊兮，惜壅君之不识。”意思是，骑上骏马自由驰骋，却没有勒马的缰绳和嚼子。乘上竹木筏顺流急下，却没有船桨任随水飘。背离法度单凭主观去治理国家，就和以上情形没有什么两样。我宁愿突然死去而随流水飘逝，也不愿再遭受一次祸殃。我话没说完就投向深渊，痛惜君王将永远不理解我的衷肠。显然，屈原认为“法度”是治理国家最根本的规章制度。

屈原的美政思想除了“修明法度”，还强调按照规矩“举贤授能”，通过选拔人才使国家富强。屈原选择人才是有自己标准的，他特别强调“内美”，以贤德君臣构筑抵御腐败的坚固防线。王逸在注释“纷吾既有此内美兮”的时候说，“内美”是“内德忠贞”与“外有材艺”的统一；又说，所谓才能就是“谋足以安社稷，智足以解国患，威能制强御，仁能怀远人也”。即内在忠贞品质与外在多方面才能的综合与统一，这是屈原选拔干部的标准，也是治理楚国腐败的重要改革措施。

3. 屈原廉洁思想最重要的特点是追求社会精英品德的纯粹与人格的独立。屈原在《离骚》中说：“昔三后之纯粹兮，固众芳之所在。”这些人都是历史上品德高尚的“圣君”，屈原认为纯粹的事物才是美的。《渔父》篇中屈原说，“吾闻之，新沐者必弹冠，新浴者必振衣；安能以身之察察，受物之汶汶者乎？宁赴湘流，葬于江鱼之腹中。安能以皓皓之白，而蒙世俗之尘埃乎？”他的意思是：我听说，刚洗过头一定要弹弹帽子，刚洗过澡一定要抖抖衣服；怎能让清白的身体去接触世俗尘埃的污染呢？我宁愿跳到湘江里，葬身鱼腹中。怎么能让晶莹剔透的纯洁蒙上世俗的尘埃呢？屈原自觉地以廉洁清白的品性约束自己，这种信念在其心中已是根深蒂固、坚如磐石，品德纯粹是他的人生准则。

纯粹的品质是屈原的价值追求，人格独立是他处世的原则。他悲怆地说，“路漫漫其修远兮，吾将上下而求索”《离骚》，特立独行才能寻找到真理。《橘颂》中他写道：“独立不迁，岂不可喜兮？深固难徙，廓其无求兮。苏世独立，横而不流兮。闭心自慎，终不失过兮。秉德无私，参天地兮。愿岁并谢，与长友兮。淑离不淫，梗其有理兮。”他是说，你卓然独立从不变易，怎不令人可敬可喜！根深蒂固难以迁徙，心胸坦荡别无希冀。你清醒地独立于世，宁愿绝水横渡也不随水流去。你断绝私欲谨慎自守，永不会犯错误。你坚守美德从无偏私，为人高尚可配天地。我愿与日月共生死，长结友谊不离不弃。至善至美而不过分，枝干坚直又有纹理。屈原在他的诗里，多次提到“美人”，即有完美人格的人，他描述的就是这种人。

在屈原心目中，官场中的君子与小人泾渭分明，《楚辞》载有著名的“卜问之辞”：“吾宁悃悃款款，朴以忠乎，将送往劳来，斯无穷乎？宁诛锄草茅，以力耕乎，将游大人，以成名乎？宁正言不讳，以危身乎，将从俗富贵，以偷生乎？宁超然高举，以保真乎，将呢訾栗斯，喔咿儒儿，以事妇人乎？宁廉洁正直，以自清乎，将突梯滑稽，如脂如韦，以洁楹乎？宁昂昂若千里之驹乎，将泛泛若水中之凫乎，与波上下，偷以全吾躯乎？宁与骐骥亢轭乎，将随驽马之迹乎？宁与黄鹄比翼乎，将与鸡鹜争食乎？”（《卜居》）这里的八个排比句，揭露了楚国官场的黑暗，表明了屈原的价值选择的光明。他说，是诚恳朴实、忠心耿耿，还是迎来送往、巧于逢迎而摆脱困境？是宁愿凭力气除草耕作，还是游说于达官贵人之中来成就名声？是宁愿使自身危殆也要直言不讳，还是跟从习俗和富贵者来偷生？是宁愿超然脱俗来保全（自己的）纯真，还是阿谀逢迎战战兢兢、言语嗫嚅地巴结妇人？是宁愿廉洁正直来使自己清白，还是圆滑求全、像脂肪（一样滑）如熟皮（一样软）来谄媚阿谀？宁可像志行高远的千里驹，还是像浮游的野鸭随波逐流而保全自身？宁可与骐骥并驾齐驱，还是追随那劣马的足迹？宁可与天鹅比翼高飞，还是同鸡鸭在一起争食？

如何实现自己的人格完善？屈原在《远游》一文中说，“内惟省以端操兮，求正气之所由”。要通过自我反省，以坚持端正的操守，求索天地正气之来由。这种内省慎独的精神，后来成为养成君子人格的主要途径。屈原曾经位高权重，大权在手却绝不以权谋私。在那个群小当道的楚国，他为官清正廉洁，出污泥而不染，宁肯“举世皆浊我独清，众人皆醉我独醒”，以忠贞的人格铸就纯粹的灵魂。他在《离骚》中写的“伏清白以死直兮，固前圣之所厚”，意思是说，保持清白节操死于正直，这本来就是前代圣贤所称赞的人生道路。他秉承着“伏清白以死直兮”的精神，以身殉国。

（三）屈原廉洁思想的价值观和思想来源

1. 屈原的洁身自好建立在忧国忧民的价值观和责任感之上。如王逸《楚辞章句 · 离骚序》所言：“今若屈原，膺忠贞之质，体清洁之性，直若砥矢，言若丹青，进不隐其谋，退不顾其命，此诚绝世之行，俊彦之英也。” 在世人皆醉而浑浑噩噩同流合污之时，这种对人的价值的尊重和坚守值得肯定。屈原的高洁不仅体现在对个体的自律和理想的追求上，更体现在将自己的责任上升为对民族和国家命运的关切上。

《离骚》写道："长太息以掩涕兮，哀民生之多艰；余虽好修姱以鞿羁兮，謇朝谇而夕替；既替余以蕙纕兮，又申之以揽茝；亦余心之所善兮，虽九死其犹未悔。"意思是：我揩着眼泪啊声声长叹，可怜民众的生活多么艰难；我虽爱好修洁严于责己，可早晨进谏晚上即遭贬；他们弹劾我佩带蕙草啊，又因我采白芷加我罪名；可这正是我心中追求的美好的东西，就是多次死亡也不后悔。屈原为什么至死要坚持一些东西？他的独立性来源于他对人民、对生命深沉的爱。

"怨灵修之浩荡兮，终不察夫民心。"（《九章·抽思》）屈原哀叹楚怀王虽然有君王气派，但不能体察理解民间心愿。"愿摇起而横奔兮，览民尤以自镇。结微情以陈词兮，矫以遗夫美人。"我本想大步狂奔远走他乡啊，看到我的人民还在遭受苦难，我又止住了脚步。收集整理这些苦难之情，高高举起告知我的君王。

屈原的忠君爱国，不是从个人利益出发，而是从君主、国家和人民的利益着想。他说，"岂余身之惮殃兮，恐皇舆之败绩"，并非我害怕自己遭受灾祸，我是担心楚王的国家被颠覆。司马迁在《史记·屈原列传》中说："（屈原）虽流放，眷顾楚国，系心怀王，不忘欲反。冀幸君之一悟，俗之一改也。其存君兴国而欲反复之，一篇之中，三致志焉。"《橘颂》中借对后皇嘉树——橘"深固难徙，更壹志兮"品德的赞颂，表达自己坚定的爱国之志，也是他对所有执政者理想人格的期许。

《离骚》中屈原经过上下四方求索之后说："陟升皇之赫戏兮，忽临睨夫旧乡。仆夫悲余马怀兮，蜷局顾而不行。"《哀郢》诉说其对故土的依恋："鸟飞返故乡兮，狐死必首丘。信非吾罪而弃逐兮，何日夜而忘之？"吾民所系，吾土吾宗，梦魂牵绕的家国人民，就是屈原的人格来源。

2. 廉洁美政思想的来源。"美政"既是屈原为楚国设计的现实政治策略，也是他个人政治哲学的理想；既是个体的内在政治道德的目标，也是一种普遍的审美原则。它是政治和美学的结合，是以美学改造、整合、提升政治思想的结果。它与先秦诸子的"内圣外王"之道有异曲同工之妙，但它的表达又更有诗意或美学的意味；它既是参与现实政治的士人个人的奋斗目标，也是对理想的君主政治的期许。

屈原生活在战国后期，那时诸子百家已登上政治舞台，他多次出访齐国，熟悉诸家学派，齐国稷下学宫荟萃了当时诸子百家学派，屈原的学术视野十分开阔。全面考察屈原的作品和人生，我们就会发现他不仅是一位伟大的文学家和诗人，同时也是一位伟大的思想家和哲人。冯友兰先生把屈原列为思想家，不仅仅是因为他的诗篇以文载道，而且他有完整深刻的思想体系，只不过这些思想体现在他不朽的诗文当中。

第一，屈原的美政理想中的仁政思想、举贤任能思想及修德内省的思想明显属于儒家；第二，屈原美政思想中，和汤、禹、文王一同赞颂的尚贤与能、仁爱和平及巫鬼思想等，更多地源于墨家；第三，屈原美政思想中依法度治国、名实参验、反对朋党的观点，与法家有直接的关系；第四，屈原的美政思想融会了黄老道家的养精气、名辩家论名实、纵横家合纵抗秦以及阴阳巫术、交通人鬼等多方面的思想元素。

3. 屈原的廉政思想还来源于他的社会经历与家庭背景。屈原的诗文均含有深刻的政治思考，这些思考来源于他的政治和社会实践。司马迁在《史记 · 屈原列传》中说，屈原“为楚怀王左徒。博闻强志，明于治乱，娴于辞令。入则与王图议国事，以出号令；出则接遇宾客，应对诸侯。王甚任之”。屈原是个杰出的政治家，他清醒地看到，楚国因政治弊端导致国力衰竭，秦国变法后国力迅速强大，秦楚相争，楚国面临亡国之祸。他提出对外“联齐抗秦”，对内变法改革，这是非常正确的。可是君王的昏庸与群臣的腐败，不仅导致屈原仕途失意，而且导致辉煌八百年的楚国灭国。屈原的廉洁思想是在这种艰难曲折的从政生涯中观察体验而来的。

屈原的贵族出身不仅给了他文化与教养，而且给了他对夏、商、周美政的美好记忆，他心目中有尧、舜、禹等诸多圣君贤臣的榜样。为了国家和人民的利益，他希冀楚国实现伟大复兴，所以寄希望于清正廉明的政治，寄希望于廉洁文化的昌盛，他身体力行、思考求索，创造了意义深远的廉洁文化。

这是我对屈原廉政思想的初步思考，这篇文章还要做下去。明年要举办屈原殉国 2300 周年公祭活动，作为一个题目，和当前的形势结合，而且可以引起上层关注和老百姓的赞成，屈原的人格、屈原的爱国、屈原的品德，对我们战胜腐败是一个巨大的精神力量。

我就讲这么多。谢谢！

主持人（王琦）：郑老师刚才讲得特别好，他说屈原是廉洁文化的开创者、探索者、实行者、倡导者。什么是廉洁？所谓的廉洁，就是“不受曰廉，不污曰洁”。简单地说就是不谋私利，清白做人。屈原以他“宁廉洁正直以自清”的精神，“举世皆浊我独清，众人皆醉我独醒”的独立人格，忧国忧民的深情，追求美政的价值理想，为我们树立了一个廉洁的典范，对当今开展廉政建设和个人修身立德，具有重大的价值和意义。非常感谢郑老师富有启迪的思索和分享。

主持人（王琦）：在源远流长的中华文化建构过程中，屈原对文化中国的历史贡献是什么呢？现在我们有请朱汉民教授分享他对屈原与华夏文明的思考。掌声欢迎！

三、屈原对文化中国的历史贡献

朱汉民

各位在场的听众，线上的听众：

下午好！我和唐老师、郑老师一样，今天都是怀着非常崇敬的心情来到汨罗参加这样一次会讲，因为我们内心都对屈原伟大的人格充满了崇敬。

刚才前面两位讲得非常好，唐老师讲了屈原在中国文学史上的重大贡献，特别关注他的艺术人格；郑老师谈到了屈原的廉政思想，特别关注他的政治人格、道德人格。我希望在他们两位的基础上做一些发挥，探讨屈原的文化人格，也就是从文化中国的视域，对屈原的历史地位和文化贡献作进一步的探讨。

屈原作为中国历史上一个伟大的文化名人，究竟在中国文化史上有什么贡献？我认为他对文化中国的建构作出了历史贡献。今天我们所说的“中国”，既有政治中国的含义，也有文化中国的含义。我们经常讲屈原是一个伟大的爱国主义者，既是爱国主义诗人，又是爱国主义政治家。我认为，他的爱国除了指政治中国之外，同时还是文化中国。

政治中国的形成有一个历史过程，屈原所处的战国时代，正是政治中国建构、发展的重要历史时期。整个政治中国经历了早期国家的方国、王国逐步转型为大一统帝国的历史过程，屈原是这个过程中的一个重要政治人物。在政治中国的历史建构过程中，同时还有一个文化中国的历史建构。如果把屈原放到整个文化中国的历史建构大视角来看，我们会发现一个人们并没有特别关注的地方，那就是他是文化中国的重要推动者、建构者。春秋战国时期是中华文化的轴心文明时期，这是一个需要巨人同时也产生巨人的时期。许多重要的思想家对中国两千多年的文明产生了重大的影响，如孔子、老子、庄子、孟子等，他们都对文化中国的历史建构作出了重要贡献。而屈原作为中国历史上的文化名人，他以自己独特的建构方式对文化中国作出了重大贡献。

为什么中华文化能够在世界上成为一个独立延续五千年的文化？这是因为文化中国具有强大的生命活力。构成这一文化活力的重要原因之一，就是文化中国的巨大包容性。一方面，文化中国能够把各有特色的方国文化、地域文化融合成一个空间更大、时间更久、优势互补、思想互通的文化体系；另一方面，文化中国还能将上层的精英文化和民间的大众文化结合起来，这两种文化各有自己的特色和地位，故而能够融合成一个更有生命活力、优势互补的文化体系，而屈原恰好也把这两种文化做了非常好的结合，从而推动了整个中华文化历史的建构和发展，对文化中国的形成作出了重大的历史贡献。

这是一个非常大的题目，今天因为时间关系，我主要从一个视角来讲，即从屈原的诗歌中经常出现的一个非常重要的人物——舜帝来说。中华文明的萌芽最初呈现为“满天星斗”的状况，在黄河流域中下游、长江流域中下游、辽西地区均有大量新石器遗址，表明中华民族的先民在努力开拓自己的文明。到了距今四五千年的时候，中华文明的兴起呈现为“月朗星稀”的状况，中原地区的华夏文明蓬勃发展，华夏部族通过融合其他部族的文明，创建了夏商周文明。经过春秋战国轴心时代文化的突破性发展，文化中国的规模、格局、气象得以奠定。无疑，先秦诸子对推动文化中国的历史建构作出了各自不同的重要贡献。屈原是战国时期杰出的诗人、思想家、政治家，他以自己独特的艺术创造与深刻思想推动了文化中国的多元融合与历史建构。

文化中国的建构包含诸多方面，特别需要一种创造性的文化融合。具体表现为两个方面：其一，不同部族、方国和地域文化的交流融合，以建构范围更大、思想相通、文化互补的文化体系；其二，精英文化和民俗文化的交流融合，以建构一个更有创造活力、优势互补、文化提升的文化体系。屈原作为一位对中华文化建构作出重要贡献的历史人物，恰恰是通过上述两个方面推动了文化中国的形成和发展。

这里，我主要从舜文化的角度，考察屈原如何从两方面推动文化中国的历史建构。舜是华夏族的五帝之一，随着中原华夏文化居于中华文明的核心地位，包括舜帝在内的五帝就成为中原王朝帝系的“先帝”“圣王”。但是，通过解构屈原的精神世界和艺术世界，我们会发现他建构的舜文化具有多元性文化意义：舜既是与屈原有血缘关系的先祖，又是代表华夏文化的先圣；舜既是具有超然力量的神，又是具有丰富人性情感的人。屈原将具有多重社会身份和文化基因的舜统合为一个中华民族的精神偶像，其实是对文化中国历史建构的巨大贡献。

其一，屈原塑造的舜文化推动了中原文化与南楚文化的融合。

舜原本是中原地区华夏氏族部落的政治与宗教领袖，他曾向江南地区三苗氏族部落讨伐征战，最后客死苍梧之野，葬于江南九嶷。司马迁《史记》说舜帝南巡，“崩于苍梧之野，葬于江南九嶷”，应是他在“窥九疑，浮沅湘”[①]的南游中看到了九嶷山的舜陵。江南地区、沅湘之域仍是三苗、南方少数民族及其后裔的氏族部落领地，这位中原华夏族的政治领袖，最终受到苗蛮族群的普遍尊崇。那么，中原的舜帝文化是如何扎根于苍梧地区，从而实现与苗蛮文化的融合的?

屈原的内心世界一直有很深的“重华情结”，当他面临楚王昏庸、小人暗算、颠沛流离的生命困局时，他唯一能够倾诉、表白的对象就是先圣舜帝。所以他在《离骚》中写道：“依前圣以节中兮，喟凭心而历兹。济沅湘以南征兮，就重华而陈词。”屈原在沅湘之地而向舜帝陈词，体现了《离骚》的重华情结，表达了身处南楚沅湘的屈子对华夏文化主体的敬重和认同，这一种文化情怀推动了南楚文化与中原文化的融合。

更加重要的是，屈原还进一步通过《九歌》的创作，建构了一个统合沅湘地区的自然神崇拜与中原地区的圣王崇拜的艺术形象，逐渐使中原地区的舜帝转化为苗蛮民族的巫神。本来，舜帝是华夏民族中一位具有巫术神性的圣王，他以自己的文武之力取得了对三苗部落征战的胜利，故而在三苗部落人们的眼中亦是神力超常。所以，一旦舜帝在南巡时崩于苍梧之野、葬于江南九嶷，以及娥皇、女英追之不及而投湘江而逝，起源于中原地区对舜帝的崇拜便逐渐融入南楚文化，转化为苗蛮、楚蛮普遍信仰的自然神灵。楚蛮民族的自然神崇拜与华夏族对舜帝的崇拜融为一体。屈原所创作的《湘君》《湘夫人》，就是

---

① 班固：《汉书》卷62《司马迁传》，中华书局2002年版，第2714页。

挖掘了沅湘地区民间宗教的文化资源即集湘妃神与湘水神为一体的民间信仰，以表达自己的思想情感。最初的舜文化还只具有区域文化意义；经过屈原的推动，舜文化融合了南楚文化，故而演化发展为遍及多地域的文化代表。在以后的中国主流思想观念中，舜帝成为包括南楚地域在内的文化中国的杰出代表。

其二，屈原塑造的舜文化推动了精英文化与民俗文化的融合。

在人们的一般认知中，舜文化一直是中华精英文化的代表。“五经”中的《尚书》《周易》，“四书”中的《论语》《大学》《中庸》《孟子》均有关于舜所倡导与传授的中庸、孝悌、德治等道德文化的记载。孔子一直称道尧、舜、禹、周公之道，孟子将此发展为一个从尧舜到孔子的传道系列，奠定了道统学说的思想基础。在儒家经典与《史记》中记载的舜帝，代表的是政统与道统的精英文化。

但是，在屈原的精神世界和艺术世界中，舜文化不仅是一种精英文化，同时还融合了民俗文化。《九歌》是屈原所作，其原型来源于沅湘地区苗蛮民族祭祀湘水自然神的巫歌，正如东汉王逸所说：“沅湘之间，其俗信鬼而好祠。”《九歌》中有《湘君》《湘夫人》两篇歌辞，通称“二湘”。“湘君”“湘夫人”既是湖湘地区部族信仰的湘水神，也是指舜帝与二妃，《湘夫人》中有“帝子降兮北渚”，王逸认为“帝子”就是尧之二女娥皇、女英，她们追随舜帝到湖湘地区，因闻舜帝崩于苍梧之野而堕湘江而逝，这样，《湘君》《湘夫人》的主角就是舜帝与二妃。在屈原吸收祭祀湘水神的原初歌辞形态中，两者已经合为一体，实现了两种文化的互渗。

这一合湘妃神与湘水神为一体的民间宗教，一直是沅湘地区苗蛮民族或楚族的信仰传统。到了秦朝，这一民间宗教的形态已为各方人士所共知。司马迁《史记》记载了这样一段历史：

> （秦始皇）乃西南渡淮水，之衡山、南郡。浮江，至湘山祠。逢大风，几不得渡。上问博士曰：“湘君何神？”博士对曰：“闻之，尧女，舜之妻，而葬此。”于是始皇大怒，使刑徒三千人皆伐湘山树，赭其山。[①]

---

① 司马迁：《史记》卷 6《秦始皇本纪第六》，中华书局 1999 年版，第 248 页。

这里所言“湘山祠”，是指岳州湘阴北青草山（湘山）上祭祀二妃的神祠。这一神祠的祭祀对象，既是历史上传说曾葬于此地的舜之二妃娥皇、女英，又是在本地能够镇守湘水的自然神。秦始皇所以会焚毁湘山祠，显然只是将其视为一种能够兴风作浪的自然神的民间宗教。至于湘水神又获得了湘妃的身份，并没有改变其民间宗教的特质。

由此可见，屈原参与建构的舜帝文化，实现了精英文化与民俗文化的相互渗透。屈原作为文人学士而创作的精英文化，在民间文艺、民间宗教中寻找源头活水，使主流的精英思想影响、渗透到民间社会、乡风民俗中，深刻体现出精英文化向民俗文化的渗透和转化。更重要的是，他使精英文化获得巨大的文化活力与生活营养，促进了精英文化的发展。屈原成为中国历史上最伟大的诗人，这就与他推动精英文化与民俗文化的融合有密切关系。

主持人（王琦）：刚才朱老师通过对屈原的艺术世界和精神世界的探析，指出了屈原通过参与舜帝文化的建构，促进了华夏文化与南楚文化、精英文化和民俗文化的相互融合，从而推动了中国文化的多元化的建构与融合，让我们耳目一新，发人深省。谢谢朱老师！

主持人（王琦）：今天的讲座可谓异彩纷呈，三位老师围绕屈原与文化中国，从不同侧面来谈屈原，短短一个小时，在线上也吸引了 80 万的网友，这个数字是非常惊人的。刚才唐老师谈到了屈原的美文，郑老师谈到了屈原的美人、美政，朱老师则把“三美”纳入整个中华传统文化发展的脉络中，让我们感受到了屈原文化的丰富性、深刻性和多样性，也让我们看到了三位学者思想碰撞的火花。

第一阶段的会讲已经圆满告一段落。接下来，我们进入更加精彩的环节。现在，让我们以热烈的掌声有请唐浩明、郑佳明、朱汉民三明（民）同时登台。

（王琦整理并经主讲嘉宾审定）

嘉宾会讲

会讲嘉宾

唐浩明：著名作家、湖南省作家协会名誉主席

郑佳明：湖南师范大学历史文化学院教授、湖南省委宣传部原副部长

朱汉民：湖南汨罗屈子书院院长、湖南大学岳麓学者杰出教授

主持人

王琦：湖南汨罗屈子书院执行院长、长沙理工大学设计艺术学院教授

主持人（王琦）：刚才三位老师从非常宏阔的视野，将屈原放在中华文化建构、文学发展的高度分享了屈原与文化中国的关系，可谓追本溯源、高屋建瓴。现在我想向三位老师提一个相对具体的问题。我们今天是在端午源头、龙舟故里、诗歌原乡的汨罗来谈屈原，大家都知道汨罗是屈原晚年行吟泽畔、怀沙殉国之地，汨罗人民对屈原有着非常深厚的情感，每年都会以吃粽子、划龙舟、祭屈等形式表达对屈原的怀念，而且汨罗江畔端午习俗已经成为世界非物质文化遗产。我在做屈子书院讲坛的过程中，和汨罗的嘉宾、领导、朋友们有着非常深入的交流，我感到每个汨罗人心目中都住着一位屈原，他们都有非常深厚的屈原情怀。他们十分关心，在文化复兴与民族振兴的背景下，我们应该如何结合汨罗地域文化资源，推动屈原精神与屈原文化的创造性转换、创新性发展，更好地发挥其在现代生活及当地文化经济建设中的作用。请三位老师谈一谈。

郑佳明：今天听了唐老师和朱老师的讲演很受启发。看到汨罗市委、市政府的干部来现场认真听讲座，我作为一个文化爱好者很感动。刚才王琦教授提出的这个问题，很现实。我上午讲了一些观点，怎么样运用屈原的思想资源来推动汨罗的发展，其实是一篇大文章。明年又是屈原殉国 2300 周年，这个日子很难得。

我讲几个观点。第一个观点，我们对屈原的精神要挖掘和学习。什么叫挖掘呢？有些东西藏在下面。我们过去对屈原的研究还不够。我们这个国家本身多灾多难，过去研究屈原是从救亡的角度。现在除了爱国主义之外，还应该进行多方面研究。现在有屈学研究会，我们应该有专门的一批学者，大规模地对他进行研究，汨罗要做好屈原这张名片。汨罗应该与学界合作，在屈原研究上下功夫。至少明年屈原殉国 2300 年的活动主题是什么、主要思想是什么，要提炼出几句话，要符合屈原的精神、符合时代要求、符合汨罗的实际。有这样一些东西出来，就可以很好地把明年的活动做得实在一点、效果好一点。

二是把屈原的旅游产品做好，旅游规划做好。旅游是要有规划的，一代人做不了多少事，一届领导就是几年、十几年。要做一个规划，一代一代、一点一点地做下去。汨罗现在有屈子文化园，有屈子书院，这是非常好的。在这个基础之上，把屈原文化和汨罗地域文化结合起来。旅游常常是无题创作，小题大做。我们有屈原这么大的 IP，应该怎么做？汨罗所有的干部、知识分子都要想这件事，各地的文化资源、IP 资源如何变成经济资源、社会资源，这要作为一个题目来研究、攻关。比如说廉政文化做好了，将来很多单位到这里来过组织生活；将来可以出一些廉政电视剧、碑林，要把题目做开，如屈原和湖湘文化、屈原和中国文学史、屈原和爱国主义精神。唐诗里面有 75 首吊屈原的诗，可以将这些诗做成碑林，请全国最有名的书法家都来写一写，做一个评比，搞一个大赛。或者做成视频，办法是人想出来的。我们有这么大的一块资源，是一块黄金，一块宝贝，一块美玉，为什么不能赚钱呢？第二个想法是利用市场力量和科技力量，把屈原文化变成旅游资源。市场力量现在很大，如果靠创意和策划有钱赚，大家都愿意来。

可以将汨罗打造成中国文化特色县，将来成为“屈原文化县”“屈原形象县”，男女老少上上下下都来讲屈原，和社会宣传结合起来，和影视创作结合起来，和新闻宣传结合起来，把它策划好，做得有意思。现在抖音很厉害，我们能不能找几个人专门给汨罗做抖音，怎么懂屈原，怎么爱屈原，做成小视频让大家去刷，我们可以产生很多好的 IP，要将人发动起来。1985 年，我在中央党校学习时，杜润生老先生作报告，他讲了一句话，我记得一辈子。他说：“所谓改革就是两件事，第一件事是调动人的积极性，第二件事是规范人的积极性，把人的积极性调动起来，不干坏事不就行了吗？”我们把全县各个方面的力量调动起来，研究屈原，发现屈原，学习屈原，大家都来做。县里出台奖励政策、鼓励政策，学屈原学得好的就要表扬，慢慢地形成在全国有特色的一个县，用文化精神武装人民。

主持人（王琦）：谢谢郑老师！请唐老师也谈一谈。

唐浩明：郑老师很会讲话，点子又多，把他的点子组织起来就是一篇很好的文章，我是没有郑老师的能力的。这个问题，我在今天上午的座谈会上已经讲过了。我希望专家学者要走向民间、走向社会、走向社区、走向中小学，尤其是在我们汨罗。屈原生在秭归死在汨罗，生和死是中国文化非常看重的两点，甚至死可能比生看得更重。所以，汨罗对于屈原来说更为重要。他在这里完成了人生的升华，民间永久地纪念屈原，就是因为他死在汨罗，他以一种很悲壮的形式将其人格充分展现出来。汨罗的每一个老百姓都要知道屈原，都要能够背屈原的作品，都要能够讲关于屈原的故事，不只是吃粽子、划龙舟。为此我今天上午提了建议，可以搞一首《屈原颂》的市歌。我们还可以利用现代新媒体做一个屈原的简短的电视片或者舞台剧，介绍屈原的生平，尤其是把他在湖南、在汨罗的情况作为重点来介绍，以电视片或者舞台剧的形式展现出来。再就是每年举办屈原文化周，在这 7 天时间里大家都来缅怀屈原，把他的“魂”找回来，把屈原从 2300 多年前找回来。通过这样的形式，把我们和屈原更加紧密地联系在一起。

所谓屈原的魂，就是屈原的精神。屈原文化，也就是中国文化。四大文化名人中，屈原排在首位。全中国人民都要去缅怀他，都要去弘扬他的精神，汨罗在这方面应该做得最好。汨罗跟屈原有一种血脉相连的情感，我们怀着比别的地方更重的情谊来纪念他，并且把他的文化、他的精神更广大地弘扬开去。

主持人（王琦）：谢谢唐老师！下面有请朱老师谈谈看法。

朱汉民：两位老师谈得非常好。汨罗市委、市政府邀请我到汨罗屈子书院做院长，因为做讲座的关系，我到汨罗来的时间也比较多，汨罗为弘扬屈子文化所做的工作，我一直非常敬佩。汨罗市委、市政府花了很大的气力，不仅打造屈子文化园，重新修复屈子书院，而且屈子文化园周边还有大量跟文化相关的产业，他们非常用心地做了很多事情。总体而言，屈子文化园的硬件建设还是做得不错的，整个屈子文化园的规模、建设情况，很多学者也赞不绝口。因为中国这么大，各个地方都有文化资源、文化名人，都想做这个事情。去年我去四川，他们也修了东坡书院，他们也在做同类的事情，还说要来向我们学习。我的意思是，汨罗市委、市政府确实为此做了很多工作，关于如何在前期基础上把屈子文化发扬光大，刚才两位老师提了很好的建议。这个建议是全方位的，可以通过多种途径，包括现在的抖音、直播网络等，所以今天有几十万人在线上听讲座，这种影响是很大的，能够达到过去所不能达到的效果。因为过去讲学就是出书，或者把讲稿放到刊物上发表，后来我在岳麓书院工作的时候，发现电视讲学效果非常好，所以我就打造了岳麓书院讲坛，收视率非常高。我认为网络讲学成本更低，同时效果也更好，我们就将书院讲学与网络直播结合起来。现在虽然也有各种各样的传播途径，无论是网络也好、抖音也好，时效性很快，但还是要出一些能够让人永远记得住的东西。我在上午的座谈会上讲过，之所以人们能够在两千多年之后牢牢地记住屈原、纪念屈原，是因为他留下了作品。我们要尽可能地打造一些宣扬屈子文化的精品，让人过目不忘，愿意长久保留，到处传播，书籍、歌曲、戏曲、电影、电视剧等，都是非常好的途径。

屈原给我们留下的，既有大众文化，也有精英文化。在精英文化层面，屈原留下了中国最优秀的抒情诗歌，非常了不起；此外，他还留下了端午节、粽子、龙舟等民俗。我们学习屈原，可以把大众文化和精英文化结合起来，同样可以做一些事情。这个开拓的途径有很多，这些年我在这方面动脑筋比较少一些，总是想学术问题去了。我是从20世纪90年代开始做文化产业的，很多人认为我很会策划旅游，其实我不是策划旅游，而是想做一些有关文化的事，想把有关文化的事情做好、做到极致。做文化事业的时候不要急着换来经济效应，因为文化是一种软实力，是润物细无声的传播力。我当时也请一些人来讲学，写一些关于岳麓书院文化的散文，经常出版书籍。我当时有一个使命，就是如何继承岳麓书院历史的传统，没有想到市场上去挣钱。但是搞了很久之后，突然发现我们的收入提高了几倍、几十倍。一个文化产品，譬如一个导演拍摄一部电影的时候，如果首先考虑的是如何赚钱，可能不一定能拍出最好的电影。而全心全意地去做艺术精品，反而能获得意想不到的经济效益。屈原创作诗歌的时候，纯粹就是表达内心的精神世界，而不是为了赚稿费。我的意思是，做文化产品的时候，要按照文化的规律做，把文化做好、做到极致，经济效益是第二步的事情，是后面的事情。这是我个人的经验，不一定值得推广，但是至少有一部分有用。

主持人（王琦）：谢谢三位老师！三位老师的分享既有理论研究的深度，也有关切现实的温度。屈原不仅是湖湘文化的符号，也是中华文化的一个符号。屈原文化里面有很多东西可以做，刚才三位老师也就如何发展、挖掘、研究屈原文化提出了很多问题与方法。做文化是久久为功的事情，需要几代人不断地去努力、去弘扬。同时，我们也要借助现代的科学技术、网络技术、VR、短视频等，将文化以一种更快的方式传递给大众。我和朱老师在打造屈子书院讲坛的时候，就把它定位为以传播优秀传统文化为己任的高端文化品牌。我们每个月邀请国内文化研究领域一流的专家来讲座，通过网络直播的形式，将最优秀、最纯粹的中华优秀文化传递给社会大众，促进传统文化的创造性转换与创新性发展，拉近学术与大众、传统与现代的距离，以此传承文化经典，讲好中国故事，弘扬中国精神，坚定文化自信。汨罗有着非常丰富的地域文化资源，可以依托汨罗江畔端午习俗等非物质文化遗产与屈原文化，整合各方面的力量，让汨罗的老百姓人人讲屈原、人人学屈原、人人爱屈原。郑部长讲了一个很好的点子，我们能不能变成一个屈原文化县，让大家一提起汨罗，就想去，而且不止去一次，还要反复多次去。如果能做到这一步，那么汨罗无论是文化还是经济，各方面的效益都能够上去。

谢谢三位老师的精彩分享！

现场互动

主持人（王琦）： 非常感谢三位老师带来的思想启迪。今天的机会非常难得，三明（民）齐聚汨罗，不仅吸引了网上的很多朋友，现场也来了很多粉丝。朋友们绝对不会错过这样一个面对面交流的机会。我们现在开放几个问题，让大家和几位老师互动一下。

观众提问： 郑教授，您好！感谢您的精彩讲授。我是一名纪检监察干部，近年来，汨罗依托屈子文化园打造了一个屈原廉洁文化示范基地，也总结了一些屈原廉洁文化的特质，比如说特立独行、正道直行等等。请问：在屈原众多的廉洁文化特色里，您认为哪一种与党的二十大精神结合得最紧密，最需要弘扬？谢谢！

郑佳明： 党的二十大报告内容非常丰富，也非常全面。这个问题，习近平同志在一系列讲话中已经给出了答案。党的十八大以来反腐的问题、倡廉的问题成为中国治国理政的重要方面。现在党的二十大报告对廉政提出了更高的要求，我们进一步弘扬屈原的廉洁文化，是对党的二十大精神的学习和落实。刚才我讲到了一个观点，廉洁文化是干部道德的基础、制度的基础，也是做好廉政工作的基础，我们有党规党纪，有各项规章制度，但是实际上要有一个对廉洁文化的共识，这个共识来源于人们内心。屈原的廉政思想取决于他个人的品质和价值观，这个思想对我们贯彻党的二十大精神具有重要的意义。我们现在讲三种文化：优秀的传统文化、红色文化（革命文化）、中国特色社会主义文化。这三种文化当中优秀的传统文化是基础，而屈原文化、廉洁文化是基础的基础。纵观两千多年的历史，中国历史发展中兴旺和衰败都取决于官员，这就叫立志。如果立志不坚定，这个国家就完蛋了。楚国是一个例子，楚国被秦国打败了。后来元朝建立、清朝建立，这几次大的变化都跟我们自己相关。我们经常说“落后就要挨打”，其实秦国比楚国落后，蒙古人比宋朝人落后，满族人比明朝人落后。为什么最后“先进”的被“落后”的打败了呢？你再先进，你的治国理政出现了大毛病，思想文化出现了大毛病，官员自私自利、不负责任，对朝廷不满，他们自己又贪污，结果老百姓揭竿而起，明朝的腐败带来了张献忠、李自成大规模的起义，长期国内的消耗，致使关外的铁骑打到关内。几千年的文化证明了一个问题：腐败必然亡国，腐败必然落后。

这个事情要从哪里做起来呢？屈原讲了三个道理：一是建立美政的目标，要有清廉的政府；二是从制度上加以规范；三是每个做官的人要做一个清廉的道德操守高尚的人。如果这三条做好了，还会亡国吗？屈原是做了高官的，相当于楚国的常务副宰相，他讲廉政的原则是在实践中总结出来的。屈原的廉政思想非常可贵，可以成为我们国家研究廉政文化的重要思想资源。当官的人怎么样有人格、有操守，如何做一个守住自己底线的人？一个是靠监督，一个是靠自觉。现在监督不够、自觉也不够，所以党的十八大以来反腐反出多少问题，我们要慎独，要约束自己。

主持人（王琦）： 谢谢郑老师！我也非常赞同郑老师的观点。中国传统文化是根与魂，廉洁文化是基础，美政的关键在于人，要保证人不犯错就要用制度来约束。屈原作为廉洁文化的提倡者、践行者，为我们今天的廉政建设提供了很好的思想资源。郑老师讲得太好了，让我们再次以热烈的掌声感谢他。

观众提问： 唐主席，您好！听了您的讲课，我受益匪浅，进一步加深了我对屈原在中国文学地位上的认识。现在有不少以屈原和屈原文化为题材的文艺作品，请问：您对湖南的作家和文艺家在创作屈原和屈原文艺作品时有哪些建议？您写了《曾国藩》《张之洞》等历史长篇小说，冒昧地问一下：您的下一部作品是不是写屈原的？我们非常期待，谢谢您！

唐浩明：如果在20年前，大家要我写，我可能会写，但现在精力不行了。屈原是非常值得写的，虽然我自己不会写了，但是我愿意来谈一谈。一是屈原生活的那个时代非常值得写，二是屈原这个人物非常丰富多彩，也很值得写。并不是历史上所有的名人，都能够成为历史小说的主人公。比如王船山对文化作出了很大的贡献，但是作为一个文学人物，很难把他写好。屈原是可以作为一个历史小说的主人公来写的。

如果我来写的话，首先要写好那个时代。这是中国的一个大时代。我会通过屈原这部小说来思考这样一个大问题：楚国为什么不能够统一中国？楚国的地方很大，物资丰厚，人也很多，最后为什么是秦国统一天下？如果是屈原当政，能改变楚国的命运吗？楚国就可以统一六国，成为大一统的“楚王朝”吗？要往这个深层去思考一下，借屈原来写那一段历史，来反思，用文学的方式来思考两千多年前中国的一个大的历史演变。

作为小说的主人公，我要从人的本质上来写屈原，要把他写得精气神很饱满，写成一个活生生的人物。屈原的作品，给我们提供了很多资源。屈原爱祖国，爱他的事业；屈原也爱他的家人，爱他的亲人；他也很爱他自己。《离骚》一开始就讲了祖先，讲他的父亲怎么给他取这个名字。他对这个家族，或者说他对这个家庭非常有情感。《离骚》中还有一位很重要的女性，历史学家有考证，有人说这位女性可能是屈原的姐姐，也有人说是他身边的一个侍妾，还有人说可能是他的情人。不管怎么样，他对这个女人是很有感情的。屈原是一个感情很丰沛的人，他很爱他自己，个体生命意识很强烈，这在中国古代作家里是很难得的。他是一个帅哥，喜欢打扮；他很讲究内秀，也很讲究外美，是一个活生生的人。

还有一个问题：屈原为什么失败了？他在政治上是一个失败的人物，他被边缘化，被流放到我们这里来。要来解构他作为一个政治家，他在那种环境下的具体表现是什么，他为什么失败。他有理想、有高洁的人格，但是那个政治生态容不下他。屈原也有自己的一些薄弱的地方，比如说史书中记载，屈原很有才华，但是他爱外露，是一个很张扬的人、一个锋芒毕露的人。写屈原，要把他人格中另外一个层面的东西写出来。

最重要的是，一部历史小说，尤其是写大人物、大时代的历史长篇小说，必须有很深厚的文化内涵。屈原有足够分量的文化含量，但是要把他写好不容易。如果这方面能够写好了，就有可能是一部很好的作品，可能成为传世之作。

主持人（王琦）：唐老师自己虽然不写屈原，但却很无私地将自己的构思告诉了大家，给有兴趣的朋友们提供了很好的思路。唐老师对现场与线上的朋友们提出了殷切期望，希望有人能够把屈原写活写好。但是我听了唐老师您的构思后，觉得您不写屈原，实在是可惜了。光听您的想法，我就能感受到一个立体丰富的屈原了。

唐浩明：屈原很值得写，希望今天听了讲座的朋友，有这个想法的，可以跟我联系，我们可以联动。

朱汉民：我觉得唐老师如果写《屈原》，肯定会超过《曾国藩》。

主持人（王琦）：您如果写了，不仅是“中国研究曾国藩第一人”，说不定还会成为研究屈原的第一人。再次感谢唐老师无私地分享创作经验。

由于时间关系，我们只开放最后一个问题。

观众提问：朱教授，您好！听了您的演讲，我感受到要研究屈原及屈原文化，应该多挖掘其中的时代意义和精神价值。今年，党的二十大报告提出要加强城乡建设中历史文化保护传承，建好用好国家文化公园。汨罗江作为一条追赶太阳的河流，我们也将汨罗段的端午文化园纳入了国家文化公园重点建设项目。请问朱教授：我们应该怎样抓住这样一个机遇，挖掘提炼汨罗端午文化内涵，把汨罗地域文化建设成长江国家文化公园的品牌符号和精神标识，让汨罗端午文化活起来？谢谢！

朱汉民：我注意到国家“十四五”有一系列重大的文化工程项目，包括建设一批重要的国家文化公园，这应该是属于国家文化战略的一部分。我最近在做的一项工作《（新编）中国通史》，也列入了国家“十四五”文化工程项目中。关于长江国家历史文化公园项目的建设，对汨罗、对屈子文化来说是一件很大的事情，也是屈子文化发展的一个重要机遇。我刚才从屈子文化与文化中国的历史建构角度来谈，也是想从文明、文化的意义角度来谈屈原的人生经历、艺术作品，以及他留下的丰富历史文化遗产，这些都发生在长江流域。当我们讲长江文化的时候，屈子文化毫无疑问是其中一个非常大的亮点。国家建设文化公园是一个非常好的机遇，这个机遇应如何抓住？不仅仅是粽子文化、端午文化等问题，还要上升到屈原文化的意义和价值。因为汨罗是屈子魂归之地，我认为我们三个人的讲座对打造长江国家文化公园在汨罗要做的工作讲得比较集中了。屈原在文学史上有着重要的地位，在政治史上是廉政的第一人，在文化上促进了文化中国的建构和融合，这三个方面基本上把握住了屈原在精神领域里的价值和意义。文化公园是一个实体，这个实体要提炼一些精神性的东西。这些精神文化留下的重要遗物就在屈子文化园，譬如屈子祠、屈子书院等，另外还包括非物质文化遗产的端午、粽子、龙舟等。我们可以继续提升屈子文化的精神价值，还可以继续推动屈子文化的民俗推广。我注意到湖北在做相关的楚文化挖掘工作。刚才我们谈到的屈原诗歌里的招魂、山鬼，《九章》《离骚》中大量的神、鬼，这些东西不仅仅是艺术作品，而且在两千多年前就是活生生的民俗文化。巫文化渗透人的衣、食、住、行，我们可以通过艺术形式复活其中一些有文化意义、审美价值的内容。所以，我认为要做的工作还是很多的。长江文化公园，长江流经很多省份，湖南段要把屈子文化作为一个亮点。我就讲这些。

谢谢大家！

主持人（王琦）：谢谢朱老师！因为这是一个系统工程，还有很多东西需要进一步细化，会后有兴趣的朋友还可以向朱老师请教。不知不觉间，已经过去三个小时了，今天三位老师齐聚屈子书院讲坛，探讨屈原与文化中国，对我们学习贯彻党的二十大精神，深刻把握“两个结合”，赓续千年文脉，谱写文化“两创”新篇章，具有十分重要的价值和意义。今天的讲座对汨罗来说，也是一场文化和思想的盛会。今天三位老师的会讲非常精彩，让我们以热烈的掌声再次感谢他们！

香草美人地，诗韵汨罗江。感谢莅临现场的各位朋友和线上的网友们，感谢媒体朋友与工作人员的辛勤付出！本次屈子书院讲坛到此结束，我们下期再会。

祝大家身体健康，万事如意！

（王琦整理并经主讲嘉宾审定）

第5讲 中式雅生活与文化康养

吕锡琛，中南大学哲学系二级教授、博士生导师。曾任中国老子道学文化研究会副会长、中南大学哲学系主任、道学国际传播研究院执行院长。现为湖南省君子文化研究会副会长及文化康养专委会主任、湖南省炎帝文化研究会副会长。主要研究领域为道家道教思想、传统养生与心理调治、中国伦理思想。已出版《道家与民族性格》《道家治道及其践行研究》《道德经纬》等专著8部，在《哲学研究》《世界宗教研究》等学术刊物和国内外学术会议上发表论文200余篇，主持完成“道家与民族性格”“道学与西方心理治疗学的互动研究”“二十世纪道学西用回顾研究”等国家级和省部级科研课题10余项，力图将中国经典的智慧融入现代生活，践行琴、棋、书、画、唱、游等中式休闲活动并阐发其养生功能。

直播二维码

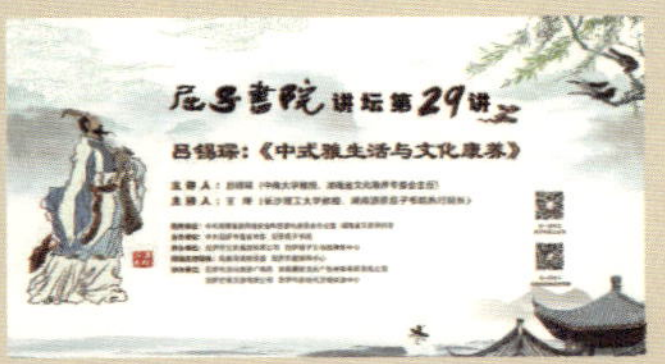

直播在线参与人数：45.6万

导言

中华优秀传统文化是中华民族的“根”与“魂”，滋养着中国人的精神世界与生活世界。中国古圣先贤所建构的诗词歌赋、琴棋书画、品茗游憩等中式雅生活蕴含着怎样的生命智慧？面对现代社会的各种激烈竞争，现代人的心理焦虑、身体疾病等问题，我们应该如何进行文化康养？

2023年2月19日，中南大学教授、湖南省君子文化研究会副会长及文化康养专委会主任吕锡琛莅临屈子书院讲坛，主讲“中式雅生活与文化康养”，带领我们体会中国传统文化中的生命智慧与康养休闲方式，并与现场观众进行了精彩的互动。讲座由凤凰网湖南频道全球同步直播，在线参与人数多达45.6万；长沙理工大学设计艺术学院教授、湖南汨罗屈子书院执行院长王琦担任嘉宾主持。

尊敬的各位领导、教授、朋友们：

下午好！非常荣幸，也非常高兴，来到屈子书院。屈子书院讲坛是一个非常高端的讲坛。汨罗虽然不算是很有名的地方，但有书院这样一座大气、精美的建筑，有这样一个高端的讲坛，传播中华优秀传统文化，功莫大焉！

今天是屈子书院讲坛新年第一讲，王琦教授刚才说，新年首先要给大家送上健康，送上文化，所以我今天演讲的主题是“中式雅生活与文化康养”，让我们共同领略先贤的生命康养智慧。

现代社会，信息量猛增、竞争激烈，空虚、焦虑、孤独等负面心理无时不在困扰着人类，而近年新型冠状病毒的肆虐更让我们蒙受了巨大的身心伤害。经历了这些刻骨铭心的岁月，我们多么渴望寻求心灵的抚慰和精神上的疗愈！

中华先贤积累了丰富的应对灾难、困境和自我养护的智慧，优秀传统文化不仅是中华民族的灵魂和精神支柱，而且是滋养生命的智慧。在生活艰难、医疗缺乏、瘟疫流行、战乱频繁的古代，中国人平均寿命不到40岁，但有些人远远超过平均寿命：孔子73岁，孟子84岁，庄子83岁，老子的年龄更是充满神秘，传说有百余岁甚至几百岁。再看看现代社会中的长寿者：齐白石、冯友兰、梁漱溟、季羡林、南怀瑾等都活到了90多岁，邓铁涛、饶宗颐、杨绛更是年过百岁……我们回望这些寿星，他们的人生千姿百态，也不无坎坷，但他们几乎都是光彩夺目的文化大师，是中式雅生活的践行者。

中式雅生活的内容非常丰富，它以儒、释、道、医等经典为灵魂，包括诗、茶、拳、唱、琴、棋、书、画、游等活动，充满美感、丰富多彩，它重视心性的修炼，追求心志平和、与人为善、乐观豁达、恬淡寡欲、宠辱不惊，让人看清世态炎凉，看淡名利浮沉，勘破生老病死，从容豁达度光阴，这是文化大师们健康长寿的重要因素。

刚才讲的诗、茶、拳、唱、琴、棋、书、画、游等是一系列的修身养性活动，我将它称为“文化康养”。“康”的含义是和谐、安宁、安乐，康养是通过养护以达到身心的和谐与安宁、安乐，它不能仅依赖外力或某种物质摄入来实现，而是需要将理论智慧和生活智慧相结合，侧重从精神文化层面促进身心健康，这是更值得关注的保健方式。这是一种自主地掌握健康和快乐的方法。我自己凭借琴、棋、书、画、诗、茶、拳、唱这些活动，就能够自得其乐，无论是处于多么贫困、多么坎坷的生活中，都可以通过这些活动，让自己感受快乐、获得健康。所以，这是一种不需要依靠外在力量而能够自主快乐的能力、自主健康的能力，这是非常重要的。

我们今天来瞻仰屈子祠，我们说，屈原是伟大的爱国主义者，是一位忧国忧民的志士仁人，但是我觉得，屈原还有一个重要的方面，可能被我们忽略了。那是什么呢？我认为，屈原还是文化康养的最早践行者之一，这从屈原的作品中就能够充分说明。比如《楚辞·九章》中说：“吾将荡志而愉乐兮，遵江夏以娱忧。”意思是说，我要放飞我的思绪，行走在江水、夏水的旁边，尽情地欢乐，荡尽那些忧虑。屈原也是善于养生的，我们看他的《楚辞·远游》篇，文中说：“轩辕不可攀援兮，吾将从王乔而娱戏！食六气而饮沆瀣兮，漱正阳而含朝霞。保神明之清澄兮，精气入而粗秽除。”这一段非常明白地表明，屈原希望跟随仙人王乔，学习“食六气”的食气导引术，所以说屈原是文化康养最早的践行者之一。我不知道这个说法能不能得到大家的认可，但是屈原这些话足以说明他是一个善于养生的人。

屈原在流放过程中，忧国忧民，是多么的艰苦、多么的憔悴，但他最后居然也活到了62岁。这个寿命远远高于当时的平常人。他平常注意善待生命，但是当国家和人民需要他的时候，他也能够义无反顾地以身殉国、以身殉道，这是屈原留给我们的人生智慧。平常我们要注意养护个人健康，不要浪费、糟蹋自己的生命，这样才能为国家、为人民作贡献。这是我在参观屈子文化园时突然产生的一个感悟，我希望将它分享给大家，共同弘扬屈子这种文化康养精神。屈原不仅是一位爱国主义者、廉政文化践行者，而且是一位文化康养践行者，充满了生命智慧，这带给我们更多的启示。

中国传统养生学认为，养生的最高境界是养心。诸多医学研究也发现，90%的疾病和情绪有关。2009 年诺贝尔生理学或医学奖得主伊丽莎白的研究成果发现：人的细胞染色体末端的端粒长短，控制着细胞和人体的寿命。端粒越长的人越年轻健康，而端粒的长短是由人体的端粒酶所决定的。乐观积极的情绪有助于产生端粒酶，而敌意、悲观、臆想、抑郁等负面情绪则会导致端粒酶的下降和端粒变短，这就从科学实证的角度阐明了负面情绪的危害性。由此可见，中国传统养生智慧强调“养心为上”的观点是多么富有前瞻性。

中式雅生活就是养心，从情志的角度来康养身心。它的内容非常丰富，今天，我主要从经典、诗词、歌唱、音乐、书画、品茗等六个角度来谈谈这些活动的康养功能。

一、经典的康养功能

儒、释、道、医的经典是文化康养的灵魂，这些内容太丰富了，我主要从《道德经》和《黄帝内经》来谈一谈。

1. 顺应自然

《道德经》认为，“道”是天地万物和人的生命的本原，又是贯穿其中的某种趋势、规律或秩序。《道德经》第二十五章说：“人法地，地法天，天法道，道法自然。”“道法自然”的意思是说，“道”的法则是自然而然的。人类必须顺应生命和事物的内在规律和变化来安排活动，养护生命。《黄帝内经·灵枢·本神》篇从养生的层面发展了顺应自然的原则，认为“顺四时而适寒暑”是智者的养生之道。如果任意妄为，就会打破生命原有的平衡，危害生命。最新的科学研究成果也深刻地印证了“顺应自然”原则对于人类健康的重要性。2017 年诺贝尔生理学或医学奖颁给了研究“控制昼夜节律的分子机制”的三位科学家，他们的成果说明，体内生物钟调节着人的行为、激素水平、睡眠时间、体温变化等，和人的健康息息相关，如果顺应体内生物钟的规律安排起居活动，身体就会被调整到最佳状态，否则将会产生各种问题，危害健康。

关于这一点，我特别想强调一下。在现代社会，大家都非常忙碌，工作节奏非常快，有很多事情要去做，我们习惯了熬夜。但是熬夜对身体的损害非常大。中医倡导睡“子午觉”，子时是晚上十一点到半夜一点，午时是上午十一点到下午一点。子午两个时段要注意休息，因为这是排毒的时间，是滋养正气的时间。现代很多年轻人不注意这一点，经常熬夜，打游戏、K歌、侃大山，总是熬到凌晨两三点才睡，这是一个很大的问题。我有一个同事，42岁就英年早逝了。因为他有个很不好的习惯，总是要到凌晨两三点才睡，这对身体的损害很大，吃多少补品都补不回来。所以我们要顺应生命的生物钟，该睡的时候就睡，该起床的时候就起床，这是一个性价比最高的生活习惯。

2. 守柔包容

《道德经》第四十章中说“弱者道之用”，将柔弱视为道发挥作用的一种方式与体现。前面还有一句“反者道之动”，即向反的方面转换，这也是道发挥作用的一种方式与运动的规律。道支配着一切，控制着一切，暑往寒来、斗转星移、四季转换，都是道在起作用。但是，道却从不强制或控制万物，它润物无声地支配着一切。因此，老子告诉我们，要效仿道行事的方式。老子把柔弱不争奉为古往今来与天相配的一个最高原则，强调“守柔曰强”，守住那一份柔韧、仁慈的柔和心，才是真正的强大。所以，老子用一种非常仁慈的胸怀来包容一切，启发人们放弃你死我活的两端对立思维，要兼容并包。《道德经》第四十九章指出，圣人的胸怀非常宽阔：“善者，吾善之；不善者，吾亦善之，德善。”意思是说，善良的人要善待他，不善之人也要善待他，民风就会善良。这是通过非暴力手段化解矛盾，是一种润物无声的仁慈，它有助于人们心志平和、身心健康。

包容是一种康养智慧。老中医主张“养病”而不是“治病”。西医不同于中医，有肿瘤就割掉，用刀子对待疾病，或杀灭细菌来抗感冒，这是一种你死我活的方式。中医追求调和阴阳，扶正祛邪，疏通血气，主张和谐共生，这是一种和谐、中和的智慧。现在国内外越来越多医学专家意识到：对待肿瘤不一定要赶尽杀绝，而是主张和谐共存，这可能比过度治疗的效果更好！因为把肿瘤割掉了，内环境如果没有改变，还是会长出来。而且大量的手术和化疗，对人体免疫力是一种很大的破坏。所以中医讲究养护身体，提高人的抵抗力，调和体内的环境，让我们的生活习惯、生活方式有一个更加健康的状态。

3. 致虚守静

老子倡导“致虚极，守静笃”。“极”和“笃”是表示程度的量词，意思是保持心灵的安静、让心灵空虚达到极致、达到非常安静的状态。老子认为，这是万物生长不息、往复不止的生命之道，有益于保养人的生命。中医和后来的道家继承了老子虚静养心的理论和方法。《黄帝内经·素问·上古天真论》中提出“形与神俱”“独立守神”，都强调让形体和精神健全和谐、精神内守、形神合一。致虚守静可以降低人体生物钟的速度，减少能量消耗，延缓衰老，让体内各系统和谐有序，促进健康。我们要“致虚守静”，反观内守，这也是一个很好的养生方法。

二、诗词的康养功能

经典中的生命智慧由诗词得以凝聚和更为形象地传达，被更多民众理解、接受和传播。诗词更是抒情之窗，可以释放和缓解孤独感、失落感等负面情绪，是一种养心之方和疗伤之药。例如，我们至今还受惠于屈原那句耳熟能详的诗句：“路漫漫其修远兮，吾将上下而求索。”这支撑了困顿中的屈原，同时也给了后人在困顿的时候追求真理、去上下求索的精神力量。又如，吟诵李白的《行路难》：“行路难，多歧路”，“欲渡黄河冰塞川，将登太行雪满山”。人生如此艰难，却不失去信心：“长风破浪会有时，直挂云帆济沧海”。这种豪迈的气势，无疑是在困顿中增强信心的一种精神食粮，而当我们充满思念的时候，吟诵苏东坡的“但愿人长久，千里共婵娟”等诗词，可以很好地缓解我们的负面情绪。同时，吟诗时要肌体舒展，用腹部呼吸，准确发音，这有助于增强人的肺活量，改善心肺的呼吸功能，使大脑的兴奋与抑制达到相对平衡，将神经细胞调节到最佳状态。

还有一些养生诗高度浓缩了养生要点。例如，明朝御医、92岁高寿的龚廷贤根据多年治病养生的实践，写了一首《摄养》诗，归纳其养生经验：“惜气存精更养神，少思寡欲勿劳心。食惟半饱无兼味，酒止三分莫过频。每把戏言多取笑，常含乐意莫生嗔。炎凉变诈都休问，任我逍遥度百春。”这首诗告诉我们，要好好地爱惜自己的精气神，少思寡欲，不要有太多的物质欲望，吃饭不要过饱了，喝酒不要喝醉了，看淡世态炎凉，不用在意别人的看法，快乐逍遥地过好每一天。

诗词写作和吟诵也具有一种自我疗愈的功能，这一点在苏轼这里有很好的展现。我们熟悉的《定风波》一词："莫听穿林打叶声，何妨吟啸且徐行。竹杖芒鞋轻胜马，谁怕？一蓑烟雨任平生。料峭春风吹酒醒，微冷，山头斜照却相迎。回首向来萧瑟处，归去，也无风雨也无晴。"苏轼在途中遇雨，同伴们都狼狈奔逃，但是苏轼从容不迫，冒雨徐行，对雨吟啸。"一蓑烟雨任平生"，人生的风雨且随它去，我自岿然不动，展现了苏轼面对人生的风风雨雨却我行我素、不畏坎坷的超然情怀。自然界的风雨变化无常，政治"风雨"何尝不是如此！官场上的政治风云、人生中的荣辱得失又何足挂齿！不管是位居高位还是被放逐天涯，都能持守节操，放宽心量，坦然面对坎坷人生和荣辱得失，"归去，也无风雨也无晴"。我自宠辱不惊，回归心中的桃花源。

三、歌唱的康养功能

歌唱是音乐与语言相结合的艺术，好的歌词往往也是优美的诗。歌唱是人类利用上天赐予的随身携带的乐器奏响天籁之音，不仅是高雅的文娱活动，而且具有非常显著的养生功能。歌唱从多个方面对人体的健康发挥着积极作用。

1. 加强心肺功能，增大肺活量，减缓心肺功能的衰老。我们唱歌，一般要深吸一口气，才能唱得比较长。凡是爱唱歌的人，无论是专业歌手还是业余爱好者，其肺活量肯定高于不爱唱歌的人。我记得曾经有人在朋友圈发一个小程序，测肺活量。我有很多唱歌的朋友参加测试都能达到优秀等级。唱歌是可以增加肺活量的。

2. 唱歌要求腹式呼吸，有助于按摩脏腑。腹式呼吸是什么意思呢？即要求气沉丹田，使横膈膜下降，尽量地扩大肺吸进气息的空间。在现实生活中，很多人的呼吸只用了肺容量的 2/3，所以很多人的肺功能是没有完全用到的。腹式呼吸还需要腹部起伏，不由自主地达到按摩腹部的效果。

3. 提高大脑等神经系统的功能，保持敏捷的思维和良好的记忆。唱歌要记很多歌词，特别是民歌、戏曲有一些快板，要很快地把每一个字唱出来，就需要大脑和发音器官高度配合与协调，促使大脑保持敏捷的思维。所以，经常唱歌的人至少会大大地延缓老年痴呆症的发生。

4. 优美的歌声会刺激大脑释放多巴胺，使人精神振奋。歌唱祖国、歌唱友谊、缅怀英雄、惩恶扬善等题材的歌曲能够激发我们的自豪感、正义感，弘扬正气。如《黄河颂》《红梅赞》《我的未来不是梦》《感恩的心》《英雄赞歌》等等，唱起来以后，感到有一股昂扬的正气在心中荡漾，让人充满激昂向上的状态，这是非常有益于身心健康的。同时唱歌的时候要保持站姿，抬头挺胸，这样能够让肺活量提升 20%。所以经常抬头挺胸，唱一唱歌，不仅能够让我们精神愉悦，而且整个身体的机能也被激活。

四、音乐的康养功能

现在兴起了音乐治疗、音乐养生。音乐养生集音乐、医学、心理学为一体，是一种无毒副作用、无成瘾性的绿色环保的提升健康的手段，已成为一种国际潮流。音乐养生和疗疾在中国有着悠久的历史，中国古代的音乐养生理论是以天人合一的阴阳五行学说为基础的，在人体、人性、音乐与宇宙自然的宏大系统之中阐明其内在的关联，认为音乐可以在自然属性层面调理人体机能，也可以在价值属性层面给人情、人性扶正祛邪。先贤有很多有关这方面的论述。

《荀子·乐论》中就阐发了音乐与情绪的关系。该文提出《雅》《颂》之声可使人志意宽广，音乐可使人耳聪目明，血气和平，血脉流通，达到成就道德人格与移风易俗的目的。所以儒家的乐教传统包含了非常丰富的内容，不只是音乐，而且包括了道德教化、礼智，甚至还包括了政治教化方面的内容。强调不同音声或乐舞会对人的情绪产生直接的影响。中华医学巨著《黄帝内经》在总结前人经验和理论的基础上，对音乐与人的身心健康之具体联系进行了系统的论述。该书的《素问·阴阳应象大论》篇中提出了著名的“五脏相音”和“五音疗疾”学说。认为人体的心、肝、脾、胃、肾和五音是相对的，某一个音能够调治某一个脏腑，这套完整的中医理论一直在发挥作用。

儒家特别强调“乐”教。六艺中“乐”的内涵比现代所说的“音乐”更广。包含音乐、道德、礼仪等内容。先贤认识到，“乐”具备宣导气机、疏通气血等保健作用。在中国的“乐教”传统中，琴乐具有代表性。孔子有很高的古琴造诣。《史记·孔子世家》记载，《诗经》“三百五篇，孔子皆弦歌之”，说明孔子能将《诗经》歌唱并能够用古琴弹奏，这就有很高的打谱能力与音乐造诣了。

嵇康、陶渊明、白居易、欧阳修、苏轼、王夫之、谭嗣同等先贤都能操琴并撰写鼓琴的诗词或琴谱。琴音松沉旷远，让人感到和平泰然的气象，获得内心的祥和安静；琴乐有助于化解不平之气，升华心灵意境，舒缓情绪，修身养性。抚琴的过程中要用指甲和指尖来触弦。手指尖是人体经脉相交汇之所，手指弹拨琴弦能够按摩和运动指尖，促进这些部位的血液循环，调和血脉。

酷爱古琴的白居易《好听琴》一诗就体现了古琴的心理治疗功能。诗云："本性好丝桐，尘机闻即空。一声来耳里，万事离心中。清畅堪销疾，恬和好养蒙。尤宜听三乐，安慰白头翁。"意思是，我本性喜欢古琴等音乐，听到古琴的声音以后，把尘世间种种的计较都忘却了，所有的琐事都不放在心上了。古琴不仅能够调养我们的身体疾病，而且可以修养心性，尤其是听"三乐"，最能安慰我这个白头翁。这说明古琴对他的心理有疗愈作用。

欧阳修曾通过弹琴而调治手指的健康问题，更通过琴声来调养心理上的疾患。他在《送杨寘序》一文中讲述自己学琴、爱琴的经历以及琴声对自己性情的陶冶作用，还记录了自己通过"宫声数引"治疗"幽忧之疾"的经历。

王夫之、谭嗣同也擅弹古琴，现在湖南省博物馆还有王夫之的琴和谭嗣同的琴，这是镇馆之宝。古代先贤把琴作为一种个人修身养性的工具，或放在自己的书房里，或随身携带，经常弹一弹，以高雅的音乐来愉悦身心。

除了古琴，还有其他音乐（包括现代音乐），也具有调节与疗愈心理的功能。欣赏音乐能调节人的喜、怒、哀、乐、悲、忧、愁，进而改善人的情绪，给人带来心理上的愉悦。优美的音乐能刺激神经系统，促进体内分泌一些有益于身心健康的生化物质，这些物质能使人产生愉悦身心、消除疲劳等效果。节奏平缓的古典音乐带给人一种平静、清新、安全的感觉，可以缓解中枢神经系统的紧张，迅速消除工作中的疲劳，起到催眠的作用。

我们在欣赏美妙的音乐时，身心放松，有利于人体呼吸功能的调节，增大肺活量，进而使气血畅通，延缓大脑和身体其他部位的衰老，使脉搏、呼吸、血压、消化液的分泌、新陈代谢等处于相互协调的状态，对人体起到很好的修复作用，对心血管、呼吸系统、消化系统的疾病有预防作用。现在很多医院已经开展了音乐治疗。

实施音乐调养要注意按照人的经历、性别、性格、年龄、气质、音乐修养、审美能力、身体状况、不同需求、音乐爱好，根据各种音乐的特点来选择音乐曲目。所以音乐养生专家会根据五行相生的顺序，分别列出与五脏相对应的音乐调式，以下曲目可供大家参考：

养肝：推荐曲目为《胡笳十八拍》。

养心：推荐曲目为《紫竹调》。

养脾：推荐曲目为《十面埋伏》。

养肺：推荐曲目为《阳春白雪》。

养肾：推荐曲目为《梅花三弄》。

五、书画的康养功能

书法和绘画是中华民族宝贵的文化艺术遗产，连接着中华文明最精致优雅的部分，是中国古代社会传承文化的重要载体。书家和画家把自己的情感、理念、思想融入墨韵中，使书画具有感化人、净化人、教育人的功能。书法在古代被称为思想感情的“心画”，“有情的图画，无声的音乐”。如颜真卿在《祭侄文稿》中把他的悲愤一览无余地展现出来，我们现在看这幅书法作品，都能感受到充满血和泪的悲愤之情。

练习书法需要临帖，而名帖和名家墨宝的内容或为利国为民，或为励志修德，或为歌颂壮丽山川，具有很好的教育意义；书法创作的书写内容亦多为处世为人的箴言警句、先贤名言、诗词妙联，都是积极、健康向上的内容。习帖或书法创作都是修养道德、磨砺心性、提升精神境界的重要途径。如“宝剑锋从磨砺出，梅花香自苦寒来”“天道酬勤”“厚德载物”“室雅人和”等。练习、书写这些作品，欣赏、临读这些作品，不仅可以提高书法艺术素养，也可以陶冶情操、净化心志，是一种潜移默化地学习中国传统思想精华的过程。国画所展现的花鸟虫鱼、松涛明月、云海流泉、崇山峻岭、茂林修竹等诸多胜景，又自然而然地给书写者和观赏者带来美妙的艺术享受，让人心旷神怡。因此，很多书画家都是很健康、很长寿的。

这里我要讲一个非常典型的例子。有一个油画家叫罗工柳。罗工柳在 62 岁时得了癌症，当时医生告诉他，情况不乐观，估计存活期不长了。但是罗工柳先生不想死。怎么办？他就跑到一个偏僻的海岛上，天天练狂草，半年以后癌瘤居然消失了，他活到 80 多岁才去世。他说，是中国书法救了他。他就是通过练习狂草，把心里的郁闷与负面情绪通过挥毫发泄出来。这种典型的例子很多，我就不列举了。

六、品茗的康养功能

饮茶是中国人重要的文化习俗和保健方法，国人饮茶的历史已有 4700 多年，中国经典中的清静和谐精神也贯穿和融汇于茶道。茶是中国向世界传播的最早商品之一，它伴随古代丝绸之路走向世界。英国学者麦克法兰等人将茶视为中国文明强盛的原因之一，认为茶饮已成为世界潜在的征服者。随着民众生活水平的提高以及对身心健康和美好生活的向往，茶在提升人的生活品质、滋养人的心性品德方面日益发挥着引人注目的作用。

饮茶的乐趣和精神追求在唐代诗人卢仝《走笔谢孟谏议寄新茶》一诗中得到生动的体现。诗中最精彩的部分是叙述煮茶和饮茶的感受。他用极其浪漫的诗句描述说："一碗喉吻润。二碗破孤闷。三碗搜枯肠，唯有文字五千卷。四碗发轻汗，平生不平事，尽向毛孔散。五碗肌骨清。六碗通仙灵。七碗吃不得也，唯觉两腋习习清风生。"这些诗句被后世传为《七碗茶歌》，不仅为中国民众喜爱，还在日本广为传诵，演变为"喉吻润、破孤闷、搜枯肠、发轻汗、肌骨清、通仙灵、清风生"的日本茶道，卢仝也被世人尊称为"茶仙""茶中亚圣"。

茶叶中的有效营养成分多种多样，如茶多酚、茶氨酸、维生素、咖啡碱等，还含有不少对人体有益的微量元素。有专家根据近年的研究，总结了茶叶的多种保健功能，如防癌抗癌、降低胆固醇、降火解毒、防治便秘等。饮茶虽有一定的药用功效，但不同茶叶的功效有所不同，所以专家建议要根据自己的身体状况对症喝茶。

绿茶具有提神清心、清热解暑、消食化痰、去腻减肥、清心除烦、解毒醒酒、生津止渴、降火明目、止痢除湿等药理作用，但绿茶的性寒凉，老年人或脾胃虚寒者不宜饮用。由于绿茶富含咖啡碱，故晚上饮用可能因为提神而影响睡眠。

红茶在发酵过程中会产生茶黄素、茶红素等成分，形成特有的色、香、味，具有提神益思、消除疲劳、消除水肿、止泻、抗菌、增强免疫力等功效。红茶品性温和，味道醇厚，经常加糖或加牛奶饮用，不仅能够暖胃，还能消炎、保护胃黏膜。红茶比较适合老年人或脾胃虚寒者饮用。

黄茶是我国特产，属于轻发酵茶类，特点是“黄叶黄汤”。黄茶在沤制过程中会产生大量的消化酶，对脾胃有好处，有助于缓解消化不良、食欲不振等症状。黄茶富含茶多酚、氨基酸、可溶糖、维生素等营养物质，而这些物质对防癌、抗癌、杀菌、消炎均有特殊效果，对防治食道癌有明显功效。

白茶是一种轻微发酵茶，选用白毫特多的芽叶，以不经揉炒的精细方法加工而成。它具有美容养颜、抗氧化等作用，而且可以缓解焦虑情绪，对调节免疫力和降血糖有较好的功效。

青茶属于半发酵茶，以铁观音为例，里面含有 30 余种矿物质元素，其中以钾含量最高；还含有茶多糖（TPS）、茶多酚，这些有助于降血脂、减肥和增强人体免疫力。青茶中的茶黄素具有抗氧化、预防心脑血管疾病、预防龋齿、抗菌抗病毒等生物活性，有助于预防糖尿病。

黑茶属于后发酵的茶，茶多酚类物质的总含量较高，具有降脂减肥的效果。长期饮用伏砖茶，对人体的血脂、血糖、血压具有良好的控制作用，有助于增强体质，延缓衰老。

但是要注意，喝茶有几个禁忌：一是忌空腹喝茶；二是忌饭前喝茶；三是忌喝浓茶、烫茶（太烫了会刺激食道，容易诱发食道癌），也不要喝冷茶。

中国人还通过沏茶、赏茶、品茶，来修炼心性和提升精神境界。中国的“茶道”就是通过沏茶、赏茶、品茶等一套生活礼仪来修炼身心，立体地展现茶文化的修身养性功能。茶道以茶艺为载体。茶艺是指制茶、烹茶、品茶等操作程序，是茶道的基本和必要的条件，通过制茶、烹茶、品茶，人们可以借助感官和心灵去体悟茶道精神。

茶道精神指什么呢？“茶道”继承了儒释道“守静”“内省修行”这一修养原则。茶道环境的静谧典雅，茶道仪式的仪态娴静，语言轻柔，品茶时静心凝神，都建构出“静”的意境。品味茶道之“静”，有助于人们静下心来，心平气和，减少身体能量的消耗，不被外界的喧嚣和各种躁动所牵制，更好地应对生活的挑战。我们在喝茶的过程中，去仔细品味，也能得到很多启示：喝茶是先苦后甜，我们将茶杯端起来，端得起也放得下。修禅的过程和品茶的过程非常相近，佛门中人常说，“禅茶一味”，茶道充满了文化意味。

茶道还体现出“和”这一中国文化特质。在这一活动中，良好的品茶环境形成人与自然之和、人与环境之和，这就是天和、地和；而个人独自品茶时促使身心之和，与朋友共饮交流时产生人际之和。我们以茶敬客、以茶敦亲、以茶睦邻、以茶悦心，通过喝茶来静心、静神，陶冶情操，去除杂念，修身养性。

以经、诗、茶、拳、唱、琴、棋、书、画、游为主要内容的中式雅生活是先贤留给我们的宝贵文化遗产，可以为人类的身心健康提供丰富的资源。践行这些生命智慧，有助于我们获得丰满、优雅和美好的人生，更能为中华文化自信提供坚实的精神支柱！让我们共同努力，让她的智慧更好地滋润中华，造福人类！

（王琦整理并经主讲嘉宾审定）

现场互动

主持人（王琦）：谢谢吕教授的精彩分享！刚才吕教授从经典、诗词、歌唱、音乐、书画、品茗等方面，为我们展示了中国式康养的生命智慧，让我们领悟如何面对压力，实现身心平和，获得一种丰满、快乐的人生。而且吕教授在讲授中，将屈原视为一个文化康养的践行者，拓展了我们对屈原的认识。让我们再次以热烈的掌声，感谢吕教授的精彩演讲和智慧的启迪。谢谢！

今天我们的讲座现场来了非常多的朋友，他们有很多问题想向吕教授请教。我们现场开放两个问题，欢迎朋友们积极地和吕教授互动，我们也会送出由吕教授签名的大作。

观众提问：吕老师，您好！我是练太极的。想请您从道学的角度，解释一下太极养生的理论。谢谢！

吕锡琛：谢谢这位太极拳专家的提问。确实太极拳不仅仅是一个外在的肢体活动，而且蕴含着很深的哲学理论。首先是阴阳平衡。我们的一招一式都要阴阳和谐、阴阳互动。其次是刚柔并济、身心和谐，强调天人合一。在练习太极的过程中，要身心完全放松，进入和大自然相和的状态，所以整个动作是非常圆活的，虽然特别强调柔，但是要柔中有特有的内力，以柔克刚，因此太极拳是一种终身习练的技艺。太极拳要打好是非常不容易的，有的人打了一辈子可能都没有领悟到太极拳的真谛。在打太极拳的过程中，如果用心领会，就能够感受到气在体内的流动，一抬头一举足都有气息在里面。中国的阴阳平和、以柔克刚、动静相济、天人合一等哲学理念，都贯穿在太极拳整个行拳过程中。谢谢！

主持人（王琦）：谢谢这位朋友的提问，谢谢吕老师的回答。我感觉太极拳非常符合道家的养生之道，强调以柔克刚，阴阳和谐，这是非常好的一种养生方式。由于时间关系，我们开放最后一个问题。

观众提问：吕教授，您好！您的讲座像一缕春风，涤荡了我们的心灵。我们每个人都非常向往雅生活，但是每天为生活、为工作忙忙碌碌，甚至忙得没有时间进行自我的文化康养。请问：我们应该怎么办呢？

主持人（王琦）：这位朋友向吕教授提了一个很现实的问题，这也是很多朋友不得不面对的一个问题。

吕锡琛：谢谢你的问题。你提了一个很现实、很普遍的问题。我们每天都非常忙碌，拖着疲惫的身躯回到家里，只想休息，觉得雅不起来了。其实，雅生活不见得非要找一个专门的时间去做。回到家，做饭的时候，可以哼一下歌曲，朗诵几首诗。我们需要有这样的意识，在精神上滋养自己的身心。读一首小诗，唱一首小歌，早上起来或者睡觉以前站个桩，或者静坐一下。没有整段时间来练习也没有关系，虽然练习时间短，但是持之以恒地练习，哪怕每天5分钟、10分钟，都会让我们身心受益。康养贵在坚持，贵在有自觉意识，我的健康我做主，我的快乐我做主。通过这些高雅的活动，提升自己的幸福感、快乐感和身心健康。

主持人（王琦）：我听了吕老师的回答之后，不由地想到了我读大学时候的唐宋文学的老师，她曾跟我们讲过她是如何学习古典诗词的。她每天也非常繁忙，也有很多家务事要做。因此，她做家务的时候，就把书放在旁边，一边做家务一边背古典诗词。虽然她小时候可能因为一些特殊原因没有读很多书，但是她在日常忙碌的生活中坚持不懈地去学习，用诗词滋养自己，所以成了我们非常喜爱的、博学的大学教授。虽然我们每天都很忙碌，但千万不要忘记了，如何在忙碌中让心灵得到安慰、让精神得到提升，通过康养提升自己的身心健康与生活的幸福感。谢谢朋友们，谢谢吕教授！

香草美人地，诗韵汨罗江。感谢现场朋友以及线上40多万网友的支持与厚爱！感谢媒体朋友和工作人员的辛勤劳动！本次讲坛圆满结束，我们下期再见。

祝大家身体健康、万事如意，新年新气象！

（王琦整理并经主讲嘉宾审定）

第6讲

古琴艺术与古楚文化

欧阳祯人，本名张杰，哲学博士。武汉大学中国传统文化研究中心教授、国学院教授、博士生导师，武汉大学阳明学研究中心主任、《阳明学研究》杂志执行主编。现任中华孔子学会副会长、中华孔子学会陆九渊研究委员会会长、国际儒学联合会理事、中国哲学史学会理事、中国周易学会常务理事、中华孔子学会王阳明研究委员会副会长、中国哲学史学会曾子学会副会长、湖北省《周易》研究学会副会长、浙江省稽山王阳明研究院学术委员会委员、贵州省贵阳孔学堂学术委员会委员。出版学术专著《古琴艺术的文化追寻》《郭店儒简论略》《先秦儒家性情思想研究》《从简帛中挖掘出来的政治哲学》《刘咸炘思想探微》《出土简帛中的政治哲学》《思孟学派新论》等13部以及其他相关论著20多部。在国内外刊物上公开发表学术研究论文170多篇。主持并参与完成国家重大攻关项目、省部级重大攻关项目10多项。

直播二维码

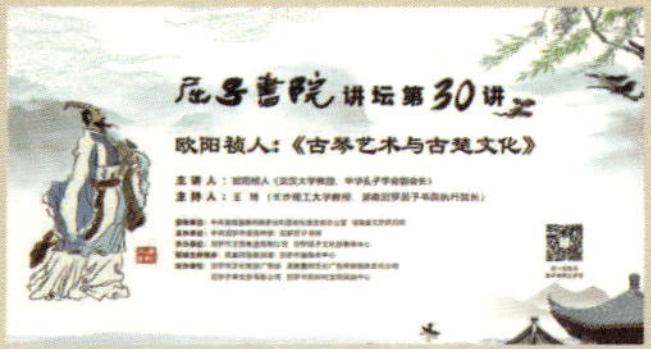

直播在线参与人数：40.6万

导言

古琴，又称七弦琴、素琴、雅琴、瑶琴、丝桐琴等，位居琴棋书画之首，是古代中国人怡情养性、陶冶心灵、提升境界的“神器”，在中国音乐史、美学史、社会文化史、思想史等方面具有广泛影响。2003年，中国古琴被列入联合国“人类口头和非物质遗产”名录。古琴的起源存在哪些传说？古琴和凤凰图腾、沅湘巫风、屈宋楚辞、道家思想之间有着什么联系？为什么中国古代四大名琴都出自古代楚国？

2023年3月25日，武汉大学教授、中华孔子学会副会长欧阳祯人莅临屈子书院讲坛，发表题为“古琴艺术与古楚文化”的主旨演讲，并与现场观众进行了精彩的互动。讲座由凤凰网湖南频道全球同步直播，在线参与人数多达40.6万；长沙理工大学设计艺术学院教授、湖南汨罗屈子书院执行院长王琦担任嘉宾主持。

各位领导、各位新老朋友：

上午好！非常感谢屈子书院对我的盛情邀请。我来到这里有朝圣的感觉。我老家在湖北恩施，我是湖北恩施人。我每年到武汉上学或学期放假回恩施时，都要经过秭归。从巴东到秭归、宜昌再到武汉的路程，总会经过屈原的故乡，每当此时，我都有一种灵魂受到洗礼的感觉。屈原及其弟子的《楚辞》是中国乃至全世界都不可撼动、不可替代的、独特的诗歌体系。我出版过三部诗集，自始至终深受《楚辞》的影响。这次来汨罗是我的夙愿。我每次坐高铁去南方，都要经过汨罗。每次经过汨罗，我内心都会充满遗憾。这次来到这里，我感到非常高兴。再次感谢屈子书院朱汉民院长、王琦教授对我的盛情邀请。昨天晚上，王琦老师让我写几句留言作为纪念，我就写了一首祭祀屈原的词，现在奉献给大家：

秋波媚·虚空

日暮流霞送秋鸿，三楚有无中。高天寒露，朦胧万里，仰啸虚空。书斋掩卷愁新构，独坐浴西风。峡江浩荡，神聆屈赋，情寄丝桐。

一、古代楚国与古琴

今天我主要谈谈古琴艺术和古楚文化。十多年前，我写过一篇相关文章，发表在《船山学刊》上。我认为，如果没有上古时期楚国社会、政治、经济、人文等各方面的发展，就不可能有古琴艺术过往的历史和目前的状态。为什么呢？

首先，因为古琴的形制与艺术的内涵中要有天问的思想。屈原有《天问》，《天问》的产生要有经济基础作为前提。有了《天问》的思想之后才能够认识到历法，认识春、夏、秋、冬四季。每年星宿是如何运转的，风、雨、雷、电是如何产生的，对世界有了一定的认识，问题才问得出来。问题不仅要答得对，更重要的是要问得对，所以经典中说“学、问、思、辨、行”（《礼记·中庸》），问是一个非常重要的环节。古琴曲谱里有一首《屈子问天》，就是一首极具想象力的乐曲。这种充满幻想的思绪转化到艺术的天地里，就成了古琴乐曲精骛八极、心游万仞的艺术形象。

其次，要有科学技术的基础。古琴，作为一种乐器，它必须有音箱，否则就没有乐音的共鸣，就没有美感。古琴音箱的设计与制作应该有一个漫长的过程。但是，我们可以肯定，如果用石器工具是做不好的，用青铜器工具也达不到理想的效果。没有铁器的出现，古琴的音箱是制造不出来的。音箱要产生出艺术的、美学的效果，就要有音响效果方面的知识，古琴也才可能造得出来。人们不可能只是长时间地满足于在一块木头上面弹奏古琴，这样至少效果是很差的。其实相关的考古成果已经证明，上古时期的原始人类，他们具有非常发达的音乐知识。这是人类社会从蒙昧走向文明的基石。有关这方面的知识，大家可以去阅读E.B.泰勒的《原始文化》、弗雷泽的《金枝》和布留尔的《原始思维》等著作。

最后，还有缫丝技术。缫丝技术在中国上古时期应该有漫长的历史。况且，不是一般的丝就可以做琴弦的，要很好的丝才能做古琴的弦。而且还要有髹漆工艺。要在古琴外面反复涂抹生漆，古琴才不会受潮、不会变形。生漆来自漆树。这种漆树曾在楚国大地非常繁茂，可惜现在已经越来越少了。目前盛行的有陕西的商洛，湖北的十堰、利川等地的生漆。不了解中国的生漆以及髹漆工艺的人，是无法谈论古代楚国艺术的。髹漆工艺，对中国古代艺术的各个方面都有深远的影响。如果没有生漆的外表，手指在琴面上的滑音、一唱三叹的艺术感觉就起不来，因为轻拢慢捻的动作没有办法做。《周易》有所谓“阴阳合德而刚柔有体，以体天地之撰，以通神明之德”（《易传·系辞传》），也是可以从古琴艺术的角度上来理解的。这种夺天地造化的艺术效果要在古琴上将旋律、和弦、节奏结合起来展现，没有髹漆工艺的发展是不可能的。如果完全是一块木头，弹琴者都会磨破手指头，琴还怎么弹？仔细一想这些问题就知道，古琴起源于神农时代，这是毫无疑问的。但是古书中说，古琴起源于伏羲时代，这也是对的。因为古琴有一个从原始的古朴状态逐步完善的过程，但是这个过程极其漫长。

二、上古时期的古琴艺术

每当看到古琴这种漂亮的乐器，我们就会从内心里油然升起一股柔情。为什么呢？因为古琴有散音，有泛音，有按音，有滑音，有勾、抹、剔、挑等等各种各样的音，而且还有变调。大家可能没有想到，古琴居然有270多个音。对一个真正精通古琴的人来说，古琴上的音位就是满天的星空，它的表达能力是无穷的，极具艺术的魅力。在先秦时期，经典中说："士大夫无故不撤琴瑟。"（《礼记·曲礼》）凡是想读书、正在读书或者读过书的人，家家都有古琴，跟现在我们每个人都有手机和电脑一样。我们正处于社会经济、科学技术飞速发展的时代，所以我们的心灵往往被外界的事物所牵引。先秦时期的经济是自给自足的小农经济，所以人们讲的是自足圆满："仁义礼智根于心，其生色也，睟然见于面，盎于背，施于四体，四体不言而喻。"（《孟子·尽心上》）所以古人在古琴上充分地挖掘了个体与古琴之间、人与天地之间、自我与他人之间的关系。"大乐与天地同和，大礼与天地同节"（《礼记·乐记》），就还需要乐理和哲学方面的基础。所以，古琴的问题，从来就不只是一个孤立的乐器问题。

古琴的表达能力是非常强大的。由于我们现在的生活节奏太快了，当代人未必理解得了。古今中外，音乐从来就是宗教与艺术之间的一种超级表达手段，是一种生命的表达与升华。孔子在齐国听了韶乐，回来以后"余音绕梁"，"三月不知肉味"，他说"不图为乐之至于斯也！"（《论语·述而》）。他没有想到，音乐会表达得如此波澜壮阔、出神入化、感人至深，会达到如此境界。所以孔子就是一个音乐高手，他的接受视域极其辽阔，别人是无法企及的。他还会即兴弹奏乐曲。有一次，孔子在房里弹《韶》乐，曾子、子路、子夏在谈论问题，但有一个问题不大清楚，他们一定要去找老师切磋一下。他们来到老师的门口，听到老师在弹琴，大家就不进去打扰。这几个人就在门口听、在门口等，听着听着，古琴弹奏的内容变了，明明开始弹奏的是严肃音乐，但是现在突然变成了刀光剑影、血流成河，展现的是你死我活的争斗场景。大家面面相觑。等孔子弹琴结束后，大家敲门进去问老师刚才弹的是什么曲子，孔子回答说弹奏的是古代的乐曲。怎么可能？同学们将刚才听到的内容告诉了孔子。孔子很惊讶：真的吗？真是这样的吗？怎么回事？哦，原来是这样的，我刚才看到一只猫正在追逐一只老鼠，在房梁上追来追去，我全神贯注地看着这精彩的一幕，不料我的手却忘记了一切，随性而去了。可见，孔子是一位非常有兴致的长者。

孔子有一次带着学生周游列国，看到山崖上开着一朵非常漂亮的兰花，但是兰花四周全部是野草。他看到兰花以后顿生感触，没有想到这馥郁芬芳的百花之王与众草为伍，就联想到自己学富五车，却落到这步田地，自己的理想推行了这么多年，却没有真正实现，因此内心无比悲伤，他席地而坐，当即弹奏了一首《幽兰》，弟子们马上开始记录他的乐曲。近代，在日本就找到了这个曲子。这就是中国现存最古老的一首乐曲，大家如果感兴趣，可以在网上听，曲名叫《碣石调·幽兰》。

三、屈原、文化名人与古琴艺术的兴盛

屈原所受的苦难是从小开始的。他一开始是一个自救队的首领。他组织了很多民团，自发地反抗和打击虎狼之国秦国对楚国的骚扰，所以他受到了楚王的器重，被提拔得快，担任的职位也很高。由于他坚定不移的抗战决心遭到了投降派的嫉妒恨，这些既得利益者并不希望楚国真正地抗秦，所以屈原被贬谪。在这样的情况下，屈原只能到处流浪。一位真正的国家精英、中流砥柱，顷刻成了行吟诗人。其实，这正是楚国走向灭亡的历史拐点。很多人问我：屈原会不会弹古琴？我刚才已经说过了，“士大夫无故不撤琴瑟”，屈原怎么不会弹古琴呢？屈原、宋玉这些人都是古琴高手，这是毫无疑问的。细细想来，其实古人的精神内涵，从艺术的角度来讲，比我们现在的人高远得多。这是另外的大问题，限于时间，今天不谈。屈原的《离骚》《天问》《九歌》《九章》《远游》《卜居》《渔父》，每一篇都文采飞扬，都是充满了艺术想象的精品，将它们改编成古琴曲，完全是水到渠成的事情。古琴曲《离骚》就是真正能够打动我，真正感动我的艺术作品。《离骚》之外，与屈原有关的古琴曲还有《泛沧浪》《泽畔吟》

《屈原问渡》《佩兰》《屈子天问》和《洞庭秋思》等等，在中国古代音乐史上都是占据着重要地位的。屈原在当时的湖南、湖北是一位行吟诗人，荆楚大地，特别是沅湘巫风，对屈原产生了重大影响。屈原肯定是精通音乐的人，否则那些诗歌怎么写得出来呢？在春秋战国时期，古琴在文人中非常普及，基本上是标配。在《诗经》《礼记》《左传》等古籍中都有大量记载，我这里就不赘述了。

孔子在整理《诗经》的时候，表现出了特别的才能："颂《诗》三百，弦《诗》三百，歌《诗》三百，舞《诗》三百。"（《墨子·公孟》）什么意思呢？就是说他能够朗诵《诗经》里所有的篇章，能用古琴弹《诗经》里所有的篇章，能够歌唱《诗经》里所有的篇章，还可以采用舞蹈艺术的形式把《诗经》里所有的篇章表现出来。我们现在弹弹古琴，大致还可以凑合一下，但是要我们跳舞，已经是完全不可能的了。为什么？原因就是实在跟时代不合拍啊。

如果不能够唱歌，不能够弹琴，不会乐器，又不会跳舞，说明我们自己内心的七情六欲得不到正常的净化。"净化"一词是谁说的呢？这是古希腊哲学家、美学家亚里士多德在他的《诗学》里说的，他说通过艺术可以净化我们的七情六欲，净化我们的性情世界。孔子说："《诗》三百，一言以蔽之，曰：'思无邪。'"（《论语·为政》）也是这个意思。真正的好音乐、古琴艺术就是要达到这样一个目的。因此我们每一个人不管学不学古琴，但是起码应该会一门乐器。学乐器的过程就是在净化我们的灵魂，锤炼我们的情操，锤炼我们的七情六欲，让我们变得有艺术的境界。一个人不能够只是睡了吃，吃了睡，睡了再吃。按照现在心理学对人的一种规范，人最基本的要求是生存的需要，是生理上的需要，包括衣食住行。但是还有更高层面的需求，譬如，安全的需求、受尊重的需求、价值观的需求、信仰的需求，所以古琴音乐讲的就是人的价值观、人的信仰。不能说我们有房子、汽车、孩子就够了，因为这些是最底层、最基础的需求。如果我们只是这样，就与其他动物没有本质区别了。所以要学音乐，学习艺术。孔子说："知声而不知音者，禽兽是也。"（《礼记·乐记》）一个人只知道声音，根本没有学过音乐，就是一只禽兽。这话骂得太吓人了，打击面过宽，所以人要知耻。孔子这样说，是对人之所以为人的一种悲悯，是对我们每一个人的拯救，他是在希望我们应该活得像人一样。

孔子说："凡音者，生于人心者也。知音而不知乐者，众庶是也。乐者，通于伦理者也。”（《礼记·乐记》）如果我们只知道音而不知道乐，我们永远只是一般的老百姓，“唯君子为能知乐”（《礼记·乐记》），古代的乐就是诗、乐、舞的三位一体，要求知乐的同时也要求知礼，“大乐与天地同和，大礼与天地同节”（《礼记·乐记》），每个人都应该是这样的。中国西部的老百姓精通音乐，特别是西藏、新疆、青海、甘肃、陕西、山西等省（区）的老百姓的民歌简直不得了。在全世界，中国的民间音乐是最发达的。湖南的花鼓戏，湖南各种各样的民歌真的很美。虽然民间的音乐非常简单，但是“易简之善配至德”（《易传·系辞传》），越是简单的东西，越是容易的东西，就越是高妙的东西。古琴就是这样一种乐器，它的演奏、弹奏比钢琴、小提琴、大提琴简单得多，它所表达的意境虽然与钢琴完全不同，但是它在美的境界上丝毫不逊色于后者。古琴的表达能力非常强，从来洞庭湖和古琴就有密不可分的关系，就有很多故事。

据传苏东坡因为乌台诗案被贬到湖北黄州，当时的黄州完全是偏远小镇，远远不如现在的汨罗，非常荒凉、落后，所以他住得非常简陋。每天晚上，苏东坡在油灯下读书自娱。一天晚上，他在灯下读书时听到门外有女性在唱歌，声音凄美：“音音音，尔负心，真负心，辜负我，到于今。记得当年低低唱，浅浅斟，一曲值千金。如今抛我古墙阴，秋风荒草白云深。断桥流水何处寻？凄凄切切，冷冷清清，叫人怎禁？”这首词当然是苏东坡苦中作乐，自己写的，而且他还编了一个有声有色的故事。但是，东坡先生写得非常幽怨，非常凄切，仿佛是红颜知己被抛弃的感觉，所以让人听到后怦然心动，心里非常难受。而且他用这种具象性的艺术来表达他的音乐美感，用的是秋风荒草、断桥流水，这是苏东坡与古琴之间的情谊。传说苏东坡听到歌声以后，马上开门出去看，他看到一个一袭白衣的女子。苏东坡追过去，白衣女子便消失在黑暗之中。苏东坡不信邪，回来后继续读书。到了第二天深夜，又传来美妙的歌声，又开始“音音音，尔负心，真负心，辜负我，到于今”。他马上去追，看到的还是那个白衣女子，女子很快在东边的墙角处不见了。第三天晚上，那个声音又开始了：“音音音，负尔心，真负心，辜负我，到于今。”他马上开门追上去，还是那一袭白衣，转过东墙就不见了。第四天早上，苏东坡叫上两个伙计在东边墙的拐角处开挖。工夫不大，他们挖出一个匣子，匣子里是一张古色古香的琴。

苏东坡自己会做古琴，而且会鉴别古琴。他当时断定，这是一张唐琴，所以弹出来的音就不一样了。从此以后，那张古琴伴随着苏东坡在湖北黄州度过了非常艰难的岁月。苏东坡在黄州住了五年，其间写了整整700多篇作品，其中不仅有大家耳熟能详的前后赤壁赋等，而且还有其他大量词作。苏东坡在黄州撰写的作品，改变了中国文学的历史，“大江东去，浪淘尽，千古风流人物”，那是豪放派的超美词风。生活是如此的艰苦，但是他活得如此精彩，这就是苏东坡。古琴可以让我们穿越人生苦难，去迎接人生的辉煌。

在中国文化史上，古琴占据了非常重要的地位。孔子就是一个古琴高手。而且据我的理解，《乐记》的作者如果不会弹古琴，是写不出《乐记》的。《道德经》《庄子》的作者们（这些书都不是一人一地一时所作，代代相传，师生口耳相传，应该有很多作者参与了该书的撰写）基本上会弹古琴。我们如果仔仔细细阅读了徐上瀛的《溪山琴况》，我们就会知道，《道德经》里面的“微妙玄通”“惚兮恍兮”“天籁”“玄之又玄”“众妙之门”“希”“夷”“微”等等词语，实际上与古琴艺术的欣赏有关。《庄子》中也有很多描写古琴音乐的故事。上古时期的中国人非常爱弹琴。孔子及其弟子七十二贤，绝大多数都弹古琴，七十子后裔就更不用说了。总之，中国历朝历代的很多名人都喜欢弹古琴。明代至少有四位皇上痴迷于古琴。古琴在中国是一种独特的文化，最近几年开始慢慢地恢复。当然，恢复得并不理想。

虞山派的严天池把古琴的艺术表现特色概括为：清、微、淡、远。这个界定在当代的古琴界，影响极大。蒋克谦的《琴书大全》将古琴的表现风格概括为九德：奇、古、透、静、润、圆、清、匀、芳，但是要用语言来把它们说清楚，这是不可能的。明末清初有一位神奇的人物，名叫徐上瀛，他从艺术的角度，全面总结了古琴艺术的风格，撰写了《溪山琴况》一书。这是真正了不起的著作，我今天隆重推荐给大家。

四、古琴文化的诞生

古琴和其他乐器相比，其不一样的地方在于，它能够哀而不伤、怨而不怒，有一种中和之美。我们每一个人的生命来自辽阔、博厚、高明、悠久的天空，所以我们与山川河流、鸟兽虫鱼、青青翠竹、郁郁黄花浑然一体，“天地与我并生，而万物与我为一”（《庄子·齐物论》），天地万物一体流行。这是中国文化对人之所以为人的一种自然而然的界定。所以我们在弹古琴的时候，就是我们与古琴对话，在与他人、与天对话，以达到与天地相感通的境界。“感通”，是中国文化、中国美学、中国艺术最大的特色。

我们用（《易传·象》）“大哉乾元，万物资始，乃统天。云行雨施，品物流形。大明终始，六位时成。时乘六龙以御天。乾道变化，各正性命。保合太和，乃利贞”这段话来概括古琴的精神，再恰当不过了。毫无疑问，这是《周易》在讲天地宇宙的规律、云行雨施的生化过程。这是关于宇宙万物深层次的哲学文字。可是，我认为这里面有音乐的背景，有古琴的背景。古琴是怎么回事呢？古琴一开始是两弦琴，后来变成三弦琴，再后来变成四弦琴、五弦琴、六弦琴、七弦琴，其实后来还有人想做成八弦、九弦。但是到了七弦就不能够再加了，就定型了。也就是说，古琴有过一个漫长的历史发展过程。古琴的形制决定于中国人的行为方式、生产方式和思维方式，它的定型不是偶然的，它是中国人价值观的集中体现。所以，我们可以把《周易》的相关论述与古琴的精神结合起来。

一个人要想弹好古琴，绝对要排除一切私心杂念，“万物资始”是说自己的内心世界高度纯洁；“乃统天”，这是被天所统，是与天（大自然）合而为一，“诚者，天之道也，诚之者，人之道也”（《礼记·中庸》）。只有在这样的心理预设之下，古琴的操缦才能够非常纯正，有如山间之明月、江上之清风，而且“云行雨施，品物流形”，就像天地的风霜雨雪一样，往返周旋。然后“大明终始”，任何一支曲子，首先要有非常清楚的一种情感表达，爱憎分明，这叫“大明”；展示出来，要有“终始”，要有起承转合。“六位时成”，是指七根弦的阴阳跌宕带动了六合的交织，时乘六龙以御天，以表达我们的思想。所以“乾道变化，各正性命”，可以真正地养生、养气、修养性情。“保合太和”，是指把整个天地万物、天人之际的这种和谐状态，通过我们的弹奏表达出来。我认为，这就是“琴者，禁也”的终极核心思想。

我还认为，古琴的诞生早于汉字的出现。中国很少有全面记载古琴历史和优秀的古琴理论的著作。到目前为止，我看到写得最好的书居然是荷兰人高罗佩写的《琴道》。时至今日，还没有超越他这部著作的作品。

汉字是需要有生活方式、需要有文化积淀之后才能构成的。在象形的基础上才有形声、才有会意，才能够越来越复杂，成为一种记录我们生活的体系，并且形成“六书”。但是在原始社会，当我们还不懂文字的时候，音乐就开始了，在原始的混沌状态中，音乐已经与舞蹈（稍后，诗歌也诞生了，形成了“乐”的三位一体形式）一起进入“通神”的状态，所以古琴的产生不仅非常古老，而且与上古时代无所不在的万物有灵的巫术文化联系在一起。

五、四大名琴与楚国文化

中国古代的四大名琴都与楚国有关。这四大名琴分别是号钟、绕梁、绿绮和焦尾。“号钟”相传是周代名琴，但是这张琴后来落到了伯牙的手里。这张琴弹出来的音，像钟声一样激荡，像号角一样长鸣。伯牙的师傅叫连成。伯牙学琴，三年不见成效，连成很不满意。有一天，连成带伯牙去东海，来到了舟山群岛。伯牙上岛以后，连成撑着船走了。一连十几天，连成都没有来。伯牙一个人孤独地在那里，每天看到旭日东升、洪波涌起，晚霞满天、孤鹜远飞，还有晚上那浩瀚的星空、波澜壮阔的大海涛声等等，他感受到天地之大美，整个世界就像交响乐一样展现在他的面前，完全打开了他的眼界，改变了他的情感世界。这个时候，他才真正体会到，他的老师连成把他送到这里来，就是专门让他来法天则地，体验大自然的壮美。有关伯牙的故事，特别有名的就是“知音”。他在湖北蔡店的一座山上碰到了钟子期，现在在武汉还有一个专门的知音公园。这样优美传神而富有人生哲理的故事，当然只有楚国才有。

“绕梁”据说是蜀国的华元送给楚庄王的礼物。但是楚庄王拿到这张古琴以后，摩挲把玩，整天弹这张琴，这说明楚庄王在此之前是受过古琴训练的。楚庄王因为沉迷于古琴，七天七夜不上朝，国家的很多事情都没办法管了。但是楚庄王说，我是要不鸣则已，一鸣惊人；不飞则矣，一飞冲天。这是一位很有理想的人。这么有理想的人都容易玩物丧志，我们也要注意。虽然弹古琴好，但是整天玩这个东西，也未必是好事。所以楚庄王后来拿了一根铁棍把“绕梁”砸碎了。可惜了这张好琴！

第三张名琴是“绿绮”。“绿绮”是汉代梁王馈赠给司马相如的，因为相如给梁王写了一篇好文章。司马相如在地下挖了一个很大的坑，放了五个很大的缸，缸上面叠缸，在缸的最上面铺很薄的木板，然后在木板上面弹琴，弹奏的时候共鸣声传得很远，一时传为美谈。

第四张名琴是“焦尾”。这张琴与大才子蔡邕有关。蔡邕因为得罪了人而隐居在吴地（楚国是一个历史性的地域，其东部包括今天的扬州、徐州、山东南部，后来的项羽、刘邦都属于徐州沛县人，都是楚国人。刘邦占据皇位后，大力推动楚国文化，影响广远。所以“焦尾”琴属于楚国的文化圈）。有一天，他听到灶里的柴火烧得噼里啪啦地响，觉得这个木料不一般，疾步赶过去，看到烧得响的是一块非常好的木料，于是立刻将木料抽出灶洞，灭了火苗。他将木料拿回家，自己做了一张琴，因为木料尾巴有一点烧糊的感觉，所以叫“焦尾”琴。这种制作琴的风格一直传到现在。

六、楚国的古琴理论及趣闻

古代的音乐理论著作、音乐史著作多如牛毛，但是最早研究古琴艺术的理论著作出现在楚国，这本书叫《琴心》。根据我们的调查，这部著作里有三个方面的信息：一是有上、中、下三篇；二是，这部著作中有以琴养性的思想；三是这部著作的作者是一位古琴高手，弹琴于郢中（当时楚国首都叫郢，即现在的湖北江陵）。这部著作的作者能够到最热闹的地方弹琴，说明他是一位操缦高手。这位作者到底是谁呢？现在还没有确定。但是刘勰称之“涓子《琴心》”，子就是像我们说孔子、老子、庄子一样，是大师级人物。郭沫若说他叫蜎蠉，钱穆说他是关尹，这都是猜测。或者说，他们都是一种推理，还有待于进一步考证。

特别要指出的是，楚国人把古琴比喻为凤凰，这是楚国人给予古琴的崇高荣誉。古琴无边无际的音域与可以旋宫转调的曾侯乙编钟在结构、神韵上相通，这是北方非常有限的音乐表达能力以外的一种音乐。我去过安阳（安阳是商朝都城所在地）参观了当地的博物馆，那里的编钟是手里拿着的铃铛，和这个茶杯差不多大，有四五个在那里噼里啪啦，有一点像“吃饭了，吃饭了”这种感觉，跟南方的编钟没法比。无论是老庄哲学，还是涓子《琴心》，也不论是沅湘巫风、屈宋的《楚辞》，还是钟仪的人品与琴艺，都说明了楚国古琴文化的昌盛。

这里边涉及另外一个人：钟仪。楚国人和晋国人打仗，钟仪被晋国人抓捕，成了俘虏。晋国人问他是干什么的，他说他是一个演奏者，是古琴专业人士。晋国人就请他当场弹奏。他弹了一首楚国风格十分浓厚的音乐，而且弹得很好，于是，晋国的国王与钟仪就有了一段长时间的对话。钟仪很有修养，回答问题非常得体，晋国国君很感动，就放钟仪回楚国了。楚国还有《阳春白雪》《下里巴人》的故事，这些都反映了当时的音乐之盛。

钟仪在晋国弹了一支楚国的音乐，说明了什么？说明当时的楚国、燕地、吴地已经形成了不同的音乐风格，说明楚国的音乐已经自成体系，像《楚辞》一样，和别的地方的音乐、舞蹈、诗歌都不一样。诗歌的语言不一样，是因为音乐的表达形式不一样，诗歌是不能离开音乐而单独存在的，当时是诗、乐、舞融为一体的。现在我们看到的《楚辞》只是《楚辞》的文字记载，因为它的舞蹈和音乐已经随风而去了。也就是说，屈原不仅会写诗，而且会唱歌，会弹琴，会跳舞。

庄子说过："夫明白于天地之德者，此之谓大本大宗，与天和者也；所以均调天下，与人和者也。与人和者，谓之人乐；与天和者，谓之天乐。"（《庄子·天道》）这就叫天籁。古琴演奏到极致的时候，可以超越人与人之间，进入到人与天之间的彼此感应，所以真正的乐器，不论是小提琴、大提琴还是钢琴，都是这样的。

古琴艺术欣赏是一件极有趣味的事情。庄子有一次带着学生散步，走着走着突然发现路边有一座墓，他一看是惠子的墓。惠子和庄子辩论了一辈子，切磋琢磨，讨论哲学问题，没想到，惠子先离他而去了。站在墓前，庄子的悲哀之情油然而生。他就在供台边上和他的学生环膝而坐，给学生们讲了一个故事。说楚国的郢都有一个泥瓦匠，在工作的时候不小心，在鼻尖上沾了一点小小的泥浆，只有蚊子的翅膀那么大。他就请他的同事——一个木匠，拿上斧头帮他把鼻尖上的泥浆剁下来，泥瓦匠挺着鼻子站在那里，这个木匠运斤成风，一斧头下去，泥浆被砍得干干净净，鼻子一点没受伤。这位泥瓦匠也是面不改色，岿然不动，两个人配合得非常精彩。这一件事情虽然是在郢都发生的，但是，消息不胫而走，传了很远。因为大家都觉得这位木匠太神了，他的斧头用得出神入化。这个消息很快传到了北方的宋国，宋国的国君听到这个消息之后，马上发来邀请函，函上说，木匠，麻烦你带上你的斧头，来我们宋国一趟，因为我的鼻尖上也弄了一点泥浆，麻烦你用你的斧头帮我把鼻子上的泥浆剁下来。木匠想了想说，我不能去。为什么不能去？他继续说，因为与我搭配的泥瓦匠心如止水、坚如磐石地站在那里，所以在泥瓦匠面前运斤成风的时候，他精气神十足，岿然不动，我一斧头下去就把泥浆剁掉了，却丝毫没有伤害鼻子。但是你就不一样，你是一个利欲熏心的人，色厉内荏。我如果在你面前也运斤成风，一斧头下去，你的鼻子一缩，我没有砍下来，我的名声不就毁在你手上了？如果你的身体前后晃动，把鼻子往前一送，鼻子被砍了下来，我就变成刺杀你的人了。所以，不和你玩这种事情。庄子的意思是，他和惠子就像泥瓦匠和木匠，心心相印，彼此讨论问题如鱼得水。就像伯牙遇到了钟子期，钟子期去世了，伯牙摔琴以谢知音，从此不再弹古琴。

古琴最大的特点就是简，简就是易，“大乐必易，大礼必简”，这是《礼记 · 乐记》里面的话。《礼记 · 乐记》说：“情深而闻名，气盛而化神，和顺积中而英华发外，唯乐不可以为伪。”真正的音乐是藏不住的，它是人之所以为人的自由舒畅的表达结果，是可以把我们的思想彻底地表达出来的一种形式。

“故师旷鼓琴，天下玄鹤皆衔明月之珠以舞也。”（刘向著：《楚辞注》）古琴在师旷的手中所达到的艺术境界之高妙，超出了我们的想象。类似的形容在中国古籍里面很多。

古琴不是弹给别人听的，是弹给自己听的，最多也就是在朋友之间交流一下，所以古琴是一个极其独特的东西，非常神奇。其神奇之处在于和湖北随州挖出来的一套编钟在音乐体系上是一致的，这套编钟总共有 65 件，每一件上有 3 个音，音与音之间是半音结构，也就是说，展开以后有将近 200 个音。将近 200 个音是什么概念呢？现在的钢琴也只有 4 组，共 28 个键，再加上黑键，也没有这么多音，所以这套编钟的音乐表达能力是非常强的。古琴真正的音位有 270 个，所以它的表达能力非常强，但是它需要我们心静如水，才能够体会到。所以沅湘巫风基础上的楚国音乐本来就是这样，像星空一样浩瀚无边，像大海一样翻波涌浪。这就是最原始的沅湘巫风给屈原创作《楚辞》所打下的基础，所以，从艺术的角度上来讲，屈原其实是一位真正幸福的人。这一点，我们可以从他的《九歌》《九章》等诗篇中体悟出来。

而且编钟发掘出来的时候，有很多鼓瑟，有大量的笛子、排箫，还有各种打击乐器，要一百多人才能够同时演奏这套乐器。现在还能演奏贝多芬、莫扎特的音乐，这是事实。有人说我们的古琴历史不到3000年。我们现在最早发现的古琴实物，是在湖北省荆门于公元前330年下葬的古琴，由此而断言中国的古琴只有2500年的历史，这当然是非常错误的。中国的古琴肯定起源于伏羲时代、神农时代，它的历史绝对在4500年以上，因为它有一个成长、发展的过程。不能说三弦琴的时候不是古琴，四弦琴的时候不是古琴。二胡也是两根弦，不是一样的可以很好地表达吗？更何况是七弦琴，表达更丰富了。

中国文化对整个人类最大的贡献，我认为是礼乐文明。下面从几个方面来讲这个问题。

现在出土的中国最早的古琴实物全部来自湖南、湖北，现在发现最早的古琴是在湖北荆门郭店一号墓出土的，长80多公分，便于携带，可以放在两腿上来弹，七弦，很漂亮。其次是20世纪70年代在长沙马王堆发现的古琴，漂亮、飘逸，一看就知道弹出来的音乐是怎样的优美绝伦。另外还有湖北省博物馆中的十弦琴。我们看一看楚国的雕塑和绘画，就会知道当时楚国人的音乐是一种什么样的神奇色彩和表达风格。湖南省博物院里面有大量的丝绸画，充满了浪漫的精神。楚国古琴艺术的作者以其丰富的艺术表达能力呈现了我们内心深处被辽阔的洞庭春、夏、秋、冬的各种风光所唤起的情怀。下面我们来欣赏楚国的古琴音乐。

七、名曲《洞庭秋思》《平沙落雁》《潇湘水云》欣赏

大家都关心屈原和古琴的关系，屈原最有代表性的诗就是《离骚》。《离骚》是中国古代诗歌中最长的抒情诗，其语言之优美、情感之充沛、境界之高远、想象之浪漫，精骛八极，心游万仞，是中国古代浪漫主义诗歌中最具代表性的巅峰之作。根据这首诗创作出来的古琴曲，当然是古琴界的名曲。各位在欣赏该曲的时候，一定要先读《离骚》原诗，否则我们听起来会比较茫然。欣赏古琴，一定要反复听，愈听愈有滋味。这与我们欣赏西方古典音乐作品的过程是一样的。我们这里有刚刚学习古琴的同学，一定要记住，要想学好古琴，就得下功夫。多听多弹，长此以往，就会熟能生巧。

我们今天首先要欣赏的是《洞庭秋思》。《洞庭秋思》这首乐曲只有6分

钟。在与屈原有关的曲子中，这是比较短的一首。《洞庭秋思》是一部很有代表性的作品。这支曲子发现于明代中叶，首先出现于《西麓堂琴统》。过去的减字谱把左手、右手的动作都规定了。学习古琴的人不能不学减字谱，这是绕不开的学习内容。

根据《存见古琴曲谱辑览》统计，22本古代的琴书中有《洞庭秋思》这首曲子，也就是说，《洞庭秋思》是一支名曲。但是各种记载是不一样的，因为当时的交通不方便，一支曲子要从这里传到北京，那需要多少年！这样就形成了不同派别、不同地域的《洞庭秋思》。我们现在看到的现代版，配上了五弦谱的《洞庭秋思》，是我们的古琴泰斗式人物查阜西自己谱曲弹奏出来的。今天听到的《洞庭秋思》是中国的绝版，不是说每个人都能听得到的或者听得懂的。

怎么欣赏这支曲子？这是一个问题，很多人都没有听懂，不知道查阜西在弹些什么。所以，我们首先要有相关的历史文化知识，反反复复地听。听它五百遍，沉醉进去，同情地理解，就不可能听不懂。首先古琴是深受儒家和道家思想影响的，如果没有道家思想的渗透，是写不出《洞庭秋思》这样的曲子的，就像陶渊明的诗歌一样："结庐在人境，而无车马喧。问君何能尔，心远地自偏。采菊东篱下，悠然见南山。山气日夕佳，飞鸟相与还。此中有真意，欲辨已忘言。"（《饮酒·结庐在人境》）《洞庭秋思》就有同样的主题。也就是说，作者为了生活劳累奔波，或者在官场上，或者在商场上，或者在劳作之中，受尽了酸甜苦辣，然后来到了洞庭湖上，看到洞庭湖美丽的秋色，他的内心充满了沉醉的享受。但是又想到自己刚刚经历的那些挫折，好像在将自己所受的委屈告知整个天地、大自然。这支曲子不仅仅是在描述洞庭的自然风光，同时在倾诉作者内心的压抑、痛苦、孤寂、迷茫与希望。我们每个人都应该对《洞庭秋思》进行独特的解读，因为形象大于思维。也就是说，音乐之所以为音乐，就是因为它不仅仅用有文字载体的语言把它说出来，它还有独特的节奏、旋律、和声，能唤起我们的情感，让我们在艺术的世界里产生无限的诠释、想象和重构的空间。中国的古书往往把音乐的每一段搞得非常清楚：这里是悲哀，那里是痛苦；那里是高兴，这里是抑郁；这里是喜悦，那里是愤怒；等等。其实这是违反艺术规则的，所有的艺术只完成了50%的创作，还有50%的创作是欣赏者本身的再次创造，这叫艺术形象大于思维。每个人的修养不同，对同一个作品的理解与诠释也是不一样的。我们看道家的东西，老子、庄子的东西，看的人很多，我的理解和别人的理解就不一样。古人说的“诗无达诂”就是这个意思。古琴深深植根于中国文化的灵魂深处，是不能离开经典和整个中国历史而存在的。所以书读得越深的人，对古琴的理解也越充分。我们在弹奏的过程中首先是技术上的重复和学习，只有慢慢形成一种肌肉的记忆，从模仿到娴熟，我们的创造就从我们的指缝间慢慢流露出来，就形成了我们的独一无二的音乐。我们要穿越它的历史，形成我们自己表象世界里面独特的《洞庭秋思》的艺术形象。

《平沙落雁》也是十大金曲之一。来到湖南的洞庭湖边，应该经常听听《平沙落雁》，那辽阔的视野、博大的心胸、恬淡虚无的希望、坚如磐石的灵魂，仿佛都融进了万顷碧波、苍茫云海之间，与天地共长久。多读《诗经》、唐诗、宋词，加强文学修养，我们对古琴的理解力就会陡然提高。所以，艺术作品的最后完成取决于我们自己的修养。岳阳有一座山，叫君山，很多年前我去过君山。当时的君山还没有真正开发出来，我是坐船去的。船快要抵达的时候，我看到君山周围芦苇飘荡，上山以后，山上是非常原始的斑竹，看了以后至今不能忘怀。当我欣赏这些古琴乐曲的时候，往往能够唤起我对这些自然风光的记忆，超越现实的想象，穿越我们自己的苦难，进入到一种艺术的世界，这是一种自我解放和超越的重要方法。

接着欣赏《潇湘水云》。《潇湘水云》是南宋的一个浙江人郭楚望写的。南宋是一个偏安一隅的朝代，那个朝代的统治者一直把杭州称为汴州。来到楚地以后，郭楚望仰望九嶷山，感触万分，于是创作出了这首著名的曲子。

南宋时期，由于朝廷腐败，读书人郭楚望流落到了楚地，他看到九嶷山云遮雾罩，再加上美丽的传说，所以在这里向舜帝控诉南宋朝廷，歌词里充满了凄苦、孤独和无望。面对九嶷山上乌云遮挡，他把洞庭湖的烟波浩渺、潇湘江水的奔腾流动以及他自己的内心感受结合起来，表达了独特的爱国主义主题和情感。

我是武汉大学的老师，经常到湖南来，所以每次看到湘江，看到九嶷山，看到湖南的山山水水，总难免要写一些东西，这是我前年写的《风入松·旷世追寻》，是写大舜他们的爱情，但是并不只写他们的爱情。我当时站在九嶷山与君山之间，思潮涌动，一挥而就。现在献给大家，供大家批评指正：

澄江旖旎向君山，一路破层峦。天冥荒暮飞云鹤，秋风里、芦苇枯寒。望断千年幽梦，可怜满目潸潸。

九嶷一去路漫漫，烟嶂费攀援。深情万里潇湘水，诉不尽、无限缠绵。旷世追寻犹在，为何紫竹斑斑？

谢谢！

（王琦整理并经主讲嘉宾审定）

现场互动

王琦：感谢欧阳教授的精彩演讲。刚才欧阳教授以翔实的史料、生动的实例带领我们探寻了古琴艺术的起源与古代楚国文化的关系。不论是老庄哲学、沅湘巫风、屈宋楚辞，还是最早的古琴理论著作、四大名琴的产生、高山流水遇知音的故事，都离不开荆楚大地灿烂文明的滋养。楚人制琴、爱琴、识琴、友琴，其琴人琴事琴论，成为中国古琴文化与礼乐文明的重要组成部分，滋养着中国人的精神世界与生活世界。欧阳老师不仅在古琴理论研究上造诣深厚，而且自己习琴十多年。由于现场环境、设备等原因，无法达到古琴演奏现场直播的效果，所以欧阳老师没在现场酣畅淋漓地为大家演奏一曲，十分遗憾！我们期待未来欧阳老师再来汨罗时能够大展风采，以飨听众。让我们以热烈的掌声感谢欧阳老师的精彩演讲。

现在我们进入现场互动环节。欢迎朋友们积极与欧阳老师互动。积极提问的朋友将会获得屈子书院准备的一份具有纪念意义的礼品，即屈子书院讲坛第 13 至 24 期主讲嘉宾们的演讲录《艺术创意与文化传统》，这本书不仅是对嘉宾们演讲内容的凝练，而且每一讲都附有直播二维码，大家用手机扫一扫，即可以收看讲坛直播。

观众提问：欧阳教授，您好！我是来自湖南大学岳麓书院的学生。今天听了您的讲座受益匪浅。有一个问题想向您请教：古琴本来只是一种乐器。为什么古人说它是神器呢？谢谢！

欧阳祯人：古琴的出现在中国的历史上，早于汉字。汉字的发明惊天地泣鬼神，但是古琴的起源更早。凡是我们知道的上古时期的著名人物以及周公、文王等人都会弹古琴，古琴是身份高贵的象征。我们翻开《诗经》就会发现，古琴的普及率很高，人人都玩的东西，我说的是读书人，大多是社会精英的层面，所以历史悠久，而且大家都在切磋这个乐器。切磋的真正原因是中国的文化是讲究内心的文化，要内心强大，要“居天下之广居，立天下之正位，行天下之大道。富贵不能淫，贫贱不能移，威武不能屈”（《孟子 · 尽心上》），“虽千万人，吾往矣”（《孟子 · 公孙丑上》）。在古琴的操缦中能够修炼成自足圆满，就可以养成孟子说的“浩然之气”，这确实是与古琴有关的。古琴的弹奏过程就是我们身心合一的过程，是与天地相感应的过程，就是天人合一的过程。我们需要注意的是，古琴是弹给自己听的，不是弹给别人听的，是我们内心的自我倾诉，是一种修养，是挖掘我们的潜质，锤炼我们的情操，修养我们的性情，让我们每个人变成一个壁立千仞、顶天立地的人。这样的人在《中庸》中，说的是“中立而不倚”，“和而不流”，这有一点像太极，建中立极，所以古琴成了实现人生理想的一个平台、一个工具，因此古人说它是“神器”。在这个基础之上，从孔子到七十子后裔，从扬雄到王阳明，从王夫之到张之洞，从心性到政治，古琴始终是一种文化的载体，是锻炼我们人格的“圣器”。

观众提问：这次老师来汨罗讲“古琴艺术与古楚文化”，能再次聆听老师的教诲，非常开心。有两个问题想向老师请教。第一个问题：我听了老师的讲座，很有感触，我想到古代文章中，不仅诗词歌赋有明显的韵律，而且一般的古文里，比如说“之乎者也”也是有韵律的，我想请教老师，古文里的韵律是不是和古琴艺术以及古代礼乐文明有很大的关系？第二个问题：在武汉的时候，我也听过老师的古琴文化课，也非常喜欢听古琴曲，想请教老师，在日常生活中，怎么欣赏古琴、提升对古琴的鉴赏能力？谢谢！

欧阳祯人：在这里见到你非常高兴。第一个问题涉及抑扬顿挫、汉语的四声以及不同方言起伏跌宕的表音方式。中国的文字非常神奇，每一个方块字差不多是一部文化史，所以蕴含的文化内涵非常丰富。而且韵文文学史非常发达，作品非常多。包括很多哲学著作，比如《老子》（《道德经》）就是一部韵文著作，我们读的时候没有感觉到，因为是先秦时期的著作，离我们太远了。而且中国古代读书人十有八九都是诗人，不仅仅是历朝历代著名的专业诗人，很多业余的文人，例如，陆象山、朱熹、王阳明、顾炎武、王夫之、张之洞等等都是诗人，所以这样一来我们的韵文占整个中国文学史的一大半。中国不仅是一个诗歌大国，而且是一个音乐大国。我们现在流传下来的地方戏还有300多种，但是由于社会发展的节奏太快，大家玩手机追美剧，所以地方戏已经丧失得差不多了。但是古代人可不是这样。中国20世纪70年代、80年代，每个地方都有地方戏。我们湖北就有楚剧团、汉剧团、黄梅戏、京剧等等，至少老爷爷老太太们还是可以去看看的。现在到了送票都不去看的地步，所以古琴和汉字、文学，和各方面的艺术有着非常深厚的关系，这是毫无疑问的。不过这些文化遗产也面临着创造性发展的问题。

我们怎么才能提高古琴的欣赏能力？这也是我们每个人的困惑。一定要多读一些古书，特别是古代的诗歌。为什么？诗歌往往是通过语言唤起一种艺术的表象。如果多读一点传统中国诗歌，自然而然可以帮助我们加强听觉艺术的欣赏，甚至包括一些文章，它们也可以帮助我们唤起中国式的艺术表象。诗歌不能说只读唐诗宋词，唐宋以前的诗歌也是要读的，尤其是《楚辞》。这些都是我们读初中、高中时读过的古代篇章，由于高考结束，学了不同专业，这些东西忘了、丢了。把这些东西捡起来，回味一下再上初中、高中的课程内容，也是一种人生乐趣。这些名篇现在都在中学课本里边，多读一读，就可以直接帮助我们理解古琴的思想。我们的文学史、哲学史学得越好，对中国历史越了解，古琴欣赏水平就越高。

观众提问：欧阳教授好！听了您的讲座，我获益匪浅、受益良多。汨罗是屈原晚年行吟泽畔、怀沙殉国之地。请问：与屈原相关的琴曲大概有多少首？您最喜欢哪一首？为什么？

欧阳祯人：这个问题问得太现实了，非常管用。本身跟屈原相关的，首先是《屈原问津》，这是非常有名的曲子。《屈原问津》就是到哪里去、哪里是渡口，这是一个双关语。来到跟汨罗江一样的地方，过去没有桥，津就是摆渡的地方，问一问。但是屈原心里压抑，比较迷惘，看到山、水、芦苇时，唤起的不仅仅是我刚才讲的君山的豪情与浪漫，还有一种压抑、悲伤、痛苦，所以《屈原问津》和《屈子问天》两首曲子都比较压抑，和《离骚》不一样。与屈原有关、影响最大的曲子就是《离骚》，这支曲子一直到现在都是代表水平最高的曲子。《离骚》这支曲子大约在唐代的时候才最后形成，但是在中国具有巨大的影响力。一般专业学习古琴的人都必须学习《离骚》，因为它代表了一个高超的台阶。

观众提问：欧阳老师，您好！古琴对于普通大众来说整体接触的机会不多，真正要了解、欣赏这种高水平的阳春白雪毕竟还是有限制的。请问：欧阳老师的研究中心有没有将古琴做推广，让更多人了解它？我觉得古琴真的很美。作为普通大众，如果是零基础想入门学习，请问您有什么样的建议呢？谢谢！

欧阳祯人：现在全国到处都有古琴培训班。学不学古琴，怎么学古琴，每个人有每个人的缘分。前一段时间说北京四大流行的事，第一件就是弹古琴。这些人古琴到底弹得怎么样，其实很难到位。学古琴需要社会环境，学古琴最大的敌人是功利主义，功利是很可怕的，真正学古琴的人需要四大皆空，所以不论是教古琴的还是学古琴的，要不怀任何功利目的，这样一来，学古琴不能从娃娃抓起。为什么？因为学古琴，首先是孩子的小手受不了，这个手在琴上按，手指要起很厚的茧，受不了。学古琴一定要有一个环境，找到一个真正好的师傅。从古至今，湖南都有太多的古琴高手，这里在座的就有古琴高手。

王琦：谢谢欧阳老师的精彩回答，谢谢现场朋友的提问。香草美人地，诗韵汨罗江！感谢现场朋友和线上 40 多万网友的倾情守候，感谢工作人员和媒体朋友的辛勤工作，本次讲坛至此圆满结束。

祝大家身体健康，万事如意。

我们下期再会。

（王琦整理并经主讲嘉宾审定）

第7讲
感动与教化：儒家审美文化

干春松，1965年生于浙江绍兴，哲学博士，北京大学哲学系教授，北京大学儒学研究院副院长。兼任中华孔子学会常务副会长、中国实学研究会副会长。主要研究领域为儒学、中国政治哲学、近现代思想等。著有《制度化儒家及其解体》《制度儒学》《儒学小史》《儒学的近代转型》《公天下与家天下》《保教立国》，主编《中国政治哲学史》等。

直播二维码

直播在线参与人数：47.5万

导言

孔子曰："兴于《诗》，立于礼，成于乐。"在中国传统社会中，礼、乐分别承担着什么样的功能？如何以情动人，以美化人？儒家审美文化的特点与现代影响是什么？

2023 年 5 月 7 日，北京大学教授、中华孔子学会常务副会长干春松莅临屈子书院讲坛，发表题为"感动与教化：儒家审美文化"的主旨演讲，并与现场观众进行了精彩的互动。讲座由凤凰网湖南频道全球同步直播，在线参与人数多达 47.5 万。长沙理工大学设计艺术学院教授、湖南汨罗屈子书院执行院长王琦担任嘉宾主持。

尊敬的各位来宾，线上的各位朋友：

大家好！

我们从小就读屈原的诗，也背过他的《国殇》及其他的一些篇什，被他优美的辞藻、爱国的热情所感动。所以，我有机会来汨罗，参拜屈子祠，有一种与屈原亲近的幸福感。屈原开创了一种独特的文体叫骚体，由此人们把喜欢写诗的人叫骚人。我到了汨罗，发现汨罗的景色非常漂亮。今天上午，我还有幸去汨罗一中跟小朋友们见面交流，觉得特别高兴，总之，非常高兴有机会来汨罗，也感谢王老师为我做介绍。

今天我跟大家讲的题目是“感动与教化：儒家审美文化”，以此表达我个人对屈原的崇敬。我是浙江绍兴人，绍兴跟汨罗有相似的地方，那就是都有一些重要的文化人物作为地方的标志。汨罗有屈原；绍兴古代有王羲之，近现代有鲁迅等一批作家，所以当地老百姓喜欢写书法、写诗。绍兴现在还开发了一条旅游线路——唐诗之路。很多唐代诗人都在浙江一带走过，中学课本里李白的《梦游天姥吟留别》说“一夜飞度镜湖月”，就是讲的他梦里怎么飞渡绍兴山水。从这个角度来讲，我从一个文化城市绍兴来到另外一个文化城市汨罗，也有特别亲切的感觉。

我今天讲的题目也是跟王琦老师商量过的，这个题目跟我们读屈原的诗也会有一些共鸣的地方。上午有学生问我：读屈原的诗有什么样的感觉？我认为首先是特别宏阔的想象力。这种想象力从《天问》这样的作品中就可以体现出来，而且历代的文人都被屈原的想象力所震撼。对于屈原的《天问》，唐代柳宗元专门写了一个很长的《天对》进行应答。其次是感动。屈原对自己怀才不遇，或被谗言所陷害而表达出来的那些愤懑情绪，他那些以香草、美人比喻自己纯洁心灵与高尚情操的文字，使我们对他的处境和内心的矛盾有很强烈的共鸣。同时我们又从他的诗里能得到教化，如“路漫漫其修远兮，吾将上下而求索”，这样一种对于美好的事物、对于真理追求的热情，又给我们很强的教育意义。屈原的诗歌之所以给人以特别强烈的感受，是因为感动和教化的共同作用。

一、中华文明为什么是“礼乐文明”

一个文学作品最高的境界是寓教于乐，好的文学作品在给我们提供审美上的愉悦感的同时，又能有一种强烈的教育意义。如鲁迅作品中孔乙己、祥林嫂等人物形象，一个是穿着长衫倚在柜台上喝酒的落魄文人，一个是在生活中遭遇了多次不幸的传统妇女。每个人读到这些作品的时候，都会有感于人物的命运，且在感动的过程中一般会有很深的自我反省。中国人对文学作品、艺术作品，都有这两方面的强烈要求，就是要用优秀的作品打动人、教育人，这种传统不是凭空出现的，而是有历史传统作为支撑的。

今天的演讲，我先做一个提纲挈领式的说明。我们讲中华文明，一般会说中华文明是礼乐文明。礼是什么呢？礼就是秩序，就是我们生活中所要求的规则，如：见到老人要尊重，见到小孩要爱护，到了公共场合要遵守一些规则。刚才主持人说我们要把手机静音，不要在公共场合大声喧哗，这就是礼对我们的要求。但是，如果在这个场合里只有礼，那也不行，还需要一些活泼的形式来帮助我们理解秩序的意义，这种礼乐结合的文明形态使中国传统文化在东亚乃至世界上有很大的影响。

礼乐的“乐”本义也包含舞蹈、音乐等多种形式，现在我们主要聚焦于音乐。今天，我以《论语》里的几句话作为例子，看一看孔子、孟子这些古代圣贤是怎么听音乐的。另外，《礼记》里面也有一些关于音乐的讨论。讨论的关键是感动，也就是“乐”是怎么打动我们的。我们今天也会讨论这样一些问题，比如：很多小朋友比较喜欢听流行音乐，而觉得古典音乐结构复杂，听起来没有那么让人愉悦。古人也讨论当时流行的音乐和结构更为宏阔、严整的音乐之间是什么关系，到底什么样的东西才能持续地感动世人。这是《礼记》和《周易》里面讨论的问题。从中引申出一个问题：我们用什么样的方式来教化自己、教化别人、教化老百姓是最有效的？最有效的方式肯定是引导而不是强制，这可以从礼乐的人文化成中找到根据。最后，我以王国维对屈原的讨论来引申屈原的美学，呼应今天讲的感动与教化问题。

前一阵子法国总理马克龙访问中国，这是今年很重要的一个外交事件，中国政府对此特别重视，除了在北京热情地招待他以外，中央领导还专门陪他到广州听一位古琴名家弹奏古琴名曲《流水》，借俞伯牙和钟子期的故事来表现中法两国之间的心灵共鸣。这个说法也并非空穴来风，在新中国建立后，法国是最早承认中国并和中国建立外交关系的西方国家之一，所以中国跟法国的关系历来是比较特殊的。这个招待方式就能体现出文化的作用，我们在接待外国最高领导人时用音乐的方式说明中法是知音。

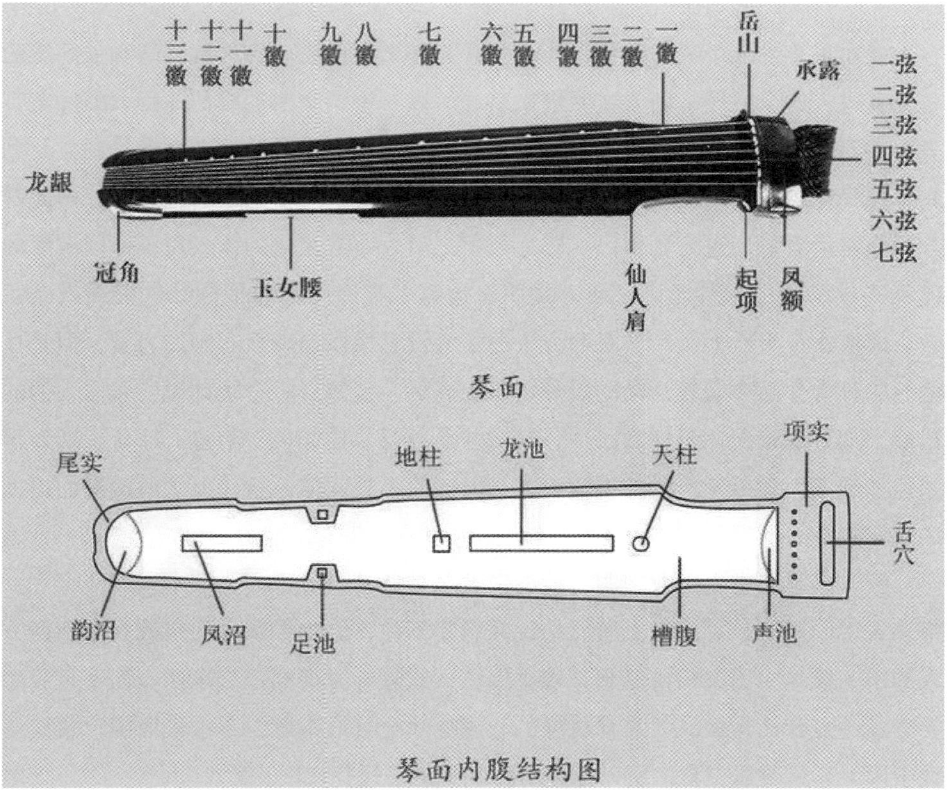

古琴结构图

古琴给人的感觉是特别有文化底蕴。这次马克龙访华，中国政府特意安排用名琴“九霄环佩”来演奏，也只有中国这样古老的国家才能取出这样的名字。大家请看上面的这张古琴，它的每一根弦、每一个部分的名词都是特别有讲究的。举个简单的例子，这个是琴的反面，可以看它每一个区域的命名，有龙池、天柱、地柱、尾实等，在学琴之前要记住它的各个地方的名称是很困难的。我们看到的古琴谱，不是现在的简谱，更不是西方的五线谱。它看上去像一个独特的汉字，但它不是汉字，只是减字谱用以描述弹琴的动作，比如说拨弦、勾弦的动作，所以音乐要感动人，本身就是一个特别复杂的过程。一会我们要提到的孔子和孟子所讨论的音乐，主要通过古琴所演奏的曲子来表现。

二、审美意识对于道德教育的重要性

现在正式进入今天的话题，谈谈美育为什么很重要。我从蔡元培和王国维的言论来进入这个话题。西方文明进来后之所以对中国文明造成如此巨大的冲击，一个主要原因是西方的工商文明特别讲究效率，效率背后的核心诉求是利益与利润。现代化的附属产品就是殖民化，将后发国家置于一个生产的链条中，由此西方列强对世界各地进行了殖民。鸦片战争之后，西方文化的传入对于中国淳厚的民风造成了冲击。蔡元培说西方文明里边有一根绳在牵着他们，这根绳就是宗教。即使在今天看上去宗教对西方人的生活没有像以前那么有制约力了，但是在他们的日常生活中宗教活动的成分还是很高的。美国有一个统计说，美国人捐的钱最大部分的流向还是宗教团体，其次才是教育。比如说，哈佛、耶鲁、斯坦福等这些私立大学每年接受的捐款很多，但比起宗教团体，这些大学所接受的捐款还是有差距的。

西方国家在进入工业文明之后靠宗教来维持其价值取向，那中国靠什么呢？很多人说中国应该靠宗教。蔡元培说宗教靠不住，因为中国人的宗教观念跟西方人的不一样。中国人信佛是想让佛主保佑，或者想要得到什么东西，而不是我想要奉献一点什么东西。要有什么样的心理你才会甘心奉献，不求索取呢？蔡元培说中国人还是要靠美育，所以他提出要以美育来代替宗教。

美育为什么特别重要？王国维说得更详细。他认为美育能够让老百姓的精神境界得到提升。他说："今夫人积年月之研究，而一旦豁然悟宇宙人生之真理，或以胸中惝恍不可捉摸之意境，一旦表诸文字、绘画、雕刻之上，此固彼天赋之能力之发展，而此时之快乐，绝非南面王之所能易者也。"①世人对宇宙人生的理解往往是不能完全通过文字表达出来的，而会用雕刻、绘画的艺术形式表达出来，当你获得手舞之足蹈之的这种快感、这种心情，并不是手握有权利就能具有的。比如说现在大家进到屈子书院，都会觉得屈子书院很漂亮，所看到的这个纹样、这些雕刻，都带有浓厚的楚文化色彩。湖南省博物院、湖北省博物馆，也都是保留楚文化遗迹特别多的地方，大家根本不敢想象几千年前的绘画水平是如此之高、人们对于世界的想象是如此之奇幻。这些文化遗存的价值都是万古不灭的。

1903 年，王国维还发表了一篇文章《孔子的美育主义》，他认为邵雍摆脱主观倾向的"以物观物"的审美理论和康德的审美快乐理论，追求的是一种脱离了功利心的纯粹"境界"。儒家思想是特别强调寓教于乐的，而寓教于乐要坚持"以物观物"的理念。所谓的"以物观物"就是要摆脱自己的局限，因为每个人的认知都是有局限性的，会受到自己的教育经历、所处的地位与身份等因素的影响。这样一些因素有时候会影响个人的审美体验，我们要真正在审美体验中获得经验，就要摆脱自己的社会身份，站在客观事物的角度去理解事物。王国维认为这才是真正的乐趣，这样的境界只有哲学家和美术家能够达到。因而王国维说："孔子之学说，其审美学上之理论虽不可得而知，然其教人也，则始于美育，终于美育。"②

儒家思想一直强调教化的作用，认为社会秩序的形成一定要通过教育。为什么？因为你不是一个人生活，而是一群人生活在一起，一群人生活在一起就需要教育，凡事就需要大家商量着来。比如，我们说下午讲座两点半开始，大家可能觉得迟到不合适，都会提前到，这就是教化的结果。

从上小学开始，老师就要求大家了解并遵守社会行为规范之类的，而儒家一般会说《诗》《书》《礼》《乐》《易》《春秋》"六经"。这六部经典是干什么

---

① 王国维：《论哲学家与美术家之天职》，载谢维扬、房鑫亮主编《王国维全集》第 1 卷，浙江教育出版社 2010 年版，第 133 页。

② 王国维：《孔子之美育主义》，载谢维扬、房鑫亮主编《王国维全集》第 14 卷，浙江教育出版社 2010 年版，第 16 页。

用的呢？孔子曰："入其国，其教可知也；其为人也，温柔、敦厚，《诗》教也。疏通、知远，《书》教也。广博、易良，《乐》教也。洁静、精微，《易》教也。恭俭、庄敬，《礼》教也。属辞、比事，《春秋》教也。故《诗》之失愚；《书》之失诬；《乐》之失奢；《易》之失贼；《礼》之失烦；《春秋》之失乱。其为人也，温柔、敦厚而不愚，则深于《诗》者也。疏通、知远而不诬，则深于《书》者也。广博而不拘、易良而不奢，则深于《乐》者也。洁静、精微而不贼，则深于《易》者也。恭俭、庄敬而不烦，则深于《礼》者也。属辞比事而不乱，则深于《春秋》者也。"[①] 一个理想的社会应该是怎么样的呢？应该是将《诗》《书》《礼》《乐》《易》《春秋》六种教化结合起来，这才是一个好的社会，所以儒家的经典系统就是一部教化系统。这种思想是从孔子那里概括出来的。

《论语》里有一句话特别有名："志于道，据于德，依于仁，游于艺。"每个人要有一个志向，"朝闻道夕死可矣"。要实现这个目标，靠什么呢？靠德性。德性的依据是什么呢？就是仁爱，爱自己的亲人，亲亲而仁民，仁民而爱物。这里的"艺"不能单纯地等同于现代的"艺术"，而主要是指孔子教学的主要内容"六艺"，也就是礼、乐、射、御、书、数。这些内容是当时的君子所必须掌握的，而在后世发生了分化，比如射、御、书、数就成为生活技能，礼、乐则是儒家最为核心的内容。

三、教化对审美的先导性

为什么人类社会需要一定的规范来保证其运行呢？儒家认为，人之尊贵就在于礼乐，而不在于口腹之欲的满足。儒家强调人与动物之差别在于是否具备道德意识，儒家对道德教化的重视，很大程度上"塑造"了儒家对于审美的态度，即更为强调审美的道德教化。当身体的愉悦受到质疑，感官审美体验的正当性就会受到质疑。比如《国语 · 周语》中记录了周景王铸造一个规模超大的钟，大夫单穆公进行劝谏，提出了由"乐"（音乐）通向"快乐"的过程。单穆公说耳目是心灵的枢机，如果百姓耳听德音，目观正色，这样百姓就会归心，"是以作无不济，求无不

① 载孙希旦：《礼记集解》下，中华书局 1989 年版，第 1254–1255 页。

获，然则能乐。夫耳内和声，口出美言，以为宪令，而布诸民，正之以度量，民以心力，从之不倦。成事不贰，乐之至也”（《国语·周语下》）。

类似的讨论，在其他地方也有。《论语》中，孔子有两次评论《韶》。《八佾》中记载了孔子对《韶》和《武》这两首乐曲的评论：“子谓《韶》，‘尽美矣，又尽善也’。谓《武》，‘尽美矣，未尽善也’。”郑玄注：“韶，舜乐也。美舜自以德禅于尧，又尽善，谓太平也。武，周武王乐。美武王以此定功天下，未尽善，谓未致太平也。”[①] 从这里我们可以看出，在儒家审美观念中，虽然善与美是统一的，但乐章的最终评价要看其所体现的道德境界的高低。美与善二者也有不同的侧重，美侧重于音乐的旋律和节奏，善则强调旋律和节奏背后的道德意味和教化作用。

《述而》中说孔子听到《韶》，三个月不知肉味。这个比喻令人印象深刻。这就是音乐带给他的感动，也表明了孔子对于好的政治秩序的追求。类似的还有“好德”与“好色”的比喻，子曰：“已矣乎！吾未见好德如好色者也。”（《论语·卫灵公》）这是从人的感官享受来比喻艺术对人的吸引力，也从一个侧面体现了儒家所强调的乐教侧重于从自然的情感入手，说明礼乐教化并非一种外在的强制性力量，而是自然生成、不脱离人之喜怒哀乐情感世界的。

另外一段关于中国古代美的讨论，大家也很熟悉。孟子说，为什么我们可以有一些共同的认知呢？孟子打了个比方：“口之于味也，有同嗜焉；耳之于声也，有同听焉；目之于色也，有同美焉。”（《孟子·告子上》）孟子倾向于从未加外在影响的情感的发端处去证明人所共同具有的道德意识，并将之确定为人类的共同情感。既然感官体验有“共同性”，那么人们对于理义的追求也必然是一致的。作为孔子思想的继承者，孟子也是从道德教化的角度去认知美，将道德体验和审美体验结合起来。

在《孟子·尽心下》中，有一段专门讨论美和善的问题：“何谓善？何谓信？”曰：“可欲之谓善，有诸己之谓信，充实之谓美，充实而有光辉之谓大，大而化之之谓圣，圣而不可知之之谓神。”这段话被视为最能体现孟子美学思想的。文中的“可欲”，主要对应的是“己所不欲勿施于人”。自己所拥有的善

① 刘宝楠：《论语正义》上，中华书局1990年版，第135页。

意，相信别人也有，这是对人的“信”。充实而能信任别人，即能体现出道德的力量，此为“美”。能将这种美宣扬出去，可称为“大”。能教化万民，则为“圣人”。在教化过程中，能不着痕迹，百姓日用而不知，则堪称“神”，这就是最高的境界。儒家教化的理念里充满了这种智慧。

四、音乐如何感动人心

我们现在回到音乐，这是《乐记》中的一篇，我觉得特别有意思。子夏是孔子的弟子，魏文侯显然是一个比较诚实的人，他问子夏曰：“吾端冕而听古乐，则唯恐卧；听郑、卫之音，则不知倦。敢问古乐之如彼何也？新乐之如此何也？”① 这段话的意思是：我穿好衣服、戴着帽子听古典音乐（这个古乐可以理解成严肃的音乐），听一会就累了，唯恐自己斜靠在那里；但是听郑国和卫国的音乐就不会累，觉得很高兴。这是为什么呢？子夏对曰：“今夫古乐，进旅退旅，和正以广，弦、匏、笙、簧，会守拊、鼓，始奏以文，复乱以武，治乱以相，讯疾以雅。君子于是语，于是道古，修身及家，平均天下，此古乐之发也。今夫新乐，进俯退俯，奸声以滥，溺而不止，犹戏侏儒，犹杂子女，不知父子。乐终，不可以语，不可以道古。此新乐之发也。今君之所问者乐也，所好者音也。夫乐者，与音相近而不同。”② 子夏的回答也特别有意思，他说古乐的核心就是“进旅退旅，和正以广”，让我们的行为有规范。这个规范是做什么用的呢？规范的目的是修身齐家治国平天下。子夏批评魏文侯的毛病不是出在听觉上，而是出在心里。如果内心想的是进旅退旅，想的是如何提升老百姓的生活水准的话，就不会觉得古乐容易犯困了。新乐是什么呢？这些激荡的音乐感动的是自己，而古乐要求自己在听音乐的时候去体会别人的喜怒哀乐。不知道大家有没有这种印象：听流行音乐最关键的问题是打动自己，至于别人是不是被感动，不要紧。但是听贝多芬的《命运交响曲》的时候，你所感受到的是人类的命运，而不是你个人的命运，命运的钟声是敲在每个人的心上的。子夏跟魏文侯要讨论的

---

① 《礼记 · 乐记》，载孙希旦《礼记集解》下，中华书局 1989 年版，第 1013 页。

② 《礼记 · 乐记》，载孙希旦《礼记集解》下，中华书局 1989 年版，第 1013–1015 页。

音乐问题也是这个道理，魏文侯说古乐听着就犯困，是因为心里没有老百姓，这是他问题的关键所在。

魏文侯继续问：我应该怎么办呢？子夏回答："夫古者天地顺而四时当，民有德而五谷昌，疾疢不作而无妖祥，此之谓大当。"[①] 古乐追求的是事事和顺，百姓有德行，粮食丰富，没有疾病和妖祥。所以发生任何大的疾病，在子夏看来都是因为领导者的德行不行。圣人出来是干吗的呢？"为父子君臣以为纪纲，纪纲既正，天下大定。天下大定，然后正六律，和五声，弦歌诗、颂，此之谓德音"[②]。德音是什么意思呢？德音就是让人振奋的，让人愿意付出自己、为别人服务、让社会有秩序的这样一种声音，而不是那些充满动乱、动荡、反秩序的声音。子夏批评魏文侯说："君之所好者，其溺音乎？"这些声音是从哪里来的呢？子夏说："郑音好滥淫志，宋音燕女溺志，卫音趋数烦志，齐音敖辟乔志。此四者，皆淫于色而害于德，是以祭祀弗用也。"[③] 对郑国、宋国、卫国和齐国的音乐都进行了批评。那么，应该听什么样的声音呢？鲁国的声音。从根本上来说，听音乐不是为了追求感官无节制的享受，而是要从音乐中体会到自然、社会以及人身心的秩序，这才是好的音乐。

《礼记・乐记》是一部中国古代的音乐理论著作。《乐记》建立起音—声—乐逐步推进的音乐形成理论。《乐记》说，"音"生成于人的内心，是外物让人心产生"感"并形成"声"。声与声的感应与杂变，形成乐句。"凡音者，生于人心者也。乐者，通伦理者也。是故知声而不知音者，禽兽是也。知音而不知乐者，众庶是也。"[④] 君子就是要从乐中听到人内在之"音"，并从乐曲的旋律中体会社会秩序。只知跟着声音而陷溺的人就难以从欲望中自拔。由此可见，乐形成的初端在于音，是内心感于外物而形之于声。《乐记》从人类情绪的六种基本类型（哀、乐、喜、怒、敬、爱）总结出六种不同的"声"（噍以杀、啴以缓、发以散、粗以厉、直以廉、和以柔），分别对应不同的情感状态。《乐记》认为

---

① 《礼记・乐记》，载孙希旦《礼记集解》下，中华书局 1989 年版，第 1015 页。
② 《礼记・乐记》，载孙希旦《礼记集解》下，中华书局 1989 年版，第 1015 页。
③ 《礼记・乐记》，载孙希旦《礼记集解》下，中华书局 1989 年版，第 1016 页。
④ 《礼记・乐记》，载孙希旦《礼记集解》下，中华书局 1989 年版，第 982 页。

这些“声”并非天生的，而是因为有这些情绪的触动才“感于物而后动”。正是因为从“声”中可以感受百姓的情绪，并由此了解他们的生活状况，所形成的“音”就能反映治乱之情状，声音之道与政治是相通的。如果声音“安以乐”，那么政令平和；如果声音“怨以怒”，那么政令乖张、秩序混乱；如果声音“哀以思”，说明国家危亡、民众困苦。

既然不同的音乐对人心的影响是如此的不同，那么君子就应该让自己的感官与那些奸声、乱色进行隔绝，使身体由正声导引。由此，《乐记》强调了音乐的道德功能要优先于娱乐和享受的作用，一场音乐舞蹈的表演，更像是对人们进行一次遵守社会秩序的“提示”。“乐者，非谓黄钟、大吕、弦、歌、干、扬也，乐之末节也”①，正如礼仪活动中的仪式，只是礼的“细枝末节”一样，我们不必过于看重形式，形式背后道德意识的灌注才是礼乐活动的重点。“德成而上，艺成而下，行成而先，事成而后”②。

《乐记》根据气之顺逆将声分成“奸声”“正声”，将乐分成“淫乐”“和乐”，并以“同类相感”原理，认为奸声导向淫乐，正声则导引出和乐。这段话在《荀子·乐论》中有几乎相同的表述，“凡奸声感人而逆气应之，逆气成象而乱生焉；正声感人而顺气应之，顺气成象而治生焉。唱和有应，善恶相象，故君子慎其所去就也”③。由此可见，声所感于物这个过程，是借助“气”之顺逆而产生的结果。这里所说的“去就”就是要从发生学的角度让奸邪之气，不接于身体，这样在“感于物”的时候，就会顺正以行义，由此，乐是道德的表达。于是，《乐记》又提出了另一种声与乐的结构：“乐者，心之动也。声者，乐之象也。文采节奏，声之饰也。”④从中我们可以看出，《乐记》乃是采自不同作品的汇集性作品。

在“乐”的起源问题上，《荀子·乐论》所描述的路径与《乐记》有所不同，其路径是乐（快乐）—声音—乐曲。《乐论》说：“夫乐者，乐也，人情之所必不免也。故人不能无乐，乐则必发于声音，形于动静；而人之道，声音动

---

① 《礼记·乐记》，载孙希旦《礼记集解》下，中华书局1989年版，第1011页。
② 《礼记·乐记》，载孙希旦《礼记集解》下，中华书局1989年版，第1012页。
③ 《荀子·乐论》，见李涤生《荀子集释》，台湾学生书局1979年版，第461页。
④ 《礼记·乐记》，载孙希旦《礼记集解》下，中华书局1989年版，第1006页。

静，性术之变尽是矣。”①《乐论》认为，人必然会有喜怒之情，而有感于这种情感就会用声音来表达，通过动静形式来表达复杂的情绪。这里的“性术”可以被理解为抒发情感的方式。先王之立乐，是基于担心人心之感于物而失去节制，所以制《雅》《颂》之声来引导，让声音能让人表达愉悦而不至于放荡，让音乐“足以感动人之善心，使夫邪污之气无由得接焉”②。受这样的音乐感动，那些导向邪恶的情绪就不会影响到人们的判断。

荀子也将“乐”作为君子自我修养的重要手段，根据“比德”而“感”的原理，不同的乐器都能激发一种德性来涵养君子之德。《乐论》说：“君子以钟鼓道志，以琴瑟乐心；动以干戚，饰以羽旄，从以磬管。故其清明象天，其广大象地，其俯仰周旋有似于四时。”③由此，受音乐感召的人志气清爽，受礼节制的人行为中矩，这样君子就血气和平，并移风易俗，天下秩序井然，百姓安乐。

说到这里，大家可能会问：如果音乐过于强调教化，会不会影响它的艺术性和感染力？现在对于主旋律经常会有一些不同的讨论，有些主旋律的电影，大家说艺术性稍微差一点，所以也不能感染人。一个纯粹以强调教化为目的的作品，如果忽视它的艺术性，也走不远。我举个例子，李白被称为诗仙，杜甫被称为诗圣。大家对李白很熟悉，他的诗继承了屈原浪漫的想象力，如“飞流直下三千尺，疑是银河落九天”，杜甫的《石壕吏》《茅屋为秋风所破歌》等，体现了诗人忧国忧民的情思。是不是社会上只要有李白的诗就行，还是只要有杜甫的诗就行？其实，往往这两种诗都需要，我们既需要有想象力丰富的诗，也需要有强烈社会责任感的诗，其关键是这种责任感要用优美的形式体现出来，才会感动并教化大众。

五、道家的质疑与佛家的态度

我们要引申到屈原的话题来。跟楚地文化比较接近的是老子、庄子。在道家看来，儒家试图给定美丑标准的伦理审美思想根本无法了解真正的美。《道

---

① 《荀子·乐论》，见李涤生《荀子集释》，第455页。

② 《荀子·乐论》，见李涤生《荀子集释》，第455页。

③ 《荀子·乐论》，见李涤生《荀子集释》，第461页。

德经》中说："天下皆知美之为美，斯恶已；皆知善之为善，斯不善已。"[①]因此，到了庄子这里，儒家的钟鼓之音，羽旄之舞，都只是"乐之末"，只有自然的声音和树叶的飘动才能算是真正的"天乐"。在《齐物论》中，庄子首先就是从人们对声音的"美丑"判别来区分审美趣味的高低。他认为基于乐器的声音和自然界的"孔""窍"发出的声音，都是有所依赖的，只有无所依赖的"天籁"才是自然而然的声音世界。

道家强调了道德意识和审美趣味"个人化"的一面，以解构千人一面的美丑标准。很显然，道家要针对的是儒家将美丑系于教化的功能化倾向，从而将美丑标准和善恶标准一并加以否定。所以，庄子反对所有立场先行的思想和行为，认为人们对于美丑、善恶的区分只是基于各自立场的"偏见"。如果"以道观之"，西施和毛嫱之美丑之别便无所依据。道家主张"道法自然"，指斥儒家以仁义礼乐来规训人是对人性的束缚和扭曲。道家所推崇的是摆脱了人伦关系的"无所待"的状态，认为这样的人才是活出了自己的"真人"。《庄子》中经常提到的"真人"是一种什么样的人呢？《庄子·大宗师》载："古之真人，不知说生，不知恶死。其出不䜣，其入不距。翛然而往，翛然而来而已矣。不忘其所始，不求其所终。受而喜之，忘而复之。是之谓不以心捐道，不以人助天。是之谓真人。"[②]说到底，就是能保持内心的平静，不以人力去增饰自然，不以主观的念头去改变天地运行的规律，这样无欲无求的人就是"真人"。

入世的事功和出世的隐逸在王弼等人那里得到一种妥协性的表述：身处庙堂和心在山林并不矛盾。这样既肯定了儒家对于社会责任的承担意识，也张扬了放飞自我的心灵自由。最为典型的贯通则可以从郭象对于《庄子·秋水》篇中"牛马四足，是谓天；落马首，穿牛鼻，是谓人"的解释里得到体现。郭象说，人在生活中，难道可以不服牛乘马吗？如果要依靠牛耕地，骑马助行，难道可以不穿络马首牛鼻吗？这样的反问其实就是在质疑"无以人灭天"的结论。由此，成玄英的解释直接对庄子的天人观做了一定程度的"补正"。在成玄英看来，牛马四足，固然是自然之"禀赋"，可谓之"天"，而穿络马首牛鼻，是基于人的

---

① 《老子》第二章，王弼注：《老子道德经注校释》，楼宇烈校释，中华书局2008年版，第6页。
② 郭象注，成玄英疏：《庄子注疏》，曹础基、黄兰发点校，中华书局2011年版，第127–128页。

意志，可谓之“人”。牛马之被穿络，固然是出于人的意志，但“理终归于造物”，也就是说自然之造物使其具有被穿络的可能，这是想借助牛、马二兽来呈现“天人之一道”。[①] 由此，对于自然的向往和对于现实秩序的肯定可以完美地统一在中国人的精神世界里。

中国早期的艺术受儒家和道家的影响，后来佛教传进来以后，我们又受佛教的影响。从敦煌、麦积山到龙门、云冈石窟，我们都可以将之视为中国佛教传播的“艺术化”表达。佛教是如此契合中国人的心灵世界，以至于人们并不将其看作外来的文化形态。佛教的中国化以佛典的翻译和本土佛教宗派的形成为其显著的标志。对于中国审美文化而言，禅宗的形成至为关键。如潘天寿眼里的禅宗“主直指顿悟，见性成佛。每以世间实相，解脱苦海波澜；故草木花鸟，雨竹风声，山云海月，以及人事之百般实相，均足为参禅者对照之净镜，成了悟之机缘”[②]。禅宗的产生，不仅使中国画中的山水画达到新的高度，佛教绘画也产生了新的方向，即不再是单纯地以传教为目的的佛陀故事的“宣传画”，而是着力于呈现自然界的生命无意识、无思虑的存在状态，在很大程度上排斥了人在审美活动中的目的性。因为在这样花开水流、鸟飞叶落的世界中，人仅仅是其中的一个部分。而这样的世界不再是儒家的健动、道家的虚无、佛教的寂灭，而是一个自在自然的世界，一切加诸其上的“人为的”“目的性”的追索都不是与这个世界的真正融合。因此，佛教的传入与道家思想的结合，开创了中国新的审美趣味。

六、王国维：屈子文学之精神

最后，我们回到王国维，因为我们是以王国维开头的。王国维说过，三代以下的诗人要数屈原、陶渊明、杜甫和苏轼，因为屈原能“感自己之感、言自己之言者也”[③]。他还专门写了一篇文章《屈子文学之精神》。他认为，中国人分为

---

① 郭象注，成玄英疏：《庄子注疏》，曹础基、黄兰发点校，中华书局 2011 年版，第 321 页。

② 潘天寿：《中国绘画史》，潘公凯导读，上海书画出版社 2016 年版，第 116 页。

③ 王国维：《文学小言》十，载《王国维全集》第 14 卷，第 95 页。

南方派和北方派，北方派是孔子齐鲁一派，南方派是老庄一派。屈原属于哪一派呢？王国维说："南方之人，以长于思辨而短于实行，故知实践之不可能，而即于其理想中求其安慰之地，故有遁世无闷，嚣然自得以没齿者矣。"[①] 老子、庄子这些南方的思想流派长于思辨，当发现很多事情在现实中做不成，就用诗歌来寄托自己的理想，遁世无闷，屈原被流放就是遁世的一种。北方人就是孔子那样的性格，"知其不可为而为之"，与社会抗争。

在王国维看来，屈原的文学精神最厉害的地方在哪里？屈原的文学作品首先有长于思辨的优点，有很多奇幻的想象，但是他并没有短于实践；即使他知道理想难以实现，也要跟命运抗争。他也有北方人的坚忍之志和强毅之气，他是抗争不成以后才投江的。人到了一个绝望的境地，敢以自己的生命来警醒世人，这是何等的坚忍之志和强毅之气。王国维到 50 岁投昆明湖，何尝不是一种在绝望中的抗争，而不是绝望中的投诚，所以不能把投江看作是绝望中的放弃。王国维认为，屈原的文学精神就是理想主义和现实主义的有机结合，他可能是特别理解屈原的文学精神的人。

中国传统的美学，如果从儒家的角度来看，是更强调教化的；从道家与佛家的角度来看，更强调内心的欣赏。这两种精神在宋明以后结合起来了，但是如果追溯这两种精神结合的源头，真的可以追溯到屈原。屈原作品里奇丽的文字令我们感动，他的壮怀也给予我们教化，所以屈原可能是游离于道家和佛家之外的，但是他的精神恰好代表了中国现代美学的精神。是我们既要有优美的形式，也要有浓厚的社会责任感，我们的时代期待这样的作品，当然我们也期待屈原这样的创造力的再生。谢谢各位！

（王琦整理并经主讲嘉宾审定）

---

① 王国维：《屈子文学之精神》，载《王国维全集》第 14 卷，第 99 页。

现场互动

王　琦：感谢干教授的精彩演讲。刚才干教授引经据典、深入浅出地为我们分享了儒家寓教于乐、以情动人、以美化人的审美特征与文化传统，并且剖析了道家的质疑、佛教的传入对中国传统审美的巨大影响。由于汨罗是我国伟大的爱国主义诗人屈原怀沙殉国之地，所以干教授特意联系了屈原的精神和作品来剖析，以此来向屈原致敬。他认为屈原作品的浪漫主义形式，加上他的家国情怀的深厚情感，实际上代表了中国现代审美的精神，具有非常重大的意义。让我们再次以热烈的掌声感谢干教授的精彩演讲。

现在进入现场互动环节，欢迎现场的朋友们积极地向干教授请教。干教授的行程非常满，昨天晚上十点多钟才到汨罗，今天上午就被请到汨罗一中做演讲了，还有汨罗其他地方也想请他去做讲座，可见汨罗人对干教授的喜爱。今天参与互动的观众朋友们可以得到两份有特别纪念意义的礼品，一个是屈子书院讲坛第二辑《艺术创意与文化传统》的书，一个是干教授亲笔签名的作品。

观众提问：干教授，您好！请问审美与个人成长、成才有什么关系？如何在现代教育中加强美育教育？谢谢！

干春松：谢谢你的问题！我上午已经去感受了汨罗一中的热情。我觉得我们以前还是比较欠缺审美方面的教育的。后来，我自己有了小孩，我特别愿意做的一件事情就是带她逛各个地方的博物馆和美术馆。因为每个人活在这个世界上，首先要考虑自己的生计问题，所以要考试、要去拿学位，这些事情不用去劝，孩子会自己去努力的。但是对于人类历史上这些伟大的艺术作品的感受力和体会能力，不是很容易建立的，需要花很多时间去学习。当一个人，特别善于从古典诗词、艺术作品、音乐作品中体会其中的意境与情感的时候，他遇到困难的时候就特别容易化解。我的孩子 18 岁以后一直是自己在打拼，当她遇到困难的时候，一个重要的化解方式就是逛博物馆。当然，这是我个人的经验。

现在的学校，比如说汨罗一中，或者其他地方的中学，都给学生提供了大量类似的艺术教育课。在北京的孩子更幸运一点，每个小孩都可以参与的“遇见博物馆”的活动是一年买一张年票，可以经常去参加活动。这样他们知道尊重人类文明的过往，其次要化解精神上的一些困境。现在社会竞争越来越激烈，特别内卷，逃避是不可行的，但是正面去对，又很容易遭遇挫折。当然，从意志力上讲应该这样。但是我们知道，文武之道一张一弛，需要有化解的方法，而审美是特别重要的一条路径。

现在，国家与各级政府都特别注重博物馆建设、文化遗迹保护。汨罗有屈原这样一个在中国文化史上的标志性人物，还有屈子祠这样一个特别丰厚的文化遗产。刚才王琦老师说汨罗人对我很热情，我的确很感动。但是我还感受到了另外一种态度，因为有一位汨罗一中毕业的在北京工作的人士，看到王琦老师发出的讲座信息以后，就跟校长说应该让我去汨罗一中讲一讲。我看到的不是他让我去讲一讲，而是为什么汨罗一中毕业的校友对汨罗一中有那么深的感情，他连夜发信息给我，说“日程能不能改”，说“你一定要去那里讲”。是什么让他对家乡有那么深的感情？这个问题我觉得特别令人深思。现在我已经有十几个汨罗一中毕业同学的微信了，我多了那么些朋友。我想，是这样一种文化氛围给了他们对家乡的爱，他们想尽一切办法来回馈家乡。尽管我可能不能完全满足他们对家乡表达爱的心愿，但是他们那种热爱家乡的心情我是充分感受到了。

他们本来还想要我去白塘中学，问我讲的东西初中生能不能听懂，小学生能不能听懂。我跟王老师说我在小学都讲过。我去过别的地方，没有遇到过像汨罗一中的校友这么对汨罗有感情的，我觉得这跟汨罗的文脉传承有密切关系。我也会反复讲自己是一个绍兴人，我家人经常批评我这一点，说我只要提起绍兴就没有不好的地方，绍兴永远是中国第一。我说必须是这样，这是对家乡的自豪感，对家乡的爱，对家乡的情感。今天，我还看到很多中学生在研学，我认为汨罗人对汨罗的感情就是通过屈原文化、屈子文化园，对中小学生一代一代的教育和滋养，慢慢地、润物细无声地形塑的。这两天我充分体会到了汨罗校友对家乡的情感以及汨罗人民的热情。所以审美的教育很重要。汨罗能给他们什么物质上的东西吗？不能，能给的是文化符号上的东西。而且汨罗的文化符号跟其他地方的不一样，这种文化符号已经转变为生活方式了，不但转变为汨罗人的生活方式，还塑造了中国人的生活方式，如赛龙舟、吃粽子不仅是汨罗的地方民俗，而且全体中国人乃至海外华人都要吃粽子过端午节。这是身为汨罗人的自豪。我为来过汨罗而感到很高兴。

王 琦：谢谢干教授给了汨罗人民很高的评价！我有同感。我在做屈子讲坛的时候，无论是汨罗的党政领导还是普通百姓，他们都有深厚的屈原文化情怀。我也很乐意来汨罗，想用自己的行动尽可能地把讲坛办得更好，因为文化是一种软实力，具有一种润物细无声、浸润人心的力量。在孩子成长过程中，要对他们进行一些审美的教育、文化的教育、艺术的教育。人生是一个长跑，学习是一辈子的事情。除了学校学习外，还要通过多种形式，让孩子们去接触生活、接触社会，开展艺术、审美教育，让他们热爱生活，这样孩子才能在人生道路上走得更远。我们屈子书院讲坛第三季特别注重关于审美、文学、艺术的内容，也是希望通过这些能够影响更多的朋友。谢谢观众朋友的提问，谢谢干教授的精彩回答！

观众提问：干教授，今天有幸听到您的讲座，我受益匪浅。汨罗江是屈原晚年怀沙殉国之地，请问：屈原精神的现代价值和意义是什么？我们应该如何传承和发展屈原文化？谢谢！

干春松：谢谢这位先生的问题！刚才我已经说了一点屈原文化的现代意义。屈原的诗歌几千年来一直在传承，就说明他的意义在那里。屈原的作品历代都有人在谈论，不是今天才谈论的。柳宗元还专门写了一篇很长的文章去回应屈原的问题，这就是他的价值。不能想象，如果没有《楚辞》，中国古代文学会怎么样。这是很重要的意义。屈原的很多话已经变成现代的日常用语了，如“吾将上下而求索”。湖南省有个杂志就叫《求索》。这些在现代生活中都在用。刚才我也讲了屈原身上的两种精神很完美地结合了。比如说老子和庄子，对于浑浊的世界不满，就提倡“逍遥游”，但是屈原没有因为不被理解而忘了这个世界、忘了他的故乡、忘了他的国家，他有着跟当时很多人不一样的精神。这样的精神，他能用如此优美的文字表达出来。屈原简直是一个不可理解的存在，大家有时候会发现这个人是突然冒出来的。屈原之前是谁呢？我有时候会想这个问题。汨罗这个地方，或者秭归县，或者其他地方，之前的代表人物是谁呢？这一点像一个火焰突然就迸发出来，屈原经常给人一种这样的感觉，他就像当时在南方喷射出来的一团火，这团火很快照射到更远的地方。

今天的汨罗人还是幸福的。为什么？因为有一个能够成为我们类似地理标志的人物。上午我跟王老师说汨罗建了这个屈子文化园，还可以用更多的艺术形式去传播屈原文化。我还是谈谈我的老家绍兴，因为王羲之而做了一个书法节，从 20 世纪 80 年代办到现在，博物馆也盖得特别漂亮；王阳明的戏曲、电视剧、纪录片都拍了。我上午还在问有关屈原的纪录片有没有拍，王老师说有一部舞剧，因为太费钱了所以没有继续演，但是纪录片完全可以。我会跟汨罗一中的校友建议，可以考虑拍一部纪录片。屈原跟汨罗有关系，但是他已经是一个超越地域甚至超越国别的人物了。我觉得汨罗还是可以有更多的形式，去呈现饱含着汨罗人对屈原感情的东西。屈原、端午节，世界各国都想抢注，我认为抢注是一件好事。我们要反思自己为什么没有做好这一件事，而不是怪人家抢注。从我个人角度来讲，汨罗围绕着屈原打造更为丰富的文化名片，还是有很多事情可以做的。

王 琦：谢谢干教授！干教授讲得特别好，屈原可以说是汨罗的文化名片，也是中华民族精神的一种文化标志。因为一个人，而有了一个全中国人都要过的节日，甚至影响到了国外。在我们吃粽子、划龙舟的过程中，屈原的很多精神已经浸润了老百姓的日常生活。作为汨罗人，我们更有责任把屈原文化传播好、传承好，并且发扬光大。在座的每一位朋友，都应该肩负起这样的使命。

香草美人地，诗韵汨罗江。感谢线下的朋友以及线上40多万网友们的守候。感谢工作人员和媒体朋友的辛勤工作。本次讲坛至此圆满结束，我们下期再见。

祝大家身体健康，万事如意！

（王琦整理并经主讲嘉宾审定）

第8讲 屈骚传统的巫本源、情本体和美本色

刘悦笛，中国社会科学院哲学所研究员、博士生导师，中华文化促进会主席团荣誉委员、美国富布莱特访问学者、国际美学协会（IAA）总执委和中华美学学会副秘书长、*Humanity Research and Review* 主编、*Comparative Philosophy* 及 *Journal of East-West Thought* 编委。2003 年开始到中国社科院工作。南开大学哲学博士，北京大学博士后。发表论文 300 多篇，著有《生活美学》《中国人的生活美学》《审美即生活》《分析美学史》《当代艺术理论》《生活中的美学》《生活美学与艺术经验》《艺术终结之后》《视觉美学史》《世界又平又美》《生活美学与当代艺术》、*Subversive Strategies in Contemporary Chinese Art*（Brill，2011）、*The Aesthetics of Everyday Life: East and West*（Cambridge Scholars，2014）等，译有多部英文专著，策划“中国小镇美学榜样”评选等多项活动。

直播二维码

直播在线参与人数：41.4 万

导言

“屈骚传统”作为中国思想和文化的主流之一，蕴含着怎样的特质与情理结构？其巫本源、情本体和美本色如何勾连？它为什么应该被视为儒家、道家与佛家三大传统之外的“第四大传统”？

2023 年 7 月 8 日，中国社会科学院哲学所研究员刘悦笛先生莅临屈子书院讲坛，发表题为“屈骚传统的巫本源、情本体和美本色”的主旨演讲，并与现场观众进行了精彩的互动。讲座由凤凰网湖南频道全球同步直播，在线参与人数多达 41.4 万。长沙理工大学设计艺术学院教授、湖南汨罗屈子书院执行院长王琦担任嘉宾主持。

各位在座的汨罗的朋友们、线上的朋友们：

大家好！

非常荣幸来到汨罗，感谢汨罗市委宣传部，感谢屈子书院的盛情邀请。这次对我而言也是跨越万水千山，只为这条江。汨罗江不仅是“诗人的江”，而且是一位中国伟大哲人的江，所以今天我会讲一个非常重要的话题，就是要把“屈骚传统”（屈原和《离骚》的传统）提升为中国文化的第四大传统。

一、何为“屈骚传统”

今年，我参加了中国屈原学会第十九届会议，有幸和王琦教授相识，当时她非常赞同我的这个观点：中国除了儒、道、佛，或者叫儒、道、释之外，第四大传统是什么？五六年前，我提出了“屈骚传统”并登载在报纸、杂志上。为什么今天我要跟大家分享这个话题？我觉得应该回到中国文化的根源上、本原上来看待这样一个中国伟大的“屈骚传统”。

我跟很多人讲屈原不一样，大家说屈原是一个伟大的爱国主义诗人，甚至还有很多廉政思想等等，其实屈原有许多思想的面向。我准备用“巫本源”“情本体”“美本色”这“三本”来讲屈原。从中国文化的根源上来讲，屈原到底为当代中国人贡献了什么、建构了什么？为什么端午节是中国唯一因一人而形成的节日，而没有孔子节、老子节？这是因为屈原在中国文化当中形成了一个非常重要的价值结构。

我为什么不用屈子精神、屈原传统，而使用“屈骚传统”这个概念？所谓“屈骚传统”，乃是指以屈原这个人物为精神内核的、以《离骚》领衔的楚辞文化为内蕴的楚风传统，但这个传统早已超越了地域限制，从而内化在中国人的文化心理结构当中。屈、骚两字早已连用，前者指人物，后者指作品。屈骚传统却并不囿于屈原一人与《离骚》一诗，而是包括了以《楚辞》为文本核心的整个楚辞文化在内，我们所言说的“屈骚传统”构成了中国思想和文化的一种伟大传统。

“屈骚传统”的伟大在哪里？“屈骚传统”作为中国思想和文化的主流，完全可以视为儒家、道家与佛家三大传统之外的“第四大传统”。儒家、道家是本土产生的，佛教是从印度传来的，又从中国慢慢向东南亚、朝鲜半岛、日本等地传播。“屈骚传统”和儒道两个传统一样是本土产生的文化传统。今天我着重讲它是由巫化情、巫始情终的一个“情本体”传统。

一说到巫，很多人认为就是封建迷信，其实不是这样的。中国文化有着非常悠久的“巫史传统”结构。屈骚传统结合了迷狂与崇神的“巫本源”、激情与想象的“情本体”和瑰丽与尚奇的“美本色”，并由这三者形成了独特的“屈骚架构”，从而实现了一种中国式的偏重于情之维的“情理结构”。中国人一直是一个讲究合情合理、多元化的民族，我们做什么都强调“情理合一”。在疫情发生第一年，我出了一本《情理合一：中国人的生存智慧》的书。[①] 为什么？因为在新型冠状病毒疫情蔓延的时候，中国人用“情理合一”的智慧积极地去应对疫情，这恰恰与中国人非常深厚的“情理合一”的思想有关。

二、屈骚合体：现实人物与作品角色的合一

“屈骚”合体，一个现实的人物和作品的角色是怎么合一的？我们发现《离骚》这个文本非常独特。为什么？屈原在其中是唯一的一个大主角。我们之所以把“屈骚”合用，就是因为现实中的屈原和《离骚》中的作品角色是合二为一的，这个在中国文化当中并不多见。比如说北方文化结晶的《诗经》，不仅没有

---

① 刘悦笛：《情理合一：中国人的生存智慧》，广西人民出版社 2021 年版。

独立的作者留名存世，而且从未凸显过“一个”独立的诗人形象。在传为屈原所作的《离骚》当中，屈原对“自我形象”进行了一番从自我肯定到不断完善的塑造。他自我完善的一个高潮发生在哪里？就发生在我们脚下的这一片土地——汨罗。他用投江的个人方式完成了一个更伟大的作品。可以说屈原的人生就是一件艺术作品、一部文学作品，他的高潮部分是来自他投江的那一瞬，而后产生一波又一波巨大的影响。在我们心目中，屈原是高冠长剑、兰佩荷衣、理想远大、志趣高洁、满怀忠贞、嫉恶痛邪、情绪激昂而又哀怨、意欲高蹈远逝而又徘徊行吟的上古士大夫形象。

（一）屈原与《离骚》之相互生成

屈原作为作品的主角，同时也是《离骚》的作者。在《离骚》这种自我形象构造的作品当中，作品不仅是作者创作的，作品也成就了作者，作者成为作品的产物。换句话说，艺术品使艺术家成为艺术家。举个例子，在中国有很多歌手，一辈子只有一首成名作，到哪里都唱那一首。是那首歌使歌手成为艺术家，还是那个艺术家使那首歌成为艺术品？当然是那首歌使那个歌手成为著名的艺术家，而不是那个歌手产生了一个艺术品。所以，到底是屈原本身的形象为《离骚》所塑造，还是《离骚》里的“那个屈原”的形象塑造了屈原本人，这其实是一而二、二而一的，屈骚由此得以合体，其中更多的是《离骚》使得屈原成为一个伟大的诗人。

（二）“屈骚传统”的提出

“屈骚传统”，并不是我个人的一个说法，它最早出现在李泽厚完稿于 20 世纪 70 年代末的《美的历程》手稿中。2013 年，我在美国纽约做访学，2014 年元旦，我到李泽厚位于美国的家中，看到了两部非常重要的手稿：第一部是《近代中国思想史纲》手稿；第二部是《美的历程》手稿，里面贴了很多贴条，包括李老师去各地如敦煌等考察时的笔记。当时我问李老师能不能把这两部手稿给我，我拿去印刷出版。可惜，当时李老师没有把手稿给我，后来他坚持要把这些不成熟的东西烧掉。

在李泽厚老师成稿的《美的历程》第四章“楚汉浪漫主义”中，第一节标题即为“屈骚传统”。其大意是说，北方理性主义摆脱了巫风，但南方浪漫主义存留了巫风，楚文化应属后者。当然，屈骚传统在形成后超越了国别，所以称为楚风文化更为准确，而且再精确就应叫南楚风文化，因为楚文化内部也有南北风格之别。

（三）《楚辞》的归属

在中国思想和文化传统当中，“屈骚”及其形成的主流传统、其所应获得的历史地位，在过去百余年来被大大地低估了。为什么？这跟近代以来我们中国人接受的两种观念有关：一个是哲学，一个是文学。在哲学与文学两种外来观念传入中土之后，屈骚传统没有登上哲学的台面，反被困顿在文学的疆域之内，从而尚未展现其本有的精神维度。

我们过去没有文学吗？我们过去有楚辞，有汉乐府、唐诗、宋词，我们当然有文学。但是“文学”这个词并不来自中国，而是来自日本。二十年前，我在京都大学开会，有一位老教授用笔给我写了“中华人民共和国经济发展”几个字，他说，中华、人民、共和国、经济、发展等这些词都是日本人创造的。另外，还有现在说的很多词，如主体、课题、哲学、物理、化学、数学等等，中国在过去有算学，没有数学。当时我反驳他说，是你们日本人最早接触了西学，然后把它翻译成了东方语言，但是你们为什么用汉语呢？因为你们知道，只有中文这样高妙的语言才能更好地翻译西方语言。哲学、文学两个观念来了之后，我们往往把屈原的《离骚》《楚辞》作品当作文学作品，从来不在一个哲学的高度上来审视它们，这是一个非常大的问题。只有冯友兰先生在他的《中国哲学史新编》当中，把屈原的《天问》诸篇当作中国哲学。

（四）“离巫拒情”的逻格斯中心主义

从哲学意义上说，中国文化和思想当中曾得以高度凸显的屈骚传统，恰恰可以彰显一种不同于西方主流传统的中国智慧之路，因为自古希腊得以奠基的西方传统以逻格斯中心主义为要义，这种传统是“离巫拒情”的，而这巫、情二者恰为屈骚传统所倡扬。那种以欧洲为中心、以理性为中心、以男性为中心的所谓“爱—智”（philo-sohpia）理路，并不能成为所谓“哲学”的唯一理路，既然哲学本为“爱智之学”，那么，“智慧之爱”（the love of wisdom）也会成为另一条智慧之途。

我们能不能突破这种疆域，打破文、史、哲的分法，即不能把它看作单纯的文学作品，而更多地把它看作中国哲学智慧的结晶，这是我想做的一个工作，由此才能提升“屈骚传统”的地位。而且“屈骚传统”这种传统与“离巫拒情”的西方传统正相反。西方人有一个非常重要的传统，是什么呢？从哲学上来说，就是有一个理性中心主义的传统，比如科学就是纯粹理性发展的结果，它不沾染任何主观性的要素。西方的哲学思想来自古希腊，形成以欧洲为中心、以理性为中心、以男性为中心的所谓“爱—智”理路，是离开了巫的传统、拒绝了情感的理性主义。但这并不能成为所谓“哲学”的唯一理路。既然哲学本为“爱智之学”，那么，“智慧之爱”也会成就另一条智慧之途。恰恰“屈骚传统”站到了与西方传统对立的一面，它更体现出中国文化和哲学的基本特质。

三、“第四大传统”：在儒、道、佛三大传统之外

西方文化怎么发展的呢？是从巫术到科学和宗教发展的，中国巫文化走了另外一条路，当中国人把巫理性化塑造的时候，外在的塑造就是人文化的“礼”，内在的塑造则是人性化的“仁”。外面是礼，内在是仁。所谓“仁”是指要有仁心、恻隐之心。当我看到一个小孩子马上要掉到井里的时候，我就想去救他，这就是恻隐的仁心。对外要遵循礼仪规范，这是外在的一个要求。中国人从小很讲究礼仪，比如说吃饭的时候，中国人绝对不允许孩子们把两根筷子插到米饭上，因为这是不吉祥的一个象征。老外无所谓，因为不在文化语境中。中国以“仁”为核心的人性和以“礼”为核心的人文恰恰是“内外合一”的。它是怎样形成的呢？这也是我今天讲座最核心的一个话题。

在中国传统文化中，我们经常讲经、史、子、集，四库当中用不同颜色的封面来代表不同颜色的书。然而众所周知，一般在“经史子集”大传统中，《楚辞》既无法入围儒家经典著作之“经部”，也无法进入先秦百家的“子类”，而只能归于汇聚典籍的“集部”，尽管《离骚》在后世也被比附为《离骚经》。当一个东西被称为经（现在被视为经典）的时候，它已经获得了非常高的地位。

屈骚不仅是美学传统，而且是文明和思想传统。这个意义上，我们再来看“屈骚传统”。李泽厚当年在讲“屈骚美学”的时候，更多地把它当作一个美学的传统。李泽厚认为，中国美学有四大传统：第一是儒家美学，讲究人的美学；

第二是道家美学，讲求道的美学；第三是佛禅美学，特别是禅宗；第四是“屈骚美学”传统。

四、巫之本源：化巫入情，显情为美

“屈骚”这个传统应该被提升，不仅用于美学领域，还可以把它放到哲学和文化领域。在哲学和文化的意义上，我们怎么把“屈骚传统”看作中国的第四大文化传统呢？我们进入“巫”的起源，来谈谈“化巫入情，显情为美”。

这是曾侯乙内棺画上的土伯。在屈子书院也出现非常多的这类图示，这就是楚国“巫”的一个形象。

（一）北方的“史官文化”与南方的“巫官文化”

按照历史学家范文澜的说法，战国时期就有北方的“史官文化”与南方的“巫官文化”之分，“楚国传统是巫官文化，民间盛行巫风，祭祀鬼神必用巫歌……《楚辞》是巫官文化的最高表现。其特点在于想象力非常丰富，为史官文化的《诗》三百篇所不及也”[①]。什么意思呢？是说《诗》三百篇从想象力的角度而言，远远不及《离骚》《楚辞》等作品。《离骚》这种瑰丽的想象是《诗经》所完全无法比拟的。而且，屈骚文化也是南北合流的产物，“战国时期北方史官文化、南方巫官文化都达到成熟期，屈原创《楚辞》作为媒介，在文学上使两种文化合流，到西汉时期《楚辞》成为全国性的文学，辞赋文学灿烂地发展”[②]。

土伯（曾侯乙内棺图）——“土伯九约，其角觺觺些”

从巫文化的角度来说，这个文化从来不是单一的。央视最近播出了一组纪录

① 范文澜：《中国通史简编》（修订版）第 1 编，人民出版社 1955 年版，第 241 页。
② 范文澜：《中国通史简编》（修订版）第 1 编，人民出版社 1955 年版，第 288 页。

片，讲中国文明的探源，其中有一集讲河洛文化时采访了我。我讲河洛文明时讲到了彩陶，彩陶文化就是多元文化整合的结果。中华民族、中华文明的形成，就是多元文化的不断整合。好像一个漩涡，漩涡的中心可能是中原文化，此外还有很多边缘的文化。过去的中国文化叫繁星满天，有各种各样的文化，后来演变为月朗星稀，主要有几个大的文化群体，其中有中原的、西南的、长三角的，还有辽河流域的，慢慢地聚集之后，成了一个中原的结构。春秋战国从众多诸侯国纷争到秦统一中国，慢慢形成了大一统的中国，这期间所有文化之间隐秘的关联是非常紧密的。比如三星堆文化有自己的特色，但在其中受中原文化的影响。楚辞文化也是如此。

按照这种合流的历史阐发与解读，黄河流域是（信人不信神的）“史官传统”，楚国则是（信神不信人的）“巫官传统”。萧兵的《楚辞文化》曾考证过楚文化与上古四大集群文化的关系，指出楚人（主要是楚王族集团）大概是“西源东流，南下北承”的结果，[①] 接受了四方百族文化的洗礼与恩惠，而楚辞更是这种文化冲突交流汇聚在文学上的伟大成果，这种观点乃是一种多元文化融汇论。

在繁星满天的中国历史上，各个地方都有自己的民俗，有各种各样的文化积淀。楚文化在慢慢整合的时候，把周边的百族文化吸纳进来，形成一个文化的汇聚，汇流成楚辞的文化、“屈骚”的文化传统。这是一个多元文化结合的结果。我一直认为中国文化始终就是一个多元文化不断汇流、不断为我所用的结果。当然，中国人是以自我作为一个本体，不断把其他文化吸纳到自己身上去，推进文化的发展。

中国文化是多元文化的产物，屈骚传统根植于南方的“巫官文化”，但是也受到了北方“史官文化”的影响。“屈骚传统”纵贯南北，这个观点是非常重要的，就像端午节。端午节不仅中国南方人过，北方人也在过。甚至日本人也过这个节，日本人把端午节当作男孩节，文化在外传中产生了变异。但是这两个传统无论是怎样的，都是我们讲的巫史传统，这两个传统是可以合一的。“史官传统”更多是理性化的，“巫官传统”更多是感性化的。为什么讲“情理合一”？

---

① 萧兵：《楚辞文化》，中国社会科学出版社 1990 年版，第 1–10 页。

理就是那个理性，情就是那个感性、情感。

（二）中国有巫的传统

在“巫史传统”的兴盛期，古代祭祀天神、地祇、人鬼，原本都是由巫觋来主掌，乃至从部落统领者到国家统治者本人，都是最大的那个“巫”，这就是“大巫”出场的时代。我讲巫传统的时候，绝不是现代意义上“跳大神”的那个“小巫”，而是“大巫”。在这种“巫”传统中往往有一个巫师，代表了他下面领导的那些民众，代表了巫天。比如说，中国社会科学院考古研究所挖了很多重要的遗迹，其中一个就是在安阳出土的妇好墓。妇好是谁？她首先是武丁的妻子，也是一个将军。同时，妇好是殷商最大的一个巫师，她代表民众祭天，天给了她很多解答，她会知道非常多的结果。在“大巫”衰微之后，“小巫”得以现身，巫的“政治化”得以淡化，楚地“信巫鬼，重淫祀”（《汉书·地理志》），“楚之衰也，作为巫音”（《吕氏春秋·侈乐》），这更多是小巫传统使然。所谓“大抵荆州率敬鬼，尤重祠祀之事，昔屈原为制《九歌》，盖由此也”（《隋书·地理志》）。无论是《离骚》还是《九歌》，似乎都是在楚地“小巫”传统影响下的产物，但事实并不完全如此。

屈骚传统，正处于一种转变的历史进程当中，这就是从“大巫”传统转向“小巫”传统。可以说，屈骚传统更多秉承的是人与神通的“大巫”传统，尽管在一定程度上受到人附神灵的“小巫”传统影响。这个传统重在巫的感性化，而不是理性化。这句话是什么意思呢？巫的传统之所以重要，是因为我们到现在也在说天人合一，这是中国文化最大的特质。人是小宇宙，天地是大宇宙，大宇宙和小宇宙和谐共振。但是人怎么与天通呢？这个传统是怎么来的？就是我们讲的“大巫”的传统。李泽厚有一个重要观点，就是到现在为止，在中国巫的传统还没有断，因为中国人到现在还在重“天人合一”。我们还不同于西方人讲的人定胜天、人天分离，而是讲天人合一，这是中国“大巫”传统的一个重要特色。只要中国人还在讲“天人合一”，那么其背后巫的传统就没有断。屈原本人并不是对巫祝卜筮无条件地相信，而藏有信人事而不信鬼神、卜筮的鲜明立场。屈原不信的是那个“小巫”，屈原继承的是人与天通的“大巫”传统。上下求索，就是探求与天通、与鬼神通的传统精神。

（三）楚人以“情”近于鬼神

屈骚传统，从巫当中直接化出了情，这才是这种文化得以滋生与流传的独特之处。楚人信鬼崇巫，既不同于殷人沉溺而不能自拔，反复祭祀，也不同于周人消极地“事鬼神而远之”，而是采取积极的态度，事鬼神而近之。楚人崇巫并无妖邪鬼魅之气，而是以其“人情味”取胜，因其偏爱鬼神之情，并不是让人卑微地拜倒在鬼神脚下，而是“事鬼神而近之”，人以“情”近于鬼神，这就把巫传统给“人情化”了。在《离骚》《楚辞》当中，大家可以发现，人和鬼是可以恋爱的。如果鬼神过于巨大，人就应该匍匐在其脚下，五体投地。如果用情感去亲近他，并且和他有一种情感的关联，成为情人，这是非常不容易的。

大家都知道著名的藏传佛教重要人物仓央嘉措，他经常讲情人。他的这种“情”既是讲人间的情，更多的是讲人对佛的大情。屈原也是如此。他讲人鬼情未了的时候，并不仅仅讲男女之间的私情，而是讲人和鬼相通的大情。当人以情近于鬼神的时候，这就把巫的传统“人情化”了。这个情感来自哪里？来自“巫”，来自人对鬼神有情感。中国人近神、爱神，很多时候也赋予神非常多情感的元素，这和基督教、天主教并不完全一致。中国儒教也讲爱有等差，讲不同人之间的爱，你爱自己的子女和爱同事的孩子是有差别的，不像上帝对人的爱是平等的，对每个人爱的距离是一样的。楚人这种以情近于鬼神的传统，是一个非常重要的传统，也就是与巫的不即不离的关联传统。

整个《离骚》，可以说是在巫风中孕育而成的：“欲从灵氛之吉占兮，心犹豫而狐疑；巫咸将夕降兮，怀椒糈而要之；百神翳其备降兮，九疑缤其并迎；皇剡剡其扬灵兮，告余以吉故。”（《离骚》）一方面想听从“灵氛之吉占”，但另一方面内心踌躇而主意难定；一方面要面对“皇剡剡其扬灵”，另一方面却想获得吉祥的佳话，前者出于巫，后者脱于巫，从而与巫传统形成不即不离的关联。中国人讲过犹不及，不及是做得不够，做过了还不如不及，这就形成了巫风当中一个非常巧妙的关联即巫的内在勾连。

《招魂》就是如此。以《招魂》“帝告巫阳曰：‘有人在下，我欲辅之。魂魄离散，汝筮予之’”为例，王夫之曾解读说：“巫阳，古之神巫。托言上帝者，人无能念屈子之忠，冀上天悔祸，辅使遂志，誓死之心，可使乐生也。筮者，占其魂之所往于上下四方。”（《楚辞通释》）这就意味着，在为“忠直遭妒，志折气菀，魂将离也”（《楚辞通释》）的屈子招魂之时，当“乐”得以生成，那就是“情”的生发，此情正由巫而生。

又如，《九歌》也是最凸显的例证，可以由此来确定屈骚传统所浸渍的“巫”的品格。战国时代，南楚名歌《九歌》相传为夏代《九歌》的苗裔，但是古歌早已不在，这仍是旧瓶装新酒。但按照古人的主流意见，屈原嫌这些民间祭祀歌曲的词粗鄙，遂加以删改更订，同时加入自己的家国情愫，从而形成了独特的思想和文化传统。

（四）历史上的几种主要观点

我们回顾一下，在中国历史上关于屈原的作品有几种不同的观点。东汉王逸的考证曾被广为接受：“祭歌者，屈原之所业。昔楚国南郢之邑，沅湘之间，其俗信鬼而好祠。其祠，必作歌乐鼓舞以乐诸神。屈原放逐，窜伏其域，怀忧苦毒，愁思沸郁。出见俗人祭祀之礼，歌舞之乐，其词鄙陋，因为作《九歌》之曲。上陈事神之敬，下见己之冤结，托之以讽谏。”（《楚辞章句·九歌叙》）王逸认为，在那个“信鬼而好祀”的风俗之下，“使巫觋作乐，歌舞以娱神”乃是极富感召力的，屈原恰恰感受到了这种巫的情境与魅力。当然，屈原是否以祭歌为业，而且是否在观沅湘之民演歌后才创作出作品来，大可不必那么细究。但是王逸很明确地说，这些作品是用来讽喻的。当然这是一个文学上的说法，用来抒发内心的郁闷、愤恨，具有讽刺的意义。

朱熹是非常重要的理学宗师，他反对王逸的“讽喻说”，提出了“寄托说”。朱熹认定：“昔楚南郢之邑，沅湘之间，其俗信鬼而好祀，其祀必使巫觋作乐，歌舞以娱神。蛮荆陋俗，词既鄙俚，而其阴阳人鬼之间，又或不能无亵慢淫荒之杂。原既放逐，见而感之，故颇为更定其词，去其泰甚，而又因彼事神之心，以寄吾忠君爱国眷恋不忘之意。”（《楚辞集注》）与王逸的“上陈事神之敬，下见己之冤结”不同，屈原面对“俗陋词俚”而“定其词”，一面不忘“事神之心”，另一面寄托爱国之情，这就将屈原定位更加儒学化了，但是对屈骚传统的理解有所偏移。

我赞同的是元代祝尧的说法——“寓情说”：“昔楚南郢沅湘之俗，信鬼而好祀，每使巫觋作乐歌舞以娱神，俗陋词俚。原既放而感之，故更其辞而寓其情，因彼事神不答而不能忘其敬爱，比吾事君不合而不能忘其忠赤，故诸篇全体皆赋而比，而赋比之中又兼数义。”（《古辞辨体·楚辞体叙》）这个说法可以称为“寓情说”，我认为这个说法更接近原情与内情。所谓“更其辞而寓其情”，那就是从巫入情了，“因彼事神不答”就是超出巫，“不能忘其敬爱”就是不忘巫，这就与巫形成了不即不离的关联，“比吾事君不合而不能忘其忠赤”正是化巫为情了，但同时还要显巫为“美”。

这就形成从“美巫”“美情”到“美人”的逻辑推演。楚辞文化无论是对“巫”还是“情”都加以美化，形成了所谓的“美巫”和“美情”，从而指向一种“美人”与“美政”的结合：有美人才有美政，美政需要美人执政。当然，屈骚中的“美人”，既指貌美这种“外美”（既用于女人也用于男人），也指伦理上的高洁之美（此为男性所垄断），也就是德美这种“内美”。实际上，这内外两美在屈原那里形成了闭合的关联。所谓“吾既有此内美兮，又重之以修能”（《离骚》），“‘内美’是得之祖父与天者，‘修能’是勉之于己者”，由此可见，内美之德也是先天与后天的统一。

（五）儒家“释礼归仁”与屈骚“化巫入情”

我曾指出，化巫为“礼”“权”和“史”，这些都是属于巫的理性化，皆为儒家“发乎情止乎礼义”的传统。追本溯源，“巫史传统”从周公到孔子都被继承了下来，只不过周公将之外在化，孔子将之内在化。但是，屈骚传统却将巫直接化为一种美情，“指九天以为正兮，夫唯灵修之故也”（《离骚》）当中的“灵修”往往指代楚君。其实，从灵到君的“神明远见”的转变就是一种化巫的体现。朱熹指出：“《离骚》以灵修、美人目君，盖托为男女之辞而寓意于君……灵修，言其秀慧而修饰，以妇悦夫之名也。美人，直谓美好之人，以男悦女之号也”（《楚辞辨证》），这就把灵修与美人在统合的意义上加以使用，灵与美由此得以一体化了。

孔子“化巫入礼”的时候，他特别强调礼的层面，屈家不同的地方在于，并没有进入礼的层面。同时屈骚也不是化巫为权，也没有进入“政治化”的层面，而是进入“个体化”情感的世界。当然，在一个轴心时代，在孔子、苏格拉底、佛陀出现的时代，王巫传统逐渐衰弱，但是余威犹在。“屈骚传统”并没有像儒家一样，与政治之间形成了直接性的关系，而是和政治之间形成了一个若即若离的关联。正如屈原一生的从政经历一样，不断被贬、不被信任，直到故国灭亡，他在汨罗随波而去，这也是一个逐渐远离的过程。

《离骚》里的屈原承认“民生各有所乐兮”，王逸就此注为：“言万民秉天命而生，各有所乐，或乐谄佞，或乐贪淫，我独好修正直以为常行也。”（《楚辞章句》）这就意味着，虽然人各有其乐，但与常人不同，唯独屈原表露出“余独好修以为常”。“屈子‘好修以为常’，盖以道德为乐者也”。以德为乐，就有情参其中。“苟中情其好修兮”（《离骚》）再度把“修”拉回到内心的情愫与情操。

我用非常简单的话来区分儒家和屈家。儒家的特质是建构了情，释礼归仁。周公释礼作乐，而孔子把礼返回到内在的“仁”，这是儒家的一个基本架构。屈家是什么呢？屈家不像儒家那样理性地规范，而是化巫入情，诉诸个体的感性。这种情感来自哪里？来自人对神的亲近之情。到了近代学人那里，从情释屈得以复兴，这是回归人情本义来解说屈骚了。

五、情之本体：由巫化情，巫始情终

说完了“巫”，我们再来看“情”。情怎么成为本体、怎么成为中国人的根本？这就要由巫化情，巫始情终。对巫的情感是开始，但是最终化成中国人的一种情感的结构，这是屈原带给中国人最大的历史财富，而不仅仅是爱国主义。那么，屈骚传统最核心的本质规定是什么呢？答案是“情本体”，这意味着，屈骚传统的本质乃是以情为本的、理融入情的，这也是李泽厚晚年讲的“情本体”。这在《楚辞》《离骚》、屈原的个性中都得到了充分的显现。

（一）李泽厚首倡情本体

所谓“情本体”，乃是当代中国思想家李泽厚晚期所提出的最重要的思想。我于 2019 年 4 月参加“首届屈原哲学与文化论坛”之前，曾与李泽厚先生有过私下交流，他第一次承认屈骚传统，他认为，“无目的性自身便似乎即是目的，即它只在丰富这人类心理的情感本体，也就是说，心理情感本体即是目的。它就是那最后的实在”[①]，这是“情本体”的第一次明确表述。李泽厚认为，情感才

---

① 李泽厚：《华夏美学》，新加坡东亚哲学研究所 1988 年版，第 169 页。

是人生最重要的根本目的之一，中国人的情感更是如此。比如说养老，我们这一代人恐怕不会想着要孩子们给我们养老。我的很多朋友，包括社科院的同事，说以后有机器人就可以了。只要有一个机器人在身边服务，端饭菜、洗衣服等等，所有的事给他安顿好就可以了。我就问他一个问题：当你老了，机器人虽然可以给你提供一切服务，但是你的情感慰藉的问题谁来做？机器人会给你情感的慰藉吗？因为他毕竟是机器，而不是人。就像临终关怀一样，人人都需要一个情感的依托、一个慰藉。大部分中国人一生并不依靠宗教。中国人几千年来靠什么活着，靠什么精神安顿，靠什么自我安慰？虽然有家庭，有各种各样的方式，但核心还是情感。为此，中国人形成一个非常重要的情感的情理结构。

（二）中国人的“情理结构”

情动是南方巫术文化的延续，理性则是北方儒家文化的结晶，但理与情并不是割裂的，屈骚传统所表征的是倾向于情的维度的“情理合一”，这恰恰是中国智慧的另一种主流。这是由于，当这情与理得以结合的时候，也就成为既合情又合理的思想架构，而“情本体”的核心，就是强调情理融合的“情理结构”。

既然屈骚传统的内核就是“情理合一”，那么，屈原所倡导的理性又有何特质呢？屈原同时倡导一种“得中正”的理性，这就是《离骚》所谓“跪敷衽以陈辞兮，耿吾既得此中正”。据清人蒋骥在《山带阁注楚辞》所解，“中正，理之不偏邪者”，其释应最为贴切。但这“中正”却并非儒家中庸的“实用理性”，“得中正”不是“得中庸”，屈原至死都未行走于中庸之道上，也就是未在情理之间走得不偏不倚，而是超出了一般的“常理”。

实际上，屈子这种“中正之道”，实现了一种中国式偏重于情之维的“情理结构”。这种“得中正”毕竟不同于儒家，因为它并非“得中庸”的情理平衡，其中的情的抉择往往压倒了理的择取。但当屈原将理智化入情感，虽然具体而个体，却具有某种普泛性，起码在中国人的“文化心理结构”那里具有合法性，因为我们每个人并不是都处于情理常态的，总有那种超出常情常理的“非常”状态，此时常常需要突破儒家的“度”量。

（三）中国文明的一次审美纯化和情感纯化

实际上，屈骚文化的崛起，乃是中国文明的一次独特的审美纯化和情感纯化过程。在美和情的两个角度，很早都是屈原达到了中国文化的最高的那个程度。

中国文化从来不去求另外一个世界，柏拉图讲有一个理念的世界，中世纪讲有一个天国的世界，康德讲有一个物质体的世界，这些都是高高在上的世界，和我们这个世界没有任何关联，因为天堂远远在上，而中国人从来就没有脱离现实。中国人只生活在现实当中，在这个世界当中屈原达到了两个非常高的高度。第一个是情感的纯粹化，第二个是审美的纯粹化。这两个高度恰恰都是屈原所达到的，不是孔孟荀、老庄所达到的。但也必须指出，此巫、此情、此美皆终未脱离现实，而仍立足于现实的“一个世界”。同时，当然也有政治的背景，因不得志而抒发牢骚之情，所以班固《离骚赞序》才说：“忠诚之情，怀不能已，故作离骚。”由此《离骚》便成为一首“绝命诗”。

（四）复兴“情理”与“生死”抉择

实际上，屈骚传统的启示，就在于复兴“情理合一”，但却是通过现实的赴死与思想中的矛盾而实现的，矛盾就在于反复在生死之间进行抉择。在中国历史上，屈原首度展示出中国式的“向死而生”的路径。所谓生存还是毁灭，这是个人类的终极问题，对此，屈骚传统首倡了中国人的自杀观，不过这种观念却是在生死思虑之间展开的，仍流连在现实的“一个世界”当中。

我最后讲一讲汨罗，因为屈原魂归汨罗，死在这个地方。屈原这一死，提出了一个什么样的问题呢？也就是我们现在经常讲的如何向死而生。人从出生那一刻到生命的终结，都是向着一个终点在走。不管这个终点是 100 岁还是更小的年龄。如何向死而生？屈原在中国文化中第一个提出了这样的大问题。屈原在《楚辞 · 渔父》中说：“宁赴湘流，葬于江鱼之腹中，安能以皓皓之白而蒙世之尘埃乎？”（《楚辞 · 渔父》）屈原是一个高洁之士，不愿意和污浊的世界同流合污。屈原以中国人的独特方式，最早提出了“如何向死”的大问题，而且，其实现的方式乃是极其真实的，不是通过哲学中的玄思而成的。如此一来，屈原就把儒家的那种道德仁义给真挚深沉地“深情化”了，同时也不同于庄子那种超越生死善恶的“去情化”，从而将对生的眷恋与执着全都积淀在现世的情感当中。

（五）向死而生的“情本体”

李泽厚认定，屈原第一个以古典的中国方式尖锐地提出人性的根本问题——“我值得活着么？”屈原最终选择了赴死，“他从情感上便觉得活不下去，理智上的‘不值得活’在这里明显地展现为情感上的‘决不能活’。这种情感上的‘决不能活’，不是某种本能的冲动或迷狂的信仰，而仍然是溶入了、渗透了并且经过了个体的道德责任感的反省之后的积淀产物。它既不神秘，也非狂热，而仍然是一种理性的情感态度”①，于是，屈原以个人的赴死抉择与思死的文学创作，展示出一种中国人赴死的独特方式，这个“向死而生”真正达到情理合一的平衡与超越。这一点成为千古绝唱，屈原之后，很少有中国人敢这样做。为什么？因为中国文化是儒家文化占主导的。屈原赴死是经过了理性的思考之后的情感化选择，是一个情理合一式的选择。这与每个朝代灭亡时的那种赴死是完全不同的。这就提出了中国存在主义的问题。

存在主义问题追溯的是人为什么要存在。我们如何活着，为什么活着？这和德国文学家海德格尔有关，海德格尔有一个最核心的观点是“此在”。“此”就是“这”。关于“我”怎么生活在“这”，德国人和中国人有很多哲理。中国人早在两千年前就开始思考这类问题：我们为什么活在这？应该怎么活？活得怎么样？我们活向何方？但是中国人的情理结构，特别是屈原的屈骚传统，不像西方人一样追求另外一个世界，比如天国、物质世界、理念世界等。这里面既没有巫的纯粹的迷狂，也没有祈求生灵的护佑，而是通过自己生命的选择给出人生的解答。屈原恐怕是中国最早的一个存在主义者，比西方的哲人要早上两千多年。

屈原道明了中国化的“此在”本身，屈骚传统仍是处于“一个世界”的，并没有处于世外，他既没有迷失于巫之中，也没有祈求生灵的护佑，而是通过自己的生命选择来给出人生解答。这就是一种人作为具体的现实存在的“‘此在’（Dasein）本身，它充满了浓烈的情感哀伤”②，并没有成为绝情的“在”。屈原对此在之追问，竟然比海德格尔早了两千余年。

“路漫漫其修远兮，吾将上下而求索”的屈原，真乃由巫入“情”、向“死”而生地上天下地也。“路漫漫”而行，指向了现世中的探索、向上与向下的求索，是人与巫通、情满天地，但这终究是人情的“一个世界”，这就让屈骚传统成为中国“情本体”当中的异类抑或是补充，因为“未知生焉知死”的儒家始终没有深邃

① 李泽厚：《华夏美学》，新加坡东亚哲学研究所1988年版，第122–123页。
② 李泽厚：《华夏美学》，新加坡东亚哲学研究所1988年版，第120页。

地思忖死的终结难题，屈骚传统也让华夏的“情本哲学”更为丰厚。

六、结论：巫传统、情传统和美传统的屈骚架构

我认为，屈骚传统当中存在着三个大传统，分别是“巫传统”“情传统”与“美传统”。“巫传统”是本源，“情传统”是本体，“美传统”是本色，其中最本质的规定，乃是情之为本体的传统。这就形成了我所谓的“屈骚结构”。

那么，屈骚传统当中的巫、情与美传统，到底构成了何种关联呢？首先，从巫入情，巫乃情源，形成了一种“巫情”。其次，由巫成美，以美显巫，形成一种“美巫”。再次，情里有美，美与情合，形成了一种“美情”。巫情、美情、美巫形成了巫事结构中非常重要的一个梦想。

所谓屈骚传统，难道不就是“巫传统”“情传统”和“美传统”三者的结合吗？巫传统的特质是“迷狂与通神”，情传统的特质是“激情与想象”，而美传统的特质则是“瑰丽与尚奇”，恰恰构成了屈骚传统中的“三本主义”：“巫”本源、“情”本体和“美”本色也！

最后以一副对联结束今天的讲座。

上联：路漫漫、巫始情终、其修远兮，向上、向下、向古、向今。

下联：愫满满、升天落地、而求索之，美巫、美情、美政、美人。

我非常希望能够把中国屈子的精神、“屈骚传统”提升为中华文化的“第四大传统”，以此更好地去传播、赓续屈子精神，去继承、发展“屈骚传统”，为当代中国文化、中国式现代化，在返本开新的过程中提供一个非常重要的文化维度——情感维度，从而更好地丰富中国人的情理结构。

我就讲这么多。谢谢大家！

（王琦整理并经主讲嘉宾审定）

现场互动

主持人（王琦）：谢谢刘教授的精彩演讲！刚才刘教授用非常生动的事例，诗一般的语言，深入浅出地剖析了“屈骚传统”中的“巫本源”“情本体”“美本色”等多重结构。刘教授认为在中国传统思想文化当中，屈原及屈骚传统在过去被大大低估了，提出了“屈骚传统”应该成为儒道佛之外的第四大传统，这个观点可以说是令人耳目一新，促使我们重新审视、重新思考屈原应有的价值和地位，拓展了我们研究屈学的视域。

让我们再次以热烈的掌声感谢刘教授的精彩演讲。

现在，我们进入现场互动环节。欢迎大家积极向刘教授请教，积极参与互动的朋友们也将会获得我们屈子书院准备的一份有纪念意义的礼品，即屈子书院讲坛第2辑《艺术创意与文化传统》，这本书汇集了来自清华大学、武汉大学等高校的12位大咖在屈子书院的演讲内容，不仅通俗易懂，而且每讲都附有直播二维码，用手机扫一扫，即可随时收看讲坛直播。

观众提问：谢谢刘老师为我们带来的精彩讲座。您刚才谈到了“屈骚传统”的巫本源、情本体、美本色。请问您认为“屈骚传统”在现代文化当中的价值和意义是什么，如何指导我们现在的工作和生活呢？

刘悦笛：这是一个非常好的问题，而且我非常高兴地看到了又一位穿着汉服的小女孩。我们发现中国文化的发展，真的是有一个巨大的复兴趋势，特别是最近20年来，包括以汉服为美，在青年人当中的文化复兴，起到了非常大的作用。

屈子精神、屈骚文化在当代文化当中的传承，也有这样的一个重要的作用。比如说端午节。现代端午节被赋予了更多新的形式。河南卫视有端午奇妙游的活动，前一阵子，他们几位副台长找到我，希望用新的方法，比如说用电视的方法重新把端午节有趣的部分和有文化的部分呈现出来。我觉得如果一个文化只是一个审美形式的呈现，还是远远不够的。端午的背后是什么？是中国文化的一个积淀，特别是屈子文化的积淀。他们做了一系列中国传统节日的节目后，想找我写一本书，为他们这些年做的奇妙游节目打下一个更深厚的文化基础。屈子文化和屈骚文化的传统，在当代不仅仅是节庆上的意义，更多是丰富了中国人的情感结构中的情感维度。

这几年的疫情，大家也可以感觉到，我们在家里很苦闷的时候、几个月不能出门的时候，用什么安顿自己？这时情感的慰藉变得非常重要，情感的抒发变得非常重要，在西方把它叫作宣泄。人类在宣泄情感的时候，还有一种自我净化的意义。古人常说“痛饮诗骚”，一边喝酒一边读《离骚》。为什么？因为喝酒的时候有激情，再去读《离骚》这种激动的文字，就可以抒发、宣泄、净化自己的情感。中国文化不能仅仅是完全理性化的一面。中国传统文化，特别是儒学复兴出现了很多趋势，出现了很多读经班，比如读《弟子规》、读《孝经》，很多时候这样做是好事，但有时候也会走偏。比如说当代出现了很多读本，让现在女性按照过去传统方式生活，这就完全背离了现代生活。现在是一个返本开新的时代，中国文化应该是以现代的生活方式去吸纳传统的精华。穿汉服的这个小女孩如果回到了唐宋时代，大家未必会喜欢那个时代真正的服装；如果回到了清末时代，大家也许会觉得清末的服装怎么没有电视中看到的那么漂亮。为什么？因为现在大家看到的汉服是经过了现代人的改造，符合当代人的审美趣味、文化取向的新的符号，但是里面包括了古典要素，这说明中国文化不断在前行。

中国文化是一个以本土为主的文化，它没有像埃及文化一样断掉，也没有像印度文化一样不断被转化，中国文化在不断地整合外来新的要素。如：在宋明时期，我们吸纳了佛学的要素；1840年之后，我们开始整体吸收西方文化的要素，这是中国文化的特质。屈原文化的地位为什么会被低估？这是因为我们在过往的几次文化复兴当中、社会变革当中，往往强调理性化、制度化的层面，而忽略了人的情感性的结构，而情感性的建构对中国人未来美好生活的追求也是非常重要的。因为在一个国家民族物质极大丰富之后，生活慢慢好起来了，慢慢富庶起来之后，就会出现特别多的问题，特别是心理问题。这时候屈骚传统、屈子文化会给中国人在精神、心理上提供一个慰藉与重要的思想来源。

这就是为什么我这二十年来提出了一个基本主张——“生活美学”。中国人现在的生活已经好起来了，但是还没有美起来。我们很多的广告、设计，往往缺乏美感。实际上从先秦两汉到魏晋，到宋代的极简主义，到明清的趣味，中国每一个时代都有着追求美的文化传统，中国人是特别爱美的。中国人完全可以用美的生活去提升我们好的生活，因为好的生活只是有质量的生活，而美的生活是有品质的。中华文明和中国文化得到世界各国更多的尊重，并不是我们有钱了，成为第二大经济共同体了，而是有着灿烂的文化，有着高品质的生活方式。屈子精神、“屈骚传统”也在其中扮演一个非常重要的角色。我希望它能够和儒道佛三家一样，成为第四大传统，扮演一个愈来愈重要的角色。因为只有这个环节补上了，中国人的情理结构才是平衡的。这也是当代中国文明怎么返本开新，怎么创造当代新的生活方式的重要内容。

好在我们都走在这个路上，就像我们看到汨罗这样一个县级市的文化建设。我来到屈子书院、去“端午人家”参观，我发现这里真的是中国最美的小镇之一。近几年来，由中华文明促进会主办、国家发改委支持、国务院参事室发起，共同举办了一个美学小镇的评选活动。目前已经评选了三届，第一届有大理这些著名小镇，第二届是康养小镇，注重健康美，第三届关注的是小镇和民众的共同富裕的问题。我们去看过很多小镇，都是“死”的小镇，很多特色小镇基本上就是一个小商品集散地，既没有本地人在那生活，也没有文化的积淀。所以我觉得最美小镇就得像汨罗的“端午人家”一样，是一个生活的小镇，因为有一半村民住在那里，大家还要在那进行经济生产；它还是一个生态的小镇，它的湖泊、生态非常好。美丽小镇要像“端午人家”一样，是一个生态的小镇，一个生产的小镇，一个文明的小镇。最近我有本书刚刚出来，叫《小镇大美——生活美学的乡村振兴》。我认为过去的乡镇应该解决最基本的卫生问题，但现在更重要的是审美的生活，形成新的民风、新的审美标准，展示给世界看，这才是最宜居的国家，这才是最美丽的中国，这才是最美丽的汨罗。

主持人（王琦）：谢谢刘教授！我是否可以替汨罗提一个请求，下次你在做这种生活小镇评选的时候，是不是可以把我们的“端午人家”考虑进去呢？

刘悦笛：可以。

主持人（王琦）：谢谢刘教授。我们的“端午人家”，无论是从环境上还是从外观上讲，均达到了人和自然的和谐；从模式来讲，也是实现了文旅开发、产业发展和老百姓的生活紧密联结。根据您刚才讲的标准，我觉得汨罗“端午人家”小镇还是比较符合您讲的这种要求，所以我代表汨罗向刘教授请求，下次如果有中国最美小镇评选的时候，给我们一个信息，希望我们能够进入您的评选系列。

刘悦笛：欢迎参加第四届评选。

主持人（王琦）：谢谢！

观众提问：刘老师，您好！您提到当代人应该要继承屈子精神和“屈骚传统”。作为汨罗人，我们应该如何更好地传承和弘扬“屈骚传统”呢？

刘悦笛：很有趣的事，我发了讲座广告之后，我在中国人民大学有一个朋友余开亮，也是做美学研究的博士生导师，他就是汨罗人。我说他应该好好回来支持家乡的建设，他说感谢我去汨罗支持屈子文化建设。

今年我去过很多地方，我想谈一谈自己在屈子文化上所做工作的一些感受。我本人也是中国屈原文化发展研究会的法人代表、常务副会长。今年在屈原的出生地秭归举办了一个学术盛会，有 300 人参加，我也参加了。大家从学者、学术的角度来谈如何建设屈原文化，弘扬屈子精神。我有一个观点比较接近于王阳明，因为王阳明讲知行合一，我觉得“感行合一”很重要，除了知之外，感性、行动也很重要。如果一种文化精神与传统不与民间生活结合，就只是一个“死”的传统。举个例子，我多年前去考察四川夹江的造纸。我们开车三四个小时，进到一个很平坦的乡村，村主任一声令下，村里的七八十个年轻人开始行动，把造纸的系列的“非遗”过程给我们展现出来了，我们一两个小时就知道了整个造纸的过程，也知道张大千当年用的是夹江的竹纸。等到我们要走的时候，村主任一声令下，所有村民都回家去吃饭了。我当时跟村主任说能不能买一两张他们造的纸，村主任说这种纸比金子还贵，七八十人要干很长的时间，还是买山下造的纸比较划算，这些只是给参观的人看的。为什么？你们要看“非遗”，就给你们表演一下造纸的过程。这样的文化不是活的。

无论是“非遗”也罢，生活也罢，生活美学也好，一定是要种萝卜，而不要拔萝卜。什么是拔萝卜？把萝卜从土里拔出来，把须子去掉，把它洗得干干净净的，放在盘子里，告诉你这是一个很好的萝卜。但是这个萝卜是什么？这是一个“死”萝卜。任何东西只要被博物馆化就不是“活”的，只要被拔出来的萝卜就不是“活”萝卜，而是“死”萝卜。传统文化的精神是要把它还原到生活中去，像种萝卜一样把它种植到生活的广袤土地上去，让它重新“活”起来，让它的须根去吸收营养。皇家有一种缂丝，比金子还贵。这种缂丝的工艺到现在还有，为什么？因为还有人在购买。

无论是文化产业还是“非遗”，甚至是生活美学，其背后的一个重要的东西是什么？那就是经济指数。一定要有买家，一定要有消费者，这样才能改善本地人的生活。就像我们建设汨罗一样。汨罗有那么好的“端午人家”，那么好的中国美院设计的别墅群，那种中式的斜顶，那种色彩搭配，都是非常美的。但是人流不够，需要我们去引流。不仅引地方的流，而且要引全国的流。中国是一个有着 14 亿人口的国家，其消费潜力是巨大的。这就需要我们做出一两个亮点，使汨罗成为网红打卡地。比如最近一个网红打卡地淄博，大家为了吃烤串都跑到淄博去了，但这样一个自造的亮点由于没有长期持续的力量，所以很快就凉下来了。但是屈原文化就不一样，有两千多年历史了，到现在大家还在吃粽子、用艾草。我就是一个艾灸的爱好者，因为长期坐着工作，经常用艾灸调理身心。汨罗需要打造自己的亮点与王牌，以吸引更多的人。

今年我在秭归开会的时候，特别要求去屈原的出生地乐平里观瞻一下。那条路非常不好走，现在去还是坑坑洼洼的。端午期间，我去东京大学开会，就没有去成屈原生平的另一个重要地点溆浦。屈原居住最久的地方是哪里？那就是汨罗。所以这张牌是汨罗的文化王牌，一定比岳阳市那张王牌亮得多。怎样把这张王牌打出去呢？可以用网红的方式，可以用学者的方式。屈原是一个世界级的中国诗人，还要把老外们吸引进来，老外会非常喜欢这些具有中国风格的别墅，而不是北京那种完全西式的别墅。在北京有些老总请我去看看建造的所谓东方生活美学的别墅，结果我去那一看，上下几层是西方的，只是在别墅装饰上做了一些祥云，这当然算不上东方生活美学的别墅区。当然卖点更多的是卖给“键盘侠”，像中关村里那些一下赚几千万元的理科生。这样的理念就不对。

我在汨罗的屈子书院，600 个实木柱子的设计震惊了我，因为现在造古典建筑，很多柱子都是水泥柱子，然后涂上颜色，这个与实木柱子的纹理完全不一样，怎么造也没有那个气息。还有“端午人家”，一定投资了很多资金去建设这些东西，疫情之后应该是收回成本的时候，所以要用一种新的传播方式去宣传这张王牌，把它打造得更亮一些。

我今天还去了汨罗的书画院，看到那么多民间人士在那画画、写字，这些都令我惊叹，因为在美国很少看到有那么多诗词。昨天晚上在汨罗江边、今天在公园里，我还听了地方的花鼓戏，有这么多爱好者在传承地方文化。文化传承一方面是在地方的本土传承，还有一个很重要的方面是和外界产生关联，通过外来观光、旅游，吸引更多对屈原文化感兴趣的老外，像专题片中说的那样“跨越千山万水而来，就是为了这条江”。

屈原在国际上有着非常重要的影响。由于在不同文化中影响的人不一样，比如在日本文化中李白没有那么重要，白居易则是最重要的。因为白居易的诗深入浅出，十分通俗易懂，所以白居易是日本人心中第一大神。我这次去日本开会，有一个日本大学的年轻教授，上过中央电视台的诗词大会，他会背很多《诗经》《楚辞》与唐诗宋词，这种外界文化的打动是最重要的。汨罗还需要几个像淄博一样的文化事件，几个网红的事件，几个能够抓住眼球的事件，然后把外面的人吸引到汨罗来。很多人都喜欢来湖南，去长沙的橘子洲头等，汨罗离长沙那么近，为什么不吸引他们来汨罗？要给外地人一个来汨罗的理由。

今天我来到了汨罗，对我来说一个很重要的理由就是屈原的生死一线对我来说具有非常重要的意义，所以今天非常荣幸到这来讲屈原的话题。我在五六年前倡导应该把屈骚文化当作中国第四大传统，哪怕我的观点有很多儒家学者不赞同。我一直讲中国文化有一个非常好的传统，那就是绝对不唯我独尊，而是提倡多元交流与互动。中国文化具有开放性，我们应该把中国的文化产品推到国际上去。

举个例子，日本有两个品牌：一个叫无印良品，一个叫优衣库，都是日本设计的很简朴的衣服。日本经济刚刚兴起的时候，日本人也不喜欢这种素朴的风格。当一个国家有钱的时候，人们喜欢奢侈品，但是随着日本经济慢慢衰退，无印良品从一个商场中的小屋发展成了连锁店，现在很多地方都是无印良品、优衣库的店，提倡素衣、简朴、少装饰，特别为国际所喜爱。这种风格来自哪里？来自日本吗？不是。其实它和中国唐宋文化，特别是与中国南宋文化有非常重要的关联。南宋文化所提倡的素朴主义美学在陶瓷当中就体现得蔚为大观，然后传到日本，日本又把这种文化通过商业方式推广到国际，在欧美大卖。中国现在还缺乏像这种能够国际化的品牌。譬如茶叶，现在世界上卖的都是日本茶，中国茶之所以卖不出去，是因为农药超标。红茶虽然原初都是中国的茶，但我们的茶还没有成为英国的下午茶。所以中国文化现在还是一个本土的复兴，本土的发展，但是我想这只是一个开始。

当一个国家强大以后，文化形成以后，一定会外溢，会影响其他国家。包括苹果手机到中国一样，苹果手机首先在制造的时候，乔布斯说最缺少的就是美学。苹果手机的美学来自哪里？我 23 年没有换过手机号码，第一部手机是摩托罗拉，设计苹果的时候乔布斯要求所有键盘消失，就剩下一个 Home 键，这就是极简主义美学。极简主义美学来自哪里？美国吗？乔布斯吗？乔布斯修习日本禅宗，每年去日本寺庙里静坐冥思，乔布斯每次做重大决策之前，先进行 40 分钟打坐。这个美学来自哪里？看似来自日本，但事实是禅宗源于中国，然后进入朝鲜半岛，再传入日本，日本把它做到极致。佛教是古印度人创立的，但是禅宗是中国人创立的，这是一件非常有趣的事。苹果也是一个全球化的产物。中国文化未来也会出现像乔布斯这样的人物，当然会建立在中国非常好的美学底蕴上。我们的很多手机品牌 CEO 去乔布斯在日本打坐的寺庙里去打坐，但是没有生产出一款这样的产品。过去只有锤子手机，那只是质量，不是品质。

中国的设计按照情理合一的方式做事，既不会有西方科学的理性文化压制，又把中国情感的维度放进去，因此，现在很多设计、产品都是以人为本，为人所服务，为大众所分享，所以中国人的整个品位、整个文化会越来越得到提升。汨罗是一个非常特殊的地方，是一个有着非常深厚文化积淀的地方，这是汨罗自古以来的优势。秭归是屈原出生的地方，湖北省非常支持，拼命地打品牌，汨罗更应该打好这张牌，让更多国内国际的人来到这，分享汨罗的文化，分享汨罗2000年来所传承的这种优秀的文化传统。屈原文化基本上是正向的，是优秀的传统文化，可以很好地全面地继承下来并发扬光大，从而成为中国文化、中华民族伟大复兴非常重要的一个力量。

主持人（王琦）： 谢谢刘教授！刘教授刚才讲得特别好。汨罗非常幸运，有屈原这样一位世界级的文化名人，而且屈骚传统已经深深地浸润到了民间，浸润在汨罗人的血脉之中。汨罗的朋友们非常喜欢写诗，一谈到屈原就非常有感情，可以说在汨罗传承和弘扬屈原文化已经有了一个非常好的文化积淀。同时，汨罗也修了屈子文化园，修了屈子书院，以及有关屈子文化的系列建筑，其人文环境是非常好的。但是应该如何打好这张牌，我们还有很长的路要走。刚才刘教授给我们提出了很多很好的建议。屈原文化也是一个文化融合的结果，来自不同的文化元素的结合造就了屈原文化。汨罗在打造屈原文化这张名片的时候，应该要想办法抓住朋友们的眼球，给外地的朋友们一个来汨罗的理由。同时还要以更开放的眼光，和全国各地，甚至世界上的一些机构，有一个良好的互动和交流。只有这样，屈原文化、屈骚传统才能走得更远，才能更好地“活”在现代人的生活之中。

谢谢莅临现场的朋友们，谢谢线上四十多万的网友们，感谢现场的工作人员和媒体朋友们。香草美人地，诗韵汨罗江。本次讲坛圆满结束，我们下期再见。

祝大家身体健康，万事如意！

（王琦整理并经主讲嘉宾审定）

第9讲 工匠文化与美好生活

邹其昌，同济大学长聘特聘教授、设计创意学院和上海国际设计创新学院双聘教授、设计学博士生导师，清华大学设计学博士后，国家社科基金重大项目“中华工匠文化体系及其传承创新研究”首席专家。中华美学学会理事，教育部、中宣部马克思主义理论建设和研究工程重大课题“中国美学史”编写组核心专家，上海市美学学会设计美学专业委员会主任。“中国当代设计理论体系建构”首倡者、“中华考工学”创立者、“工匠文化”研究领域开拓者，是当代设计理论体系三大板块理论、“设计立国”“乡村设计学”“一带一路设计学”等首倡者。完成或承担国家级项目、省部级项目等多项，发表论文 80 余篇；出版了《中国美学与艺术学探微》《朱熹诗经诠释学美学研究》《宋元美学与设计思想研究》《工匠文化论》等学术著作；整理出版“中华考工学三书”即《考工记》《营造法式》《天工开物》，以及《三才图会设计文献选编》等古籍著作；有译著《设计史》《体验设计》《深泽直人·具象》等；同时主编了《设计学研究》《上海设计文化发展报告》《中国美学经典（宋元卷）》等。

直播二维码

直播在线参与人数：47.9 万

导言

在人类漫长的文明发展过程中，工匠的劳动创造了人类世界的物质财富、精神财富以及人类所需的各种美好生活方式。工匠文化是人类文明的核心内涵和生命性主题。工匠文化的内涵与要素是什么？工匠文化在中国历史上建立了哪些形态与经典范式？它与人类文明、美好生活建构的关系是什么？对当今美学新生活、美学新文明的创新有何价值与意义？

2023 年 8 月 16 日，同济大学长聘特聘教授邹其昌先生莅临屈子书院讲坛，发表题为“工匠文化与美好生活”的主旨演讲，并与现场观众进行了精彩的互动。讲座由凤凰网湖南频道全球同步直播，在线参与人数多达 47.9 万；长沙理工大学设计艺术学院教授、湖南汨罗屈子书院执行院长王琦担任嘉宾主持。

我非常荣幸来到屈子书院——，这是一个非常具有历史感的文化胜地。汨罗是端午节的源头、龙舟故里，我非常有幸能够继续讲述中国故事。我今天过来，主要是围绕工匠文化，把我近二十年的思考和研究向大家做一个汇报。

“工匠”无论是在中国还是西方国家，都是人类历史上最为重要的根基，它创造了人类的文明，其中包括物质的、精神的、制度的等。但是，作为一种文化形态，“工匠”一直没有自己的文化形态，所以我在这里把工匠文化作为一种新的文化形态提出来。近两年来，我都在思考：工匠文化到底是一种什么样的文化？工匠文化是真正体现人类文化的文化。比如说我们谈到士文化，就是以知识分子为代表的文化，是有独特性、专属性的，而“工匠”就不一样，比如说教书匠、木匠等等，各行各业都是“匠”。我这里说的工匠不是简单的手艺人，而是上至国家领导人，下至各行各业的专业技术人员，都是工匠。我这里谈到的是我自己对工匠文化的一个新的理解，一种新的理论探索。

一、引子

现在中国的发展已经到了一个非常重要的转折时期，2022 年党的二十大报告提出了一个非常重要的命题：中国式现代化问题。中国式现代化理论体系不可能完全把中国古代理论体系照搬过来，也不可能照搬现代西方理论体系，而必须在中国传统理论体系和现代西方理论体系之外构建一种全新的现代化理论体系——我称之“第三种体系”，这也是我们党的二十大报告中的一个基本定位。

（一）创建中国设计学派——学者使命和历史必然

21 世纪初，我开启了“中国理论创新工程”研究，主要基于个人兴趣、学科建设与国家需求三方面因素的考虑。工匠文化，不仅是我个人的学术兴趣，也是我在同济大学所开设的一门课——“工匠文化”（2019），同时更是国家需求——2017 年“工匠文化”首次写入国家政府工作报告（厚植工匠文化）。我们做学术研究不能只凭个人兴趣，还要与人类命运、国家命运、整个学科发展、理论建设统一起来。我们应该借鉴东西方理论，创建中国当代理论，在传统中国理论体系和现代西方理论体系之外构建一种全新的现代理论体系——第三种体系。中国当代设计理论体系的建构应该是一种有别于世界其他现代化设计理论体系的新型设计理论体系建构，或者说是一种另起炉灶的中国特色社会主义现代化设计理论体系。历史证明，唯有创造自己的理论体系，才会有更大的发展空间和未来。

（二）我的设计学研究历程与重要事件

我在 2004 年发出构建中国当代设计理论体系倡议，提出中华考工学理论。考工学，是我基于当代世界现代学术体系建构原则，从中国传统理论体系中挖掘出来并尝试建构的一种理论形态，亦即从“考工记”到“考工典”再到现代“考工学”建构的历史文脉。中华考工学体系是一种以“《易》《礼》体系”为思想源头的中国本土设计学理论体系，尤其是我们中国人认识自然、改造自然、创造人工世界的一种经典式的理论体系（包括学术体系、话语体系和学科体系等）。2010 年，我提出了造物美学或造物文化体系的概念。2011 年，设计学升级为一级学科，我提出了当代设计学建构的“三大板块理论”（基础设计学、实践设计学和产业设计学）。同年 7 月，我作为主要策划人在上海举办了设计学升级为一级学科之后的首届中国设计理论高端论坛——首届上海设计暨中国现代设计师写作高端论坛。2012 年，为推进中国当代设计理论体系建构，创办了以“设计学”命名的大型设计理论研究丛刊《设计学研究》，该刊宗旨就是服务中国设计学派的创建，对推动中国设计理论建设与发展具有启蒙价值。2013 年，我提出设计产业发展的“12 字方针”：“理论先导、政策跟进、产业繁荣。”2014 年，我发出“万众创新、设计立国”倡议，中国未来要成为真正的世界强国，不可能走英美发展路线（殖民主义、霸权主义等），而应该且只能走内生性的创新发展道路——这也是党的十八大报告中提出的“五位一体”发展观。2015 年，我正式提出“工匠文化精神”概念。2016 年，我获得了国家社科基金重大项目“中华工匠文化体系及其传承创新研究”立项，该项目是我提交给国家哲社办的推荐选题，也是我长期从事工匠文化体系研究的阶段性成果。工匠文化体系属于中华考工学体系的一部分，也是重新认识人类文明、重新探索人类文化的重要视角，突出真正创造人类文明的实施者——人——的价值问题。2017 年，“工匠文化”首次写入国家政府工作报告，成为国策。我对当代设计学体系建构的三大板块理论即元本设计学体系、实践设计学体系和社会设计学体系作了进一步阐释。2017 年，依托国家社科重大项目，我在上海发起并组织召开了全国性、流动性、系列性的中国设计理论高端论坛——“首届中国设计理论暨首届全国‘中国工匠’培育高端论坛”（2017）。该论坛每年 6 月 18 日举行，已成为中国设计理论界集体亮相的盛事，被誉为“中国设计理论节”。截至目前，已成功举办七届，就中国设计理论建设与发展的核心问题展开了系统研究，如中国设计理论与“中国工匠”培育、中国设计理论与世界经验、中国设计理论与社会变迁、中国设计理论与技术创新、中国设计理论与国家发展战略、中国设计理论与乡村振兴、中国设计理论与“一带一路”，并取得了具有标志性的成果，如“设计治理”（2020）、乡村设计学（2022）等，为设计界培育了大量设计理论人才（350 人次），为中国设计学科的健康发展作出了应有的贡献。2019 年，随着《考工记》的出版，历时 15 年的中华考工学三书或中华设计学三书——我依据我的理论体系整理的《考工记》《营造法式》《天工开物》正式完成。为了更好地推动中国设计教育的健康发展，2019 年，我在南京策划举办了“首届中国设计教育理论暨‘双一流大学’设计学科内涵建设高端论坛”。截至目前，已举办四届，其中 2020 年以“国家发展战略与新型设计学科建构”为主题，探讨了未来设计学科建设与发展问题，成为设计学科深度发展与变革的标杆。我率先提出国家发展战略与新型设计学科建构的问题，现在设计学科已经到了一个非常重要的转折期，我主张将设计学科升格为门类。目前，设计学科分在几个门类里，这是不正常的，至少它没有一个共同体。2021 年底，教育部出台的学科调整方案（设计学与艺术学并列等，设计学科一分为三，没有共同体），应验了我们的前沿性思考。设计升格为门类，已成为发展趋势和重大社会需求。近年来，我的设计学理论研究进入了一个重大的定型期，加快了理论体系建构的步伐。先后发表和出版了《“设计治理”：概念、体系与战略——“社会设计学”基本问题研究论纲》（2021）、《国家发展战略与新型设计学科建构》（2022）、《工匠文化论》（人民出版社 2022 年版）等重要论文和专著。

乡村设计学的问题，也是目前中国所缺少的，这是非常不符合国家需求的，所以近些年来我一直呼吁要设置乡村设计专业，推动乡村设计学科的发展。因为中国是一个农业大国，有相当一部分人是农业人口。因此，我举办了“中国设计理论与乡村振兴学术研讨会”，虽然只是一个二三十人的论坛，但符合国家需求，所以《中国社会科学报》头版报道了这次研讨会。我今年还举办了“中国设计理论与一带一路学术研讨会”，这是对中国设计未来发展的一个宏大叙事，涉及人类命运共同体的问题。

这是我近二十年来的成果汇报，也是我的国家社科基金重大项目的成果汇报；共计 30 多本书，2000 万字。

二、为什么要研究工匠文化

（一）三大层面

我研究任何问题都有三个层面，我的工匠文化研究也有三个层面：国家需求、学科建设、自身兴趣爱好。

从实践层面而言，立足于国家、社会甚至人类文明发展这一宏大而又现实的视角。随着与工匠相关的问题日益受到重视，工匠精神作为一种精神追求要真正落地，必须营造其赖以生存并真正发挥价值的文化氛围，也即工匠文化。从理论建设层面而言，是建构中国当代理论体系的需要。中国要立足于世界民族之林，就必须有属于自己的话语体系。就自身体验层面而言，这是我个人的志趣问题。2004 年以来，我一直聚焦于中国当代设计理论体系建构问题的探讨。

（二）中国当代设计理论体系的建构问题

中国设计学科怎么发展？在全球范围内，设计学科都是刚刚起步，因此，我们不要妄自菲薄，我们完全可以建构中国自己的体系。当然，这里不排除学习西方的。我随时关注西方的动态，特别提出“六字”方法：“打通古今中外。”“古今”是时间的开放与融合，“中外”是空间的开放与融合，“打通”是实践的开放与融合，这是真正的融合创新之路。做任何事情，不开放融合，没有谦卑之心，就不可能有真正的进步。谦卑之心不是妄自菲薄，而是沉下心来把别人好的东西学到家，这里一定要注意“学到家”。“学到家”是什么意思？日本人学习中国文化，就将其融入自己的文化之中，变成了日本文化，这就是学到家。中国人学习印度的佛教，形成了禅宗，这就是中国的佛教宗派，这就是学到家。马克思是源于西方的理论，现在中国学习马克思主义学到家了。中国式的现代化问题，就是马克思主义在中国的又一个新的发展。这里涉及传承与创新的问题。一般谈传承是指传承本民族的东西。本民族的东西当然要传承，比如到了汨罗，首先要传承屈子文化，这是我们的文化根基，不能丢掉，但我们同时还要传承世界上的一切优秀文化。只有将本民族的东西与世界上一切优秀的东西予以传承、借鉴与创新发展，才能更好地服务中国的未来发展，所谓“脚踩东西方理论，创建中国当代理论”就是此意。

（三）从两届政府工作报告谈工匠问题说起

《2016 年国务院政府工作报告》提出，努力改善产品和服务供给。突出抓好三个方面工作。一是提升消费品品质。加快质量安全标准与国际标准接轨，建立商品质量惩罚性赔偿制度。鼓励企业开展个性化定制、柔性化生产，培育精益求精的工匠精神，增品种、提品质、创品牌。二是促进制造业转型升级。三是加快现代服务业发展。《2017 年国务院政府工作报告》提出，要大力弘扬工匠精神，厚植工匠文化。党的十九大报告中也写了工匠精神。

三、工匠文化的基本内涵

（一）“工匠”是中华工匠文化体系研究与建构的核心概念或主题

我这里谈的“工匠”，“匠”是辅助词，中心词是“工”。“工”是自然界中没有的东西，是人类借助自然、利用自然，通过自己的创造而发明的一个新东西。“工”体现的是创造性，如同屈原创造“骚体”诗，创造“兮”的文体等。按照《说文解字》的解释，“工，巧饰也”。“巧饰”说明“工”本身就是技术和艺术的统一，其中，“巧”字更多倾向于技术性的，“饰”强调的是艺术性。“工”作为一种非自然性的人工创造物或设计品，是技术原则（巧）和艺术原则（饰）的高度统一。“工”作为一种方法或工作原则，具有“精致”“高超”“专注”的性质。比如说吃饭，我们每天都要吃饭。早期人们所谓的粗茶淡饭，到了后期更多地有了一种文化的意味，强调美食，这就带有艺术原则、审美原则。

工匠作为一个群体来看，也有各种不同的形态。如工匠里有做衣服的裁缝，做家具的木匠，做漆具的漆匠等。各行各业都涉及工匠问题，所以说工匠是一个非常庞大、非常广泛的群体。但要注意，不是什么人都能被称为工匠。按照我的理解，要成为工匠是要具备一定条件的。首先必须有他/她独特的价值，能够满足其生存与发展需求。比如说一个裁缝、漆匠、木匠等，首先他/她要通过手艺维持其家人的生存问题。同时，工匠是一个价值范畴，没有价值需求，也不可能产生工匠。假如说一个村庄，全村人都是裁缝，这就没有工匠。为什么？因为他们相互之间没有需求，因此没有价值。你做衣服，他也做衣服，就没有价值了。如果突然间来了一个木匠，请他到家里来做椅子或其他什么东西，这时木匠就成为工匠。如果每个人都在社会上有独特的价值，那么这个社会不高质量发展都不行。所以工匠文化与人类社会发展、高质量发展、美好生活的建构有很大关系。

从社会学角度来看，“工”作为一个群体、职业共同体，主要用于区别此行业与彼行业，如工、农、商；与此同时，其行业内部也有一个区分，如工匠内部有管理型工匠、智能型工匠、技术型工匠以及一般工匠等，其中，以智能型和管理型工匠为最高端。工匠是创物、制器、饰物三位一体的。工匠首先要创物，一个工匠不能创造出独特的产品，怎么成为工匠？我认为，作为一个学术研究者，要写出有一定学术价值的学术成果，才能成为学者。工匠创物之后，还要制器并加以美化。

（二）工匠的历史形态

什么是工匠？翻译成英文，它包括 Designer、Engineer、Artisan、Craftsman、Maker、Scientist、Artist、Manager 等含义，所以我在学术论文翻译中将它写成汉语拼音 GONGJIANG。美国为什么发展快？与它近百年的现代工匠运动是有关系的。美国现代工匠运动中用得比较多的词是 Maker。现代的很多工具，无论是农业工具还是交通工具，都是美国人发明的。中国未来必须向美国学习好的东西，要有大量推动人类发展的工具或器物。

从整个历史形态来看，工匠到目前为止有三种形态，即手艺工匠、机械工匠和数字工匠。手艺工匠是农业经济时代的一般形态，机械工匠是工业经济时代的一般形态，数字工匠则是虚拟经济时代的一般形态。农业经济时代，工匠主要借助双手和工具直接对对象（材料）进行加工、改造和创制，在其整个过程中，人与工具、材料以及最终产品之间是一种在场关系，属于纯粹的手工劳动；机械工业时代，工匠主要通过操作机器来作用于对象，进而生产出最终产品，在其整个过程中，人与机器是在场关系（产品则不一定）；虚拟经济时代，工匠以信息技术为工具，进行一系列交易、活动等，在其整个过程中，作用对象都是虚拟形态。前二者，有一个共同的特点，那就是生产或者制造的成果都是有形的实体；而数字工匠所生产的是一种无形的虚体。目前，工匠很显然已经突破了“传统工匠等同于手艺工匠”的界限，现阶段是手艺工匠、机械工匠和数字工匠共存的时代，是美美与共的时代，它们共同创造着世界的新文明。

（三）工匠文化、工匠精神及其基本要素

工匠文化也有广义和狭义之分。广义的工匠文化就是人类文化。开天辟地的盘古、补天的女娲、三皇五帝等都是工匠。任何人类的首创者都是工匠，至少在中国传统文化里是这样的。狭义的工匠文化是什么呢？狭义的工匠文化，是人类文化中的一种形态，是与官文化、士文化、商文化等文化形态相并列的“工文化”或“工匠文化”。工匠文化有两个基本的系统即劳动系统和生活系统。劳动系统主要有技术系统、管理系统、传承系统等；生活系统涉及习俗系统、思维系统、行为系统等。比如说，湖南有湖南的一些习俗，湖南人的芝麻姜茶就是一个特色。再比如说，龙舟、粽子是从汨罗这边传播出去的，这些都属于包括工匠文化系统在内的生活系统。

工匠文化的核心问题是工匠精神。近些年来，我特别提倡工匠精神，工匠精神在我们的生活当中是非常重要的。我昨天吃饭的时候，跟几位专家聊天时说，如果每个人都发自内心地把一件事做好，持之以恒，这就是工匠精神。为什么现在大力提倡这个？因为这是创造美好生活的前提。为什么有的人生活得好？这与他的工匠精神是有关系的。

“工匠精神”是一种融“巧”（技术原则）、“饰”（艺术或审美原则）、“法”（行为原则）、“和”（生态原则）为一体的劳动精神与创新精神。“工匠精神”作为一种信仰、一种生存方式、一种生活态度，已经超越“工匠”和“工匠文化”，成为人类社会健康发展的巨大精神驱动力。

“巧”的问题是什么呢？技术原则问题。比如说我是当老师的，当老师的首要问题是站稳讲台，将书教好。否则，以后谈何发展，谈何艺术性。所以我们从事任何一项工作，都要把本职工作做好；否则，就是失职，或考核不合格。

“饰”的问题，就是艺术原则或审美原则。假如说技术达到了要求，就可以考虑进一步提升了。这就进入“饰”的阶段，这个阶段要突出“艺术性”问题。有一些领导，群众都愿意跟他交流。这是为什么？因为这些领导既讲原则，有言谈的技术，又讲艺术，平易近人。同样的话，从优秀的领导者口中说出来，老百姓特别喜欢听，这就是技术性与艺术性统一的效果，亦即“巧饰”问题。

“法”的问题，就是人的行为规范与原则问题。不同种类的工匠，遵循的原则是不一样的。即使同样是木匠，湖南木匠和其他省份的木匠，由于习俗不同，他们的行为原则也有可能不同。

“和”就是生态原则。人类的任何行为都离不开自然，如果破坏了自然，人类是要付出代价的。比如现在发生的一些自然灾害，很多是由人类自己造成的。所以习近平总书记讲“绿水青山就是金山银山”，就是强调人与自然的和谐发展。

具体来看，我们可以从“现实层”和“超越层”两大维度来理解“工匠精神”。就“现实层”而言，主要是指“工匠精神”实存性的本位状态和事实（本来的意义）。这个实存性的本位状态也就是现象学所讲的“事物本身”——工匠本位。也就是说，“工匠精神”首先是一种工匠本位的精神，而不是其他类型的精神，而“超越层”是指“工匠精神”已从其本位性的实体工匠创造活动延展至具有普遍性的方法论意义的层面。这个超越层已不再落实到具体的工匠活动领域，而是更倾向于指向一种人生价值信仰、一种生存方式、一种工作态度，也就是马克思所说的“一种人的本质力量的确认”境界。

（四）中华工匠文化体系之构建设想

在整个中华工匠文化体系构建中，“工匠”是其核心概念或主题，“工匠”既是一个职业共同体，也是一种生存方式，还是一种精神慰藉。工匠文化是中心，指从文化的视角考察工匠或工匠的文化方式，其中“工匠精神”是“工匠文化”的核心价值，是“工匠文化”具有独特存在价值的根源所在，“工匠精神”作为一种信仰、一种生存方式、一种生活态度，已经超越“工匠”“工匠文化”而成为人类社会健康发展的巨大精神驱动力，对人类的过去、现在和未来发挥着历史性的伟大作用。以“工匠”为主题，以“工匠文化”为中心，以“工匠精神”为信仰，系统整理、构建和探索“工匠文化”世界，就形成了中华工匠文化体系。

中华工匠文化体系既是一个逻辑范畴，即科学理论研究对象或结果；也是一个历史范畴，即人类历史发展的产物，依据人类（工匠）社会实践活动的深度和广度，中华工匠文化体系的构建也呈现出历史性、时代性的独特风貌。中华工匠文化体系的构建主要有三种典型范式：“考工记”范式、“营造法式”范式和“天工开物”范式。这三种范式各具特色，具有一定历史性或代表性。“考工记”范式，主要是指国家管理层面从整体社会结构组织来规范或建构工匠文化体系，突出工匠文化的社会职能、行业结构、考核制度、评价体系等核心要素系统。《考工记》是中华工匠文化体系创构期的重要范本，也是后世中华工匠文化体系构建的关键性文本或理论模式。“营造法式”范式主要是指国家管理层面从具体工匠系统即“营造工匠”系统组织结构来规范或建构工匠文化体系，强调了工匠文化的行业职能、制度体系、经济体系、管理体系、评价体系、审美体系以及营造设计理论体系等核心价值系统。《营造法式》是中华工匠文化体系成熟期的重要范本，为后世进一步完善中华工匠文化体系构建提供了重要理论文本。“天工开物”范式从学术体系构建方面探讨和研究工匠文化体系构建问题，突出强调了从传统农业社会的典型生活图景——男耕女织的生活——进行工匠文化体系的构建，以“贵五谷而贱金玉”为指导思想对工匠制度文化、民俗文化、伦理文化、技术文化以及评价体系等展开系统思考与提升。《天工开物》是中华工匠文化体系转型期的重要范本。

（五）工匠文化究竟是一种什么文化

工匠文化究竟是一种什么文化呢？这是我最近在思考的一个问题。古今中外，人类真正需要的究竟是一种什么文化、什么精神呢？这是一个伴随人类发展的永恒课题与生命实践难题。我认为，工匠文化是一种真正意义上的人类文化。就其使用范围而言，各行各业都属于工匠范畴。

按照我目前的理解，工匠文化首先是一种“知行能成”的文化。知行能成不是简单的“知行合一”。“知行合一”还没有说透，我在这里试图对知行的问题做一个修正或者说一个补充。今年（2023年）2月23日傍晚，我在公园散步时思考中国当代设计理论体系建构问题——三大板块理论时，提出了应对三大板块的“知行成”理论，亦即，元本设计学体系的核心问题是“知”的问题，实践设计学体系的核心问题是“行”的问题，而基于二者整合推进发展的社会设计学体系的核心问题是“成”的问题。在近期对工匠文化的价值属性思考中，我结合工匠文化与高质量发展问题，认为工匠文化是一种知行能成的文化，亦即在“知行成”的基础上加了一个“能”字——一个“能”的环节。为什么？因为对一些人来说，不一定把事做成，中间需要有一种能够将事情做成的“能力”“技能”。能力、技能是对“知”和“行”的综合素质的一个整合（多学科、多领域交叉融合的复合型人才素质）。有的领导为什么当得好，有人当了几十年的领导一直没有“动”？可能是这个“能”还不够，这个“能”不够，就不可能真正把一件事做成。“能”比把事做“成”更重要。

其次，工匠文化是一种“专精特新”文化。“工匠”之所以被称为“工匠”是因为它有独特价值。我们现在各个企业特别强调“专精特新”。民营企业一般都比较“小”，如果某民营企业做到全国只此一家，是不是很“专”？有很多人做这个事情，但是这个企业做得最好，是不是很“精”？还有些企业做得非常特别，有特殊价值，包括我们这个活动（屈子书院讲坛）。作为一个县级市能够有这么一个活动，这就是“特”。“新”，就是别人都没有做的，你做出来了，在世界上都是领先的，具有创新价值。我们真正需要的工匠文化应该就是这么一种文化。

再次，工匠文化是一种高质量发展的文化。现在我们国家在强调高质量发展。高质量发展的内涵是什么？对一个人而言，要实现高质量发展，“知行”还不够，还要“能成”。如果做不成，时间就耽误了，人力、物力、财力也浪费了。所以说要在“能成”上面下功夫，同时还要专精特新。

综上，工匠文化是一种以“知行能成”为基本原则并拥有“专精特新”品质精神的人类社会价值实践活动的文化。

四、质量时代与美好生活

美好生活包括两个基本内容：好的生活和美的生活。一般而言，好的生活是指人们日益增长的物质文化满足程度的大力提升；美的生活是指人们日益追求的精神文化满足程度的极大提升。没有物质的极大丰富，怎么可能有真正意义上的精神丰富？我一直不主张“穷乐”，“穷乐”那是假话。党的十八大以来，随着“一带一路”倡议的实施与展开，质量成为国家发展的核心内涵和建设要素。李克强总理提出“质量时代”新概念，质量时代是一个“人人重视质量、人人创造质量、人人享受质量”的时代。工匠精神、工匠文化，成为建设和发展质量时代的基本品格和要素；质量时代是美好生活、品质生活的前提。没有质量时代，就不可能有真正意义上的美好生活。

（一）工匠文化与质量时代

党的十九大报告指出“我国经济已由高速增长阶段转向高质量发展阶段”；党的二十大报告提出“实现高质量发展是中国式现代化的本质要求”。最近，各大媒体、各个行业都在谈高质量发展问题，在座的学习文件比我更细致，我在PPT 上大致梳理了一下，就不多讲了。

2018 年，我发表了一篇文章《传承工匠文化，培育工匠精神，锻造“质量时代”的中坚力量》，是《中国社会科学报》编辑向我约稿的，整篇文章约 6000 字，基本上占了头版整个版面。这篇文章不是政策解读，而是我的理论体系构建问题的学术性探讨，与国家发展的需求具有十分密切的关系。我最近还有一篇文章《工匠文化与人的高质量发展问题》，是对工匠文化本质属性的思考。大家感兴趣的话可以关注一下。

我认为中国工匠是质量时代的中坚力量。中国工匠是什么意思呢？中国工匠，是一个专有名词，特指全球化背景下的专属性群体——根植于中华，集世界性、高技术、高情感为一体的劳动者。“工匠”前面既然加了“中国”二字，就要体现出中国特色，代表的是中国的声音、中国的象征。所谓“中华性”，主要指根植于中华优秀传统文化，成长于中国特色社会主义社会，具有中国特色的可识别性特质；所谓“世界性”，主要指开放、包容、交流，具有全球意识与眼光；所谓“高技术”，主要指较强的专业能力、业务能力、工作能力、学习能力等；所谓“高情感”，主要指精益求精的工作态度、一丝不苟的敬业精神、道德感、责任心等。中国工匠是能够在各行各业代表国家最高水准的一批人，所以说中国工匠实际上是对各行各业的每一个中国人的更高要求，他们是质量时代真正的创造者和落实者。国家要发展，应该培养大量的中国工匠。我在接受《解放日报》记者采访时，提出中国工匠是“立国之本、强盛之根”。只要各行各业各领域都有世界顶级的专家能手（中国工匠），这个国家不强大都不行！

如前所述，工匠文化的内在价值就是人的高质量发展。这涉及“知行能成”“专精特新”问题。从人的高质量发展的角度来看，“知行能成”是指人的内在实践本质领域的文化价值形态，其中，“知”是人的高质量发展之源泉，“行”是人的高质量发展之动力，“能”是人的高质量发展之方式，“成”是人的高质量发展之结果。“专精特新”是人的外在精神实质领域的文化价值形态，其中，“专”是人的高质量发展之保障，“精”是人的高质量发展之提升，“特”是人的高质量发展之特色，“新”是人的高质量发展之创新。这是我最新的一个成果。这篇论文还没有发表，8月10日才定稿交上去，你们是第一批听到我讲这个的人。

（二）工匠文化与人类文明的起源

工匠文化与人类文明，这又是一个新的命题。关于这个命题，2018年5月我受俞孔坚院长的邀请在北京大学作演讲。该演讲的整理稿曾发表在《上海文化》2018年第10期。这里首先涉及对“人类文明”的理解。我认为，人类文明是与人造自然、人工世界、第二自然等对等的概念。当论及人工世界，同时也意味着人类文明。或者说，人类文明的结果就是人工世界，一个集精神、物质于一体的人造自然。

工匠文化与人类文明起源之相关学说，突出表现为人类文明之“劳动说”和“造物说”两个方面。所谓“劳动说”，即劳动创造世界，劳动创造人类。这一说法主要以马克思及其相关论说为典型代表。“造物说”则主要指中国古代之“造物说”，区别于西方之上帝创世说。中国古代的造物是圣人造物，而非一般人造物，在中国传统文献或神话传说中的创物记录，诸如鲧作城郭、禹作宫室、黄帝作冕、伏羲作宫室、苍颉作书、史皇作图、女娲补天等，皆体现了圣人创物的基本观念。上述鲧、禹、伏羲、苍颉等从其创物这个层面来讲，皆是匠人。并且，这些圣人创造的不仅包括物质性的东西，如城郭、宫室、衣裳、琴等，还包括更富有精神性的东西，如书、图以及这些器物背后的制度、礼仪等。因此，从这个角度来讲，中国的圣人造物和人类文明的起源是直接对接的。

（三）工匠文化与人类文明的建构

未来人类文明应该是什么样子的？这涉及工匠经过多元互动生成建构的方式，尤其是目前正在展开的人工智能研究。人工智能研究现在还处于低端阶段，如果未来发展到强智能时代，人类的很多行为就会发生很大的变化，这时的工匠可能成为一种新型的工匠。如果未来大量的体力活动都不需要人去做了，那么未来人类真正要做的是什么呢？就是文化劳动、艺术活动，所以就回到了类似北宋时期的那种文人时代，真正的“后”文人时代。未来的人类，如果要在社会上生活得更好，就不能没有文化创造，没有文化创造就可能生存不下去。进入强智能时代以后，人类的生活方式可能全部改变了。

工匠文化与人类文明的结合日益推进，未来将走向工匠社会，尽管到目前为止还只是一种愿景。工匠社会是一种什么样的社会呢？工匠社会是新人类文明当中的一种社会形态。首先是一种创新赋能的社会。工匠文化的基本特点就是创新。其次是一种审美创造的社会。我们要不断地进行文化创造、审美创新。进入强智能时代后，其他工作不需要人做了，人能做些什么？进行审美创造，这是机器人做不了的。再次是美美与共的社会，每个人都有其独特的价值，但是每个人都不一样。最后是天下大同的社会。天下大同尽管看似乌托邦，但设若工匠社会真的具备了创新赋能、审美创造、美美与共这些特质，天下大同就不是一种乌托邦的幻想。

这里有三句话，作为最后的结论：工匠是人类历史的真正创造者；工匠文化是一种真正创造人类美好生活的文化；工匠社会是一种人类追求的各美其美、美美与共的境界（一种社会）。我今天演讲的“工匠文化与美好生活”的主题就集中体现在这三句话中。再次感谢王琦教授的邀请！

谢谢大家！

（王琦整理并经主讲嘉宾审定）

现场互动

主持人（王琦）：感谢邹其昌教授的精彩演讲！刚才邹教授以非常宏阔的视野、严密的逻辑深入地剖析了工匠文化的内涵，带领我们梳理了工匠文化与质量时代、美好生活与工匠社会的内在联系，让我们认识到工匠是人类历史真正的创造者，工匠文化是一种知行能成的文化，是一种专精特新的文化，是一种高质量发展的文化，是一种真正创造人类美好生活的文化，可以说工匠文化和人类美好生活，以及国家高质量发展是息息相关的。而且通过邹教授声情并茂的描述，我们感受到了他建构中国当代设计理论的前瞻性、创新性以及使命感。让我们再次以热烈的掌声感谢邹教授。

现在我们进入现场互动环节，欢迎朋友们向邹教授提问。请大家举手示意。

观众提问：邹教授，您好！我是汨罗职业中专学校的一名老师。刚才听了您的讲座，感觉受益匪浅。您谈到工匠文化有时空特色，请问：湖湘地区的工匠文化的特色是什么？我们应该如何把工匠精神融入日常生活？

邹其昌：谢谢！关于湖湘工匠文化的特色应该是我未来要深入研究的，目前我还没有真正地就每一个具体的、地方性的工匠文化具体展开研究。因为任何一种理论建设，尽管少不了具体的一些事物的支撑，但都应该从基本理论展开。昨天我跟王琦教授也在谈，比如说湖湘的美学问题要好好地研究，湖湘的工匠文化问题更要好好地研究。湖湘和西安、广州一带的工匠文化肯定是不一样的。比如粤菜与湘菜就不一样。湘菜也算是工匠文化的结晶。湘菜、粤菜、川菜，这就是差别，它的特征到底怎么归纳，我还没有具体到这一步，因为要做的事情太多了。

关于如何将工匠文化真正落实到生活方面，我刚才举了很多例子，也提到了很多东西。比如说做职业中专的教学工作。国家的高等教育，主要的应该是职业教育，真正做学术研究的是少量的。难道职业学校就不做学术研究了吗？不是这样的。职业教育的侧重点，或者说落实点是不一样的。今年的高考，张雪峰提出了一些非常尖锐的问题，或者说是现在教育必须深层次改革的问题。但我们还是要从自己的国情出发，只有具有好的生活才能谈美，贫穷是不可能产生美的。贫穷之美当然可以帮助我们立志，但是绝对不能成为我们的追求。我们现在要追求国家的强大和强盛。首先要富裕，只有富裕了才能谈美，才是真正美的生活。当然，美有不同的阶段，在具体生活当中，我们应根据每一个人的能力、每一个人的生存环境，做一些可能对自己发展有利的事情。

我特别强调工匠，强调工匠就要强调它的独特价值。比如说同一所学校的老师，这个老师和那个老师就有不一样的特长，这就是工匠文化。我突出强调的是“专精特新”。每个人都做得很好，但是他做得非常特别，做得非常专精，那是别人做不到的。比如说我上次跟王琦教授讲到，清华大学的鲁晓波老师，在当时电脑在艺术界的应用还不普及的情况下，学习了大量的软件，软件操作也非常熟练，别人做不到的他做到了，所以他在这个方面就占据了先机。他本来是画国画的，为什么转到信息设计方面了？因为他一下子抢先做了别人没有做的事情。所以我们有时候做事情，就要有这种能力；否则，你没有特色，就难以创造美好的生活。

主持人（王琦）：谢谢这位先生的提问，也谢谢邹老师的回答。我觉得邹老师讲的“专精特新”特别重要，我们做任何一项工作，都要找到自己的特色，只有做出了和别人不一样的东西，才可能成为这个领域真正的工匠，你的价值也才会被单位、被社会所认可，所以“专精特新”也是特别重要的。我通过朋友们的提问，也发现湖南人特别具有经世致用的精神，所提的问题也是紧密与现实生活相联系的，时刻关注着我们应该如何建设美好的湖湘，非常棒。

观众提问：尊敬的邹教授，感谢您的分享。请问随着人工智能的发展，工匠文化将会发挥什么作用呢?

邹其昌：人工智能近些年来比较火爆，对人们的生活改变显示出越来越巨大的冲击。现在很多企业倒闭、员工下岗，或者被裁员。裁员的原因是什么？换成机器了。因为换成机器以后，企业不需要向他付工资，也不需要交社保。这对企业主或资本家来说是用最小的投入获得最大的回报，所以从这个角度来看，人工智能对人的冲击非常大。现在，我们还处于低端人工智能的阶段，如果未来出现了非常强的高端智能，或者说大部分人类思维都可能被人工智能代替，很多行业就不要这么多人了。这个时候，人就要自行转型升级了。人类应该创造新的文化、新的审美，或者是追求美学新生活等，这些是机器人做不了的，这时候人的独特价值就体现出来了，还是“专精特新”的问题。只不过未来的专精特新的台阶会越来越高了。我为什么在研究工匠文化时不太特意强调手工艺？因为到现在为止，任何一个行业都离不开手工。而且新技术的出现，也要手工来操作。在人类未来的发展当中，没有办法把手工完全摆脱掉。手工艺品、手工行业是不可能消失的。

观众提问：邹教授，您好！感谢您今天的分享。汨罗有着汨罗江畔的端午习俗、龙舟制作工艺、长乐甜酒等非物质文化遗产，请问：如何激活这些非物质文化遗产，为人类社会发展和满足人民日益增长的美好生活需要服务?

邹其昌：这是一个比较尖锐的问题，也是对汨罗未来的经济发展、文化建设非常重要的问题。我们怎么样把这些传统的东西发展得更好，更符合现在生活的需求，这也是目前整个国家发展的一个难题，不仅仅是汨罗一个地区的问题。在中国传统艺术现代化的过程中，现代京剧改革是比较成功的。传统的京剧很多年轻人不愿意看，但是现代京剧有很多的粉丝。我当年考北京大学美学专业研究生的时候，涉及八大样板戏的价值到底在什么地方。现在看来，很多人批评八大样板戏单一化等，确实有这样的问题，但是八大样板戏，尤其是《智取威虎山》这样的经典性剧目，其现代乐器的大量应用是非常成功的，比如说电子乐。当时电子乐用在京剧当中是太新鲜的事情了，因为传统京剧就是几大件，二胡、京胡，怎么可能有电子乐呢？现在回头来看，它的改革是非常成功的。汨罗的龙舟活动、端午节的传统仪式，怎么样保持传统精神，同时看起来又有现代味道，还是汨罗屈子文化领域的一个特色的东西。如果能跟全国其他地方的不一样，就成功了。

我就回答这些。

主持人（王琦）：非常谢谢邹教授！邹教授从现实生活中提出的工匠文化理论前瞻性非常强。工匠文化为我们思考中国传统手工艺、中国传统文化如何更好地实现现代化转换提供了一个很好的思路，其间还有很多的空间，亟待感兴趣的朋友们去不断地完善、提升与补充。同时在现实生活中，邹老师讲了工匠精神，讲了“专精特新”，对我们生活与工作都有非常大的指导意义和作用。

不知不觉时间过去了将近两个小时，感谢邹老师所带来的思想盛宴，让我们再次以热烈的掌声感谢邹教授。同时也要感谢现场的朋友们，以及线上四十多万的网友们，还有现场的工作人员与媒体朋友们。

香草美人地，诗韵汨罗江，我们下期再会。

祝朋友们身体健康，万事如意。

谢谢大家！

（王琦整理并经主讲嘉宾审定）

第10讲

人神之舞：屈原《山鬼》赏析

廖可斌，北京大学教授，博士生导师。曾任北京大学中文系学术委员会主任（2017—2021）、北京大学人文学部副主任（2017—2022）、教育部人文社会科学重点研究基地北京大学中国古文献研究中心主任（2012年至今）。在香港浸会大学、意大利特伦托大学、美国哈佛大学哈佛－燕京学社、法国社会科学高等研究院做访问学者。主要研究方向为明清文学与文献、古代小说与戏曲。出版著作10余种，发表论文100余篇。专著《明代文学复古运动研究》1998年获教育部人文社会科学研究优秀成果二等奖，作为第一完成人的项目《基于博雅专精、明体达用理念，按大类培养人文学人才的新模式》2009年获国家级教学成果二等奖。2004年入选首批新世纪“百千万人才工程”国家级人选，2016年入选教育部长江学者特聘教授。

直播二维码

直播在线参与人数：49.4万

导言

屈原的《山鬼》，堪称中国最古老的独幕歌舞剧。它脱胎于先秦时期沅湘民间祭祀山神的歌舞，既呈现出瑰丽灵异的楚地原始巫风，又被赋予了丰富的人间生活内涵。《山鬼》采用了什么样的表现手法、塑造了怎样的人物形象、表达了什么样的思想感情？其篇章结构与艺术特点是什么？

2023 年 9 月 2 日，教育部长江学者特聘教授、北京大学廖可斌先生莅临屈子书院讲坛，发表“人神之舞：屈原《山鬼》赏析”的主旨演讲，并与现场观众进行了精彩的互动。讲座由凤凰网湖南频道全球同步直播，在线参与人数多达 49.4 万。长沙理工大学设计艺术学院教授、湖南汨罗屈子书院执行院长王琦担任嘉宾主持。

谢谢王院长的介绍。非常感谢屈子书院朱汉民院长和王琦执行院长的盛情邀请，让我有机会来到屈子书院，和大家一起交流、学习屈原的作品。刚才王琦院长介绍过了，我是湖南常德安乡人，老家就在沅江和澧水之间，这个地方也是屈原曾经到过的地方。1978年初，我在湖南师范学院（今天的湖南师范大学）中文系上学，学古代文学，最早学的就是《诗经》和《楚辞》。我当时基本上能将屈原的作品背诵下来，包括篇幅较长的《离骚》，好像只有《天问》背不完整。当时年轻，只觉得这些作品很美。后来，随着人生阅历的增加，对屈原的理解逐步加深，敬佩之情与日俱增，慢慢懂得他的思想、品格和艺术水平达到了什么样的深度和高度。现在我终于有机会来到汨罗，来到这个屈原沉江殉国的神圣地方，心里很激动。这对我来说是一段非常难得的经历。我昨天傍晚到达汨罗，站在汨罗江边，不禁联想到清代著名诗人黄仲则写的一首非常有名的诗——《太白墓》。李太白的墓在安徽省马鞍山市当涂县。我引用一下这首诗的前四句："束发读君诗，今来展君墓。清风江上洒然来，我欲因之寄微慕。"[①] 意思是：我在把头发结起来的时候即青少年时代就开始读你的诗，到今天才有机会来你的墓地拜祭你；清风从江面上吹过来，吹动了我的头发和衣襟，我想迎着这个微风寄托对你的深远的仰慕。我当然不能跟黄仲则相比，但此时我对屈原的仰慕与他对李白的仰慕是一样的。

我今天要讲的内容是屈原的作品《山鬼》，它属于《楚辞》中

---

① 黄仲则著，蔡义江、沈开生、李梦生选注：《黄仲则诗选》，中华书局2011年版，第77页。

的一篇。什么是《楚辞》？宋代学者黄伯思在《新校楚辞序》中说："盖屈宋诸骚，皆书楚语，作楚声，记楚地，名楚物，故可谓之'楚辞'。"[①]意思是屈原的作品皆"书楚语"，即写下的是楚地的语言，其中包括楚地特有的词汇、句法。"作楚声"，即吟唱用的是楚地的语音、语调（当时的诗歌都是能吟唱的）。"记楚地"，即屈原的作品中记载了很多南方的地名。因为那个时候，中国的文学或文化都是以北方为中心的。北方的文献记载的都是北方的地名，《楚辞》则记载了很多南方的地名，比如沅水、澧水、鄂渚、溆浦、涔阳、夏首等。"名楚物"，即记录了很多楚地才有的一些动物、植物与风俗习惯等。《楚辞》是人类共同的宝贵文化遗产，全中国人、全世界的人都可以欣赏《楚辞》，但是楚地的人读《楚辞》，应该别有一种体会。虽然现在的楚人不等同于战国时期的楚人，现在的楚地的情况也不等同于那时候的楚地的情况，但一个地方的气候、水土、风物还是有传承的。昨天到这里，王院长和小何给我介绍说，汨罗这个地方人文荟萃，有很多人爱好诗歌、书法、绘画，这就是一种文化传统。这种文化传统会影响到这个地方人们的精神气质。前面说了，我是"楚人"，今天在场的各位，应该基本上是湖南人，大多数应该还是汨罗人，故今天可谓"楚人"在"楚地"与"楚人"在一起讲习"楚辞"。我们楚人对《楚辞》应该有独特的感受，有与别的地方的人读《楚辞》的感受不一样的地方，比方说用楚地的语言读《楚辞》，音调上应该相对比较吻合；对屈原作品中所包含的那种幽怨执着的情感和个性，我们楚人也应该特别能理解。我一直是这样认为的。

屈原，名平、字原，战国末期楚国人、楚王宗族。约生于公元前340年，一说公元前343年，卒于公元前278年，是中国古代伟大的文学家。

屈原的作品，最早编集于西汉末著名学者刘向（前77—前6），这距屈原离世已有近三百年。现存屈原作品编于东汉王逸（约89—158），距屈原离世已有四百余年。王逸编集的《楚辞章句》共收录屈原作品二十五篇，包括《离骚》、《九歌》（十一篇）、《天问》、《九章》（九篇）、《远游》、《卜居》、《渔父》。其中"九"是"多"的意思。中国上古时期的三、六、九不是指三个、六个、九个，"三"是指多，"六"是指很多，"九"是指非常多。所以

① 吕祖谦编：《宋文鉴》卷九十二，中华书局1992年版，第1306页。

《九歌》并不是九篇，而是十一篇，后三篇作品《远游》《卜居》《渔父》是不是屈原作的还存在争议。其他二十二篇作品一般认为是屈原的没有多大问题。

屈原的这些作品太了不起了，我们真的难以想象屈原在那个时代就能写出如此优美，达到如此高度、深度的作品。好到什么程度呢？好到让人不敢相信。所以不仅后三篇作品是否为屈原所作存在一些争议，就连历史上有没有屈原这个人，《楚辞章句》中屈原名下的作品是不是一个叫屈原的人写的，有些人也是有疑问的。我昨天请教过王琦院长，关于这个问题，前面到屈子书院来讲课的老师很多，是不是有人谈过这个问题？她说前面没有人讲过，让我讲一讲。那我就讲一讲。

一、关于"屈原否定论"的论争

最早提出"屈原否定论"的，是清末民初的四川学者廖平，他是一个很有个性的人物。四川大学舒大刚教授曾说，廖平是四川学者的骄傲，康有为"托古改制"的思想是受了廖平的影响。廖平在20世纪20年代提出，屈原可能不存在。后来，著名学者胡适，还有丁迪豪、何天行等人，都写过论著，认为屈原并不存在。直到20世纪60年代，复旦大学著名学者朱东润还坚持这种观点。

廖平、胡适等人之所以产生这种看法，与清末民初盛行的"疑古"学术思潮有关。当时顾颉刚等人提出了"层累地造成的古史"学说，认为后来关于中国早期历史的记载，都是战国至汉代的学者们逐步编造出来的，一层一层加上去的，越到后来编得越完善，也就越不可靠，因此留传下来的汉代以上的书籍大多靠不住。按照这种思路，他们对关于中国早期历史的记载一一"解构"，波及屈原。他们的说法传到日本，日本的学者对此很感兴趣。从20世纪60年代到20世纪80年代，先后有冈村繁、铃木修次、白川静、稻畑耕一郎、三泽玲尔等学者讨论过这个问题。有的认为根本不存在屈原这个人；有的认为屈原是存在的，但《楚辞章句》中屈原名下的作品不是他写的。

这些学者提出"屈原否定论"的依据主要有三条。

一是现存早期文献（包括出土文献）中不见关于屈原的记载。关于屈原的最早记载见于西汉初年贾谊（前200—前168）的《吊屈原赋》和西汉中叶司马迁（前145—？）的《史记·屈原贾生列传》。假如屈原曾经那么有名，在楚国的政治生活中起了那么重要的作用，为什么战国至秦汉之际的其他文献，比如《国语》《战国策》等中都没有提到他呢？贾谊写《吊屈原赋》距屈原离世已有百余年，司马迁写《史记》距屈原离世至少一百八十年，他们的记载不一定可靠。现在出土的战国时期楚国的简帛文书和其他文物很多，可惜还是没有看到关于屈原的记载。

二是在屈原时代，不可能出现如此伟大的一位诗人。《楚辞》之前的中国诗歌，主要保存在《诗经》里，其中除个别作品提到是谁写的，如许穆夫人作《鄘风·载驰》、寺人孟子作《小雅·巷伯》、尹吉甫作《大雅·烝民》等外，其余绝大部分都是民间的作品，或者是文人集体创作的。也就是说，当时还没有个人诗人。往后看，两汉时期最流行的是乐府诗，也主要是民间集体创作，仍然没有个人诗人。现存最早的可靠的文人诗，是西汉初年韦孟作的《讽谏诗》，形式接近《诗经》，是四言体，但缺乏文采。后世相传的“苏（武）、李（陵）赠答诗”，一般认为出于伪托，与“古诗十九首”等一样，是东汉末年文人所作。到了公元220年，即曹魏代替东汉的前后，出现了“三曹”即曹操、曹丕、曹植和“建安七子”，他们写出了数量可观的非常完美的诗歌，才真正有了个人诗人，这时离屈原离世已经五百年了。往前看，作为个人诗人的屈原可谓空前，是中国古代第一个诗人；往后看，屈原身后五百年也没有出现个人诗人。屈原在其间孤峰耸立，一下子就写出了那么多精美绝伦的诗歌，这可能吗？

三是另有一些从属性的论据，如《楚辞》中有些内容重复或自相矛盾；屈原热爱祖国，忠于君王，这种思想在战国年间还没有产生；等等。

如果历史上真没有屈原这个人，《楚辞》真不是屈原写的，那么是谁写的呢？

“屈原否定论”者多认为是西汉初年的淮南王刘安（前179—前122）及其门客写的。因为《史记·屈原贾生列传》引用了刘安作的《离骚传》。刘安是汉高祖刘邦的小儿子淮南厉王刘长的儿子，很有才华，也很有野心，遭到汉武帝和朝廷的猜忌。他觉得自己很委屈，就和王府门客编写了《楚辞》，并向汉武帝呈上《离骚传》，以表明心迹。当然，刘安最后还是因起兵造反不成自杀了。《史记》的作者司马迁受过宫刑，也是个受了巨大委屈的人，他也想借屈原及其作品表达自己的痛苦和悲愤，于是他在撰写《史记》时，就采用了刘安的《离骚传》，写了《屈原贾生列传》，屈原及其作品从此就凿实了。

还有一些“屈原否定论”者认为，《楚辞》是战国至秦汉间楚地的民间歌曲，汉代学者将它们收集起来，虚拟了屈原这么一个人，放在他的名下。另有一些学者干脆连《史记·屈原贾生列传》也怀疑，认为不是出自司马迁之手，是当时一些文人编造了屈原其人其诗和“屈原传”，掺进《史记》中。因为秦末造反的刘邦、项羽都是楚人，刘邦建立汉朝后，朝廷上下都流行楚地的歌曲，当时的文人要编造一些楚辞作品并非难事。

“屈原否定论”遭到中国国内楚辞研究界的大力反驳，其中用力较多的有郭沫若、汤炳正、黄中模、赵逵夫等人。他们对“屈原否定论”者提出的那些疑点，大体上解释如下。

（一）屈原在先秦文献中没有被提到不足为怪

虽然屈原曾在楚国占有很高的地位，发挥了重要的作用，但为时短暂，加上现存战国至秦汉的文献以北方所记录的为主，其中没有提到屈原并不奇怪。当时还有好些著名人物，也是在《史记》等汉代文献中才第一次提到。

（二）屈原的《楚辞》虽然基本上是个人创作，但实际上有所本

当时的诗歌不只是写在书面上的，而主要是靠口头歌唱流传的。口头歌唱的东西就会不断地被人利用、改编。当时楚国就流行《九歌》《九辩》之类的乐曲，屈原《楚辞》中就多次提到，如《离骚》中就有“启《九辩》与《九歌》兮”的句子，这表明《九歌》《九辩》这样一些乐曲、组曲在屈原之前就存在，并在民间不断地流传。屈原的大部分作品，很可能就是在这些乐曲基础上，依托已有的乐曲框架创作的，这当然比他独立创作容易一些，这可以在一定程度上解释屈原为什么能够创作那么多伟大的作品。从这个角度说，屈原的诗歌空前绝后，前不见古人，后不见来者，这不一定能够成为“屈原否定论”的理由，反而更证明了屈原的伟大。

（三）屈原有可能具有“爱国忠君”思想

“爱国忠君”思想，先秦时期确实还没有成形。当时人还只有“天下”的概念，认为以周王朝为核心的中国就是天下，士人到哪个诸侯国去效劳都是合理的。所以孔子、孟子都曾周游列国，寻找可以实现自己政治理想的地方。但这也不排除，到战国末年，各个诸侯国之间的关系剑拔弩张，士子们逐步开始有了朦胧的爱国忠君思想。当时各国的客卿对自己的母国一般都有特殊的感情，而所在国也对客卿非本国人民怀有一定疑虑，可见当时各诸侯国之间的界限已相当分明。何况屈原生活在相对独立的南方的楚国，本土意识可能更强；屈原又属楚国王族，因此对楚国的感情非同一般，他有爱国忠君思想是完全可能的。

现在还有人提出，楚国也属于中国，屈原爱楚国不能说成是爱国主义。这种说法似是而非。国家是一个变化发展的概念，爱国主义也是一个变化发展的概念。现代中国是逐步形成的。春秋战国时期，中国分成很多诸侯国，这是一个客观事实。屈原爱自己的国家，未尝不可以视为爱国主义。正是因为当时有了小的爱国主义，后来才会发展成大的爱国主义。所以，屈原不仅是中国历史上第一个大诗人，也是中国历史上第一个爱国主义者。他一个人同时享有这两个头衔，可见他多么伟大。

另外，《楚辞》中有一些内容重复或者自相矛盾之处，是因为《楚辞》过去主要写在竹简上，竹简放的时间长了，穿竹简的线会断掉，竹简的顺序就可能发生混乱，后面整理的时候就可能形成错简，所以《楚辞》中有些内容重复或者自相矛盾也不奇怪。

总之，在没有发现确凿的否定性证据之前，我们应该相信贾谊、司马迁、刘向、王逸等人的说法，相信屈原是存在的，屈原的作品应该是屈原写的。当然，如果今后发现的战国至汉初的出土文献和其他文献文物，能进一步直接证明屈原的存在，那就更好了。

先秦的诗歌，人们一般对《诗经》比较熟悉，对《楚辞》相对陌生。造成这种感觉的缘故，主要是大家对《楚辞》怀有神秘感。觉得《楚辞》的语言“光怪陆离”，很不好懂，望而生畏。其实《楚辞》并没那么难懂，无非其中夹杂了几个当时楚国方言的词语和句法。这几个词语和句法也不难懂，接触几次就熟悉了。《楚辞》与当代汉语之间的差别，肯定远远小于现在的北方话与广东话、香港话之间的区别，更远远小于汉语与英语之间的区别。我们的年轻朋友们，广东话、香港话可以说得很地道，英语也学得很好，怎么就不能懂《楚辞》呢？只要你稍微平心静气，舍得花一点点时间，认真读一下《楚辞》中的作品，进入诗人的情感世界，你就会觉得《楚辞》一点也不难懂。我们今天要讲习的《山鬼》，是写鬼神的，够神秘了吧！但只要我们认真读一读，就会发现它一点也不神秘。它写的事情，与我们今天的日常生活竟然如此相通，诗人的心灵竟然跟我们如此贴近。

二、《山鬼》赏析

现在，让我们来重温《山鬼》这篇作品。《山鬼》的篇幅不长，包括语气词“兮”字，总共191个字。按照里面情节的发展，和主人公（女山鬼）情感的变化，可以分成六段。

若有人兮山之阿，被薜荔兮带女罗。
既含睇兮又宜笑，子慕予兮善窈窕。

乘赤豹兮从文狸，辛夷车兮结桂旗。
被石兰兮带杜蘅，折芳馨兮遗所思。

余处幽篁兮终不见天，路险难兮独后来。
表独立兮山之上，云容容兮而在下。
杳冥冥兮羌昼晦，东风飘兮神灵雨。
留灵修兮憺忘归，岁既晏兮孰华予。

采三秀兮于山间，石磊磊兮葛蔓蔓。
怨公子兮怅忘归，君思我兮不得闲。

山中人兮芳杜若，饮石泉兮荫松柏。君思我兮然疑作。

雷填填兮雨冥冥，猿啾啾兮狖夜鸣。
风飒飒兮木萧萧，思公子兮徒离忧。

我刚才用湖南普通话念给大家听，大家可能觉得既不像湖南话又不像普通话，也不一定像《楚辞》。如果我对外地人念，他们会说这就是湖南话。比如说“饮石泉兮荫松柏”中的“柏”，按照现在的普通话来念是“bǎi”，但是我们不一定念“bǎi”，而是念“bó”。其实就应该读“bó”，上下句的末尾“杜若、松柏、然疑作”，都是押这个韵。至于屈原那个时代，这个音是否这样念，已经很难确定了。据说《诗经》的唱法在南北朝的时候失传了，《楚辞》的唱法在唐末五代的时候失传了，而且人们讲话的语音演变是很快的。但我仍然相信，现在我们湖南人念《楚辞》，多多少少还是有一点《楚辞》的味道的。

《山鬼》是屈原组诗《九歌》中的一篇。《九歌》的“九”本来是“多”的意思，包括《东皇太一》《云中君》《湘君》《湘夫人》《大司命》《少司命》《东君》《河伯》《山鬼》《国殇》《礼魂》，一共十一篇。《九歌》这一组作品是怎么来的呢？王逸《楚辞章句》中的解释是最早、最权威、最可靠的解释："昔楚国南郢之邑，沅湘之间，其俗信鬼而好祠。其祠必作歌乐鼓舞，以乐诸神。屈原放逐，窜伏其域，怀忧苦毒，愁思沸郁，出见俗人祭祀之礼，歌舞之乐，其词鄙陋，因为作《九歌》之曲。上陈事神之敬，下见己之怨结，托之以风谏。故其文意不同，章句杂错而广异义焉。"①这就是说，在当时楚国的南部，在沅水湘水之间，人们比较相信鬼神，喜欢祭祀，祭祀时往往伴奏歌舞，以乐诸神，即用歌舞的形式向神灵表示敬慕。屈原被流放到沅湘之间，心里很难过、很烦闷，看见民间的祭祀之礼、歌舞之乐，文辞鄙陋，写作水平不高，于是对它们加以改编，上陈对神灵的恭敬，下以寄托自己内心的痛苦，表达自己对朝政及楚怀王、顷襄王的批评。这些内容融合在一起，所以含义模糊微妙。这是王逸最早对《九歌》的解释，不管我们现在怎么去研究，最早的、最权威的说法还是最可靠的。

诗题"山鬼"指什么？应该就是指山中的神灵。中国古人对鬼神的解释非常通达，认为人鬼之间、鬼神之间并没有什么绝对的界限。为什么"鬼"叫"鬼"呢？根据声训即因声求义的方法，"鬼者，归也"，人死了以后的归宿就是"鬼"；"神者，伸也"，"伸"就是伸展，人的肉体死了精神不死，精神、意念发散、延伸出去，就是"神"。司马迁《史记·五帝本纪》的张守节《正义》又曰："天神曰神，人神曰鬼。又云圣人之精气谓之神，贤人之精气谓之鬼。"②这么说来，神鬼也有等级，普通人死了以后只能叫"鬼"，有地位的人死了才能叫"神"，这应该是后来的解释。我觉得还是古代更早的解释更好：鬼者，归也；神者，伸也。山鬼就是山神。

《山鬼》是祭祀楚国山神的歌曲，至于是哪一座山，则历来说法不一。有学者认为指"巫山"（见后），但不一定可信。屈原《九歌》中提到的东皇太一、云中君、大司命、少司命、东君，这些应该都是楚国人共同信仰和祭祀的天神；湘君、

① ［东汉］王逸注，［宋］洪兴祖补注：《楚辞章句补注》卷第二，中华书局1983年版，第55页。

② ［汉］司马迁撰，［南朝宋］裴骃集解，［唐］司马贞索隐，［唐］张守节正义：《史记》卷一，中华书局1982年版，第14页。

湘夫人毫无疑问是本地的神；《国殇》是祭祀为国捐躯的将士们的，严格地说属于人神；但是河伯、山鬼是哪里的神就有疑问了。因为在上古文献中，“河”专指黄河，不是指所有的河，所以有人认为河伯是指黄河之神，由此联想到楚国的民众可能是从黄河一带迁徙过来的，一直怀念早期的故乡，所以要祭祀黄河神。按照这种思路，“山鬼”指哪座山的鬼呢？也是指北方某座山？或是指南方某座名山，有如湘君、湘夫人指南方的名水“湘水”？还是指祭祀活动发生地的某座山？

在古代的文献里面，“江”就是指长江，不是指所有的江；“河”就是指黄河，不是指所有的河。但这些都是就北方的文献而言的。南方人完全有可能把一条河叫作河。难道古代湖南有这么多条河，都没有名字吗？我们不能叫它河吗？所以从古代到现代的许多学者，认为上古时期“河”只能指黄河，相应的《楚辞》中的“山”也只能指北方的某座山，实际上是只注意到北方文献中的记载，是从书本到书本，而没有注意到民间的实际生活，有些结论胶柱鼓瑟。我认为《河伯》不一定是指黄河，有可能是指湖南境内的某一条河，因为每一条河都可能有河神。以此类推，《山鬼》中的山也不一定是指哪一座大山、名山，可能就是指楚地的某座山，甚至有可能就是指湖南境内，特别是沅湘之间，不排除就是我们汨罗境内的某一个山头。

古人认为万物皆有灵有神，山有山神，水有水神，甚至一棵树、一株花也有神。为了祈求保佑，避免祸殃，人们对各种各样的神都要祭祀，凡祭祀都要有所奉献、礼赞，以让神灵满意高兴，这就是所谓“娱神”。此种风俗由来久远，只是有很多祭祀活动慢慢地就变了味道。最初可能是虔诚祭祀神灵的，后来逐渐变成了一种习俗，一种娱乐活动，就相当于民间的狂欢节了。带有宗教性的活动是古代人主要的群体活动，宗教性活动场所也是古代人主要的公共活动空间。古人也只有在这种地方、这种活动中才有机会乐一乐。祭祀活动的目的和功能，就由“娱神”逐步演变为既“娱神”也“娱人”，再发展为以“娱人”为主。除了娱乐，有些宗教性活动和宗教性场所，还兼有了社交、游览、商贸等功能。中国各地的所谓庙会，就是因此形成的。外国的情况其实也差不多。如日本东京著名的浅草寺等，很早就成为游览、商贸中心。

在祭祀活动和祭祀场所的性质及功能发生变化以后，祭祀活动本身的内容也发生变化。关于神灵的内容越来越少，世俗性的内容越来越多。连神灵本身也逐步被世俗化。人们会根据自己生活的样子去想象神灵，塑造神灵，如认为它们也有七情六欲，也有喜怒哀乐，也要娶妻生子，也要升官发财，也有级别高低之类，神灵的生活内容和世俗的生活内容几乎融为一体。当然，它们也还总是保留那么一点点神灵的特点，如有神奇的法力等等，不然它们就不好被奉为神灵了。

《山鬼》所描写的，就是这样一场带有浓厚世俗色彩、娱乐性质的祭祀活动。

按照古代祭祀的惯例，既然祭祀的是山神，那么就要用一个人扮演它，站在那里一动不动，接受祭祀，这个角色叫“尸”。扮演者可能是男孩或女孩，也可能是专门从事祭祀活动的巫或觋（xí）（女曰巫，男曰觋）。再用一个巫或觋代表人们向它舞蹈歌唱，表示礼赞，因为巫觋被视为是可以与神灵对话、沟通人神的。由于祭祀活动的世俗化，人们便把巫觋与神灵（尸）之间的关系，想象成一种男女情爱关系。把巫觋对神灵的礼赞，刻画成一种表达爱恋的过程。

在本篇中，山神是否在场，女巫是扮演山神本身还是代表人们向山神表达礼赞和爱恋，历来解读者有不同的理解。我认为，本篇中山神被拟定为男性，他可能没有出场，也有可能出场了，但一动不动。通篇主要是女巫通过各种舞台动作，包括歌唱，向山鬼表达思恋之情。作为山鬼的恋人，女巫实际上也就化成了另一个山鬼，即女山鬼。诗中的“君”“公子”“灵修”，均指男山鬼；“余”“我”“予”等第一人称，则指娱神的女巫，即女山鬼。这样理解似乎比较说得通。

现在让我们来看全诗的前四句，这是全诗的第一段，相当于一场独幕歌舞剧的上场部分：

> 若有人兮山之阿，被薜荔兮带女罗。
> 既含睇兮又宜笑，子慕予兮善窈窕。

开头第一句“若有人兮山之阿”就非常巧妙。“山之阿（ē）”即山坳处。我们可以想象，当时在山脚下的空地里，挤满了前来观赏祭祀表演的民众。他们之中的很多人，肯定好久没见面了，重逢难免兴奋，家长里短，有说不完的话。整个场面闹嚷嚷，人声鼎沸，秩序混乱。这时，眼尖的人突然发现，女巫似乎已经上场。她出现在祭祀舞台的一角，若有若无，似进还退。个别人的惊呼，引起了大家的注意。人们朝舞台方向望去，有的说是，有的说不是，将信将疑。慢慢地，大家都确信女巫是上场了，于是整个场面不知不觉就安静下来。

为什么说这个开头很巧妙呢？首先，诗人笔下的女巫不是一下子蹦到台上的，而是缓慢舞上舞台的。女巫这样的出场，就给人一种优雅、曼妙的美感，同时也有几分神秘感。其次，女巫上台是要吸引人们的注意的，但她并没有刻意用夸张强烈的动作或声音吸引观众，而是自顾自地悄然上场，让观众在疑惑中逐步自觉地安静下来。本来她是被动的，要让观众安静下来，要吸引观众的注意，但她化被动为主动。不是她要让观众关注她，而是变成了观众主动安静下来，主动来关注她。

我们现在观看表演，尤其是音乐会，也经常碰到类似情形。指挥和演奏员都上场了，观众席上仍然不太安静。这时指挥和演奏员并没有站出来叫大家安静，而是自顾自地慢慢挥动指挥棒，微微拉动琴弓。细心的观众发现了，提醒大家说开始了。大家凝神谛听，音乐声若有若无，如缕缕微风，丝丝细雨，轻轻飘过来，越来越明朗，听众也就渐渐被吸引住了，心神开始随着音乐起伏跌宕。这也是化被动为主动，古今演出者深谙同样的道理。

由此我们还可以领悟到作文的开头之法，因为音乐与文章的结构规律和技巧等是相通的。作文的开头很重要，一定要一下子就引起读者的注意，让人眼睛为之一亮。那么如何才能做到这一点呢？常用的无非两种办法。一种是开门见山，直奔主题。或用耀眼的字词，或用别致的句法，或用不同凡响的说法，一下子就震撼了读者。所以中国古代作文法中有所谓“凤头、猪肚、豹尾”的说法，就是说要起得漂亮，中要浩荡，结得响亮。音乐中如贝多芬的《英雄交响曲》《命运交响曲》都是如此。另一种开头法，就是干脆不理睬读者，只管自顾自有一搭没一搭地说起来，若有意若无意，似乎是在扯闲篇。读者看惯了那种装腔作势、陈词滥调的开头，看到这种开头反而会觉得新鲜，觉得有点意思，于是主动看下去，才发现后面渐入佳境，越来越精彩。音乐中如贝多芬《第九交响曲》即是如此。《山鬼》一诗及它所描绘的女巫的舞蹈表演的开头就属于这一类。两种开头法各有千秋。

第二句“被薜荔兮带女罗”。女巫走得更近了，在场的观众看得更清楚了。前一句只看到她的身影轮廓，到这一句就能看清楚她的装束打扮了。被（pī）通“披”；带，语法上是意动用法，即以为带。薜荔、女罗，都是植物名。王逸《楚辞章句》：“女罗，兔丝也。言山鬼仿佛若人，见于山之阿，被薜荔之衣，以兔丝为带也”；“薜荔、兔丝皆无根，缘物而生。山鬼亦暗忽无形，故衣之以为饰也”。[①] 女巫披着薜荔香草编成的草裙，腰上系着用菟丝子束成的带子。这种打扮说明了什么呢？第一，这些都属于芳香的花草，我们通过视觉与嗅觉之间的通感，仿佛可以感受到女巫浑身散发出来的芬芳，获得一种美好愉悦的感觉。第二，古人有以玉石、芳草等比拟人的美德的观念，即所谓“比德”。穿戴了这么多香草的女巫，人品也应该是美好的。第三，女巫此时已化身为山鬼的恋人，也就是女山鬼了，那么她就不同于一般人。她不穿衣服，而是穿戴着各种花草，这就显示出她并非凡人，而是住在山野中的一个山鬼。第四，人们观看女巫的祭祀动作，实际上是同时在观看一场舞蹈表演，自然希望女巫漂亮动人，赏心悦目。女巫只穿戴一些花草，自然会露出她美丽的胴体和四肢，这一点给观众带来的感官愉悦也不可小觑。这是人之常情，无可厚非。在这里，我们不禁联想到当代夏威夷美女的草裙舞。

第三句“既含睇兮又宜笑”。“含睇”，指眼含深情微微注视；“宜笑”，指微笑露齿，笑得恰到好处。现在观众看得更清楚了，能看清女巫的表情了。前面三句从写身影，到写装束，再到写表情，步步推进，次序井然。女巫舞至舞台中央，来了一个造型，眼光扫向全场。只见她眼睛明亮，脉脉含情，脸上盈盈而笑，微露出洁白的牙齿和浅浅的酒窝，美丽动人，所有人都被她的美丽震慑住了。女性之美，美在眼神，眼睛要大，而且黑白分明，同时要有神。所以历来做演员的，都很重视练自己的眼神。除了保养眼睛，演员还要学会用眼。站在台上朝观众一看，每个观众（包括剧场里各个角落的观众），都觉得演员在看自己，因此感到兴奋和满足。实际上，演员谁都没有看，这是有技巧的。这一句不仅写出了女巫的眼神之美，而且把她的美写活了，即写出她的“媚”。静态之美为美，动态之美为媚，媚当然更加动人，勾魂摄魄。无独有偶，比《楚辞》要早而且诞生在北方的《诗经》，其中《卫风》中有一篇《硕人》描写美女，也是这么写的：“手如柔荑，肤如凝脂，领如蝤蛴，齿如瓠犀，螓首蛾眉，巧笑倩兮，美目盼兮。”先是纵情赞扬美女浑身上下无一处不完美至极，比拟新奇生动，但最传神的还是最后两句“巧笑倩兮，美目盼兮”，写美女微笑的神态和灵动的眼神，把美女写活了。

---

① ［东汉］王逸注，［宋］洪兴祖补注：《楚辞章句补注》卷第二，中华书局1983年版，第79页。

第四句“子慕予兮善窈窕”，是这个段落的最后一句。“慕”，爱慕；“窈窕”，指身姿苗条优美。开头四句是本诗的第一个单元，写女巫的出场和女巫的形貌之美。至第四句就要做一个小结了，这样这个段落就完整了，它与下面段落之间的界限就分明了，整个诗篇的层次就清晰了。那么作者是怎么结束的呢？前面三句都是从观众的眼中看女巫，都是用观众的语气说的。作者这时调换了角度，变成从女巫的角度看观众，说话的主体变成了女巫。她对山神说：我是如此优美动人，你肯定是爱慕我的吧。当然，女巫对山神说，也就是对观众说了。

诗人保持全知视角，他不仅知道观众眼里心里如何看女巫，也知道女巫眼里心里如何看观众。他懂得女巫的心事，因此在尽情描绘了女巫之美后，便设想，女巫既然如此美丽动人，她对自己的美丽是心中有数的，她从观众的反应中也看到了自己的美丽具有多么强大的征服力，她肯定为此感到骄傲。女巫会在心里颇为得意而且有几分调皮地说：我知道我是美丽的，知道你们喜欢我，喜欢我的美丽！这样一来，就不仅写出了女巫的美丽，而且写出了她的性情。女巫就不仅外表美丽，而且天真活泼，聪明伶俐，并含有几分少女的娇嗔，显得更加可爱了。

从写作手法看，诗人的这个角度转换可谓神来之笔。如果一直从观众的角度写下去，就呆板单调了。现在换到女巫的角度，笔法就显得灵活多变。既写了观众的所见所感，也写了女巫的心理活动，彼此之间就形成一种反馈互动，整个场面的气氛就显得更融洽活泼了。近现代西方文艺理论大谈所谓第一人称视角、第二人称视角、全知视角、内聚焦、外聚焦之类，其实中外古典文学艺术里面就包含着许多这样的例证。古代文学艺术家既领悟了这些技巧的奥秘，又不为某种理论观念所束缚，自由自然灵活运用，效果更好。

对于美人，《诗经·关雎》曰：“窈窕淑女，君子好逑”；《诗经·硕人》云：“巧笑倩兮，美目盼兮”；《楚辞·山鬼》说：“既含睇兮又宜笑，子慕予兮善窈窕”。可见在中国古代，南北对美女的评价标准一致。所以中国文化历来有一致性，南北文化有相通之处。

再来看全诗的第二段：

乘赤豹兮从文狸，辛夷车兮结桂旗。
被石兰兮带杜蘅，折芳馨兮遗所思。

至此，舞台上的气氛突然转变。只见一只红色的豹子突然奔上舞台，后面跟着一只黑白花纹的狐狸。女巫骑上豹子在舞台上快速奔跑，狐狸紧随其后。女巫又跳上用辛夷木做的车子，在舞台上驰骋，车上用桂树枝叶编成的旗子呼呼生风。舞台上不仅动静很大，而且赤豹、文狸、辛夷车、桂旗，色彩耀眼，令人眼花缭乱。

这段首先写出了女巫（山鬼）的神奇。上一段中所写的女巫，除“被薜荔兮带女罗”有点特别外，几乎与现实生活中的女子没有什么差别。尤其是后来写到她“既含睇兮又宜笑，子慕予兮善窈窕”，如此美丽俏皮，温柔可爱，几乎就是邻家女孩的模样，差不多让人忘记了她本是个女巫（山鬼）。这里画风突变，女巫（山鬼）展现出她狂野神奇的本来面目。普通人怎么可能“乘赤豹兮从文狸”呢？

至于女巫当时在舞台上究竟是怎样表演这种动作的，我们不能确知，但不妨想象一下。让真正的豹子、狐狸上台，即使上古之人比较质朴勇猛，这么做恐怕也有难度。那么只剩下两种可能。一种是用身段动作加一点道具来表现，让观众去体会，就像后来传统戏曲舞台上的表现手法，演员挥动一根小马鞭，就代表乘着骏马了；在舞台上东倒西歪，就意味着遇到狂风暴雨了。另一种办法就是让其他演员披上动物的皮毛，扮演赤豹、文狸。如果是这样，似乎也更有趣，我们可以设想，谁最有可能扮演赤豹、文狸呢？应该是十里八乡里比较机灵的小伙子。得到这次机会，能背着、尾随着美丽的女巫，他肯定乐不可支，心甘情愿在舞台上卖力地爬来爬去。后来民歌中不是有这样的唱词吗：“我愿做一只小羊，跟在她身旁。我愿她拿着细细的皮鞭，不断轻轻打在我身上。”挨皮鞭都是一种享受，何况让美女骑在自己身上呢？下面的观众里面，可能有人认得出那是谁家的小子，于是指指点点，议论纷纷，于是整个现场的气氛就更热烈欢快了。

其次，无论是舞台上的表演还是本诗的写作，这样一变，速度、节奏就跌宕起伏了。第一段主要是静态的，节奏比较缓慢，现在则节奏突然加快，整个舞台上都动起来了。舞台表演也好，诗文写作也好，只有速度和节奏不断地变化，才能不断地提振观众和读者的兴趣。慢一段了就要变快，老是慢就太沉闷了；快一段了就得变慢，老是快也会让人喘不过气来。只有快慢相间，冷热相生，才能恰到好处。

女巫在舞台上奔驰了一阵，就停下来了，下车了，扮演赤豹、文狸的小伙子也该下场了。女巫也不能老奔来奔去不是？新奇的舞台动作和舞台效果让观众眼睛一亮，兴趣大涨。但老奔驰下去，观众也会厌倦的。

现在舞台上又只剩下女巫一人了，她“被石兰兮带杜衡，折芳馨兮遗所思”。被，通“披”；石兰、杜衡，都是香草名；遗（wèi），送。只见女巫弯下腰去，采撷山下路边的兰草、杜衡，一一将它们插缠在自己本已戴满薜荔和女罗的身上。女巫又是那个文静的女子了。她不知不觉间仿佛有了心事。她擎着采下的香草，若有所思，她想起了自己的心上人。是啊，她到这里来，并不是来玩耍的，而是来找他的。她想把香草赠给他，以表达自己的心意。

“折芳馨兮遗所思”一句，是前面女巫一系列动作的延续，同时又开启了后面的内容，起着承上启下的作用，是整个演出过程和整篇诗歌转折的枢纽。拿人体来比方，它的功能相当于脖子。由此描写的角度也由外转内，此前主要写女巫的外貌和外部动作，当然也伴有一些心理活动；此后则主要写她的内心活动。虽然还描写了一些外部动作，但描写这些外部动作主要是为表现她的内心活动。

一旦想起自己不顺利的情感经历，女巫的情绪也由喜转悲，舞台气氛由轻松活泼转入深沉悲怆。这样就进入全诗的第三段：

余处幽篁兮终不见天，路险难兮独后来。
表独立兮山之上，云容容兮而在下。
杳冥冥兮羌昼晦，东风飘兮神灵雨。
留灵修兮憺忘归，岁既晏兮孰华予。

“余处幽篁兮终不见天”，这一句有九个字，是本诗中最长的一句，在整个《楚辞》中也是少见的。女巫好像是从内心深处发出这一强烈的呼唤，不用这么长的一个句子，似乎就不足以表达她此时此刻强烈的情感。句子的长短安排也是一种修辞手段，高明的作者会充分利用这一点，如利用短句表示急促紧张、干净利落，利用长句表示委婉平静或感情深长等，实际效果因具体的语境而定。

女巫来到约会地点，却不见山鬼，她想是不是因为自己迟到，山鬼走开了。她为自己分辩，说自己住在深山的深林里，路途遥远而崎岖，因此才来迟了，希望山鬼不要见怪。同时，这一句也写出了她内心的痛苦。没想到如此美丽、天真的一个女孩，竟然居住在这样一种幽暗险恶的地方，有如此伤心的经历。她长年不能与自己心爱的人见面，多么盼望这一次的相聚。

见不到自己的心上人，女巫开始急切地到处寻找。她的动作肯定又变得急促起来，因此这里应该有一连串激烈奔放的舞蹈动作。她爬上高山，因为登高可以望远。山势异常高峻，山下云团翻滚。这时候天公又不作美，转眼间白天变得像黑夜。紧接着斜风夹杂急雨，一阵阵猛袭过来。环境如此险恶，可她作为一个少女，却毫不害怕，心情非常平静。那是因为她对心上人有着强烈的爱，使她对周围环境的险恶浑然不觉，忘记了归去。

这一段在写法上有如下几个特别值得注意的地方。

一是衬托手法的运用。 女巫爬上了高山，那么这座山有多高呢？只要看到云团都在她的脚下滚动（云容兮在下）就知道了。过去有个传说，说是有个财主，请很多画家给他画山，谁画得最高就奖赏谁。各位画家都把山画到了纸张的顶端，可纸张就那么大，即使画到顶端又能有多高呢？只有一位画家很聪明，他只把山画到纸上接近顶端的位置，然后在山腰画了一道云彩。山腰都有云彩了，山之高就不言而喻了。这就是一种智慧，用的就是衬托的手法，用云彩来衬托山之高。本诗的写法与此相通。但写出山之高还不是目的。写云团是为了衬托山之高，山越高越说明女巫的勇敢，女巫越勇敢就越证明她对爱情的执着。女巫站在高高的山顶，就像山顶上竖立的一个标志。这一幕很有画面感。她就像传说中的望夫石，矗立在山巅，成为人世间追求坚贞爱情的象征。这里用了一连串的衬托，里面就存在这样一种逻辑关系：云团—山高—危险—勇敢—深情。

二是特殊词语的运用，主要是“容容”这个词很有特点。据姜亮夫《楚辞通故》，“容容”一词在《楚辞》以前未见，《楚辞》中共出现五次，不知是当时楚语中有这个词，还是屈原发明了这个词。在本诗中它是“盛”的意思。这应该是一个连绵词，形容云雾很浓盛的样子。很难说清楚它好在哪里，但用它来形容又浓又轻、翻滚飘动的云团，既有视觉感，又有触摸感，还有动感，似乎再贴切不过了。后来我们形容云彩，除了乌云密布、白云飘飘之外，好像再也想不出什么新词了。其实不见得就真的没有新词了。如果我们向屈原学习，不满足于运用一些大家用惯了的词语，而是仔细观察体会云彩及各种事物的情态，我们就可能会发明创造新颖的词语，达到更好的效果。

三是对人物情感的准确把握。女巫因为对山鬼怀有强烈的爱，所以对周围险恶的环境浑然不觉，说自己心情非常平静。但要表白自己心情平静，其实是已经有点感到不平静了。如果真的完全平静，是没有必要也不会想到要表白自己心情平静的。所以，当女巫说出这一句后，马上就感叹道，我虽然心情平静，但这次如果见不到心上人，岁月又白白流逝了，我也更加变老了，谁能让我保持青春芳华呢？人的情感就是这样复杂，一方面确实是平静，另一方面又不免隐隐含有伤感。诗人对女巫复杂情感的把握极为细腻，表达得丝丝入扣。

我们阅读并理解了这样的经典作品，对人的感情就会有更深入细致的理解。假如你有了什么失误，你的男（女）朋友原谅你，说一点也不生气，你就真以为他（她）一点也不生气，你也就一点都不当回事，那就有点傻了。他（她）因为爱你，确实没生气，但心里还是会隐隐有一丝不快的。你如果既感激他（她）的不生气，同时又有所表示，比如道歉之类，他（她）就会更觉得你懂他（她）的心事，两颗心就更加息息相通了。

采三秀兮於山间，石磊磊兮葛蔓蔓。
怨公子兮怅忘归，君思我兮不得闲。

这是全诗的第四段。女巫因见不到心上人，不由得想起自己独居深山密林、艰难跋涉而来、年华渐渐老去等不开心的事情。但她转念一想，还是不要去想这些了。她立即回头，重新开始采撷香草。所谓“三秀”，王逸《楚辞章句》中说：“谓芝草也。或曰芝一年三次开花，故又称三秀。”人们遇到不开心的事情时，会有意做别的事情，以转移注意力，这是一种消除烦恼的办法，古今一理。

关于“采三秀兮于（於）山间”一句，还有一桩公案，牵涉到这个“山鬼”所居的山是哪座山，也就牵涉到作品中的主人公究竟是谁。郭沫若认为，《楚辞》中的“兮”字在语法上每每具有“於”字的作用，如果说“采三秀兮於山间”中的“於”字也是介词，那就重复了。因此这个“於”字应别有含义。他说：“於山即巫山。如於山非巫山，则‘於’字为累赘”；“‘於山’即‘巫山’，因为‘於’古音‘巫’，是同声假借字”①。因此本诗中的山鬼，就是传说中的巫山神女。其实最早把“山鬼”与巫山神女联系起来的，是清代学者顾

① 郭沫若：《屈原赋今译》，人民文学出版社1953年版，第52页。

成天。《四库全书总目》“《楚辞九歌解》一卷”条引其说：“又《山鬼》篇云：楚襄王游云梦，梦一妇人，名曰瑶姬，通篇辞意似指此事。”[①]郭沫若此论一出，“山鬼即巫山神女”说即在楚辞研究界迅速流行起来。当代楚辞研究家如陈子展、马茂元、聂石樵、金开诚、汤炳正等，无不认定《山鬼》中的“山鬼”就是“巫山神女”。然而，古人认为凡物皆有神，凡山皆有神，对任何一座山神都可能有祭祀活动。郭沫若的主要证据，就是作为介词的“於”字不该与“兮”字相重，其实这种句式在《楚辞》中多处存在，本诗中即有，如“云容容兮而在下”，“兮”与“在”亦不妨相重。则“於”不一定是“巫”的通假字，此山鬼也不一定就是“巫山神女”。

女巫为了抛开烦恼，重新开始采撷香草，片刻间似乎真的忘却了烦恼。可不知不觉间，烦恼又悄悄回到她的心中，真可谓才下眉头，却上心头。何以见得？因为她要采撷的是香草，可映入眼帘的却是层层累积的石头、纠结缠绕的葛藤。这说明了什么？就人的意识活动而言，一般是感觉影响意念，即有什么感觉，然后形成什么意念。但主观意念反过来又对感觉有主导作用，对感觉对象的选择和感觉的倾向有影响。人的心里在想什么，就会不知不觉地选择关注那些与此相关的对象，并倾向于关注对象中那些与主观意念一致的特点。比方说，如果你今天高兴，你会觉得晴天阳光灿烂，雨天则很有情调；如果你今天遇到烦心事，你就会觉得晴天太嘈杂，雨天又太麻烦。同一个环境，你急着赶车肯定注意的是车站，饿慌了肯定注意的是饭店。甚至对同一个对象，你高兴时看它，觉得丑也丑得可爱；你不高兴时看它，觉得美也美得俗不可耐。这就是王国维《人间词话》中说的：“以我观物，故物皆着我之色彩。”

因为女巫此时心中烦恼，所以她本来要采的是芝草，可看到的却是层层累积的石头，纠结缠绕的葛藤，给人以沉重的压抑感和纠结感，这不正是她此时心理状态的外化和映现吗？想到此处，女巫知道通过转移注意力抛开烦恼是徒劳的，她不由得真的对还不露面的山鬼有了一些埋怨，心情也变得更沉重了。然而女巫是多情而又善良的，她不忍心责备自己的心上人，更不愿意怀疑他。她刚对山鬼有了一丝责备，马上又朝好的方面想：“公子”肯定也是思念我的，只是现在有

---

① 《四库全书总目》卷一百四十八集部一“《楚辞九歌解》一卷”条，清乾隆武英殿刻本。

什么缘故，不得闲吧。善良的人，对别人的失误，总是先朝好的方面想，而不是朝坏的方面想。这个女巫是多么善解人意啊！女巫这样想，不仅体现了她的善良，也反映了她的希望。她希望自己的心上人是美好的，是忠诚的。

山中人兮芳杜若，饮石泉兮荫松柏。君思我兮然疑作。

这是全诗的第五段。一旦朝好的方向想，女巫的心上就重新映现了所爱的人的美好的样子，重新想起了两人在一起的美妙的时光。她于是沉浸在美好的想象和回忆之中。在她的眼中心上，所爱的人像杜若香草一样芬芳。他只饮流过洁白山石的清泉，只在挺拔刚劲的松柏之下歇息。他和他周围的一切都是那么美好，带上了一层神奇的光彩。这是一种常见的心理现象。凡是有过真心相爱经历的人，都有过这样的体验。因为挚爱某个人，就觉得他（她）周围一切与他（她）相关的事物都变得美好了，包括他（她）住的那座房子，他（她）楼下的那株桂树，他（她）触摸过的那本书等。尽管这些东西与其他同类事物其实并没有什么两样。

想着想着，女巫突然从陶醉中清醒过来。或许是想到山鬼既然如此完美，就难免有很多人爱慕追求；或许是因为过去了如此长的时间，山鬼仍然没有现身，女巫突然对山鬼产生了怀疑。她说，我相信你是思念我的，但我现在也不能不产生怀疑了，你对我的感情是不是动摇了。

雷填填兮雨冥冥，猿啾啾兮狖夜鸣。
风飒飒兮木萧萧，思公子兮徒离忧。

这是全诗的第六段，也是最后一段。“填填”指雷声，北方话也用这个词，指雷声很大。“雨冥冥”，就是雨下得非常大、非常急，连视线都模糊了，一片雨蒙蒙。猿和狖都是猿，猿是圆嘴巴的，狖是凹鼻子的。啾啾是用来形容猿声的。猿啼狖鸣相交织，让人感到很凄惨。离，通“罹”，遭受的意思。离忧，犹“离骚”，指遭受忧伤。

一想到心上人有可能已经变心，女巫就如遭雷击，整个精神就崩坍了，觉得天旋地转。伴随着女巫再一轮感情激越的舞蹈动作，舞台上雷声轰隆，猿声哀号，风雨交加，树木摇撼，整个表演迎来了最后一次猛烈的高潮，女巫的感情也升腾到了最高点，给观众以强烈的震撼。最后，伤心欲绝的女巫逐步平静下来，缓缓走向舞场的边沿。女巫或伴唱者唱出低沉幽怨的唱词“思公子兮徒离忧”，我思念公子一场啊，只是遭受了无穷的忧伤！台下的观众被女巫的真情和痛苦深深感动，久久回不过神来。

三、结语

这篇《山鬼》篇幅不长，加上作为语气词的“兮”字，总共191个字，但内容丰富，富于变化。

（1）从舞台表演的气氛来看：开头是“若有人兮山之阿”，“既含睇兮又宜笑，子慕予兮善窈窕”，曼妙轻柔；接着是“乘赤豹兮从文狸，辛夷车兮结桂旗”，热闹喧腾；然后是“被石兰兮带杜衡，折芳馨兮遗所思”，优美空灵；紧接着又是“表独立兮山之上，云容容兮而在下。杳冥冥兮羌昼晦，东风飘兮神灵雨”，惊险紧张；既而又转变为“采三秀兮于山间”，“山中人兮芳杜若，饮石泉兮荫松柏”，平静甜蜜；最后是“雷填填兮雨冥冥，猿啾啾兮狖夜鸣。风飒飒兮木萧萧”，强烈震撼。从开头女巫天真活泼地上场，到最后她伤心欲绝地退场，中间经历多次曲折回旋，起伏跌宕。由喜到悲，前后迥然不同，发生了巨大的变化。

（2）从作品对女巫形象的塑造来看：先写出了女巫外表的美丽、聪明、天真、活泼，后面又一层层写出她内在的多情、勇敢、善良。这个形象就变得越来越丰满了。这个女巫的形象不仅让人觉得美丽动人，而且让人觉得可亲可敬。

（3）从诗中对女巫心理活动的刻画来看：她对公子的态度，开始是“思”（折芳馨兮遗所思），然后是“留”（留灵修兮憺忘归），不久变成了“怨”（怨公子兮怅忘归），后来产生了“疑”（君思我兮然疑作），最后是“忧”（思公子兮徒离忧）。发展变化过程条理清晰，历历可见。

我前面说过，即使在《九章》《九歌》中，《山鬼》也不算最出色的作品。但在那个时代，屈原就能够写出如此完美的作品（我用的是“完美”），它表达的感情之深挚、塑造的人物形象之完美、结构语言之精巧，已足以令人惊叹。屈原的作品中，最了不起的还是旷世奇作《离骚》《天问》。屈原的诗歌，具有全人类的意义，具有永恒的意义。由于时间关系，关于这一点我不能充分发挥了，我只简单说一句：屈原的作品毫不亚于古希腊、古罗马最伟大的作品《荷马史诗》之类。屈原之所以在世界上还没有享有那么高的地位，没有那么高的知名度，是因为我们中国现在还不够发达，在世界上还没有占有足够的地位，所以屈原也连带受了委屈。

现在的人一般认为，《山鬼》是现存的中国古代第一部独幕歌舞剧，这种看法有一定道理。我经常建议学生举办文艺活动的时候可以排演《山鬼》。今天我在整个讲述过程中，都是把《山鬼》当作一场歌舞剧来欣赏的，而不是仅仅当作一首诗来欣赏，因为这样比较能领会它的精妙之处。不过，《诗经》《楚辞》中还有不少作品有场面、有人物、有情节、有动作描写，也都相当于歌舞剧，不独《山鬼》为然。上古时期的诗歌并不只是写在纸面上，而是在传唱、在表演，和歌舞结合在一块的。

至于此诗与屈原本人改革变法的政治理想和忠贞高洁的个性之间的关系，或应作比较灵活通达的理解。过去有些屈原研究者，根据后代忠君爱国的观念来理解屈原，强调屈原的每一篇作品，甚至每篇作品里的每一句话，都与忠君爱国有关，不免陷入穿凿附会。这篇作品本质上还是一首祭祀神灵的乐歌。屈原在改编这首乐歌、塑造女山鬼形象时，自然会把自己的思想情感和个性渗透进去。因此可以说，女山鬼对男山鬼既爱又怨的情感，与屈原对楚怀王的态度不无相通之处；女山鬼对爱情痴迷执着，百折不回，与屈原坚持自己的政治理想、坚守自己的高尚人格之间，也存在某种内在的联系。说到这个地步，大致就可以了。如果一定认为男山鬼就是影射楚怀王，女山鬼就是屈原本人的化身，甚至要索解诗中每个词句与屈原的思想、生平以及当时的历史事件之间的关系，可能会求深反惑。

当我们进入《山鬼》所营造的艺术境界，深入诗中人物形象的内心，我们是否会感觉到，两千多年前诗人所塑造的山鬼与今天的我们心灵相通，女巫就像我们的邻家女儿。时间的间隔、人鬼的区别，都没有造成任何感知的障碍。《山鬼》借鬼写人，深刻写出了人类普遍的情感，直到今天仍鲜活如新，这就是天才诗人的伟大之处，也是经典的伟大之处！

谢谢大家！

（王琦整理并经主讲嘉宾审定）

现场互动

主持人（王琦）： 感谢廖教授的精彩演讲。刚才廖教授从《楚辞》的命名以及古代祭祀活动娓娓讲起，为我们剖析了近代关于历史上是否有屈原这个人的论争和产生缘由，让我们深刻感受到了屈原诗歌创作的空前绝后及其伟大。廖教授不仅将《山鬼》作为一首诗歌，更把它看成一场歌舞剧，通过对山鬼心理细腻变化的层层剖析，让我们“触摸”到了一位美丽、聪慧又神奇勇敢的山鬼，让我们感受到了屈原天才般的艺术水平。让我们再次以热烈的掌声感谢廖教授为我们带来的思想和艺术盛宴。现在进入现场互动环节，欢迎现场的观众朋友们积极向廖教授请教。

主持人（王琦）： 廖教授，您好！线上有位观众托我替他向您请教一个问题，我来分享一下：

王老师好！我是北京外国语大学的韩振华教授，正在观看廖老师的讲座，谢谢您的分享。有一个问题想向廖教授请教，无法亲自参会，可否请王老师转呈：历代绘画作品中，《九歌·山鬼》往往呈现一个乘赤豹的年轻女子形象，但也有例外，如明末陈洪绶（老莲）《九歌图·山鬼》一图，虽然仍包含屈原《九歌·山鬼》原文所说“乘赤豹”“结桂旗”元素，但表现的却不再是李公麟—张渥绘画传统中的幽怨女子形象，而是一个如蒙倛

明末陈洪绶（老莲）《九歌图·山鬼》

（蒙倛为古时腊月驱逐疫鬼或出丧时所用之神像。脸方而丑，发多而乱，形甚凶恶。《荀子·非相》称“仲尼之状，面如蒙倛”）一样的袒腹虬髯、滑稽媚笑的老年男子！不知廖老师如何看待这一图文现象？

廖可斌：这个问题问得很好。好在哪里呢？它涉及我们怎么想象山鬼，怎么理解山鬼。屈原作品中的山鬼到底是一个什么样子，每个人可以做出自己的判断。套用一句流行的话来讲，有一千个读者就有一千个哈姆雷特，有一千个读者就有一千个山鬼。古往今来对山鬼的诠释，既有音乐创作，比如说有山鬼之歌，也有绘画、朗诵等，这都代表了不同的人对山鬼的不同想象和理解。过去有艺术家把山鬼描绘成一位既神奇又美丽的女孩。明末的陈洪绶把山鬼画成一个近似男性老年妖怪的样子，这是他的一种理解，也算是他的一种创新，这与晚明时期的书法、绘画艺术以至整个思想文化求奇、求怪的风尚有关。他画的是山鬼，反映的是特定时代的精神状态，也有一定文化史意义。对他的这种处理，我可以理解，但是并不赞同，我认为山鬼还是一个美丽、聪明、善良、多情、勇敢的女性形象。他有权利这样处理，我也有权利不同意他的这种处理。

主持人（王琦）：感谢韩教授的提问，感谢廖教授的精彩回答。因为我们每个人对文学作品有不同的理解，这既是我们作为读者的再创作，也是作品本身魅力的一种体现。本来廖教授今天准备了几种演唱和朗诵《山鬼》的艺术作品，想在讲座结束后放给大家听，让大家在听了这次讲座的基础上，比较一下，看看哪种歌唱和朗诵比较符合对《山鬼》的理解。由于时间关系，现在不能播放给大家听了，大家有空可以自己去听一听。大家在品味《山鬼》朗诵和歌唱的时候，回味一下廖教授的讲座，可能会有不同的理解。

刚才是线上朋友的提问，现在我们将机会开放给现场的朋友们。

观众提问：廖教授好，感谢您的精彩演讲。请问：历代对山鬼的解析有哪几种主要视角和观点？

廖可斌：刚才讲的过程中，我也提到了对山鬼的不同理解。比如山鬼指什么，有人说可能是沅湘之间的某一个山头的山神，也有人认为是巫山的山神。

另外，这个山鬼是男山鬼还是女山鬼？他们之间是什么关系？还有，女巫和山鬼之间又是一种什么关系？等等，有很多不同的解释。屈原写这个作品在多大程度上是依据民间乐歌，在多大程度上是自己创作，在多大程度上与其个人的生活、情感、政治遭际、政治抱负有关系，也有不同的观点，还有很多问题需要继续探讨。

主持人（王琦）：廖教授是从舞台剧的角度来理解《山鬼》的，给我们呈现了很有画面感的山鬼形象，这可以给我们汨罗在打造文化品牌、开发文旅项目时，提供一些借鉴。因为《楚辞》中很多诗歌是十分具有情节性、画面感的，可以开发出一些现代年轻人喜欢的、具有沉浸式体验的小戏剧、小游戏，这对汨罗是大有益处的。

廖可斌：这个建议非常好。《九歌》里的很多诗篇，与楚国民间的乐舞有密切的关系。如果汨罗这个地方的作者、这边的民众，把它改编成歌曲、舞蹈、话剧、歌舞剧，可以改编得非常优美。由我们汨罗人演唱，由我们汨罗人来观赏，会感到更亲切，更有效果，所以这是一个很好的主意。前面这位朋友提到的问题，我再作一点补充。近些年，有人认为《九歌》是楚国宫廷里边的歌舞，是根据楚国宫廷祭祀鬼神的歌舞改编的，因为民间歌舞不可能这么优美，这等于是推翻王逸《楚辞章句》的说法。这也算是一种新的观点，但我不一定赞成。

主持人（王琦）：所以屈原的作品还有很多可以探讨的空间，等待着有心人和有缘人去挖掘，汨罗的朋友们可以在这方面努力。

观众提问：廖教授，您好！今天听了您的讲座，我受益匪浅，我对《楚辞》有了更进一步的了解。我想请教您一下：作为当代年轻人，应如何提高自己阅读经典、欣赏文学作品的能力？

廖可斌：我认为，一是要有一点古汉语知识和古代历史知识；二是要有一定的想象能力与品味能力。文学是一种想象性的东西，要让自己的感情尽可能变得比较丰富、比较细腻，这样才能够读懂古代的文学作品。如果你本身是一个比较简单、比较粗线条的人，那么要真正理解文学作品可能会比较难。文学欣赏是一个互动的过程。文学作品就是写人性、人生、人世的，只有具备一定的想象力、感受能力，才能读懂文学作品；反过来，阅读文学作品，可以让我们的感情变得更加敏锐、更加细腻、更加丰富。第三，还要有一定的人生阅历。人在不同的年龄段，读文学作品的感觉是不一样的。我在读大学的时候，对于屈原的作品，除了《天问》，基本上都可以背下来，但是感受不深。但到中老年的时候，感受就特别强烈，经常感动到了极点。还有，人在不得志、比较苦闷的时候，会感受更强烈；国家多灾多难的时候，也会感受更强烈。年轻的时候，读屈原的作品可能感觉很美，但是阅历更丰富以后，可能感受更深。总之，要提高自己的文学欣赏、阅读能力，最重要的办法是多读、多听。

王琦：刚才廖老师谈到古文阅读能力，我有个建议。因为现在有很多人缺乏古文阅读的功底，所以传统文化的爱好者们，可以借助中华书局等出版社出的一些全注全译本。当然，关键还是要像廖教授讲的那样要有想象力，能够把自己代入作品中。我们在欣赏作品时，实际是在和作品、作者的情感互动。在这种互动中，如果你能感受到当年作者的创作心境与状态，就能对作品有切身的理解与体会。为什么说读文学作品能够陶冶我们的性情，这是因为这些作品写的都是人心人情人性，所以能够引起大家的共鸣，这也是那些经典作品的魅力之所在。

今天，我们的讲座非常成功，廖教授讲得非常生动，与朋友们的互动也非常充分。让我们再次以热烈的掌声感谢廖教授的精彩演讲。同时也要感谢现场及线上的朋友们，还要感谢现场的工作人员以及媒体朋友！

香草美人地，诗韵汨罗江。本期讲座至此圆满结束。

祝大家身体健康、万事如意！

（王琦整理并经主讲嘉宾审定）

第11讲 王阳明的《大学》诠释

张学智，北京大学哲学学士、硕士，日本东京大学文学博士。北京大学哲学系、国学研究院教授。兼任国际儒学联合会副会长，中华孔子学会副会长等职。主要研究领域为中国哲学史、宋明理学、中国现代哲学。著有《明代哲学史》《心学论集》《贺麟思想研究》《中国哲学概论》等。

直播二维码

直播在线参与人数：41.8 万

导言

王阳明是明代心学的集大成者，堪称立德、立功、立言的天下第一流人物。《大学问》作为王阳明晚年研究《大学》的定型之作，具有怎样的思想内涵与实践智慧？呈现了何种精神境界？

2023 年 10 月 14 日，北京大学教授、国际儒学联合会副会长张学智先生莅临屈子书院讲坛，发表题为“王阳明的《大学》诠释”的主旨演讲，并与现场观众进行了精彩的互动。讲座由凤凰网湖南频道全球同步直播，在线参与人数多达 41.8 万。长沙理工大学设计艺术学院教授、湖南汨罗屈子书院执行院长王琦担任嘉宾主持。

各位朋友：

大家上午好！

今天来到屈子书院讲“王阳明的《大学》诠释”，非常高兴。为什么选择这个题目呢？因为王阳明是中国历史上在立德、立功、立言三个方面都取得很大成就的哲学家。他为什么能够取得那么大的成就，大家都希望一探究竟。我今天的讲座分两部分：第一部分，用诗歌的形式来讲王阳明的智慧及其思想特点；第二部分，讲他的晚年定论《大学问》。《大学问》是王阳明用心学思想来诠释《大学》的定本，这个诠释与朱熹是完全不一样的，表现出强烈的、鲜明的心学特色。

一、王阳明的实践智慧与人生境界

屈子书院讲坛之前讲过王阳明，社会上也有许多讲王阳明的学者，但是从诗歌的角度切入的还比较少。来到屈子书院，来到屈骚传统的发源地，我更愿意用诗歌的形式来讲王阳明的思想。

我们首先看王阳明的《咏良知四首示诸生》：

个个人心有仲尼，自将闻见苦遮迷。
而今指与真头面，只是良知更莫疑。

问君何事日憧憧，烦恼场中错用功。
莫道圣门无口诀，良知两字是参同。

人人自有定盘针，万化根缘总在心。
却笑从前颠倒见，枝枝叶叶外头寻。

无声无臭独知时，此是乾坤万有基。
抛却自家无尽藏，沿门持钵效贫儿。[①]

第一首，“个个人心有仲尼”，这句的意思是，我们每个人心中都有良知，良知的内容就是孔子的教导，人人心中都有一个孔子，良知是我们的人生导师。“自将闻见苦遮迷”，是说良知往往被我们所闻所见的经验知识遮蔽。“而今指与真头面，只是良知更莫疑”，每个人天生即有“良知”，这是最真实的存在。王阳明要提揭良知，使每一个人都知道良知即在自己心中，不用向外去求。用功夫将良知上的种种遮蔽去掉，让良知显露出来，这是最切实的功夫。

第二首：“问君何事日憧憧，烦恼场中错用功。莫道圣门无口诀，良知两字是参同。”佛家认为人生就是一个烦恼场，所以让人通过修炼寻回自己的清净本性。王阳明也认为每个人都处在世间的滚滚红尘中，由于良知被各种各样的闻见、私欲、杂念遮蔽了，所以在烦恼场中错用功夫。王阳明要把人生最宝贵、最真实的东西揭示出来，认为每个人都应该学习以孔孟为首的儒家圣学。不要以为学习圣学没有诀窍，“良知两字是参同”。“参同”指道家的一部重要经典《周易参同契》，此书用《周易》的阴阳消长之理来指导道教炼丹的火候、药物，被尊为“万古丹经之王”。王阳明说“良知两字是参同”，意味着良知在儒家圣学中的作用就像《周易参同契》在道教炼丹中的作用一样。“良知”两字就是圣学的关键、诀窍。

第三首：“人人自有定盘针，万化根缘总在心。却笑从前颠倒见，枝枝叶叶外头寻。”王阳明点出每个人都有一根定盘针，这根定盘针就是他的良知。王阳明一生讲学提出了很多口号，如知行合一、心外无理、心外无物等，后来在平定宁王朱宸濠的叛乱后，提出了“致良知”。他说：“此良知之说，从百死千难中得来。”[②] 由此可见“良知”在他的学说中的重要性。

王阳明一生在立德、立功、立言三个方面都取得很大的成就，他“立功”的成就尤为后人所称道。王阳明平生四次为朝廷立下赫赫战功。第一次是平定四省

---

① 吴光、钱明、董平等编校：《王阳明全集》，上海古籍出版社1992年版，第790页。
② 吴光、钱明、董平等编校：《王阳明全集》，上海古籍出版社1992年版，第1279页。

交界处的匪寇。这四省指的是江西（赣州）、福建（漳州）、广东（河源）、湖南（郴州）。这四省交界处历来山高林密，地势险要，是匪寇盘踞之地。王阳明受封为南赣汀漳巡抚，用了两年左右的时间平定了匪乱。

第二次是平定宁王朱宸濠叛乱。宁王的封地在南昌，到明朝正德年间（1506—1521），正德皇帝宠幸大太监刘谨，朝政污浊，朱宸濠觉得夺取皇帝之位的时候到了，于是纠集了十万兵马发动叛乱，先头部队已经打过九江，直下安庆。这时王阳明正好要到福建去处理军务，听说宁王造反了，他一方面飞马报告朝廷，另一方面决定起兵拖住朱宸濠，为朝廷平叛赢得时间。王阳明和吉安知府伍文定联手，先退到吉安，散布起兵信息，以扰乱朱宸濠的军心。他知道朱宸濠的主力在前线，老巢南昌空虚，如果攻打南昌，朱宸濠必定会返兵自救。所以他在鄱阳湖分水、旱两路布下重兵，用45天时间生擒了朱宸濠，并向朝廷报捷。由于正德皇帝喜欢做大将军带兵打仗，这一下正好逮到一个实战的机会，他身边的小人也鼓动他御驾亲征。他们转告王阳明，让他将朱宸濠放掉，让正德皇帝亲自跟朱宸濠战斗，然后高奏凯歌，论功行赏。王阳明一听非常生气。他接连上了几道奏本，劝阻武宗皇帝南下。但武宗皇帝受身边小人的挑拨，不听王阳明的劝阻。他们到了南昌以后，设下各种圈套来陷害王阳明，王阳明凭借他通权达变的智慧，一步一步渡过难关。后来，王阳明说，平番事不难在军事斗争，而难在如何和皇帝身边的小人周旋。所以这是一场更加险恶的战斗。

第三次是平定广西思恩、田州的瑶族叛乱。王阳明用恩威并用的办法，招安了瑶族造反的头目。他了解到思恩、田州的叛乱起源于流官和土官的矛盾。所谓土官就是当地的土司，流官就是治理少数民族地区的汉人官吏。王阳明认为，瑶族并无叛乱朝廷的本意，有招安的可能性。另外，王阳明觉得土司手下的武装战斗力强，而且熟悉当地的气候、地理条件，如果交趾兵进犯，还用得着当地的土兵，所以他没有裁撤土司，而采用了招安的方式。

第四次是平定八寨、断藤峡的匪寇。在那次战斗中，招安的瑶族兵派上用场了。

我这里简单地追溯了王阳明立功的表现，主要想说明王阳明为什么会说“此良知之学，从百死千难中得来”。他把“良知”两个字当作修身立本的诀窍与关键，并不是没有缘由的。

王阳明说“万化根源总在心”。“万化”就是各种各样不断变化的具体事物。大家也许会问，世界上万事万物不都是放在那儿吗，怎么会根源在心呢？这就是王阳明心学的特点，他一方面承认万事万物都有它的道理，是客观的；另一方面又强调人心对万物的认识、理解、诠释。一个事物放在那里，最重要的是你怎么理解、诠释、应对它，这完全要靠心，靠自己的良知，所以他说“万化根源总在心”。

“却笑从前颠倒见，枝枝叶叶外头寻。”这两句主要针对的是朱子学。因为朱熹主张向外格物穷理，他的为学宗旨最重要的有两句话：“涵养须用敬，进学在致知。”所谓“涵养须用敬”，是指要用恭敬的心态来涵养自己的心性。“进学”是指提高学问；“致知”就是向外格物穷理，得到关于事物的知识。在朱子看来，事事物物都有它的道理，所以要去穷格。等道理积累多了，一旦豁然贯通，就能对事物有一个更高层次的理解与更加宏阔的眼光。这是朱子关于格物的解释。由于王阳明在诠释《大学》的时候，是用诚意来带动格物的，将诚意作为修身立本的根本，所以他说“却笑从前颠倒见，枝枝叶叶外头寻”。为学、为人最重要的是把握关键，只有把做人、做事、修身的根本立起来，下面枝枝叶叶的事情才有根脚与着落。他认为遵从朱子的格物致知之学是走错了路，因为只注意那些枝枝节节的东西，而把立身这个大本放弃了。

第四首：“无声无臭独知时，此是乾坤万有基。抛却自家无尽藏，沿门持钵效贫儿。”无声无臭，指既没有声音也没有气味。无声无臭指的就是良知。王阳明把良知称作独知，因为良知在心里面，看不见摸不着，所以无声无臭。“此是乾坤万有基”，意思是良知就是每个人的天地万物的基础，天地万物要靠每个人的心来诠释与理解，并从中找出应对事物的方法，所以良知是一个最根本的东西。如果抛却了良知这个“无尽藏”，就失去了最根本的东西。“沿门持钵效贫儿”，王阳明这句话说得很严重，意思是如果你抛弃了自己的良知，就等于拿着金碗讨饭吃。王阳明的《咏良知四首示诸生》，是他对良知之学的一个清楚明白的解释。

我们再来看第二首《别诸生》。王阳明说：

绵绵圣学已千年，两字良知是口传。
欲识浑沦无斧凿，须从规矩出方圆。

不离日用常行内，直造先天未画前。
握手临歧更可语？殷勤莫愧别离筵。①

“绵绵圣学已千年，两字良知是口传”，是说孔孟儒家之学，到他这个时候，已经传承了千年，而其中口口相传、延续不绝的最根本的东西就是良知。“良知”二字是孟子首先提出来的。孟子说：“人之所不学而能者，其良能也；人之所不学而知者，其良知也。”（《孟子·尽心》上）王阳明对“良知”也有一个很清楚的定义：“知是心之本体，心自然会知：见父自然知孝，见兄自然知悌，见孺子入井自然知恻隐，此就是良知，不假外求。”②意思是每个人都有良知，这是心原本就有的。良知使人见了父亲知道孝敬，见了兄长知道敬重，看到一个小孩快要掉到井里面，便产生恻隐之心，想把他拉住。良知不用到外面去求，每个人天生就有。但是“良知”两字在王阳明那里，要比孟子说的包含更多的内容。孟子的“良知”更多地讲人天赋的道德意识，但是王阳明经过了几次性命交关、生死搏斗的事件，他给“良知”注入了更多的内容。王阳明讲的“良知”更多地是人的整个精神活动的代名词，而不只是天赋的道德意识。

首先，王阳明赋予“良知”以理性的内容。他说：“良知越思越精明，若不精思，漫然随事应去，良知便粗了。”③意思是良知是一个能够思考的器官，越思越精明。其次，王阳明的“良知”还包含意志的内容。他说：“良知只是个是非之心，是非之心只是个好恶。”人天生就有分辨是非之心，见了“善”自然喜好，见了“恶”自然厌恶。要想对善恶判别得准确，好善恶恶的意志必须坚定。所以王阳明的“良知”包含意志的内容，而意志是人的精神活动的重要方面。意志坚强的人往往屡败屡起，越挫越勇，而那些意志薄弱的人碰到挫折、碰到困难便一蹶不振。王阳明之所以能够取得那么大的功绩，与他的坚强意志是分不开的。王阳明经常说“人在事上磨”。人在事上磨的过程中，要不断地获取知识、锻炼理性，坚韧意志。再次，王阳明的“良知”包含情感的内容。良知本身就是

---

① 吴光、钱明、董平等编校：《王阳明全集》，上海古籍出版社 1992 年版，第 791 页。
② 吴光、钱明、董平等编校：《王阳明全集》，上海古籍出版社 1992 年版，第 6 页。
③ 吴光、钱明、董平等编校：《王阳明全集》，上海古籍出版社 1992 年版，第 110 页。

四端之心，四端本身就是情感。情感还包括人本来具有的喜、怒、哀、惧、爱、恶、欲等“七情”。王阳明认为，良知一定要在七情六欲上用功，如果没有七情，良知便成了一个孤悬之物。情感是良知的发用之地、表现之地，所以良知自然地、逻辑地包含情感。最后，王阳明的良知里面还包括直觉。直觉实际上就是沉淀在心里的经验的直接显现。平时人们处理事情所获得的经验沉淀在心里，沉淀得多了，再碰到相同的事件，就会不自觉地冒出来，这就是直觉。王阳明认为“人在事上磨”，直觉会变得越来越明彻、越来越准确。所以王阳明的良知实际上是人的整个精神活动的代名词，这是他经过百死千难的事变而体会的，他的良知比孟子的良知包含的内容要多。

“欲识浑沦无斧凿，须从规矩出方圆。”这个“浑沦无斧凿”指的是“道”，因为“道”是一个看不见、摸不着的浑沦东西，就像老子形容的“惟恍惟惚”。“无斧凿”就是没有人工的痕迹，是一个本有的、先天的东西。王阳明认为，人要想把握住道，“须从规矩出方圆”，先要从具体的事情开始做起，每件具体的事情都有它的道理和规范。只有经过了规矩的逐渐熏陶、逐渐积累，才能够认识那个浑沦的道。从具体功夫上说，“浑沦无斧凿”是化境，而要达到化境，须从具体规范做起。说到这一点，很多人说心学和朱子学是完全对立的，其实这个话只说对了一半。心学虽然和朱子学不同，但又不是完全对立的，它要在朱子学的基础上再往前走一步。因为朱子讲的“理”是一个永恒的、有确定内容的东西，而王阳明的学问有一个特点，即实践中的活智慧，强调对理的当机应用、灵活变通。他认为，一个恒定的、有确定内容的东西，一定要经过自己内心的理解与诠释，把它变为一个对当下有用的东西，这个就是心学和理学最大的区别。理学讲的是“理”，心学讲的是“心”；理学讲的是本来就有的道理，心学讲的是如何把本来就有的道理化成对当下具体的场景有用的东西。所以王阳明并不在所有的事上反对朱子，而是在朱子学的基础上再往前走一步，把永恒的“理”变为心中理解了的“理”。王阳明说要了解大道，就必须从规矩开始，从具体事物的道理开始学起。王阳明早年对朱子学下过很大的功夫，对儒家的“四书”“五经”也下过很大的功夫，但是他经过龙场悟道以后，转到心学上来，并用他的心学来转化朱子学。

“不离日用常行内，直造先天未画前。”“不离日用常行”是说每一个人都可以不离开自己从事的具体工作。“先天未画”指的是道。为什么说“先天未画”是道呢？这是从老子那里学来的。老子说的“有物混成，先天地生”（《老子》第 25 章），指的就是道。老子又说：“道生一，一生二，二生三，三生万物。”在没有划开、没有生二之前，道是一个浑全的东西，所以“先天未画”就是指道。王阳明的意思是，要达到道，并不需要做虚玄、深奥的活动，在日常生活中就可以达到道。道并不神秘，并不玄远。这符合孔子所说的“下学而上达”。“握手临歧更可语？殷勤莫愧别离筵。”王阳明要和学生分别了，到了岔路口，对学生没有什么多说的，只是告诫他们不要愧对离别宴上他苦口婆心叮嘱的这番话。

《示诸生》三首（其一），也是王阳明写给学生的诗。他说：

尔身各各自天真，不用求人更问人。
但致良知成德业，谩从故纸费精神。
乾坤是易原非画，心性何形得有尘？
莫道先生学禅语，此言端的为君陈。①

“尔身各各自天真，不用求人更问人。”意思是说每个人都有良知，这是每个人天生的、最本真、最基础的东西，不需要到外面去求，良知就在你的心里。“但致良知成德业”，一个人要成就德业靠什么？就是靠致良知。王阳明的“致良知”包含两个方面。一个是把良知推行到要做的事上去，使所做的事在良知所代表的正确价值方向的统领与规范下面。用我们现在的话说，就是做事要讲良心。另一个是“人在事上磨”。在事上磨的过程中，人的理智会更加明澈，意志会更加坚定，道德意识会更加纯粹，直觉会更加敏锐，情感会更加真挚。所以致良知首先就是把自己本有的良知推出去，使我们所做的事情在正确的价值引领下，然后在事上磨的过程中，把所有这些获得拿回来放在心里面。王阳明的致良知实际上就是由内到外、由外到内，像滚雪球一样越滚越大。

关于王阳明的临终遗言有两个版本。一个版本，是他的学生问王阳明：您要走了，还有什么要说的？王阳明说：“此心光明，亦复何言？”② 我感到我的心一片

① 吴光、钱明、董平等编校：《王阳明全集》，上海古籍出版社 1992 年版，第 790 页。
② 吴光、钱明、董平等编校：《王阳明全集》，上海古籍出版社 1992 年版，第 1324 页。

光明莹澈，没必要再说什么。另外一个版本，是他家里人问王阳明还有什么遗言，王阳明说：我死没有什么遗憾，唯有一点，我平生的学问才做了几分，可惜没有机会和我的学生共同把它做大做成了。这说明王阳明的致良知是一个没有止境的过程，是一个由内到外、由外到内不断地双向运动的过程。在这个过程中，良知所包含的东西越来越多，越来越丰满，越来越充实。“德业”这两个字出自《周易》：“夫易，圣人所以崇德而广业也。”（《周易·系辞》上）“崇德”就是提高自己的德性，“广业”就是做大自己的事业。“崇德广业”，简称“德业”。王阳明的意思是，成就德业要靠致良知。“谩从故纸费精神”，意思是说不要到书堆里去，只在文字训诂上钻求，那不是儒家真功夫。王阳明的学问是实践中的活智慧，不是钻故纸堆的学问。如何成就德业，这是他思考的根本问题。

“乾坤是易原非画”，乾坤既象征天和地，同时也是《周易》里的乾卦和坤卦。乾坤是天地，天地是本来的易，乾坤两卦是根据天地的精神画出来的。王阳明强调的是，要看乾坤的真精神与本来面貌，而不仅仅看画出来的卦。“心性何形得有尘？”人的心性从本来状态说，是天地根本精神的体现，是一个无形无象、没有遮蔽的东西。“莫道先生学禅语，此言端的为君陈。”意思是你们不要以为我说的这些话都是禅语，这是实实在在、真真确确地成就德业的关键。这其实还是讲良知之学。

《啾啾吟》是王阳明非常有名的一首诗：

知者不惑仁不忧，君胡戚戚眉双愁？
信步行来皆坦道，凭天判下非人谋。
用之则行舍即休，此身浩荡浮虚舟。
丈夫落落掀天地，岂顾束缚如穷囚！
千金之珠弹鸟雀，掘土何烦用镯镂？
君不见东家老翁防虎患，虎夜入室衔其头？
西家儿童不识虎，执竿驱虎如驱牛。
痴人惩噎遂废食，愚者畏溺先自投。
人生达命自洒落，忧谗避毁徒啾啾！①

① 吴光、钱明、董平等编校：《王阳明全集》，上海古籍出版社1992年版，第784页。

这首诗作于王阳明擒朱宸濠之后。当时他把朱宸濠交给皇帝身边的太监，自己到赣州去练兵。别人劝他说，皇帝身边的小人诬告你要谋反，你去练兵，不就坐实了谋反的谣言吗？王阳明说，大丈夫做事光明磊落，不要害怕小人的谗言。他将谗言当作虫鸣鸟语，因而作了这首诗。

“知者不惑仁不忧”出自《论语》。孔子说：“知者不惑，仁者不忧，勇者不惧。”（《论语·子罕》）主张“智、仁、勇”三达德。王阳明用孔子的话，说一个智者心里面是没有疑惑的，一个仁者是以天下万物为一体而没有忧愁的。“君胡戚戚眉双愁”，“戚戚”两个字也取自《论语》：“君子坦荡荡，小人常戚戚。”（《论语·述而》）意思是说智者没有疑惑，仁者没有忧愁，请问你为什么要心中忧戚，双眉紧锁呢？

“信步行来皆坦道，凭天判下非人谋。”王阳明说，要按照自己的良知去做应该做的事情，这是平坦大道。每个人的行为不仅是自己谋划的，实际上还有天对人的指引和约束。天对人的指引、约束并不是说天是一个有人格的神灵在暗中操弄你，而是说每个人前面所做的事情都是后面所做的事情的一个根基，有前因才有后果。每个人所做的事都有两方面，一个是人的算计，一个是天对你的指引与约束。如果按照良知去做，信步行来都是平坦大道，“良知是天理之昭明灵觉”，这就等于天在指导你这么做，所以王阳明说“凭天判下非人谋”。

“用之则行舍即休，此身浩荡浮虚舟”。“用之则行舍即休”也是《论语》里的话，孔子对他的大弟子颜渊说，如果有人用我们，我们就发挥聪明才智为国家服务；如果没有人用我们，我们就隐居起来，修养自己的德性。这就叫“用之则行，舍之则藏”。王阳明说，人在浩荡的宇宙当中，就像一叶扁舟一样，所以不要执着，而要放开眼界、放开心胸。“丈夫落落掀天地”，大丈夫应该光明磊落，有掀翻天地的气概。“岂顾束缚如穷囚”，怎么能像一个囚犯一样，被绳索绑住，不得施展拳脚呢？“千金之珠弹鸟雀”，千金之珠用来弹鸟雀，在一般人看来是不可思议的事情，但王阳明要打破惯常思维，认为在某些情境下，千金之珠也可以用来打鸟。“掘土何烦用镯镂”，镯镂是名贵的宝剑，宝剑是随身佩带的，用来上阵杀敌。但是王阳明说，某个情境下也不妨用它来掘土。王阳明认为当世的人大都遵从朱子学，走惯常的道路，见了阳明心学，都感到很吃惊，认为是异端邪说，他要打破人们惯常的思维方法。

“君不见东家老翁防虎患，虎夜入室衔其头？西家儿童不识虎，执竿驱虎如驱牛。”王阳明的意思是，每个人都要有一点初生牛犊不怕虎的气概和精神。君不见，东家的老翁害怕老虎来，把院墙修得很高，把门窗封闭得很结实，但这仍然不妨碍老虎来把他叼走。反而西家的儿童不知老虎为何物，拿着竹竿像驱赶牛一样把老虎赶走。人要有这种大无畏精神，咋来咋对付，不要想那么多，不要前怕狼后怕虎。无所畏惧，反而能够取得成功。王阳明要人们不要在意那么多外在的东西，要让自己的良知做主。“痴人惩噎遂废食，愚者畏溺先自投。”那些痴人害怕噎死，所以连饭都不敢吃；那些愚蠢的人看到水不断涌来，害怕把自己淹死，就先投到水里去，这是非常愚蠢的。“人生达命自洒落，忧谗避毁徒啾啾！”人生应该理解天命，才能达观洒落，要敢于放开手去做事情，不要有那么多顾虑，不要害怕别人的诽谤与诋毁。要把别人的诽谤、诋毁这些外在的东西看作虫鸣鸟叫一样。从王阳明的这首《啾啾吟》中，我们可以看到王阳明宏大的胸怀、无畏的勇气，以及他提倡的初生牛犊不怕虎的精神。

下面的《月夜二首》充满了哲理。这两首诗作于嘉靖三年（1524），那时王阳明五十三岁。这时他已平定宁王叛乱，却受排挤回乡赋闲，授徒讲学。此年八月，他在家乡的天泉桥宴请学生，席间作了两首诗。

其一

万里中秋月正晴，四山云霭忽然生。
须臾浊雾随风散，依旧青天此月明。
肯信良知原不昧，从他外物岂能撄！
老夫今夜狂歌发，化作钧天满太清。

其二

处处中秋此月明，不知何处亦群英？
须怜绝学经千载，莫负男儿过一生！
影响尚疑朱仲晦，支离羞作郑康成。
铿然舍瑟春风里，点也虽狂得我情。①

---

① 吴光、钱明、董平等编校：《王阳明全集》，上海古籍出版社 1992 年版，第 787 页。

天泉桥，在山阴（今浙江绍兴）越城区，是当地的名胜。据《王阳明年谱》记载，中秋节之夜，月明如昼，王阳明在天泉桥侧碧霞池上置备酒宴，召集学生百余人饮宴。酒半酣，歌声渐动，学生或投壶聚算，或击鼓，或泛舟。王阳明见诸生兴致甚高，于是作了上面两首诗。①

“万里中秋月正晴，四山云霭忽然生。”月有阴晴圆缺，人有悲欢离合。中秋月正明的时候突然阴云密布。“须臾浊雾随风散，依旧青天此月明。”但是一会儿浊雾被风吹散，依然青天月明。王阳明用此情景来形容每个人的良知。良知本来是清明的，但会被人的各种闻见、欲望所遮蔽。如果把这些闻见、欲望都去掉，良知依然会像青天明月一样展现出来。所以他说：“肯信良知原不昧，从他外物岂能撄！”“撄”就是撼动的意思。我们应该相信，每个人的心中本来就有良知，它是一个本体清明的东西，外物怎么能够撼动它、遮蔽它呢？“老夫今夜狂歌发，化作钧天满太清。”看到光明的月夜，老夫聊发少年狂，我的歌声飘荡在空中，和天乐融合在一起。“钧天”就是天乐，指天空里面呈现的音乐。

第二首“处处中秋此月明，不知何处亦群英？”王阳明说，今天是中秋节，天下都是月明时，我不由得想起散落在全国各地的学生，他们也应该在聚会庆祝中秋节吧？“须怜绝学经千载，莫负男儿过一生！”“绝学”在王阳明这里指的是儒家的学问。为什么称儒学是绝学呢？因为王阳明认为，儒学在魏晋的时候被老庄所遮盖，到了隋唐又被佛教所遮盖，到了宋明理学才重新彰显。但宋明理学中有些派别也不能作为儒家的正统学问，只有自己所讲的良知之学才是正统儒学。所以我们要爱惜良知之学。虽历经千载被其他学派所遮蔽，但是作为一个男子汉大丈夫，要用我们的努力把良知之学重新弘扬起来，“莫负男儿过一生”，做好致良知的大事业。“影响尚疑朱仲晦，支离羞作郑康成。”王阳明在这里提到两个人，朱仲晦是朱熹，郑康成是郑玄。朱熹是南宋的大儒学家，郑玄是汉代的大经学家。王阳明认为朱子的学问主要在向外格物穷理，把心与理打成两截，丢弃了自己最根本的东西——良知，得到的只是一些虚浮的东西。郑康成注释经典非常精到，但主要在文字训诂上下功夫，离开了儒家义理之学，显得支离破碎。王阳明的学问是实践的智慧学，他觉得这才是儒家最本质、最主流的东西。

---

① 吴光、钱明、董平等编校：《王阳明全集》，上海古籍出版社 1992 年版，第 1291 页。

他不愿意做朱熹、郑玄那样的学问功夫。

“铿然舍瑟春风里，点也虽狂得我情。”“铿然”指的是弹瑟的声音。“舍瑟春风里”出自《论语》孔子和弟子的一段对话。有一次，孔子的四个弟子子路、冉有、公西华、曾点陪侍，孔子让他们各言其志。子路说：“千乘之国，摄乎大国之间，加之以师旅，因之以饥馑；由也为之，比及三年，可使有勇，且知方也。”（《论语·先进》）一个在大国的夹缝中求生存的中等国家，不时有军队来侵犯，并伴有旱灾饥馑，子路认为凭借自己的才能，三年之间可以让老百姓变得勇敢，而且知道应该向什么方向努力。孔子又问冉有有什么样的志向。冉有说，假如有一个六七十里见方的国家让自己来治理，三年时间可以使百姓富足，并且知道遵守礼乐。孔子问公西华的志向如何。公西华说，自己并没有以上两位师兄这么宏大的志愿，他的长处是相礼。国家有祭祀，诸侯有会盟，他可以穿戴整齐来相礼。孔子最后问曾点有什么样的志向。曾点正在鼓瑟，他把瑟铿然划了一下，站起来对孔子说，我的志向和以上三位师兄的不同：暮春的时候，春服已经穿上了，和五六个成人，六七个童子，一起在沂河里游泳，在舞雩台上吹风，然后唱着歌回家。孔子听见曾点这个志愿后说了一句话，“吾与点也”（《论语·先进》），即赞成曾点讲的话。学生问王阳明：为什么孔子赞成曾点的话呢？王阳明说，孔子的胸襟、气魄是非常大的，不但有治国平天下的胸怀，而且心怀太虚，有着与道为一的宏大气象。王阳明说，“点也虽狂得我情”，意思是曾点讲的这些话虽然看起来非常高远，不着边际，但是很合我的意思。从这首诗可以看出，王阳明要把儒家的学问，特别是儒家的实践之学很好地传承下来，不愿意在故纸堆里做文字训诂工作，并且要有曾点一样的宏大胸怀和志趣。

王阳明的另一首《中秋》诗如下：

去年中秋阴复晴，今年中秋阴复阴。
百年好景不多遇，况乃白发相侵寻。
吾心自有光明月，千古团圆永无缺。
山河大地拥清辉，赏心何必中秋节。[1]

① 吴光、钱明、董平等编校：《王阳明全集》，上海古籍出版社1992年版，第793页。

王阳明说，去年的中秋是先阴后晴，今年的中秋始终是阴天。人生不过百年，百年之中，良辰、美景、赏心、乐事很难遇到，更何况人生苦短，不知不觉白发就爬上了鬓角，接着他话锋一转："吾心自有光明月，千古团圆永无缺。"人生虽然是短暂的，但是人心中的良知是永恒的。大自然的月亮有圆有缺，天有阴有晴，但人心中本来就有的一轮光明圆月是永远无缺的。"山河大地拥清辉，赏心何必中秋节。"因为人心中拥有良知这轮光明的圆月，所以人能心地清明，并且感觉山河大地都充满光明。人的良知是无缺与圆满的，只要良知清明，每天都是好日子，每天都有一个光明月，赏心何必要在中秋节呢！

再来看《答人问道》：

饥来吃饭倦来眠，只此修行玄更玄。
说与世人浑不信，却从身外觅神仙。[①]

王阳明的弟子里有人想学习道教，炼长生不老之丹，于是就问王阳明如何修炼，王阳明回答说：你不要去想道教炼丹的事了，人求长生只有一个法门，就是自然。"饥来吃饭倦来眠"化用了禅宗的一个小故事。一次，小和尚问他的师父该如何修道。师傅不正面回答，只问他吃完饭没有，他说吃完了，师傅说洗钵盂去。师父的意思是，吃完饭要洗碗，这是自然而然的事情，这就是道，也就是人们常说的自然即道、平常心即道。王阳明的意思是，要想长生，只有修德修心。修德，就是提高自己的道德修养，做到孔子讲的"智、仁、勇"三达德，自然心中没有忧愁、没有疑惑。修心，就是要心地清明，不要被杂念、私欲所缠绕，这些才是真正使人长生的东西。王阳明早年喜好道教，曾经筑室阳明洞，修习导引、行气等修身之术，中年以后摒去不用，不谈所谓修仙、炼丹之类的事情。所以王阳明说"饥来吃饭倦来眠，只此修行玄更玄"，饿了吃饭，困了睡觉，是自然而然的事情，这就是修炼的最好法门，而把这些说给世上的人，他们完全不相信，反而到身外去求长生不老之道。

有人说，王阳明因为不信修仙炼丹的事情，所以只活了 57 岁。我认为王阳

① 吴光、钱明、董平等编校：《王阳明全集》，上海古籍出版社 1992 年版，第 791 页。

明英年早逝最主要的原因是劳累。他是被累死的。为什么说是被累死的？因为任何人想实现立德、立功、立言中的任何一点都非常不容易，而王阳明在这三个方面都取得了很大的成就。我们看王阳明的年谱就知道，王阳明热衷讲学，弟子遍天下。后来为朝廷立下几次赫赫战功，名满天下，所到之处，弟子们都在迎候他。王阳明发兵广西去平定思恩、田州瑶族暴动的前一天晚上，他的学生还要来问学。甚至有的学生一路追送他，王阳明一方面要行军打仗，一方面要抽空讲学，基本上无虚日。再加上带病指挥作战，过于劳累。

最后，我从王阳明的著作里选了一些最实用、最警策的语句与大家分享。王阳明说："天下之事，其得之不难，则其失之必易；其积之不久，则其发之必不宏。"① 这句话的意思很明确，天下的事，凡是得来比较容易的，那么失去也容易。只有那些经过千辛万苦、千难万险得来的东西，才知道珍惜。因为在千难万险的过程中锻炼所得到的这些心灵上的、精神上的修养可以护持人、警示人，使人不轻言放弃。此外，如果一个人的积累不深厚，那么其发挥出来的必然不宏大，这就是平时我们所说的厚积才能薄发，积累深厚才有丰富的展现。

"殃莫大于叨天之功，罪莫大于掩人之善，恶莫深于袭下之能，辱莫重于忘己之耻，四者备而祸全。"② 这句话可以说是王阳明一生的经验总结。"殃莫大于叨天之功"，所谓"叨天之功"就是贪天之功以为己力。人有时候因为偶然的机会获得了成功，如果把它看作永远如此，就很容易招致失败。不能把天之功记在自己的头上。还是要一步一步踏踏实实地去做，一点一滴地去积累。王阳明非常重视《周易》里面的一句话，"潜龙勿用"，意思是不要急于用世，不要急于求效果。要潜下心来，苦练内功。现在社会上很多人都没有遵循"潜龙勿用"这个法则去做事，太急功近利了，没有脚踏实地、一步一个脚印地做好积累的工作。"罪莫大于掩人之善"，意思是把别人的好处掩蔽了、泯没了，就是大罪过。要把别人的好处彰显出来，让大家知道，让大家学习，这就是"与人为善"。很多人把别人的东西拿来当作自己的，把别人抹杀掉，这是一个很大的罪恶，迟早要遭殃。"恶莫深于袭下之能"，"袭"就是沿袭，拿过来。这是针对

---

① 吴光、钱明、董平等编校：《王阳明全集》，上海古籍出版社1992年版，第1054页。

② 吴光、钱明、董平等编校：《王阳明全集》，上海古籍出版社1992年版，第454页。

上下级而言的。作为上级不要将下级的好点子、好办法归于自己，功劳是大家的。要使有贡献的人能够受到大家的尊敬，获得相应的名誉和利益。“辱莫重于忘己之耻”，对人来说最大的羞辱就是忘掉了曾经的耻辱。《中庸》说“知耻近乎勇”，《孟子》说“耻之于人大矣”。忘记了耻辱，才是最大的耻辱。如果叨天之功、掩人之善、袭下之能、忘己之耻四者在一个人身上具备了，他的灾祸就不远了。

王阳明说：“故立志者，为学之心也；为学者，立志之事也。”[①] 这里王阳明提到两个重要的事：一个是立志，一个是为学。王阳明贬官龙场时建了一个龙冈书院，曾为当地的青年学者立了四个教条，即我们现在所说的校训：一是立志，二是勤学，三是改过，四是责善。为学首先要立志，“志不立，天下无可成之事”[②]。他在给亲戚的书信中也说：“学本于立志，志立而学问之功已过半矣。”[③] 志得靠学来实现，立志和勤学相辅相成，不可分离。立志是为学的心愿、志向，勤学是立志的保证、实现。

以上是我今天讲座的第一部分，通过王阳明的诗歌、警策句来讲解他的良知之学、实践智慧之学。这是王阳明用心学诠释《大学》的基础。下面，我具体来讲王阳明的《大学》诠释。

二、王阳明对《大学》的诠释

《大学问》是王阳明关于《大学》的问答，作于他起征思恩、田州前夕。《大学问》前面有弟子钱德洪写的一个简短的《序》：“吾师接初见之士，必借《学》《庸》首章以指示圣学之全功，使知从入之路。师征思、田将发，先授《大学问》，德洪受而录之。”[④] 这是说，王阳明教导初学弟子，一般都是讲《大学》和《中庸》的首章以指示进入儒学的门径。王阳明出征思恩、田州前，

---

① 吴光、钱明、董平等编校：《王阳明全集》，上海古籍出版社 1992 年版，第 276 页。

② 吴光、钱明、董平等编校：《王阳明全集》，上海古籍出版社 1992 年版，第 967 页。

③ 吴光、钱明、董平等编校：《王阳明全集》，上海古籍出版社 1992 年版，第 983 页。

④ 吴光、钱明、董平等编校：《王阳明全集》，上海古籍出版社 1992 年版，第 968 页。

先授《大学问》于钱德洪，钱德洪将它详细地记录下来。

《大学问》采用问答体，是王阳明关于《大学》“三纲领、八条目”的解释。“三纲领”是明明德、亲民、止于至善，“八条目”是格物、致知、诚意、正心、修身、齐家、治国、平天下。王阳明一目一目地回答。

弟子问：“《大学》者，昔儒以为大人之学矣。敢问大人之学何以在于‘明明德’乎？”[①]“昔儒”是指朱熹，朱熹的《四书章句集注》，第一篇就是《大学章句》。朱熹解释大学为“大人之学”。所谓“大人”，朱熹主要从两个方面来解释：一个是指胸怀宽广、与天地万物为一体的人；一个是从年龄上讲，指十五岁以上的人。古人八岁入小学，学习洒扫应对、进退之节，培养劳动精神与礼貌礼节。十五岁入大学，学习修身齐家治国平天下之道。

学生问：朱熹以《大学》为大人之学，为什么大人之学首先在于明明德？王阳明回答：“大人者，以天地万物为一体者也，其视天下犹一家，中国犹一人焉。”[②]所谓大人就是具有天地万物为一体的胸怀的人，他视天下为一个家庭，把天下的人视作家人。王阳明这个说法吸收了北宋著名思想家张载《西铭》的精神：“乾称父，坤称母；予兹藐焉，乃混然中处。”天是我的父亲，地是我的母亲，人是非常渺小的，处在天地之间。《西铭》还说：“民，吾同胞；物，吾与也。”天下人都是我的同胞，万物都是我的同伴。这就是有名的“民胞物与”。王阳明在张载的“民胞物与”的基础上讲得更加广阔，他以天地万物为一体，“若夫间形骸而分尔我者，小人矣”。小人之所以为小人，是因为他过于分辨你我，自小其心。王阳明还说：“大人之能以天地万物为一体也，非意之也，其心之仁本若是，其与天地万物而为一也。岂惟大人，虽小人之心亦莫不然，彼顾自小之耳。”[③]大人之能以天地万物为一体，并非刻意为之，而是他本来就具有这样的胸怀，这是他的良知的本来状态。岂惟大人，就是小人本来也有这种以天地万物为一体的良知，只是自己把自己看小了，把自己的良知遮蔽了、狭隘了。

正因为有良知，所以他看到小孩将要掉到井里，就有恻隐之心，表明他心里

---

① 吴光、钱明、董平等编校：《王阳明全集》，上海古籍出版社 1992 年版，第 968 页

② 吴光、钱明、董平等编校：《王阳明全集》，上海古籍出版社 1992 年版，第 968 页。

③ 吴光、钱明、董平等编校：《王阳明全集》，上海古籍出版社 1992 年版，第 968 页。

的仁德和快要掉到井里的小孩子是一体的。见到鸟兽哀鸣觳觫，也有这种怜悯之心，这是因为他心中的良知、仁爱和鸟兽融为一体。如一个雁阵，打下其中一只雁来，其他的雁盘旋哀鸣不能去，这就是鸟之哀鸣。一头牛到了屠宰场，它往往会吓得发抖，这叫作“觳觫”。比如说草木正在生长的时候，我们把它折断也会心有不忍。说到这里，有一个有名的典故：程颐做幼年宋哲宗的老师的时候，当时正春暖花开，柳条刚发芽，还是小孩子的宋哲宗折了一根柳条当马骑，被程颐看见了，就把他训斥了一顿，说春天万物生发的时候，把它折断，就会损坏了万物的生意，这个是不好的。王阳明也是这个意思，他说人见到草木正在生长，如果把它摧折掉，人就会感觉不好，这就表明人的心和草木的心为一体。“见瓦石之毁坏而必有顾惜之心焉”，是说瓦石虽然是很低贱的东西，但是如果你把好好的瓦石无缘无故地摔碎了，人也有一种不忍的心情，这就说明你的心和瓦石是一体的。

为什么每个人，甚至小人也有天地万物为一体之心呢？这是因为，“是乃根于天命之性，而自然灵昭不昧者也，是故谓之‘明德’”[①]。明德指良知。王阳明有一句非常有名的话：“良知是天理之昭明灵觉处。”[②]而天理就是万物生生不息、生气蓬勃这种本性，这种本性在人心里面表现出来，就是人与天地万物为一体的本然之心，这就是人的良知，就是孟子所说的善性。良知和天理、天道是合一的。小人没有动于私欲的时候，本有的一体之仁也是昭昭不昧的。一旦被私欲遮蔽，就会“利害相攻，忿怒相激，则将戕物圮类，无所不为，其甚至有骨肉相残者，而一体之仁亡矣。”[③]所以大人之学，唯在去除私欲遮蔽，把自己的明德发见出来，回复与天地万物为一体的本然之心。以上是对“明明德”的解释。“明德”就是人的良知，“明”就是用功夫把遮蔽去掉，把欲望调整到合理的程度，使本心的良知显露出来，这就叫作“明明德”。

学生又问：为什么又提出亲民？王阳明回答：“明明德者，立其天地万物一体之体也。亲民者，达其天地万物一体之用也。故明明德必在于亲民，而亲民乃

---

① 吴光、钱明、董平等编校：《王阳明全集》，上海古籍出版社1992年版，第968页。
② 吴光、钱明、董平等编校：《王阳明全集》，上海古籍出版社1992年版，第72页。
③ 吴光、钱明、董平等编校：《王阳明全集》，上海古籍出版社1992年版，第968页。

所以明其明德也。”[①] 儒学是有体有用之学，明明德是立体，亲民是达用，有了“体”才能达“用”，从“用”上才能见出本体，所以明明德必在于亲民，而亲民正好是把明德发见出来的场所。“是故亲吾之父，以及人之父，以及天下人之父，而后吾之仁实与吾之父、人之父与天下人之父而为一体矣；实与之为一体，而后孝之明德始明矣！”[②] 孝顺自己的父亲，推己及人，也孝顺别人的父亲，这就是与天下人之父为一体，这样孝的明德才算发见出来。敬重自己的兄长，然后推广到敬重天下人的兄长，良知本有的敬兄的明德才算发见出来。君臣、夫妇、朋友，以至于山川鬼神、鸟兽草木都要去亲近，通过这些行为，把自己的一体之仁发见出来，才能真正做到与天地万物为一体。所以明德必在于亲民，在亲民上才能把明德发见出来。进而在亲民的过程中，一步一步地推展，推己及人，做到齐家治国平天下，这叫作“尽性”。以上是王阳明解释的“亲民”，以明德为体，亲民为用。明德是亲民的根据，亲民是明德的表现，根据和表现是一体两面，缺一不可，互相成就。

学生又问：为什么又在于止于至善呢？王阳明说：“至善者，明德、亲民之极则也。”极则就是最高的准则。“天命之性，粹然至善，其灵昭不昧者，此其至善之发现，是乃明德之本体，而即所谓良知也。”[③] 宋明理学讲性、讲命，性就是人的本性，命就是天道本身。儒家认为性命合一，天道和人性是合一的，两者是立体性的、贯通的。王阳明说良知就是天理的昭明灵觉，是至善的展现，也是人的本性的展现，这既是明德的本体，也是他所讲的良知。至善展现出来，人对于是非、轻重、厚薄的处理就有了准则。虽然事情是变动不居的，但是因为人心里有了这个准则，就有了一个天然之“中”，这个“中”就是中道，它是人的行为准则，不容有增损。如果对准则有增损，那就是私意小智，而不是至善了。

王阳明也让人慎独。“慎独”是儒家的一个根本修养方法，《大学》一开始就讲慎独，《中庸》也一开始就讲慎独。所谓慎独，就是在只有自己知道，别人不知道的情况下更要谨慎。小人在别人不知道的时候为所欲为，而在大庭

---

① 吴光、钱明、董平等编校：《王阳明全集》，上海古籍出版社1992年版，第968页。

② 吴光、钱明、董平等编校：《王阳明全集》，上海古籍出版社1992年版，第968页。

③ 吴光、钱明、董平等编校：《王阳明全集》，上海古籍出版社1992年版，第969页。

广众之下，把好的方面展现出来给人看，把不好的地方隐藏起来。《大学》说“十目所视，十手所指”，别人好像看透了你的五脏六腑，装样子是没用的。王阳明讲，致良知就是慎独。“人心惟危，道心惟微，惟精惟一，允执厥中”（《尚书·大禹谟》），这是宋明理学所讲的十六字心传：人心是危险的，道心是精微的，用功要专一、精纯，牢牢把握中道。王阳明把这“十六字心传”化用在他的良知之学里面。人因为昧了良心，所以导致人欲肆而天理亡，明明德、亲民这套学问大乱于天下。世人都想明明德，但是因为不知道止于至善，所以私心过高，失之虚罔空寂，甚至用智谋权术，而没有仁爱恻怛之心。王阳明用止于至善来统领明明德和亲民。王阳明一方面把自己的学问与佛家、道家区别开来，另一方面与功利之学区别开来。佛家、道家只讲明明德而不讲亲民，功利之学只讲亲民而不讲明明德，就是因为失去了最高的标准“止于至善”。止于至善对明明德和亲民来说，就像规矩之于方圆、尺度之于权衡。只有把止于至善作为一个最高标准，既讲明明德，也讲亲民，才是真正的大人之学。以上解释的是三纲里面的“止于至善”。

下面解释的是“定、静、安、虑、得”五个字。学生问：《大学》的“知止而后有定，定而后能静，静而后能安，安而后能虑，虑而后能得”，如何解释？王阳明说，人因为不知道至善在我的心里，于是都向外面去寻求，以为事事物物上有定理，而求至善于事事物物之中。王阳明这里显然是在批判朱子学。王阳明认为，人首先要寻求自己内心的良知，在自己良知的统领下再去追求外部事物的道理。如果没有内心的统领，只去追求外部的事物，就会失去至善，没有正确的方向。知道良知就在自己的心里，不到外面去求，这样就有了确定的方向；有了定向才没有支离决裂、错杂纷纭的扰害；没有扰害心自然就不妄动，心不妄动自然能静，心静了做事就比较从容、比较心安理得，这样才能有好的效果。王阳明特别强调“安”这个字。安首先就在于自己每发一个念头、每做一件事情都是符合善、符合良知的，从而“吾心之良知自有以详审精察之而能虑矣。能虑则择之无不精，处之无不当，而至善于是乎可得矣”[①]。良知本来就能对它加以分别、加以照查。虑就是在自己的良知统领下考虑，这样的考虑才能够心安理得，也才

---

① 吴光、钱明、董平等编校：《王阳明全集》，上海古籍出版社1992年版，第970页。

能够有真正的结果。这是王阳明用良知之学来解释《大学》的定、静、安、虑、得五个字。

下面解释“本末终始”。《大学》说：“物有本末，事有终始，知所先后，则近道矣。”王阳明认为这是对的，但他认为前人把本和末、始和终分成两节是不对的，应该把这些东西打成一片。说到这一点，不得不提到王阳明学问的特点：“无之不一”。“无之不一”是刘宗周提出来的。黄宗羲在编写《明儒学案·姚江学案》的时候，用他的老师刘宗周提出的“无之不一”来概括王阳明的学问特点。什么叫“无之不一”？在朱熹那里分而为二的东西，在王阳明这里都把它打通为一。比如说王阳明讲知行合一、心和理的合一、内和外的合一、本体和功夫的合一、形而上和形而下的合一。如心理合一，良知是天理之昭明灵觉处，是天理在人心里的体现，所以理和心合一了。又如内和外合一，致良知是先把良知推于外，在事上磨炼的过程中，人的理性、情感、意志、直觉等心理活动都得到锻炼，然后返回心里。再把它推出去，再返回心里。良知像滚雪球一样越滚越大，人的精神活动的深度和广度不断生长，良知的内容不断丰富。他还讲本体和功夫的合一。良知是本体，致良知是功夫。没有本体，功夫就没地方施加；没有功夫，良知本体只是一个弱小的东西，不够丰富、不够阔大，所以必须用功夫把本体展现出来，所以本体功夫是合一的。王阳明学问的特点是无之不一，他要把前人分开的东西整合起来。朱熹着重的是“理”，王阳明着重的是“心”，所以需要把“理”变成“心”，对它进行重新诠释、融化与整合。“理”在王阳明那里不是恒定的、本来的东西，而是一个心和理、内和外、本体和工夫、形上和形下的合一，王阳明用这一套思想来解释《大学》的“八条目”格物、致知、诚意、正心、修身、齐家、治国、平天下。

齐家、治国、平天下在王阳明看来是一回事，都是“用”的方面，而重要的是“体”。“体”着重体现为格物、致知、诚意、正心。什么叫格物？朱子格物的“格”就是研究，“物”就是外在事物，格物就是研究事物的道理，“即物而穷其理”。但王阳明的格物之“格”是改正的意思，“物”就是一件事情。格物不是向外去求物上的道理，而是首先把自己的良知搞清明了，在良知的指导下去做具体事，在做事中把被良知判定为不正确的东西改正过来，回到本来的正确上来。这是王阳明用他的良知之学去解释格物。关于“正心”，王阳明认为，心之本体就是良知，良知本来就“正”，把本正的良知推广到事上去，把做具体事不正确的意念改正过来，就叫作“诚意”。意诚心就正。致知就是把良知推致出去，这和朱熹把致知解释为得到事物的道理完全是两码事。王阳明是由内到外，朱熹是由外到内，完全是不同的方向、不同的功夫。王阳明对格物、致知、诚意、正心的解释都和朱熹不同，他是用良知之学来解释《大学》，充满了实践精神。

我今天讲的是王阳明的《大学》诠释，先讲王阳明的良知之学，只有把良知之学讲清楚了，才能明白王阳明解释《大学》为什么和传统的不一样，特别是和朱子的不一样。王阳明作为心学的一个集大成者，他的解释重在良知本体。良知之学最大的好处，首先在于使人树立信心。近代思想家章太炎曾说：“王学岂有他长？亦曰‘自尊无畏’而已。”[①] 良知给人信心，让人自尊、自强、自信、自立。同时，王阳明主张致良知，人在事上磨，在磨的过程中使人的精神活动更加丰富、更加饱满，更加具有灵活机动的实用性。所以，王阳明的良知之学，尤其是他的实践智慧和精神境界，对我们现代社会有很强的借鉴与指导意义。

（王琦整理并经主讲嘉宾审定）

① 章太炎著，倪伟编选：《章太炎生平与学术自述》，江苏人民出版社 1999 年版，第 75 页。

现场互动

主持人（王琦）：谢谢张教授的精彩演讲。张教授从王阳明的诗歌开始，让我们通过诗歌去理解王阳明胸怀磊落、此心光明的精神境界以及致良知之学的内涵和智慧，从而引发出王阳明对《大学》的理解和诠释，让我们体会到王阳明为什么能够在立德、立功、立言上取得巨大成就，实现人生“三不朽”。王阳明背后的理论支撑和理想信念是什么？张教授今天的讲座给我们立志、为学、为人带来很多启迪。让我们以热烈的掌声再次感谢张教授。

现在进入现场互动环节，由于时间关系，我们只开放两个问题。请朋友们举手提问。

观众提问：尊敬的张教授，您好！我有几个问题想向您请教。王阳明为什么会成为立德、立功、立言兼备的世上第一流人物？他的致良知之说对他的人生有什么影响？对当今年轻人有什么价值和意义？谢谢！

张学智：这位朋友一口气提了几个问题，当然这些问题都是关于阳明学的根本问题。王阳明为什么能够在立德、立功、立言几个方面都取得巨大成就，首先是因为他从早年开始就有多方探求。他早年曾经立志做圣贤，在辞章上用过很大的功夫，并练习过骑射。他在十五六岁的时候经常骑马出居庸关，和居庸关外的蒙古青少年交朋友，跟他们一起骑马射箭，这些在他后来平定宁王朱宸濠的战斗中起了非常大的作用。另外，王阳明学习兵法，现在传世的《五经七书评》是他读兵法的心得，这为他后来立下赫赫战功奠定了基础。王阳明喜好佛道二教，曾筑室阳明洞，习练道家的养生之术，但后来摒去不用。佛老对他的影响主要体现在两个方面。一是他利用禅宗讲学灵活机动、不落一地的方法，比如用禅宗的公案、机锋甚至各种肢体语言来讲儒学，讲得生动活泼，不同于一般的讲学语录。《传习录》受到后世许多人的喜爱并非偶然。一是他用佛道二教出世的精神去做入世的事业，这一点非常重要。所谓出世的精神，就是摆脱世间滚滚红尘对人的纷扰，以更加宏阔、更加恢宏的眼光来看待我们所从事的事业，我们才有更加深透、更加广阔的胸怀。王阳明从小在多方面的探索，奠定了他成为一个大人物的基础。

王阳明在人生的一些重要关头，善于总结和提炼。他曾说，我此良知之学，从百死千难中得来。现代人未必有王阳明那样惊心动魄、百死千难的经历，但是还是要重视王阳明的精神："人在事上磨。"在磨的过程中，按照王阳明说的，把自己的良心推于外，再返归于内，像滚雪球一样，在滚动过程中，不断地在各个关键点提炼，加以提高。我想，王阳明的这些经历对他成为一个大人物有非常重要的作用。

致良知学说对现代人有益的地方，刚才我已经提到了一些。王阳明的致良知之学主张人要充分信任自己的良知，要勇于打破既有的道理、格式，凡事要独立思考，开动脑筋，多想办法，不要随人脚跟转。孙中山先生有一本书《建国方略》，《建国方略》第一部分叫"心理建设"，孙中山在"心理建设"里有一个简短的序言，他提到，我奔走国民革命几十年，发现国民革命之所以不能成功，首先在于革命党人心力太软弱，遇到挫折，一蹶不振。所以孙中山要吸收王阳明的良知之学，为革命党人撑腰打气。我们现在也需要王阳明的良知之学，为我们树立勇气，树立信心。在生活、工作中遇到困难和挫折的时候，要树立勇气，永不退缩，不轻易言败，要有屡败屡起的精神。这是王阳明的良知之学对我们现在还有用的重要一点。

主持人（王琦）：谢谢观众朋友的提问，也谢谢张教授的回答。我发现，凡是一个人成功必有他背后深刻的原因。王阳明的博学多才、百折不挠，以及以出世之心做入世之事的这样一种人生态度，是他成功的重要原因。这些为我们年轻人为学、为人提供了很多借鉴。

观众提问：张教授，您好！我有两个问题向您请教。王阳明年轻时也学习过朱熹格物致知的方法，去格竹子，可是失败了，还导致自己生病。请问：王阳明格竹子为什么会失败？他和朱熹对《大学》有什么不一样的理解？

张学智：这是一个非常好的问题，也是很多朋友想提的问题。王阳明在龙场悟道之前，曾经有过两次格竹子的经历，但是两次格竹子都失败了。为什么会失败？因为朱子的为学方法、人格类型和王阳明有很大不同。朱子的方法首先是用"敬"把心涤除干净，用纯净的心去认识客观事物的道理。王阳明幼年时有过多方面的探索，他的心是不安分的，他是不满足于现状、不断往前推进的，他不是光静下心来思考外部事物道理的。朱子幼年时曾问他的父亲天之上是什么，表现出学者的致思方向。王阳明幼年时问塾师天下第一等事是什么，他要立志做圣贤，表现出经世致用的实践方向。所以王阳明格竹子没有格出名堂来，反而把自己累病了。在龙场艰苦条件的激发下，他认识到，除了认识心之外，还有更重要的方面，这就是内心的力量、内心的坚韧、内心的意志，这是理性之外的其他因素。这些是王阳明始终强调的，而朱熹所强调的是理性这个因素。朱熹认为每个人天生就有认知能力，天下的事物都有它的道理，只因人没有去广泛研究事物的道理，所以知识是贫乏的。《大学》教人的第一步是到事物上去穷究它的道理。朱子所谓心首先是认知之心，他要求的是静、定。但王阳明更加强调理性之外的其他因素。当然他也不是抛弃理性，而是把理性之外的其他因素提扬起来，实现对心的全方位覆盖。这就和朱子有很大的区别。心学，着重讲的是心，心是人的精神作用，精神作用的内涵是非常广泛的。如何把心的各种包涵调动起来，使它们互相依持、互相辅助、互相激发，共同构成一个整体来发生作用，而不是一个简单的认知之心，这是王阳明的根本精神。

主持人（王琦）：听了张教授的讲解，我们发现方法很重要，因为每个人在做事情的时候，他所信奉的理论体系不一样，就会导致方法不一样。为什么朱熹会成为理学大师、王阳明会成为心学大师，这是因为他们的学问、他们的方法之间有比较大的区别。

不知不觉已经过去了两个多小时，非常感谢张教授带来的精彩演讲。也非常感谢现场的听众朋友以及线上的40多万听众。感谢现场的媒体朋友以及工作人员。

香草美人地，诗韵汨罗江。本期讲坛到此圆满结束，我们下期再会。

祝大家身体健康、万事如意！

（王琦整理并经主讲嘉宾审定）

第12讲 “第二个结合”的哲学理解

万俊人，清华大学首批文科资深教授、国家文科一级教授、教育部长江学者特聘教授。兼任尼山世界儒学研究中心董事会董事、国际儒学联合会理事、中华孔子学会副会长、中国伦理学会原会长。《哲学研究》等杂志编委。南京师范大学、首都师范大学、浙江师范大学高等人文研究院特聘教授。北京大学、中国人民大学、浙江大学、武汉大学等高校兼职教授（研究员）。美国哈佛大学哈佛－燕京学社高级访问学者、哈佛大学“福布莱特”访问教授；英国剑桥大学人文科学艺术研究院、荷兰阿姆斯特丹大学访问教授；日本东北大学访问教授。著作有《现代西方伦理学史》《寻求普世伦理》《万俊人集》等23种；译著有《道德语言》《政治自由主义》《20世纪西方伦理学经典》等22种；在海内外中英文杂志上发表学术论文近300篇、古体诗词数十首，有古诗词集《悠斋清吟》等刊行。

直播二维码

直播在线参与人数：48.6万

导言

马克思主义基本原理同中华优秀传统文化相结合“是又一次思想解放”，这是把马克思主义基本原理同中国具体实践相结合之后的“第二个结合”，标志着我们党在传承中华优秀传统文化中推进文化创新的自觉性达到了新高度。我们应该如何理解“第二个结合”的深刻内涵，推进中华优秀传统文化的创造性转化与创新性发展？

2023 年 11 月 18 日，清华大学文科资深教授、教育部长江学者特聘教授万俊人先生莅临屈子书院讲坛，发表题为“‘第二个结合’的哲学理解”的主旨演讲，并与现场听众进行了精彩的互动。讲座由凤凰网湖南频道全球同步直播，在线参与人数多达 48.6 万。长沙理工大学设计艺术学院教授、湖南汨罗屈子书院执行院长王琦担任嘉宾主持。

各位乡亲、各位朋友：

大家上午好！我是岳阳人，所以用“乡亲”来称呼大家更亲切。我这次来湖南大学参加一个关于湖湘文化的研讨会，同时受屈子书院朱汉民山长的邀请，到汨罗屈子书院做一次演讲。这次回湖南做两场讲座。昨天上午，我在湖南大学岳麓书院做了一场题为“现当代美德伦理学的两条路径及其检视”的学术讲座，今天来汨罗屈子书院再做一场大众化一些的文化讲座，具体谈谈习近平总书记近期提出的“第二个结合”的哲学理解。虽然有一些学者和宣传部门对此已有大量宣传和讲解，但我觉得还没有深入揭示这一主题的深远意义，还有一些问题需要进一步厘清。我愿意借此机会和大家一起探讨这个问题。

一、“第二个结合”的三个意味

2023 年 6 月 2 日，习近平总书记在中国历史研究院出席了中国传统文化传承发展座谈会，首次提出了“ 第二个结合”的概念。如果大家了解近代中国史，了解中国共产党的百年历史，也了解我国七十多年的共和国史，就会发现这个命题的提出非同寻常，它不是一个简单的叠加，不是在“第一个结合”之后再提出“第二个结合”，而是具有多重意味且十分深远的重大“文化政治”命题。

大家知道，“第一个结合”是毛泽东主席最早明确提出并且身体力行的。我们读毛泽东主席的著作，会发现他的行文写作方式和现在很多马克思主义思想家、理论家、研究者们有很大的区别，他的著作里很少出现马克思主义的一些标语口号，甚至专门术语也不多见，而是用很平实的中国话语讲中国故事，却又充满马克思主义的科学精神。“第一个结合”是指马克思主义基本原理与中国革命和建设的具体实际相结合，所要解决的关键问题是我们建党、建国的指导思想和理论基础问题，既写进了党章，也写进了国家宪法。为什么在这个结合之后，要提“第二个结合”？“第二个结合”到底意味着什么？我们现在很多学者的理解还不是很到位，因为这个命题的提出意义非常深刻，其背景非常复杂深远，甚至还有很多根本性、关键性的观念、立场和判断需要阐释。

有人说，“第二个结合”是又一次思想解放，其意何在？因为它标志着我们党的文化自信到达一个新的高度，也是中国化马克思主义或者马克思主义中国化的划时代见证，表明我们党对传统文化——当然，首先是优秀传统文化——的认识达到一个新的高度。“第二个结合”实际上是习近平总书记关于文化问题的思考经过十多年不断地酝酿、深入推进所得出的一个标志性的结论，也可谓“十年磨一剑”，所谋划、决断和结论的是一个具有大局性或全局性的根本问题，即究竟该如何看待、对待我们这个拥有五千年文明历史的民族国家的传统文化问题。2012 年党中央新一届领导班子上任初始就直面这一根本性历史性问题，2013 年 11 月 24 日至 28 日，走向主席岗位不久的习近平同志到山东考察，也可以说是拜谒中国文化的代表人物——孔子，并在山东曲阜发表了重要讲话，其中一个重要的判断是：中华民族伟大复兴要以中华文化的发展繁荣为条件。换句话说，中华民族的伟大复兴是以中华优秀传统文化的复兴为前提条件的。没有文化的复兴，民族复兴大梦就难以实现。2014 年 9 月 24 日，习近平总书记在“纪念孔子 2565 周年诞辰国际学术研讨会暨国际儒学联合会第五届会员大会”开幕式上发表了重要讲话，他提到，“文明，特别是思想文化是一个国家一个民族的灵魂”。这是把思想文化提到了民族之魂这样一个前所未有的高度。在同年 10 月 15 日举行的文艺工作座谈会上，习近平总书记进一步指出，“没有中华文化的繁荣就没有中华民族的伟大复兴”。这是他对曲阜讲话的再一次重申。

从 2013 年到 2023 年的 10 年间，习近平总书记对思想文化的思考有一个基本的总结，那就是“第二个结合”的提出。我们可以有一个历史的对照，毛泽东主席的把马克思主义基本原理同中国革命具体实践相结合的思想是在革命年代提出来的，这一思想使得毛泽东同志成为中国化马克思主义的创始者、引领者，他的思想成果就是毛泽东思想。近百年以后，习近平同志提出“第二个结合”，这个“结合”解决的主要问题是如何对待、处理中国传统文化的问题。为什么现在才谈这个问题？因为如何对待、处理中国传统文化的问题，是近代以来我们国家和民族一直没有真正解决的重大问题。

要理解“第二个结合”的意义就要回顾三段历史：一个是鸦片战争，特别是五四运动以后一百多年来的近代中国史；一个是中国共产党的百年建党史；一个是七十多年的共和国建国史。从这三个历史维度出发，我们看到如何看待、如何判断、如何评价、如何处理传统文化这个问题一直没有解决好，或者没有获得一个终极的解决方案。我们记忆比较深的是毛泽东同志曾经谈到的对传统文化要“取其精华，去其糟粕”，这更多的是方法问题，但到底将传统文化放在一个什么位置上，还没有明确解答。学界过去有一个流行的观点，即把中国传统文化和西方外来文化看作“两翼”即一只鸟的两个翅膀，其中马克思主义是（主）“体”，这种说法叫作“一体两翼”，一度比较流行。这个说法虽然是一种隐喻，但也没有确切地回答应该将传统文化置于什么位置。

而“第二个结合”即把马克思主义同中华优秀传统文化相结合的新论断至少包含三个值得我们深思的意味。第一，它意味着中国传统文化，或者说和马克思主义相结合的中国文化将会成为我们党指导思想的有机组成部分，也就是说，成为中国化马克思主义的内在构成部分，从而使得传统文化的身份得以明确，不再是一个辅助性的资源，或者仅仅是一只“翅膀”。第二，它意味着中国化马克思主义这个概念能够得到一种全面彻底的解释。过去说把马克思主义中国化，如何“中国化”？不是说用汉语学习马克思主义就是中国化，而是必须从思想、内容、理论等各个方面吸收中国文明和文化的基本要素，并且从形式到内容都具有中国文明和文化的气质与特征。易言之，中国文明和文化的基本要素不能只是中国化马克思主义的外部装饰或修饰，而必须是其内在的构成部分。“第二个结合”回答了这一点。这很不简单，不是轻而易举能够做到的。对此，我待一会儿再解释其难如何且为何如此艰难。在这里，我只简单提示一句：这是一个我们一百多年来都没有解答的问题，现在终于得到解答且真的答对了。第三，它意味着只有这样或者只有实现“第二个结合”，所谓中国式现代化才能名副其实，才得以可能，才是真正的中国式现代化。

二、“第二个结合”的三个历史向度

接下来我讲讲“第二个结合”的三个历史向度，以便大家更好地理解为什么它内含上述“三个意味”。大家知道，鸦片战争后，我们国家突然从世界的中心被挤到边缘，从一个在人类五千年文明史上以“文明古国”“东方大国”甚至“世界强国”而著称的位置上跌落，甚至渐渐成为一个人见人欺的弱国、小国，其中，特别值得深思的是，1894年中日甲午海战的失败给我们民族和国家的尊严以最后的致命一击。历史上的日本（大和民族）曾经是中国的一个附庸国，绝大多数的内阁成员是不敢挑战中国的。为什么他们最后又敢这样做呢？促使日本内阁胆敢开战的最关键因素是什么？甲午海战以前，我们这个民族从朝廷到民间经历了一波又一波的外侮打击，信心已然不足。一个民族如果心力不强，哪怕体力很强，也是无法战胜别人的。中日甲午海战的结果是日本获得了2亿两白银的赔偿，而恰恰是这笔钱成为日本启动现代化列车的主要资本之一。去过日本的人都知道，日本国土贫瘠，哪有华北这样一望无际的平原，所以他们种地很精细，妇女膝盖上戴着油皮套跪在地上用小锄头挖，不像我们可以纵横捭阖、大刀阔斧地干，这是由他们的地理环境和物质条件所决定的。因此，没有中国的2亿两白银赔款，日本仅靠自身的资本积累进行现代化无疑还需要更漫长的时间。

中国在甲午海战中的失败对中国的影响是什么？日本的胜利带来了日本的现代化，而给我们民族带来的不仅仅是经济损失，更主要的是对民族信心的巨大打击，这种打击使得我们从朝到野、从上到下一片哀叹。很多学者开始寻找中国失败的原因，开始说是器物不行、武器不行，后来认为是技术不行、制度不行，进而认为是文化不行、精神不行，尤其是道德不行。陈独秀认为，文化道德的觉悟乃是中国现代觉悟的“最后觉悟”。可见，自鸦片战争以来，尤其是“五四运动”以来，国人自上而下对自身文化的“绝望”程度有多深，我们对自己的文化已然多么不自信。

如果你不了解这些历史事实，就不会了解文化自信的重要性。研究党史和现代史的学者知道，党的十八大的正式文件中最初只写了“三个自信”（即理论自信、道路自信、制度自信），“文化自信”是后来加上去的，这与习近平主席关于文化的系列论述是直接相关的。由此可以说，“第二个结合”是近代百年以来第一次重新让我们本民族的文化回到文化舞台的中心，没有“第二个结合”就没有我们重回文化中心的这一刻。所以，我强调“第二个结合”不是一般的文化思想，而是具有标志性和划时代意义的重要思想。我自己是研究西学的，当我第一次听到这个说法时，很坦率地告诉大家，我一时半会没有缓过神来，感到特别震撼，思考了很长时间才有所感悟。在过去，传统文化是边缘，是条件，是“佐料”，是“翅膀”，而不是“体”。不是“体”怎么能够回到中心呢？怎么谈文化自信呢？

如果仔细梳理五四运动以后中国社会发展的历史，就会发现，在人类历史上找不出哪一个民族像我们这个民族一样，曾经对自己的文化那么失望、那么厌恶、那么怨恨，好像我们的“不好”都是文化造成的，都是孔夫子的责任。我经常跟研究中国哲学的朋友说，我们这一代人的无能，怎么能赖孔子！2500年前，孔子已经足够优秀卓越了，全世界都敬仰他，我们有什么资格埋怨祖先？我们不能把自己的弱小和没有自信归咎于先贤。五四运动中的文化激进主义和“文化大革命”对传统文化的全盘否定，是我们这个民族曾经的一种文化心理病，我将之概括为“文化自虐”。在一些情形中，研究西学的人对中国文化的体认可能比研究中学的人看得更清晰、更明白。所谓“不识庐山真面目，只缘身在此山中”大概是指这种情况。

我们需要一个历史的比较镜像或面向。西欧为什么能够率先进入现代化？西方从传统社会向现代社会的转化是如何实现的？其实西方人经历的痛苦、阵痛、怀疑、怨恨，不比我们近代经历的少，其探索和转变的时间甚至要比我们的近代百年长得多。按照马克思和大多数西方思想家、历史学家、哲学家的看法，西方社会的近代转型始于文艺复兴，从十四世纪就开始了。如果说西欧正式进入现代化的标志是英国工业革命和民主政治革命（以1688年的“光荣革命”为标志）的成功，那么，西方社会的现代转型长达500年，即使是从1688年英国“光荣革命”算起，西方社会从传统向现代的社会转型也经历了将近300年的文化阵痛。实际上，到17世纪晚期，整个西欧国家对自身传统文化的认识大都是批判性、否定性的，他们把千年的封建时代即中世纪看作是“黑暗的世纪”。文艺复兴用人道主义取代神道主义，要求走出中世纪，走出黑暗。一直到20世纪初，以德国社会学家马克斯·韦伯为代表的一批欧洲文化守成主义者，在反思西方现代化的进程中，才发现，千年的中世纪并不完全是黑暗的世纪。

如果没有中世纪后期文艺复兴的星星之火，也就没有文艺复兴以后的现代黎明，更不会有 18—20 世纪欧美现代化的灿烂阳光。中世纪是政教合一的时代，神父和主教同时是世俗国家的领袖和管理者。现代欧洲曾经有句名言："把耶稣的还给耶稣，把凯撒的还给凯撒。"什么意思？就是政教分离，把宗教信仰事务交给教会和神，把世俗事务交给世俗国家和政府治理者。大家认为，近代欧洲现代化成功的标志，一个是市场经济全面推开，一个是实现政治与教会神学分离后的民主政治，还有一个是世俗文化也就是文艺复兴带来的世俗人文主义或人道主义的兴起，这是欧洲现代转型成功的文明标志和文化标志。

世俗化与神圣化是相对立的，世俗化的过程就是不断摆脱教会和宗教束缚的过程。加拿大著名哲学家查尔斯 · 泰勒把整个西方世界的现代化过程看作是一个世俗化的过程，这是他的代表作《世俗的时代》之核心思想。但德国社会学家马克思 · 韦伯却认为，实际的情形不一定如此，因为中世纪——包括教会从制度到文化、教育、经济等各个方面——也为近代西方社会的现代化准备了条件，积蓄了力量。马克思 · 韦伯有一本名著叫《新教伦理与资本主义精神》，他的研究证明，"新教伦理"最早就是资本主义伦理精神的构成部分和核心价值之一。教会积累了大量财富，实际上是为西方近代化，比如说为近代市场经济准备了最初的启动资本和原始资源，也就是给市场经济的河床注入了最早的源流，借用朱熹的诗句来说，"新教伦理"才是资本主义的"源头活水"，而非人们长期误以为的精神文化障碍。

大学是科学技术知识的原创基地。我们都知道科学技术和现代知识对现代社会的重要意义，但是大家知道是谁最早创办了现代型大学吗？是教会创办了大学。世界上最早的大学就是意大利的博洛尼亚大学，是在 11 世纪创办的。博洛尼亚大学被公认为"现代大学之母"。大学的创办使得知识的现代化、技术的工程化和普遍化成为可能。在某种意义上可以说，没有现代大学，就没有人类社会的现代化，也就没有现代社会本身。可值得玩味的是，大学恰恰是由教会创立的。直到今天，欧美最好的大学城也几乎是由教会基金会建立和支持的，比如说，哈佛大学、耶鲁大学。欧美的大学最富裕的学院是什么学院？绝大多数情况下，大学的神学院最富有。顺便说两句，现在中美关系比较紧张，美国大学给中国留学生提供的奖学金大幅度减少，理工科学生基本上拿不到签证。然而，神学院依然开放且能够较为顺利地拿到美国签证，清华哲学学堂班的学生就有申请成功的例子。如果真的想去美国留学，就可以申报美国大学的神学院，先去学两年再转专业，这叫“曲线救国”；或者，“一心二用”：到那儿后既学神学又学自己喜爱的专业。这是我的经验之谈，因为我比较了解美国，清华、北大的一些学生接受我的建议，结果屡试不爽。这也从侧面反映出欧美的高等教育中，教会神学的地位依然很高。所以你能说教会是现代社会的障碍吗？当然有障碍、有消极作用，但还有人们过去没有看到的积极作用。韦伯看到了这一点，现在越来越多的社会学家、史学家、哲学家能看到这一点。不管是积极的还是消极的，都证明了一个事实：西方社会从传统到现代所经历的阵痛，他们对自身传统文化的怀疑、否定、批判、反思过程比我们长得多。对我们来说，一百年的确漫长，但跟西方比，并不算长。

如何看待传统文化，如何给传统文化定位，这一问题之所以一直没有明确，其根本原因在于，这一问题本身太复杂，需要耐心，需要时间。经过百余年来的曲折反复，“第二个结合”的提出，终于能对这一问题做出根本性、全局性的解答，历史地看，的确来之不易。

从百年建党史这一专门史的向度来看，我认为，“第二个结合”是中国共产党建党史上的一次重大突破，是对“第一个结合”的继承，更是对“第一个结合”的重大发展。“第二个结合”站在更高的或者新的时代高度来回答这一问题，不再停留于“取其精华，去其糟粕”的一般方法论解说。

注意：在“把马克思主义基本原理同中华优秀传统文化相结合”这一命题式表述中，“优秀”这个前缀词不可省去！这是有讲究的。如何从传统文化中发现其优秀因素？首先当然还是要继承“第一个结合”所确立的“取其精华，去其糟粕”之历史唯物主义方法论原则。我们党历来重视思想文化建设和意识形态工作，思想文化建设需要科学有效的引导，要求我们对中国漫长的历史、文化，特别是近代以来的历史、文化，以及我们党的思想文化属性有充分、全面的认识。从党史来说，“第二个结合”不是一个简单的数量叠加问题，而是创新性的、具有时代意义的又一次飞跃，具有十分重要的意义。

“第二个结合”的提出，是因为我们党和我们国家、民族已然处在历史发展的新阶段，不仅终于摆脱了近代百年以来落后挨打的局面，而且迎来“百年未有之大变局”的新时代。作为40、50、60后，我们几代人亲身经历和见证了这一重大历史变换的过程，感触可能比年轻人更真切。我于20世纪80年代末90年代初开始走出国门，感触的确很深，因为那时候，我们国家与欧美国家的差距实在太大，所以我特别能理解那时候一些人为什么不遗余力、争先恐后地要出国。同样，我也能理解最近这些年为什么一些人不急于出国，这同样是比较的结果。

中国通过四十余年的改革开放，取得了今天如此辉煌的成就。我清楚地记得20世纪70年代末我去中山大学上学的时候，岳阳火车站十分拥挤，还是我哥把我从窗户推进火车里去的。我从岳阳火车站一直站到韶关，脚肿了，鞋都穿不了。现在我们坐高铁，从北京到岳阳2000余公里，只要坐6个多小时，速度快多了。现在我们国家进入了一个新的发展阶段，需要有先进的思想和文化装备。这个装备从哪里来？不能从欧美国家借过来，因为那个装备并不适合我们，我们必须有自己的装备，要用自己的思想和文化武装自己。因此，“第二个结合”对中国的现在和未来都具有根本性的、关键性的指导意义，这个是没有问题的。

三、如何从哲学上理解“第二个结合”

现在学者们写了一些文章，说马克思主义有三个构成，即历史唯物主义、科学社会主义、马克思主义政治经济学。有人说，马克思主义主要是三个部分，即本体论、辩证法、历史观，可以从中国优秀文化的三个方面来跟它配置，这个是比较形式主义的。其实不是这样的。马克思主义属于西方文化和思想的产物，而且马克思本身是犹太人，他不仅有西欧文化的背景，也有基督教的背景。一个来源于西方文化、来源于异域传统的思想文化体系，如何与中国以儒家为主体的文化思想体系达成契合并结合起来呢？我们必须回答这个问题。两种不同的思想文化体系之间能够达成契合，并且能融合起来，必定有其思想和精神气质的一致性。如果没有这种一致性，是很难结合起来的。

马克思主义之所以能够与中华优秀传统文化相结合，我想有这样几个方面的原因。第一是彻底坚定的、深厚的人民性，这是马克思主义与中华优秀传统文化所共享的。马克思主义的人民性很好理解，因为马克思主义是无产阶级的学说，为无产阶级发声、辩护，是国际共产主义运动的指导思想。大家如果了解国际共产党运动史就会明白这一点。马克思主义作为无产阶级革命和解放的学说，曾经对资本主义、资产阶级进行过深刻的批判，我们读《资本论》就知道。马克思为什么要为无产阶级发声呢？因为无产阶级受到了资产阶级的剥削和压迫。《资本论》里记载，资本的每一个毛孔都沾满了工人阶级（就是无产阶级）的血。剩余价值是怎么产生的？资本主义生产的每一个环节是怎么剥削工人阶级的？《资本论》都有很详细的分析，所以马克思鼓励无产阶级起来反抗阶级压迫、反抗经济剥削，追求解放。无产阶级追求革命和解放的结果是什么？失去的是锁链，赢得的是整个世界，搞马克思主义研究的人都知道这句名言，所以在天安门城楼上现在还有那句话——世界人民大团结万岁。全世界无产者联合起来，这是马克思主义学说最基本的政治立场。马克思主义在某种意义上是资本主义社会批判的学说，是一种真正科学的批判理论。

中国传统文化是一个多文化元素的综合体，本身具有超强的兼容能力。为什么？因为它是在多文化元素中生长起来的。我们常说中华文化是儒、释、道三教合流的，其中儒家是主导。有人开玩笑说，儒家管人，释家管天，道家管地。中国的文化传统既多样又丰富，这是我们文化的一个优势。

在中国传统文化中，因为儒家是管人世的、管人世间的，所以儒家文化成为我们国家的主导文化，我们在日常生活中对儒家文化的感受也是最真切、最亲近的。如果我不是教徒，我不会到庙里去；如果我对道家老子、庄子的体会没有那么深刻，我就不会那么超然地躺在石头上做蝴蝶梦，也做不到像庄子那样妻子死了还敲盆而歌。儒家的东西，我们能做得到，因为儒家主要是一种道德哲学学说，主要是教我们怎么做人、怎么处理人伦关系、怎么把人类社会治理好，所以是一种伦理学 + 政治哲学。在这个意义上来说，从经验感受和其在生活中发挥的作用来说，儒家主导中华文化，这个定位是可以肯定的。这并不是说儒家就高于其他的几家文化，而是就它对我们个人生活、家庭生活、社会生活、国家政治生活的作用而言的。以儒家为主体的中国文化历来强调以人为本，而且是民贵君轻，与民由之。孟子说老百姓最重要，他有一个比喻：老百姓是水，君王是船，没有水船就行不动，水既可以载舟也可以覆舟。所以老百姓的作用是关键的、基本的，是根本性的。在这一点上，马克思主义和儒家主导的中华优秀传统文化是有契合性的，二者都具有人民立场。正因如此，所以获得了整个社会中下层人民的普遍认同与信服，老百姓信它、信仰它。这是第一个契合点。

第二个契合点在于，无论是马克思主义还是儒家主导的中国传统文化，都强调经济基础在人类社会生活和社会实践中的优先性。马克思主义坚信，人类社会首先要解决的问题是衣食住行，得让人有衣服穿、有房子住、有饭吃、有行动自由，而后才可谈其他。用儒家的话说，就是要先解决日常生活中的柴米油盐问题，而后才可谈论其他。用中国化的佛教禅语来说，担水砍柴无非妙道，修行悟道不一定非得住在庙里，在家担水砍柴、养家糊口，也可以修行。马克思主义和中华优秀传统文化都关注老百姓和底层人民的日常生活，关注社会的经济基础，关心社会生产力的发展，都坚持历史唯物论的哲学立场。不同的是，马克思主义的历史唯物论是从一般历史哲学理论延伸到具体社会历史，探索人类社会历史发展的普遍规律。中国传统文化中可能没有历史哲学这一说，但中国传统文化始终坚持唯物主义的立场，从个人生存到家庭伦理直到国家政治生活领域，此道一以贯之。两者的差别只在科学化、合理化的程度差别，认知方法和价值取向都是相似甚至是相同的，都是一种历史唯物论，差别只存在于科学历史主义与素朴经验主义之间。

第三个契合点是，无论是马克思主义还是以儒家为主导的中国传统文化，都是无神论。孔子说，人世的事都没有搞清楚，就别去操心鬼神的事了，真正的儒家是不谈鬼神、宗教和来世的，他们关注的就是怎么过好当下生活，把握实际生活的实用道理。马克思虽然是犹太人，却不信鬼，是一位彻底的无神论者。不仅如此，他还把宗教斥为精神鸦片，认为宗教神学具有虚伪性和欺骗性。因此，我们可以把马克思主义和儒家文化当作一种入世和淑世的思想文化体系，在这一点上它们是契合的。

当然，马克思主义与中国传统文化问题之间还有很多契合点，也并不是没有差异甚至歧见。比如，很多人把儒家伦理看作一种朴素的、基于自然亲情的社群主义。在当代新儒家中，哈佛大学杜维明教授就认为，儒家伦理是基于亲情本性的家国同构伦理。他谈儒家的情感主义时打了个比方：儒家亲情之爱好比在平静的湖面扔下一块石头，由内到外形成一圈一圈梯次向外扩展的波纹，它是一个不断扩展延伸的同心圆，儒家的家庭（亲情）伦理就相当于这个波纹圈的圆心。儒家强调爱由亲始，对自己最亲近的人爱得最深，甚至是无条件的爱。比如，大家熟知的“子为父隐，父为子隐，直在其中”之论。还比如，子女找父母要钱，父母一般只会问要多少、够不够，不会让子女打借条、立字据，因为至亲之间的爱是无条件的。但若别人找他们借钱，他们就会让借钱人立字据，至少也得找第三方见证。今天，我们对儒家的理解应当考虑具体的历史语境，需要有对自然人性的亲缘体悟，不能把人完全看成是后天的、社会的产物，人永远无法摆脱自然本性，在这个意义上说，人永远首先是自然动物，而后才是社会动物。比如说，中国儒家强调“和为贵”，这个“和”不只是调和、折中，还可能是高明的治理之术。儒家的“和”，特别是在社会建设发展时期，首先意味着团结，这其实是现代社会很珍贵的资源。我们既需要理性地批判，更需要对其积极因素进行传承与弘扬。

马克思主义与中华传统文化既有不同，也有“和合”的潜能，“和而不同”是两者得以契合的合理方式和潜能之所在。因此说，“第二个结合”是一个开放的课题，有很多东西还需要继续研究。

概而言之，习近平文化思想中有许多重要论述，“第二个结合”无疑是最为关键、最为重要、最具标志性意义的论述。我之所以选择从近代史、百年党史、新中国七十多年建设史三个历史的面向来谈“第二个结合”，是因为在我的理解中，只有从多维的历史角度来看，才能理解和把握“第二个结合”的深刻含义和重大价值。仅仅从哲学、史学、文化的一般理论上来理解，可能会陷于条条框框式的平面理解，难以真正理解马克思主义与中华优秀传统文化之间深度的或者内在气质的契合。马克思主义同以儒家为主导的中华优秀传统文化虽然属于两种不同的思想文化体系，二者之间无疑存在着许多差异、陌生、间隔甚至张力，但在基本价值向度或内在认知趋向与发展潜能上，两者之间有着内在兼容、相互补充、相互学习、相辅相成的现实的可能。所以，“第二个结合”不仅可能，而且有巨大的发展潜力和光明的前景。这对于我们今天重新认识本土文化传统，并在新的历史条件下传承、改进、创造性转化我们自身的优秀文化传统，使之成为建设中国式现代化的深厚文化资源和强大精神力量，具有极为重要的价值和意义。

以上就是我个人的学习体会，希望对大家的学习理解有所帮助，讲得不对的地方请大家批评指正。谢谢！

（王琦整理并经主讲嘉宾审定）

现场互动

王琦（主持人）： 非常感谢万教授的精彩演讲。万教授用了将近两个小时的时间，以非常宏阔的视野和中西对比的眼光，深入浅出地阐释了“第二个结合”的三个意味、三个历史向度，带领我们去探寻马克思主义基本原理为什么能和中华优秀传统文化相结合的、内在的、深层的原因。万教授指出“第二个结合”使中华优秀传统文化的身份得以确认，让我们本民族的文化又回到了文化的中心，对中国现在和未来的发展具有非常重要的意义。只有实现了“两个结合”，中国式现代化才有可能真正地、名副其实地实现。马克思主义基本原理之所以能与中华优秀传统文化紧密地结合起来，是因为两者之间有着内在精神气质的契合，比如说以民为本的人民性立场、对经济基础优先性的强调、无神论的主张等，两者相互融合、相互促进。这些真知灼见带给我们很多的智慧启迪。让我们以热烈的掌声再次感谢万教授。

今天现场来了很多朋友，尤其是中南大学的同学和老师们特意从长沙赶了过来。现在，我们开放两个问题，欢迎同学们、朋友们与万教授互动一下。

观众提问： 万教授，您好！我也是湖南岳阳人，欢迎您回到家乡讲学。汨罗是屈原晚年生活与魂归之处，同时也素有端午源头、诗歌原乡之称。请问：我们应该如何挖掘湖湘地域文化与传统文化资源，打造好屈原这张名片，助力文化建设与发展？谢谢！

万俊人：谢谢你的提问！不过我以为，你刚才提的“诗词原乡、龙舟故里”的定位可能还是偏低了些。屈子《离骚》代表了中国文化的两大源头之一，它不仅是诗歌之源，而且是中国文化之源。《楚辞》代表着一种充满浪漫主义理想的文化精神类型；而起源于北方的《诗经》则代表了中国文化中的现实主义源头，这是中国文化的两大传统之源，所以屈原和汨罗不只是中国诗词的“原乡”和龙舟的“故里”，还是中国传统文化的两大源头之一。西方文化也有两大原始传统即希伯来（宗教）文化传统和古希腊（世俗）文化传统。古希腊文化属于理性化的哲学传统，希伯来文化是宗教化的信仰传统。

屈子《离骚》的浪漫主义和理想主义在毛泽东主席身上体现得淋漓尽致。你读毛主席的诗，尤其读他的《沁园春》词就会体会到。如果你将他在学生时代写的《沁园春·长沙》跟1945年到重庆谈判时写的《沁园春·雪》作一个比较，就不难了解《离骚》对毛主席的影响有多大，其间所表达的心忧天下、心怀天下之非凡气概，无不洋溢着一种革命浪漫主义和理想主义的豪迈。所以我建议对屈原的文化定位再高大一点。昨天，我参观了屈子书院，今天早上我还跟王琦教授说，如果早知道屈子书院建得这么好，我应该讲一个关于教化的主题，它可能是更适合屈子书院或汨罗的文化讲座。在我的内心，屈子不仅是中华诗歌诗学之源，也是中国文化之源，是中国文化传统的两大源头之一。

怎么擦亮屈原这张文化名片？这当然是个时髦的说法。要使一个地方的文化价值和意义得以充分彰显，有很多方式和层面。我大概每隔一段时间就去一次曲阜，去祭拜孔子。人们常说，一位先贤养一方人、兴一方土。曲阜是文化之乡，他们崇学，所以教育做得特别好。我曾经跟他们领导说，曲阜师范大学为什么不改名叫孔子大学，千万别再等待了，说不定韩国人办个孔子大学，咱们又没有署名权了，这是很有可能的，因为韩国人老抢我们的传统文化版权，他们的文化意识强得很。我的意思是，我们虽然可以搞国际龙舟竞赛、举办旅游节、建设文化公园、开发一些项目等显形的活动，但仅仅这些远远不够，不足以彰显屈子故里或汨罗地方的文化价值和意义，还要从器物、从显形的层面进入更深的精神文化层面，挖掘更多的文化思想内涵，以阐发屈子文化作为中国优秀传统文化之乡的丰富意味和永恒价值。

为什么我主张对屈子的文化定位要高呢？打造屈原文化，对外不仅仅是划龙舟，还要让人们从心里热爱屈子、热爱诗歌，向往汨罗。只要是中国人，只要是真诚想了解中国传统文化的海内外游客，只要真心向往屈子文化，迟早都会来汨罗，一如我们想要了解我们古老的文化传统，就不仅要到河南安阳去看殷墟遗址、看甲骨文文物，而且要去西安看兵马俑，到洛阳去看云冈石窟。山西人很会做文化广告，他们有个广告词："一半华人都是从大槐树底下走出去的。"最近还要拍《大槐树》影视作品。新型冠状病毒疫情之前，我曾去衡阳参加王夫之诞辰纪念学术会，有幸拜见王蒙老部长和著名衡阳籍电视剧作家刘和平先生。刘先生正在紧锣密鼓地筹拍电影《援军明日到达》（曾名《衡阳保卫战》），记得当时还有黄建新导演在场。我相信，如果电影《援军明日到达》和《大槐树》成功拍摄和公映，一定会让英雄之城衡阳和中华民族原乡山西大槐树成为新的文化符号和精神标识，文化意义的"彰显"之功一定超乎想象的大且远。

我的本意是，将屈原文化符号化，做成中国文化的重要标识。山西人说半数华人都是从大槐树底下走出去的，五千年文明看大槐树。我们说三千年文明看汨罗，看屈子，行不行呢？或者说，三千年文明问屈子。屈子问天，我们问屈子。这不挺好吗？总之，就是要把屈原做成一张文化名片、一个文化符号，以充分彰显其文化价值和永恒意义。

昨天，专家学者和领导们在岳麓书院一起讨论湖湘文化。省委宣传部、岳麓书院等单位组织召开了湖湘文化学术研讨会。为什么要开这个会？习近平总书记、李书磊部长先后考察过岳麓书院，他们表达了一个相同的意思，不能仅仅把湖湘文化理解为一种地域文化，这太低级了。为什么？因为湖湘文化从屈原开始，中经周敦颐、王船山，一直到近现代，在中华文化的历史长河中占据重要地位。为什么我认为你们对屈子的文化定位过低呢？我们当然不能把屈子定位为一尊地方神，地方神只能受地方人的推崇。我们应该要把屈子定位为中国文化的"神"，甚至全人类共享的文化精神之"神"，让全国人民和全世界的人都来看看。定位的高低决定着屈子文化影响的大小。我在清华大学有一个方丈理论，方丈一定要是大方丈，不能是小庙里的方丈。我们引进的学术领袖式人才一定是国内外知名学者，一谈到某个学科，就能想到他或者她，他们是学术庙堂里的大方丈。我的学生们有时候问我：什么才算学术"出道"？我回答他们：所谓"出道"的基本底线是，开全国性的专业学术研讨会时，如果在无人推荐的情况下，大会主办方也会想到邀请你参加并做主题发表，就算是专业学术“出道”了。好像你不参加这个会议就有缺憾似的，这就是“出道”的标志。从高标准来说，就是国际性专业学术会的组织者在无人推荐的情况下，想邀请你参加并做大会主题论文发表，这算是“出大道”。走上学术大道，走出国门，是为学术独立和专业“出道”。当然，这是比较纯粹的学术标准。有关文化定位，也是这个道理。

来岳麓书院开会并来屈子书院做讲座的前几天，清华大学人文学院举行了人文学祖群雕落成仪式，这组铜塑群雕由十一尊半身雕像组成。他们都是清华大学的人文始祖，包括：清华国学院的四大导师 + 国学院的首任院长、文史哲三系的创系主任 + 本学科的一位杰出学术代表人物。这十一尊雕塑中有两个湖南人，一位是清华大学哲学系的创系主任金岳霖先生，一位是清华大学历史系的创系主任蒋廷黻先生。我很自豪，自觉有些经验值得借鉴。做文化一定要首先定好文化方位。说实话，我真的很希望什么时候由张艺谋导演或某位具有国际影响力的导演来导一部《屈原》电影，此前有过电视剧和电影《孔子》，《孔子》这部电影的反响还是很好的。我希望有人能够将《屈子》搬上荧屏，做得更好，甚至能够冲击诸如奥斯卡奖一类的文化艺术高台。

主持人（王琦）：万教授的回答非常精彩。因为万教授是一个学贯中西的学者，他具有世界性眼光。屈原确确实实也是世界文化名人之一，万教授也提出了很好的建议，三千年的文明看屈子、问屈子；屈子问天，我们问屈子。这个定位非常高、非常好。让我们再次感谢万教授。

观众提问：万教授，您好！请问作为当代年轻人，应该如何学习经典、如何学习传统文化呢？

万俊人：好问题，我愿意尝试回答你。我自己的体会是，学习古典文化或者经典文化，首先要有师傅引导。为什么？比如说读书、读经，读《论语》《周易》，没有师傅领进门是不行的。对年轻人来说，学习经典有两个天然的困难：第一是文字。读经最好是读繁体字本，但是汉字简化以后，现在的年轻人识繁体字有些困难，总要查阅字典，而且现在的汉语字典里很多字没有繁体字，这是很成问题的。第二是语言困难。昨天我在岳麓书院谈到，现代年轻人对传统文化不太理解，对中国文化的本色、本质不了解。如果用一个字来形容一个文化，德国、法国、中国的文化特征如下：德国文化本质上是“思”的文化，德国人善于运用哲学，在西方，有个说法，古代哲学讲古希腊语和拉丁语，现代哲学讲德语。法国文化是“看”的文化，现代化妆品几乎都是法国人的发明，指甲、口红、裸奔，都是他们擅长的，“看”就是要吸引人们的眼球。中国文化的特征是什么呢？是“听”的文化，如子曰、爷爷奶奶说或者爸爸妈妈说、导师说或者师傅说、领导说或者领导指示等等，《论语》就是这样的。子曰：“有朋自远方来，不亦乐乎？”子曰或者先生一说话，学生就得认真“听”。我们都是在“听”的文化中成长起来的。

既然是“听”的文化，那么其特点是什么？首先得听，得有师傅、导师或者老师指导。如何读经？先得有师傅领进门。为什么要先有师傅？因为中国文化传承的基本特点就是“听”，所以得先“听”后“看”再“想”，最后才能“习得”。我上过半年私塾，所以我学诗学书还算有点幼学的基础，有些切身体会。总之，有师傅领进门可以少走很多弯路。

其次，读经一定要持之以恒。读经肯定会有厌烦的时段，但一定要熬过厌读时段，熬过了就会喜欢上，就会进入迷恋状态。这个有点儿像我们学骑自行车、学外语，开始是好奇，随后是艰难，等学会了后就喜欢上了。人干什么事情，都是从开始喜欢，到后来缺少耐心，这时候就要坚持。坚持就是胜利，读经一定要有这样的毅力。

昨天，王琦院长带我参观了屈子书院，屈子书院建得真是太好了。我准备以后让清华哲学拔尖班的学生来这里读经，在屈子书院住上两三个星期，选择一两本先秦经典，请老师带着同学们读《论语》、读《周易》、读《孝经》等。我们在山西晋城、北京周边等地建立了好几个读经的地方，准备在屈子书院再建一个读经点，到时候通知在座的或喜欢读经的朋友，跟我们的学生一起读经典，问道学。

主持人（王琦）：感谢万教授给我们带来一场非常生动、幽默、风趣的演讲！万教授对我们屈子书院情有独钟，昨天我带万教授参观的时候，他说暑假要把哲学班的学生带来这里读经。其实，汨罗是一个有着非常深厚的学哲学氛围的地方。我听汨罗的老一辈说，20世纪70年代汨罗人民群众学哲学、用哲学还曾经名动全国。如果万教授把哲学班的学生带到这里读经，也是和汨罗有内在精神气质的契合性，所以我们非常期待万教授和清华大学的同学们来屈子书院读经。再次感谢万教授！

不知不觉时间过去了两个多小时，非常感谢现场的朋友以及线上的网友们对屈子书院讲坛一如既往的支持，也特别感谢中南大学的领导和同学们，感谢现场的工作人员以及媒体朋友们。

香草美人地，诗韵汨罗江，本次讲坛至此圆满结束，我们下期再会。

祝大家身体健康、万事如意！

（王琦整理并经主讲嘉宾审定）

第13讲

用道家智慧照亮人生

陈霞，中国社会科学院哲学研究所研究员、博士生导师，中国社会科学院大学岗位教师，专业研究领域为道家与道教文化、中国哲学、宗教学。著有《道教劝善书研究》《道家哲学引论》《道教身体观：一种生态学的视角》《道教伦理：传统形态与当代新诠》，主编有《道教生态思想研究》《王明集》，合著有《雨花斋：一种新型的民间公益养老实践》，合编有《宗教学原理》《道教术语英汉双解词典》《中西文化视野中的人性》，参加过《宗教观的历史·理论·现实》《古今中外宗教概观》《中国道教思想史》的写作，以及《马丁·路德的神学》《道教与生态：宇宙景观的内在之道》《人类的宗教》《中国传统哲学纲要》《中国哲学典籍大全提要》《抉择：二十一世纪看〈易经〉》《道教与中国传统文化》等著作的英汉互译工作，发表中、英文论文、译文共一百多篇。

直播二维码

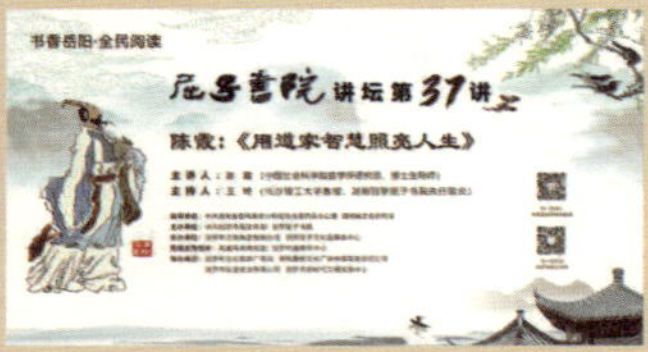

直播在线参与人数：43.6 万

导言

老子说，“道可道，非常道”，“玄之又玄”。《道德经》五千言，其中“惚兮恍兮”“恍兮惚兮”犹如天书，给世人留下了难懂的印象。但老子本人却说：“吾言甚易知，甚易行。天下莫能知，莫能行。”老子之道究竟蕴含着怎样的智慧？他是如何从一条自然之路出发，开始了深邃的思想之旅，求索社会、人生的智慧，并将人类的视域推广到广漠浩瀚的天穹？这些思想对我们的生命滋养与人生发展有何指导意义？

2023年12月9日，中国社会科学院研究员、国际易学联合会常务副会长陈霞莅临屈子书院讲坛，发表题为“用道家智慧照亮人生”的主旨演讲，并与现场听众进行了精彩的互动。讲座由凤凰网湖南频道全球同步直播，在线参与人数多达43.6万。长沙理工大学设计艺术学院教授、湖南汨罗屈子书院执行院长王琦担任嘉宾主持。

各位现场的朋友们，还有各位线上的朋友，我今天来到屈子书院非常荣幸，所以特别感谢屈子书院以及汨罗宣传部门组织的这次演讲。当然尤其要感谢线上和线下的朋友们，还有媒体界的朋友。我今天和大家分享的话题是：用道家智慧照亮人生。这个题目也是我和屈子书院的执行院长王琦老师多次沟通后确定的。我对道家的理解还很粗浅，在今天下午的分享当中希望朋友们能够和我互动，并对我的观点提出批评指正。

我今天下午将分享三个方面的内容：第一部分是在诸子的比较当中来呈现道家哲学的特点；第二部分和朋友们一起分享道家哲学如何体现出思辨性、高度的抽象性和形而上学性，这是道家哲学尤其有魅力的地方；第三部分，把抽象的形而上学意义上的哲学之道向下落实到现实社会和人生，看看如此深邃的思想是否能够指导我们的日常生活。

一、诸子中的道家

一个东西的特点是在比较当中产生的。春秋战国时期出现的诸子百家，其思想在汉代有比较深入的总结。其中的一篇文献《史记·论六家要旨》，是司马迁的父亲司马谈所作，他把诸子归为六家：阴阳家、墨家、儒家、法家、名家和道家。

司马谈说阴阳家的特点是：“阴阳之术，大祥而众忌讳，使人拘而多所畏，然其序四时之大顺，不可失也。”

“墨者俭而难遵，是以其事不可遍循，然其强本节用，不可废也。”

“儒者博而寡要，劳而少功，是以其事难尽从，然其序君臣父子之礼，列夫妇长幼之别，不可易也。”

“法家严而少恩，然其正君臣上下之分，不可改也。”

“名家使人俭而善失真，然其正名实，不可不察也。”①

司马谈对阴阳、儒、墨、法、名五家褒贬各占一半，但他谈到道家的时候说：“道家使人精神专一，动合无形，赡足万物。其为术也，因阴阳之大顺，采儒墨之善，撮名法之要，与时迁移，应物变化，立俗施事，无所不宜，指约而易操，事少而功多。”②“道家无为，又曰无不为，其实易行，其辞难知。其术以虚无为本，以因循为用。无成势，无常形，故能究万物之情。不为物先，不为物后，故能为万物主。”③从这里可以看出他对道家是比较推崇的。

道家从春秋以来在中国历史上绵延至今，历代注老解庄者非常多。这些年不断有考古发现，如长沙马王堆出土的帛书、湖北荆门出土的竹简等。如果这些墓主人生前不喜欢《道德经》，也不会在死后把它作为陪葬品。道家思想不仅在华夏传播了两千多年，而且《道德经》在现代的销量仅次于莎士比亚的作品，其译本的种类之多仅次于《圣经》。根据目前的统计，全球 95% 以上的识字人口均可通过母语阅读《道德经》，计有 97 种语言，多达 2052 种译本。

为什么古今中外的人都喜欢道家思想呢？因为老子思想的哲学性很强，他的哲学思考与众不同，具有超越时空的魅力。汉代“罢黜百家，独尊儒术”以后，诸子百家中的名家、墨家、阴阳家、法家不再作为一个独立的学派继续传播，他们的思想融入了儒家、道家。道家思想直到今天还在绵延，我认为其中一个主要原因是其思想的魅力，如果没有这个思想魅力，古今中外的人们不会主动、自愿地想来了解这样一种思想。比如说《道德经》97 种语言的译本，不是后面有一个宗教团体或者机构在刻意向全球推动，它纯粹是凭自己思想的魅力走遍了世界。

---

① ［汉］司马迁：《史记》，中华书局 1982 年版，第 3289 页。
② ［汉］司马迁：《史记》，中华书局 1982 年版，第 3289 页。
③ ［汉］司马迁：《史记》，中华书局 1982 年版，第 3292 页。

二、哲学之道

道家的思想究竟有怎样的魅力能够广传久远？第一个魅力是其视野的开阔。道家是一种具有宇宙视野的哲学思考。比如说庄子的开篇《逍遥游》，这个文本非常美："北冥有鱼，其名为鲲。鲲之大，不知其几千里也；化而为鸟，其名为鹏。鹏之背，不知其几千里也。"① 我们看到，在开篇庄子把时空撑开了，出现鲲鹏展翅九万里的宏伟意象，这种意象具有很强的审美性。在战国时代，没有今天的宇宙飞船，但是庄子的思绪已经飘到了九霄云外，"是鸟也，海运则将徙于南冥，南冥者，天池也"②。它往南飞，从遥远的北边飞到看不到边际的南边，"去以六月息者也"③。并且鲲鹏飞向天空后，它还要反问："天之苍苍，其正色也？"④ 这是非常宏大的视野。

还有一个成语叫楚弓楚得，它出自《吕氏春秋》⑤。荆人出去打猎，掉了一把弓箭，他说不用找了，荆人遗之荆人得之，荆人掉的弓箭，捡到的是个荆人，找不找没有关系。这个故事传到了孔子那里，他说，荆人还不够大度，心胸还不够宽广，为什么非得是荆人捡到弓箭，而不是"人"捡到了弓箭呢？何必曰"荆"？如果说"荆"，就限制在国别里边了。这个故事传到老子那里，老子说，为什么是人来捡到弓箭呢？这个弓箭掉在宇宙当中，宇宙的一切都有可能获得这个弓箭。从上述成语中，我们看得出道家的视野很开阔。

我在这里还想引用庄子在《齐物论》中的提问："民湿寝则腰疾偏死，鳅然乎哉？木处则惴栗恂惧，猿猴然乎哉？"⑥ 人睡在潮湿的地方会腰疼，泥鳅每天都在泥里面，它腰痛吗？人在高高的树枝上会恐高，猿猴会这样吗？庄子已经超

---

① ［清］郭庆藩撰：《庄子集释》，中华书局2012年版，第2页。

② ［清］郭庆藩撰：《庄子集释》，中华书局2012年版，第2页。

③ ［清］郭庆藩撰：《庄子集释》，中华书局2012年版，第2页。

④ ［清］郭庆藩撰：《庄子集释》，中华书局2012年版，第2页。

⑤ 《吕氏春秋·孟春纪第一》："荆人有遗弓者而不肯索，曰'荆人遗之，荆人得之，又何索焉？'孔子闻之曰：'去其荆而可矣！'老聃闻之曰：'去其人而可矣！'"［秦］吕不韦编，许维遹集释：《吕氏春秋集释》，中华书局2009年版，第25页。

⑥ ［清］郭庆藩撰：《庄子集释》，中华书局2012年版，第93页。

越了仅仅从人的角度来判断事物，跳出了人类中心论，而是提醒人类是否能站在其他物种的立场想一下这个问题，这些都表示道家的视野是非常宏阔的，可以说有一种宇宙的视野。

在哲学上，最能体现道家哲学思想深邃的就是提出了“道”这个概念。道家以“道”作为一个学派的命名，因为《道德经》开篇就提到了“道可道，非常道”，这是大家非常熟悉的《道德经》第一章的内容。在这一章中，老子在追问世界的本原，世界因何而起。当然在座的听众朋友和线上的朋友一定非常熟悉屈原的《天问》。《天问》向宇宙、向自然、向社会、向人生、向历史发出了 172 问，这是伟大诗人屈原在汨罗写出的一部伟大的作品，这个作品也在追问世界的起源，“遂古之初，谁传道之？上下未形，何由考之？”[①] 他在问宇宙是怎么形成的，怎么开端的。《春江花月夜》也在问“江月何年初照人”[②]。今天的我们和古人拥有同一轮圆月，这个月是什么时候开始照耀我们的？“海上生明月，天涯共此时”[③]；“此时相望不相闻，愿逐月华流照君”[④]，这些追问都是深邃的。包括司马迁讲“究天人之际，通古今之变”[⑤]，也是对天地宇宙的发问，这些都涉及世界的起源。哲学起源于惊讶、惊叹。哲学的第一问是面对自然的发问：我们为什么会有这样一个世界？我们为什么会有这样的宇宙？这个世界太神奇了，它从哪里来、要到哪里去？宇宙有没有目标、人有没有目标？这就是哲学的追问。

道家也在追问，并给出了一个答案：“道”为“万物之宗”“万物之母”。道就是一切发生的原因。《道德经》开篇即讲：“道可道，非常道。名可名，非常名。无，名天地之始；有，名万物之母。故常无，欲以观其妙；常有，欲以观其徼。此两者，同出而异名。同谓之玄，玄之又玄，众妙之门。”[⑥]《道德

① ［宋］朱熹集注：《楚辞集注》，岳麓书社 2013 年版，第 40 页。

② ［唐］张若虚：《春江花月夜》，［清］彭定求编：《全唐诗》，中华书局 1960 年版，第 267 页。

③ ［唐］张九龄：《望月怀远》，［清］彭定求编：《全唐诗》，中华书局 1960 年版，第 591 页。

④ ［唐］张若虚：《春江花月夜》，［清］彭定求编：《全唐诗》，中华书局 1960 年版，第 267 页。

⑤ ［汉］司马迁：《报任少卿书》，［清］严可均编：《全上古三代秦汉三国六朝文》，中华书局 1958 年版，第 544 页。

⑥ 陈鼓应著：《老子注译及评介》，中华书局 2009 年版，第 53 页。

经》开篇就体现出哲学的高度。如果用唱歌来形容，《道德经》开篇就是一个高八度，而且《道德经》八十一章五千言，其思想一直维持在这个高八度上。我们从开篇就可以看得出来，老子在追问世界是怎么起源的。《道德经》第42章说“道生一，一生二，二生三，三生万物”①，这些经典原文，在场的朋友都非常熟悉。老子的追问很深刻。他也强调道存在着，“有物混成，先天地生。寂兮寥兮，独立而不改，周行而不殆，可以为天地母。吾不知其名，字之曰道，强为之名曰大”②。对宇宙万物的起源，老子给它取一个小名，“字之曰道”。它以“寂兮寥兮”的方式存在。为什么以这样的方式存在呢？我们来想象当初道家和屈原在追问的时候，他们能够确切地说是什么东西吗？“有物混成，先天地生”，“道”在我们没有出生的时候就存在，在天地没有形成之初就存在。我们作为有限者无法去经历天地之初，更遑论知道天地产生时候的原始推动者。它必然是在我们的知识之外的。但我们用理性能推导出其必然存在。如果继续追问这个必然的存在者，老子说是“无”。为什么？如果“道”只是一个有限的东西，就只能产生有限的东西。一个有限的东西摆在我们面前，我们能确切地知道它是什么，但是产生整个宇宙的那个东西，在我们的知识之外。我们作为一个有限者，面对的是一个无限，因而对无限的追问，只能勉强给它一个名称，老子说它是“道”。

道不仅仅产生万物，同时也使得万物成为万物。庄子说：“且道者，万物之所由。”③淮南子说：“山以之高，渊以之深，兽以之走，鸟以之飞，日月以之明，星历以之行。”④道不仅仅在宇宙生成意义上产生万物，同时也是万物背后的总原因、总根源，它是终极的原因。对于这个终极的原因，老子并没有说自己已经掌握了，而是很客观地说：“视之不见，名曰夷；听之不闻，名曰希；搏之不得，名曰微。迎之不见其首，随之不见其后。”⑤我想认识这个道，但是面对

① 陈鼓应著：《老子注译及评介》，中华书局2009年版，第225页。
② 陈鼓应著：《老子注译及评介》，中华书局2009年版，第159页。
③ ［清］郭庆藩撰：《庄子集释》，中华书局2012年版，第1035页。
④ ［汉］刘安编，何宁撰：《淮南子集释》，中华书局1998年版，第4页。
⑤ 陈鼓应著：《老子注译及评介》，中华书局2009年版，第113页。

这样一个无限者，我们从前面看不到它的头，从后面看不到它的尾，是不是这样的？你能看到它的头和尾吗？除非你也是一个无限者。道在哪里，我们用耳朵去听、用眼睛去看、用手去捕捉，都抓不住。这就是一个哲学的悖论，道一定在，因为世界在。请问：世上的哪一件事情没有原因？一切的发生都有原因，包括我今天能来到屈子书院，也有原因，原因是屈子书院的邀请。你们能到这个现场也是有原因的。整个宇宙的发生也应该有一个原因，所以从哲学上推导“道”是有的，同时也必然有。如果“道”没有，我们被抛入这个世界，将面临一个莫名其妙、荒谬荒诞的世界。所以人们坚信宇宙的一切是合理的，我们每个个体都能够在这个合理性中得到安顿，所以“道”一定存在。哪怕通过有限的方法不能获得对这个无限的认识，但是“道”也一定存在。我们每年五月初五都要去祭祀屈原，已经延续几千年了。如果他不在，我们还要去祭祀吗？我们希望他在，所以到现在每年端午节还要吃粽子，还有赛龙舟。在我们的信仰中，屈原在。“道”必然有，这是哲学的推导；我们坚信它有，这是一种信仰。这就是道家的思路。老子说宇宙中有一个产生者，它不仅产生万物，也使万物成为万物。但是对这个产生者，我们只能获得有限的认识，因为它大于我们。所以“道”的提出是很深刻的洞见。道在我们的理性认识之外，但是我们可以慢慢趋近它、不断地去理解它，包括今天下午一起来分享它，都是获得它的认识的一种方式。宇宙的存在是一个非人类智慧所能解开的谜，但是一代一代人不断地去解开这个谜，就像屈子一样，“路漫漫其修远兮，吾将上下而求索”，我们的生命因此便有了意义，因为这样的求索使我们能够安身立命，这恰恰是道家哲学的魅力之所在。

1.道与无

道家在提出“道”的思想的时候，还有一个深刻之处，就是把“道”与“无”连接起来。老子说：“无，名天地之始；有，名万物之母。”①“天下万物生于有，有生于无。”②道是怎么产生万物的？从无中产生的。大家可以跟我一起来思考。有只能产生有，我们在前面提到《道德经》第一章说“故常无，

① 陈鼓应著：《老子注译及评介》，中华书局2009年版，第53页。

② 陈鼓应著：《老子注译及评介》，中华书局2009年版，第217页。

欲以观其妙；常有，欲以观其徼。”[1]“徼”的意思是“边界”，“有”的东西是有形状、有边界的，就好像我们能够看出我手中的这个杯子的盖子是圆形的、白色的，这是一个“有”。但是能够产生这个“有”的东西是什么呢？老子说是“无”。这是很精妙、很深邃的哲学思考。龙生龙，凤生凤，老鼠的儿子会打洞。一个有限者只能产生有限者，但是万物的产生与生生不息，其背后是一个什么呢？那就是“无”。如果你给它一个限定，说它是白色，它就不能是红色；说它是杯子的盖子，那它就不能是水瓶的盖子，它只能有一种可能。但是我们面对的是一个纷纭复杂的世界，背后的产生者一定是个“无”，所以老子这个推理很缜密，因为任何一个“有”容易被推翻。老子说“天下万物生于有，有生于无”[2]。今天可以把老子这个命题推翻吗？当初说地球是这个世界的中心，后面是不是就被哥白尼推翻了？老子哲学性的思辨，今天我们也推翻不了，因为他说无中生有，只有“无”才能担当这样一个角色。

科学以及很多哲学流派一般都以存在、以“有”为对象，而道家却以“无”为对象，从“有”中看到“无”。“无”作为哲学概念的提出其意义是非同寻常的，对“无”的强调是道家最有特色的思想。“无”是生活中经常遇到的现实，人们总会问什么东西是“有”还是“无”，是“在”还是“不在”，而老子却把“无”抽象到概念的高度。“无”是对“道”的“无状之状”“无象之象”的一种抽象，是对我们不能把握的本原、本始状态的“道”的一个规定。

用“无”来规定“道”所具有的无限性和广袤性，就可以把作为世界本原的“道”与有形的、具体的物相区别。万有千变万化、有形有象、有生有灭，为此则不能为彼，它们都只有一种可能和表现，不足以成为本体。“无”没有任何具体的规定，有无限的可能性，才堪称万有的根本，是一切物质现象赖以生存的根据。在这个意义上，“无”比“有”更接近于“道”。“道”的逻辑是从“无”推演出“有”。让·保罗·萨特有一本书叫《存在与虚无》，他说万事万物当中只有人能够以无的方式对待这个世界。比如说在动物世界，一切都是有，它没有无这个项目。只有人能让这个世界无化，以无的方式来存在。我们从这里可以看

---

① 陈鼓应著：《老子注译及评介》，中华书局2009年版，第53页。
② 陈鼓应著：《老子注译及评介》，中华书局2009年版，第217页。

出道家思想的深刻之处。

在这个“有”和“无”之间，相对来说道家偏向于“无”，比如说：“三十辐共一毂，当其无，有车之用。埏埴以为器，当其无，有器之用。凿户牖以为室，当其无，有室之用。故有之以为利，无之以为用。”[①] 这个思想非常深刻，因为我们一般所见都是“有”。但是，在春秋时期，老子能思考到万物当中最有作用的是那个“无”，这是相当了不起的。“三十辐共一毂”，我们看到那个车轮，但是老子说这个里面空的部分起了重要的作用。如果没有这个“空”，轮也就发挥不了作用。又比如说这个讲堂，如果没有中间的“空”，即“无”，人是进不来的。所以老子能从相反的角度看问题，给人类文明带来的贡献太大了。“有”总是有形有象，非常具体，只有面临这个“无”的时候，才激发出真正的力量。这是很高的智慧，这是道家哲学魅力的表现之一。

2. 道与语言

道和语言的关系也是很深刻的，“道行之而成，物谓之而然”[②]。路是我们走出来的。鲁迅也说，世上本无路，走的人多了，也就成了路。这条路是我们走出来的，这个东西是我们把它命名出来的。庄子的命题“物谓之而然”谈到了命名的重要性。“道可道，非常道”，《道德经》开篇就在和语言打交道。那个无限的存在者在我们的理性之外。怎么去认识在我们的理性之外的存在呢？老子说通过语言来认识。如果不通过语言来接近它，大家还有其他好的办法吗？如果我现在就不说话了，保持沉默，因为我已经悟道了，我没法跟你们说话了。我估计你们这个时候还是希望我能够说话，所以道家揭示了道与语言之间的悖论。语言文字是人类发明创造的，所谓“仓颉造字”。人类“观鸟兽之文与地之宜”[③]，通过观察，从万事万物中抽象出了文字。文字是人类理性的产物，但是人类理性的产物很难穷尽道的意义。即便这样，我们也没有别的办法。在屈子书院，我们会反复去回味屈原留给我们的东西。屈原留给我们的是什么？就是文字。如果屈

① 陈鼓应著：《老子注译及评介》，中华书局 2009 年版，第 100 页。

② ［清］郭庆藩撰：《庄子集释》，中华书局 2012 年版，第 69 页。

③ ［魏］王弼、［晋］韩康伯注，［唐］孔颖达等正义：《周易正义》，［清］阮元校刻：《十三经注疏》，中华书局 2009 年版，第 179 页。

原当初没有留下《九歌》《九章》《天问》《离骚》等文字，我们有办法理解他吗？所以道和语言的关系是这样的：就一般的认知而言，语言不能穷尽道的意义，但是舍去语言我们没有其他更好的办法。这就涉及语言哲学的问题，语言的边界也是世界的边界。语言和道的关系是这样一个悖论的关系。道家能够揭示这样的悖论关系，可以看出其哲学的深刻。

三、人生之道

前面通过道的提出、道和无的关系、道和语言的关系，管窥了一下道家哲学的深刻内涵。接下来，我把形而上的道落到形而下的生活实践之中，谈谈道家思想中蕴含的人生之道。

1. 无为

道具有无的特点，在人生、社会、历史当中，道家相对而言更强调无。老子说："道常无为而无不为。侯王若能守之，万物将自化。"[①] 道是不会干预这个世界的。大家想一下这个思想，"道生一，一生二，三生万物"[②]，道产生了万物，可以去主宰万物。但是，道家很犀利的一点就是，即便道产生了万物，它也不主宰万物，所以老子说，"道常无为而无不为"。我们理解"无为"的时候，一定要看到原文中"无为"后面是什么。道家没有单纯地谈无为，而是后面跟了一句"无不为"，就是它以无为的方式最后什么事都要做成，所以说"侯王若能守之，万物将自化"。万物在没有人干预的情况下也能够自我发展。你不要把一个目标塞给万物，而要让万物自己去寻找其目标。

老子说："我无为，而民自化；我好静，而民自正；我无事，而民自富；我无欲，而民自朴。"[③] 在没有很多强行干预的情况下，老百姓能够实现富足，能够在道德上进行自我修正，并且能够复归于朴素。所以道家的理想是用无为的方

① 陈鼓应著：《老子注译及评介》，中华书局2009年版，第203页。
② 陈鼓应著：《老子注译及评介》，中华书局2009年版，第225页。
③ 陈鼓应著：《老子注译及评介》，中华书局2009年版，第275页。

式达到无不为的结果。老子说："圣人常无心，以百姓心为心。"①就是以百姓的追求作为目标，而不是要给老百姓强加一个目标。"圣人在天下，歙歙焉，为天下浑其心。"②圣人自己没有心，而是以百姓之心为心。因为老百姓有各种各样的心愿，要当科学家、体育达人、音乐家、舞蹈家、艺术家、画家、诗人、学者等等，有各种各样的目标。圣人在天下应为天下浑其心，将各种各样不同的目标都吸纳进来，使其浑然一体，达到基本的社会底线，形成社会共识，而不是让社会分崩离析。圣人在天下就要干这个事，所以老子有一种在万物后面来成全万物的思想，比如说"辅万物之自然而不敢为"③。道虽然产生了万物，但追求的是辅助万物的自然而不敢为。万物的自然是在先的，道在万物面前承担辅助的角色。道家所说的道法自然，就是我把自己降下来，追随万物。这是从形而上的道推出来的形而下的一个原则和方法。《道德经》第 66 章说："江海之所以能为百谷王者，以其善下之，故能为百谷王。"④在这里，我们看到这个原则与方法的关键词是辅助、效法、跟随，降下身段，"生而不有，为而不恃，长而不宰"⑤。道生了万物，但不主宰万物，而是辅助万物。这是道的特点。道具有"无"的特色，将这个原则推到社会、人生，就是用这种低下的方式去辅助和成全万物，"衣养万物而不为主"⑥，"利而不害""为而不争"⑦。在人生之道上，无为是一个很重要的原则。

2. 无用

除了刚才说的无为，道家还提了一个很有意思的观点——"无用"。"有之以为利，无之以为用。"⑧"人皆知有用之用，而莫知无用之用也。"⑨我们很容

---

① 陈鼓应著：《老子注译及评介》，中华书局 2009 年版，第 169 页。
② 陈鼓应著：《老子注译及评介》，中华书局 2009 年版，第 246 页。
③ 陈鼓应著：《老子注译及评介》，中华书局 2009 年版，第 296 页。
④ 陈鼓应著：《老子注译及评介》，中华书局 2009 年版，第 303 页。
⑤ 陈鼓应著：《老子注译及评介》，中华书局 2009 年版，第 93 页。
⑥ 陈鼓应著：《老子注译及评介》，中华书局 2009 年版，第 194 页。
⑦ 陈鼓应著：《老子注译及评介》，中华书局 2009 年版，第 203 页。
⑧ 陈鼓应著：《老子注译及评介》，中华书局 2009 年版，第 100 页。
⑨ ［清］郭庆藩撰：《庄子集释》，中华书局 2012 年版，第 186 页。

易看到东西的有用，但是道家提出无用。大家想一下这个提法的深刻之处。为什么我们要谈无用呢？大家不是都要有用吗？道家谈无用，这个心胸很开阔，庄子在《逍遥游》里有很多的说明，我们接下来看这个故事。

惠施和庄子是一对好朋友，但是他们一见面就怼。道家很多有趣的对话都发生在庄子和惠施之间。庄子和惠施讨论鱼快不快乐。大家想一下：鱼快乐还是不快乐呢？你们觉得这个话题有用还是没有用？没用。确实，鱼快不快乐这个问题讨论清楚了也没用，不会带来生活中必需的衣食。但是这个问题有没有趣呢？有趣。他们俩在濠梁，庄子看到鱼游来游去，他说鱼很快乐。惠子说你不是鱼，你怎么知道鱼快不快乐？这句话把庄子堵住了。庄子想：我不是鱼，我不知道鱼快不快乐。但是，你不是我，你也不知道我知不知道鱼快不快乐。惠子说：是啊，我不知道鱼快不快乐，所以你也应该不知道鱼快不快乐。庄子说：你刚才问的问题是什么？你问的是我怎么知道鱼快乐。庄子说：你的问题里边就已经知道我知道鱼快乐了。鱼到底快不快乐？鱼本身有没有快乐的情感？鱼到底能不能有快乐的情感？快乐仅仅是人的情感吗？鱼有没有快乐的情感，我们不一定知道，因为我们不是鱼。知不知道这条鱼快不快乐，这些问题对我们的现实生活没有用，但是打开了我们的视野。人不需要打开视野吗？人不需要拓宽知识的边界吗？①

《庄子·逍遥游》记载，一次庄子和惠施见面，惠施抱怨：大王给我一颗大葫芦的种子，我把它种出来以后太大了，不知道干什么用。拿来装水，太重了，举不起来；把它当成一个瓢，太大了，家里装不下；因为没用，便把它砸碎了。庄子说，万事万物在你眼里就是对你有什么用，能拿来干什么。你为什么不把它当成一只船去浮游江海，这不是很好吗？不要总是想着装水，当水瓢，这些都是可见的用。这场对话打开了一个不一样的世界。如果我们天天想各种有用，而没有想过无用，可能一辈子就这么过了。但是恰恰可能因为无用的观念，使得人类的生活具有无限的可能性。如果没有这个“无”，我们就只能按部就班、日复一日地机械地重复。道家却给我们提供了一个大胆地去干无用之事的可能。②

庄子和惠施互相怼，互相批判，但是他们结下了深厚的友谊。惠施是一个宰

---

① ［清］郭庆藩撰：《庄子集释》，中华书局2012年版，第606–607页。

② ［清］郭庆藩撰：《庄子集释》，中华书局2012年版，第36–37页。

相，学问渊博，庄子称他学富五车。但是惠施忙于事务，作品没有流传下来，只有一些辩题被庄子记载在《天下篇》中。有一个成语叫“运斤成风”[①]，讲的是惠施去世以后庄子很惆怅的事。一次，庄子路过惠施的墓，他讲了一个故事：从前楚国有一个人的鼻尖上有一点灰，楚人让匠人拿着斧头把鼻子上的灰砍掉了。宋国的国君听说了这件事，便恭敬地将这个匠人请过来再表演一次。匠人说，我的好友已经去世了，我再也没有这么好的搭档了，我无法展示这个才能了。讲完这个故事，庄子很惆怅地说：“自从惠子离开了人世，我再也没有可以匹敌的辩手了！”人生中有一个跟你见面就吵架的人，还是很幸福的。

我们讨论这些问题有用吗？其实很多科学发明就是这么出来的。如果我们天天考虑有用的东西，你们觉得科学能走这么远吗？重大发现不都是追问无用的东西而得到的。如果庄子当时没有想鲲鹏展翅高飞，今天人类有可能探索月球、宇宙吗？有可能发明宇宙飞船吗？你如果都没有想过要飞，你可能飞吗？科学发现、科学发明带来人类文明的进步，你们想一下：这一切是不是追问无用的问题而得来的？有一句话叫“有心栽花花不开，无心插柳柳成荫”，所以我们一定要允许人们去追问这种莫名其妙的问题，追问各种千奇百怪的问题，追问跟我们的现实生活不直接相关的问题。无用的向度非常重要，在万事万物中，只有人才能用无的方式对待这个世界。由于我们能用无的方式去对待这个世界，我们让这个世界变得多么的丰富，多么值得人留恋。

一个人，要敢于大胆地去追求这种无用的东西。天天在那瞎琢磨，说不定什么时候他就琢磨出一个惊天动地的事，不要被有用所约束、所限制。道家讲究无用、休闲、有趣，比如庄子梦到蝴蝶。庄子梦到蝴蝶在那里纠结，到底是蝴蝶梦见了庄子还是庄子梦见了蝴蝶？这个问题要纠结起来似乎是没有用的。如果庄子每天都匆匆忙忙地赶路、去追逐各种有用的人生目标，他有闲暇问鱼快不快乐这个问题吗？他根本不可能去想这个问题。庄子如果没有这个闲暇，他也不会去想蝴蝶这个梦到底是怎么回事。如果没有当初庄子追问这个梦蝶的“无用”之事，你们认为梁山伯与祝英台化蝶这个故事出得来吗？没有梁山伯与祝英台化蝶，后来的小提琴曲《化蝶》出得来吗？都出不来，这些都是无用带出来的有用。

---

① ［清］郭庆藩撰：《庄子集释》，中华书局2012年版，第843页。

3. 游戏人生

道家思想带着一种休闲、一种娱乐、一种乐趣。因为有闲暇、有乐趣才会把日常普普通通的生活变得特别有滋有味。但丁描写魔鬼在地狱中受酷刑，常常提到“不停留”和“无间断”字样。“不停留”“无间断”自身就是一种惩罚。如果不是在地狱，就一定要有充分的闲暇。比如说今天是周末，我很感激朋友们利用周末来这里听一个哲学分享。学校的古希腊语的意思就是一个度过闲暇的地方。今天我很高兴朋友们放弃了很多有用的事情，来和我一起讨论无用，度过一个闲暇的时光。

庄子本人也是以这种方式过着游戏的人生。在庄子的内篇里，《齐物论》《养生主》《人间世》《德充符》《大宗师》《应帝王》里都谈到“游”，游无穷、游四海之外、游尘垢之外、游无何有之乡、游刃有余等，庄子是要“游”的。战国时代，各国为了统一都在争夺人才，司马迁在《史记·老庄申韩列传》中提到，庄子很博学，也是争取的对象。楚威王听说了庄子的贤能，拿着厚币去迎接他，请他做楚国的宰相。庄子说，你给我的俸禄是千金之重利，给我的地位是卿相之尊位，但是抱歉，你别来打搅我，“我宁游戏污渎之中自快，无为有国者所羁，终身不仕，以快吾志焉”①。我情愿在污泥浊水中玩泥巴，也不愿去当宰相。如果庄子当时去当了宰相，历史上虽然多了一个宰相，但是少了一个庄子。请问大家：你们是希望多一个宰相还是希望多一个庄子？希望多一个庄子。感谢朋友们的回答，我也希望多一个庄子。德国教育学家席勒曾经说：“只有当人在充分意义上是人的时候，他才游戏；只有当人游戏的时候，他才是完整的人。”② 大家来思考一下这句话。这里的游戏，不是现在所说的电子游戏，而是说以一种无功利的方法去对待事物和事情。游戏和其他一切人类行为的区别，是游戏除了当下的快感和满足以外，没有任何其他的目的，也不创造任何价值。游戏就是没有任何功利性地做某件事。喜欢某件事，就会一如既往、废寝忘食，不计报酬、不计时间地投入其中，感到愉快、有趣。

其实人是特别喜欢游玩的。小孩很喜欢各种各样的游戏，我们自己也喜欢打

---

① ［汉］司马迁撰：《史记》，中华书局 1982 年版，第 2145 页。

② ［德］席勒：《美育书简》，徐恒醇译，中国文联出版社 1984 年版，第 90 页。

扑克、下象棋、下围棋、打乒乓球、打足球、打篮球……真正达到境界的人一定是把这个东西当成好玩的，想挡都挡不住。用这种方式做事，才能达到很高的境界。因为在这个过程当中，人已经处于忘我的状态，完全投入。以前有一个故事是讲居里夫人的。居里夫人特别爱看书，她的兄弟姐妹把桌子、椅子拿来把她围起来，她浑然不觉，完全沉浸其中了。如果我们做事情，都带着一种游戏的心态，可以想象，最终的结果一定是出乎所有人意料的。很多科学家就是这样，不管在什么环境下，都能把自己爱好的东西做到很高的境界。能够打动人心的艺术作品，其作者也一定是深深地沉浸在其中的，譬如屈原的作品。如果屈原本人没有深深地沉浸在这个“游戏”中，他能写出那些至今让人心灵感应的文字吗？只有深深地进入游戏里，写出来的东西才能打动人心。道家对待人生有这样一种态度，不是不认真，而是非常投入其中，在里边找到乐趣。兴趣是成功之母，激发出这种兴趣，挡都挡不住。

道家的这种人生态度深深地影响了中国的艺术。王羲之被称为“书圣”，《兰亭序》是他的代表作品，被称为“天下第一行书”。王羲之本人就是一个道家信徒。李白被称为“诗仙”，他的作品里面渗透着道家的精髓。吴道子是一个画圣，也是一个道士。画《富春山居图》的黄公望、演奏《二泉映月》的阿炳都是道士。苏轼《自题金山画像》说：“心似已灰之木，身如不系之舟，问汝平生功业，黄州惠州儋州。”[①]《庄子》中有“形如槁木，心如死灰”“不系之舟”等话语，从中可以看出道家对苏轼精神上的影响。道家是中国艺术的精神支柱，因为它本来就是具有审美性质的人生哲学。它所提倡的超然人格与天地的自然在审美的观照中融合，这是中国艺术的最高境界，也是道家所追求的境界。

我们经常讲诗意栖居，如果不把自己的生命活成一门艺术，其实还是一种工具式的活着。有句话说，如果不是一个诗人，怎么能配这个人生。还有一句话说，每一个不能起舞的日子，都是一种浪费。我们要把一生一世、每时每刻都活成一门艺术。哪怕是日常起居，每天的锅碗瓢盆、油盐酱醋，都可以是生活的艺术。如果有这种心态，同样是柴米油盐酱醋茶，就有点看山不是山、看水不是水了，把日常生活变成了艺术。

---

① ［宋］苏轼撰，［清］王文诰辑注：《苏轼诗集》，中华书局 1982 年版，第 2641 页。

4. 返璞归真做减法

老子说："为学日益，为道日损。损之又损，以至于无为。"①"少则得，多则惑。"②在这些引文中可以提炼出"返璞归真"的思想。道家讲损之又损，减了又减，做减法，这句话对我们很有启发意义。"少则得，多则惑"：不断地做减法，追求越来越少，反而能获得；如果追求过多，反而迷惑了。活得越素朴，越能听见内心的声音；活到极致的时候，就会回归到朴素。米开朗琪罗在雕塑《大卫》时，就是把多余的部分去除掉。当他看到那块大理石的时候，就在其中看到了大卫，于是把多余的东西去掉，《大卫》这个雕像作品就出来了。雕塑家罗丹也说，减去多余的就是艺术。如果太多，就会产生自我损耗。

庄子讲了一个削木为鐻的故事。梓庆这个木匠要做一个灯具的架子，他做完以后，大家都惊叹这个架子巧夺天工，问他是怎么做到的。他说，在做这个东西的时候，他斋戒了三天，没有想要得到什么奖赏。斋戒五天以后，他没有想要得到一个好名誉。在斋戒七天以后，他忘记了自己有四肢形体，达到忘我的境界。后来他到山里去看，看到这棵树就是一个绝佳的架子，于是把多余的部分去掉，就得到了这件艺术作品。③道家的人生智慧也提倡做减法，损之又损，减掉蔓延的枝枝杈杈，返璞归真，获得内心的充实，感受到幸福。在道家看来，与其做加法，不如做减法。在现代这个生产力高度发展、社会财富相对更丰富的时代，做减法是主动的选择，不是迫不得已的无奈。

5. 慈柔

道家哲学还有一个特点，那就是很柔弱、很温和。老子说："我有三宝，持而保之。一曰慈，二曰俭，三曰不敢为天下先。慈故能勇；俭故能广；不敢为天下先，故能成器长。夫慈以战则胜，以守则固。天将救之，以慈卫之。"④老子说自己有三个宝贝，第一个宝贝就是慈柔。刚才我们说返璞归真，做减法，不敢为天下先。为什么不敢为天下先？因为道创造了万物之后，跟随在万物后面去成

---

① 陈鼓应著：《老子注译及评介》，中华书局2009年版，第243页。

② 陈鼓应著：《老子注译及评介》，中华书局2009年版，第150页。

③ ［清］郭庆藩撰：《庄子集释》，中华书局2012年版，第658–659页。

④ 陈鼓应著：《老子注译及评介》，中华书局2009年版，第306页。

全万物。在这里，我们得出道家哲学的慈柔原则。我很欣赏他这句话，因为怀有一种慈柔，怀有一种慈悲，人会变得特别有力量、勇敢。天要救哪种人呢？“天将救之，以慈卫之。”[①]天将救那些很慈柔的人。他要救这个人的时候，一定赋予他这种慈柔的品性。在这里，老子不主张强势、干预、主宰，而欣赏柔弱的方式。“是以圣人常善救人，故无弃人；常善救物，故无弃物。”[②]他希望所有的人、所有的物，没有一个被抛弃的。大道是宽广的、包容的，能够把一切都包容在里边。老子有一个说法，“上善若水，水善利万物而不争，处众人之所恶，故几于道。”[③]水把自己放到最低的位置上，把一切都包容进来，有很深厚而宽广的爱，这就是一种悲悯和慈柔。

老子说：“善者，吾善之；不善者，吾亦善之。”[④]如果他是善的，我就对他好，这个是有条件、有前提的。老子提出善是无条件的，不附加任何条件来爱护每一个人、每一个物。不管善与不善，都一如既往地付出关爱。老子不追求完美，他说“大成若缺”[⑤]。最高的成就，恰恰是有缺陷的。如断臂的维纳斯，连美神都有缺陷。从这里可以看出，道家很客观地看到这个世界的复杂性、人的复杂性，它对善者与不善者，对缺陷与遗憾甚至错误与失败，都能够包容、接纳。一切都有缺陷，这是生活，也是人性。道家说真正的成就，里面也有遗憾和缺陷。有了这样一种心态，我们很多时候会释然，不会过度自责，也不会苛责于人。因为你对任何一个东西、任何一个事件，任何一个人、任何一个物，都带有一种悲悯，都能够接纳。苏轼讲“人有悲欢离合，月有阴晴圆缺，此事古难全”[⑥]。生活就是这样，里面有很多的无奈。

道家的慈柔是这样讲的：“知其雄，守其雌。”[⑦]不是没有阳刚的一面，而是认为真正的强者恰恰是守住了柔弱这一面。像水一样的柔弱，才是真正的强

---

① 陈鼓应著：《老子注译及评介》，中华书局 2009 年版，第 306 页。
② 陈鼓应著：《老子注译及评介》，中华书局 2009 年版，第 169 页。
③ 陈鼓应著：《老子注译及评介》，中华书局 2009 年版，第 86 页。
④ 陈鼓应著：《老子注译及评介》，中华书局 2009 年版，第 246 页。
⑤ 陈鼓应著：《老子注译及评介》，中华书局 2009 年版，第 236 页。
⑥ ［宋］苏轼著，邹同庆、王宗堂校注：《苏轼词编年校注》，中华书局 2007 年版，第 174 页。
⑦ 陈鼓应著：《老子注译及评介》，中华书局 2009 年版，第 173 页。

者。道家认为那种咄咄逼人的强势会对他人产生压力，让别人在你面前不知所措，这不是强者所为。真正的强者，是以很低矮的方式待人接物，所有人在你面前很放松，可以天然地表达自己。道家是以柔和的方式与世界相处、与人相处、与万物相处，所以能接纳人性的不完美，接纳我们各种各样的毛病，懂得去成全。这个境界是挺高的。

6. 道法自然，相忘于江湖

庄子说："利泽施于万世，不为爱人"①；"赍万物而不为义，泽及万世而不为仁"②。慈柔地待人待物，成全万物，利泽万世，不是标榜道德，而是自然而然地成就，"功盖天下而似不自己，化贷万物而民弗恃，有莫举名，使物自喜"③，没有什么了不起，天然的如此而已。所以庄子说："相呴以湿，相濡以沫，不如相忘于江湖。"④ 即便成就了，也相忘于江湖，这个思想是很深刻的。

7. 自胜者强

老子说："知不知，尚矣；不知知，病也。"⑤ 老子认为真正的智者是我知道我不知道，这类似于苏格拉底说的我一无所知。因为面对无限者，我们知道得太少了，一定要有一个谦卑的心态。但在柔弱谦卑里面，道家并不反对人们成为自己生命中的强者，所以讲"知人者智，自知者明，胜人者有力，自胜者强"⑥。每个人都应成为一个独立的自我。这里边讲了很多方法，如"为之于未有，治之于未乱"⑦。这是我特别欣赏的一句话。道家鼓励人们在所做的事情上去获得成就，其方法就是要先知先觉，在这个事物还没有出现端倪的时候就已经介入了。所以道家很讲究做事的智慧。"图难于其易，为大于其细。"⑧ 在一个事情还小的时候开始做，做起来之后就感觉很轻松。《道德经》里讲了很多做事

---

① ［清］郭庆藩撰：《庄子集释》，中华书局 2012 年版，第 232 页。
② ［清］郭庆藩撰：《庄子集释》，中华书局 2012 年版，第 281 页。
③ ［清］郭庆藩撰：《庄子集释》，中华书局 2012 年版，第 296 页。
④ ［清］郭庆藩撰：《庄子集释》，中华书局 2012 年版，第 242 页。
⑤ 陈鼓应著：《老子注译及评介》，中华书局 2009 年版，第 316 页。
⑥ 陈鼓应著：《老子注译及评介》，中华书局 2009 年版，第 192 页。
⑦ 陈鼓应著：《老子注译及评介》，中华书局 2009 年版，第 296 页。
⑧ 陈鼓应著：《老子注译及评介》，中华书局 2009 年版，第 293 页。

的方法，最重要的是“为之于未有”，还没有的时候就去做。比如说人工智能，几十年前没有的时候，如果你先做了，不就走在前面了吗？

8. 独立人格，自相适应

道家讲究独立人格，与自己相适应。“独与天地精神往来，而不傲倪于万物。”[①] 不要跟外面的东西去攀比，而要做最适合自己的事。每个人来到这个世界，一定有件事情最适合他/她去做。做那件最恰当的事，肯定就有乐趣，能够取得成功。所以一定要达到自相适应，这个很重要，不是跟其他任何外在的东西相适应，而是适应你自己的标准。只有做最适合自己的事情，才能够得心应手。取得成功以后，道家不是居功自傲，而是功成身退。

道家非常重视生命，没有什么东西比生命更可贵。你的两臂比天下都要重，你的身体、生命是天下最可贵的东西，所以要爱护生命。爱护生命是不是意味着我们惧怕死亡呢？道家面对死亡是很坦荡的、乐观豁达的。有生命就有死亡，道家能够笑谈生死。

以养鸟的方式养鸟，不要以自己的方式对待他人，要宽容于物。林语堂说，如果中国只产生过一个孔子，而没有他灵性上的对手老子，我将为中国的思想感到惭愧；正如我为雅典不但产生一个亚里士多德而同时有一个柏拉图而感到欣慰。他认为中国传统文化中产生了一个孔子，同时也产生了老子，这是中国文化的幸运。

今天下午，我用有限的时间分享了道家哲学，并将哲学之道落实到人生之道。

道就是一条自然的路，这条路今天把我们带到什么地方？屈原说“路漫漫其修远兮，吾将上下而求索”，我愿意和今天在座的各位、线上的朋友一起来求索。不当之处请多包涵、多指正！谢谢各位！

（王琦整理并经主讲嘉宾审定）

---

① ［清］郭庆藩撰：《庄子集释》，中华书局2012年版，第1098页。

现场互动

主持人（王琦）：非常感谢陈教授！她今天以非常广阔的视野层层深入，从诸子中的道家讲到了哲学之道，再延及人生之道，将道家“道可道，非常道”等玄之又玄的哲学问题讲得通俗易懂。陈教授的演讲让我们体会到之所以古今中外有这么多人喜欢道家，是因为道教有一种宏阔的宇宙视野，引领我们去探索宇宙的来源与人生的意义。同时，道家思想有着十分深刻的思辨性，以无的方式去观照世界，讲无为、无用之用以及道法自然，带给我们很多智慧与启迪，让我们领悟到看待世界、看待人生还可以有另外一种方式。这就是道家的魅力之所在。感谢陈教授带给我们的思想启迪。

现在我们进入现场互动环节，有请陈教授再次上台，欢迎朋友们积极与陈教授互动。

观众提问：谢谢陈老师今天给我们带来了一场精彩的演讲。陈老师的演讲对我是一次思想的洗礼，使我对人生又有了不一样的思考。比如说从陈老师讲的无用、无为，我就想到了在解决问题时有时应该跳出问题，这样才能真正解决问题，如果困在问题当中，我们是不能解决问题的。陈老师说，要把自己的人生写成最好的作品。不要去虚伪，我是什么样子就是什么样子，要学会接纳自己，千万不要对自己有很完美的要求。对于人生做减法，我也很有体会。随着年龄的增长，我们确实在生活中要做减法。减法从哪些方面来做呢？我们要减少对其他人的期待，比如说对爱人的期待、对孩子的期待、对朋友的期待，不要把什么都当成应该的，要把应该的换成可以，这样，我觉得人会活得很通透。

总而言之，我今天很受启发，不虚此行。我还有一个问题想请陈老师解答：在现代这个喧嚣、内卷的社会，我们应该如何调整自己，才能更好地活出自己的人生呢？

陈霞：非常感谢这位朋友的点评和提问。的确，今天的社会非常喧嚣，一切都在以加速度的方式发展，要真正地做到刚才讲的道家的理想状态是很难的。但是有这么一个理想的状态，至少可以提醒我们。道家哲学有一点像汽车的制动器，其他好多哲学都是让人踩油门，而道家是提醒人们踩刹车。如果没有这个刹车，对自己、对他人会带来很大的危险。“踩刹车”要求自胜者强，我们一定要想清楚自己需要什么，我们想过什么样的生活，这是很重要的。现在的资讯太多了，可能会打扰我们的思绪。你自己想要什么、想做什么，大数据就会推荐跟你的目标有关联的资讯，各种各样的诱惑太多了，挡都挡不住。如果你有坚强的内心，能够战胜自己、战胜这种诱惑，找到自己想做的事情，并持之以恒地去做，你就足够强大了，所谓自胜者强，你就能够抵制任何跟你无关的东西。

主持人（王琦）：我相信陈教授听到这位提问的朋友的心得体会，今天会感到很开心、很欣慰，她在非常用心地听讲座，而且有自己的想法。陈教授刚才用了一个很恰当的比喻：如果说儒家在不断地给大家“加油”，促使大家勇往直前、好好干事业，道家则告诉大家在某个时候要“踩刹车”，把步子放慢，要去思考，去认清自己，找到自己的目标和方向。应该说，儒家和道家在不同层面解决了我们人生的不同问题。正是因为中国文化中既有儒家又有道家，所以给了我们人生很多张力，让我们有更多空间与层次去进行思考、选择。今天陈教授用道家智慧来点亮我们的人生，给了我们一种不一样的启迪。谢谢！

陈霞：踩了刹车以后，我们才有时间思考自己的方向，不然哪有时间思考，一路狂奔也赶不上趟。

观众提问：尊敬的陈教授，您好！非常感谢您为我们带来精彩绝伦的讲座，让我获益匪浅。您在讲座中多次提到了屈原及他的作品。汨罗作为屈原晚年生活之处，留下了《天问》等不朽篇章，请问您是如何评价他的？他的思想与道家思想有联系吗？

陈霞：屈原是一座高峰、一座丰碑。对我来说，他是让我高山仰止的人。在战国时期各国纷争的环境中，他清醒地认识到要联合齐国抗秦，并在楚国推行很多改革，是一个了不起的、有远见的政治家。他能够说服各国和楚国联合，是一个非常优秀的外交家。当然，屈原的最高成就是他在艺术上的成就。屈原在汨罗生活长达九年，留下这么多伟大的作品，汨罗人太有福气了。屈原的这些作品带给我们丰厚的精神食粮，他的精神高度可以说一直牵引着我们为理想而奋斗。他的浪漫主义、他的情怀，使得每位读到他的作品的人都感到震撼，所以我是带着朝圣的心情来到这个地方的。我仰望这位文化巨匠，他的作品让我三月不知肉味，带给人持久的精神享受。

关于屈原的思想和道家思想的关联，这个问题我没有很深刻的思考，我根据我的浅显的了解来回答。道家思想的诞生和楚文化关系非常密切，而楚文化孕育了屈原这位伟大的诗人。道家的哲学和屈原的文学都诞生在楚文化的氛围中，他们分享了共同的文化基因。比如说，道家哲学有开阔的宇宙视野，在屈原的作品中，特别是我刚才引用的《天问》等作品，他也持有一种宇宙的视野。屈原的作品充满了浪漫的想象，《庄子》也充满了各式各样的想象。屈原的作品是上天入地，让生命活在一个很丰富的精神世界里，在这一点上，庄子和屈原是相同的。道家想象的各种神仙，在屈原的作品中也有体现，如在《九歌》中，把当地对天地神人的各种祭奠、怀念都表现出来了。这是很有意思的一个话题，我今后应该多多地去深入思考。谢谢你的提问！

主持人（王琦）：谢谢观众朋友们的提问，谢谢陈教授的精彩回答。我十分认同陈教授的观点，屈原是一个全才式、天才式的人物。他不仅是一个伟大的政治家，而且是一个伟大的哲学家、思想家、文学家和诗人。屈原的身上有非常多的面向，他受到过各种文化的影响，其中既有儒家文化的影响，也有道家思想的影响，甚至有人说屈原还受到了法家思想的影响。屈原是一个非常复杂的人物，所以他的作品有着深刻的内涵，这些一直滋养着我们这些后人。今天我跟陈教授在屈子文化园参观时说，如果中国文学史上少了屈原，我们的文坛也会寂寥很多。正是因为屈原的这种浪漫主义精神带给我们与《诗经》完全不一样的感受，才让我们的文坛及思想界有了那么多丰富的值得我们去学习和挖掘的东西。同时，我也觉得汨罗人民特别幸福。我在这里做屈子书院讲坛，感受到无论是汨罗的领导还是广大朋友，都是有着文化情怀的人，他们对屈原的感情特别深，只要一提到屈原，大家的兴趣点马上就上来了。每次嘉宾来做讲座，汨罗的朋友们总要提一个和汨罗相关的问题，这也体现出汨罗人对家乡的深厚感情。

今天的讲座现场互动非常热烈。让我们再次感谢陈教授的精彩演讲，同时也感谢现场以及线上的朋友们的大力支持，感谢工作人员及媒体朋友们的辛勤劳动。

香草美人地，诗韵汨罗江，本次讲坛至此圆满结束，我们下期再会。

祝大家身体健康、万事如意！

（王琦整理并经主讲嘉宾审定）

第 14 讲

万古湖湘：湖南考古与中华文明探源纪实

郭伟民，1964 年出生，历史学博士。原湖南省文物考古研究所所长，现为湖南大学岳麓书院考古系教授。全国宣传文化系统“四个一批”人才、国家“万人计划”人才，享受国务院政府特殊津贴；湖南省考古学会理事长，楚文化研究会副理事长。个人的学术研究重点为中国先秦考古学。是国家社科基金重大项目首席专家，承担“中华文明探源工程”及“考古中国”重大课题。主持湖南大遗址考古与文物保护研究工作，多个项目获评“全国十大考古新发现”和“国家田野考古奖”。累计发表学术论文 100 余篇，出版学术论著 5 部。

直播二维码

直播在线参与人数：48.3 万

导言

从湖南道县玉蟾岩水稻实物到澧县城头山最早史前古城、鸡叫城三重环壕和农耕水利系统，湖湘地区的先民们创造了怎样辉煌的史前文明？高庙白陶的图像纹饰和孙家岗的玉雕人像，为中国精神文化提供了何种滋养？

2024年1月20日，湖南大学岳麓书院教授、湖南省考古学会理事长郭伟民先生莅临屈子书院讲坛，发表题为“万古湖湘：湖南考古与中华文明探源纪实”的主旨演讲，并与现场听众进行了精彩的互动。讲座由凤凰网湖南频道全球同步直播，在线参与人数多达48.3万。长沙理工大学设计艺术学院教授、湖南汨罗屈子书院执行院长王琦担任嘉宾主持。

各位领导，各位朋友：

大家好！

今天我在这给大家作一个汇报，我们这些年在湖南所做的考古工作，以及开展中华文明探源工作所取得的一些成果。湖南在中国历史长河中留下来的是比较迷茫的上古历史，所以杜甫在诗中说："湖南清绝地，万古一长嗟。"[①] 说到了湖南在上古时代历史空白混沌的情况。

在中国的地理位置上，湖南地处内陆，但是距海洋很近，是面向海洋的。在中国的地形地势上正好处在第二阶梯和第三阶梯中，雪峰山斜贯全省，把湖南分为东西两块。我们的地形是三面环山，向北敞开，这样的地形决定了湖南的文化和气候环境。

上古文献中有关于湖南地名的某些记载，如《庄子·天运》："帝张《咸池》之乐于洞庭之野。"[②] 这个"洞庭"是否在湖南，不得而知，但是至少在这个时期已经开始有了关于洞庭的记载，这样的说法被后来的历史所认可，比如唐代韩愈《岳阳楼别窦司直》诗："犹疑帝轩辕，张乐就空旷。"[③]《淮南子·修务训》《山海经·海内经》中也说到了关于五帝之一——舜的记载，意味着在早期湖南的历史中，断断续续可以看到湖南和中原华夏的关系。秦汉以后，

---

① ［唐］杜甫：《祠南夕望》，［清］仇兆鳌：《杜诗详注》，中华书局 1979 年版，第 1956 页。

② 方勇译注：《庄子》，中华书局 2015 年版，第 228 页。

③ ［清］乾隆御定，乔继堂整理：《唐宋诗醇下》，上海科学技术出版社 2020 年版，第 638 页。

对于五帝的纪念就开始了，包括舜庙、二妃庙等。屈原谈到的湖南地域，也提到了洞庭、九疑、沅湘这样一些地名，这些都是先秦文献中对湖南的最早记载。但是，若要从尘封的历史中慢慢地剥开湖南的上古迷雾，就要通过考古。回到今天的主题，我要汇报三个方面的内容：第一，中华文明探源工程概况；第二，湖南考古参与中华文明探源工作及成果；第三，史前湖南对中华文明起源的重要贡献。

一、中华文明探源工程概况

（一）中华文明探源工程基本概况

中华文明探源工程，全称是“中华文明起源与早期发展综合研究”，是继国家“九五”重点科技攻关项目——“夏商周断代工程”之后，又一项由国家支持的多学科结合、研究中国历史与古代文化的重大科研项目。

2002 年春，国家科技攻关项目——“中华文明起源与早期发展综合研究”（简称“中华文明探源工程”）立项。中华文明探源工程分为预研究、第一阶段、第二阶段、第三阶段、第四阶段、第五阶段等几个部分。

在预研究阶段（2002—2003），设置了“古史传说时期的文献研究”等九个课题。我们知道，任何国家、任何民族的早期源头都是传说，无论是东方还是西方，无论哪个国家、哪个民族，他们的远古传说都是已经消失了的一些古史记忆。所以，设置预研究就是越过夏、商、周断代工程的初始年代，回溯到史前。就在古史传说这个非常关键的时代设置了几个课题。

中华文明探源工程第一阶段（2004—2005），主要集中在公元前 2500 年至公元前 1500 年中原地区文明形态研究。因为夏、商、周断代工程最后瞄准的重点就是中原地区，包括河南、山西、陕西这几个省份。

中华文明探源工程第二阶段（2006—2008），研究的范围从中原扩展至黄河上、中、下游，长江中、下游和辽河流域。从 2006 年开始，湖南地区开始纳入中华文明探源工程项目。

中华文明探源工程第三阶段（2009—2015），主要实施“中华文明探源及其相关文物保护技术研究”。

中华文明探源工程第四阶段（2016—2020），研究沿袭了工程前几个阶段的内容，并对课题研究与文明演进关系探讨提出了更高要求。研究采取多学科合作方式，对于文明的模式和方案进行探讨。

中华文明探源工程第五阶段自 2021 年到现在，选择围绕一些重点遗址进行较大规模的发掘和考古勘探。同时开展世界文明比较研究，更好地揭示中华文明在世界文明体系中的地位和作用等。

习近平总书记在多次重要讲话和会议中对中华文明探源作了高度的概括和重要指示，为我们认识其重要性提供了理论遵循。

（二）中华文明探源工程的重要性和目的

2023 年 6 月 2 日，习近平总书记在文化传承发展座谈会上发表重要讲话，指出："认识中华文明的悠久历史、感知中华文化的博大精深，离不开考古学。只有全面深入了解中华文明的历史，才能更有效地推动中华优秀传统文化创造性转化、创新性发展，更有力地推进中国特色社会主义文化建设，建设中华民族现代文明。"[①] 因为我们做的文明探源是关于没有文字的那一段历史，这一段历史离不开考古学。这是一个纲领性的指示与文件。

（三）中华文明探源工程的主要收获与成绩

（1）中华文明探源工程等重大工程的研究成果，实证了我国百万年的人类史、一万年的文化史、五千多年的文明史。

（2）中华文明探源工程对中华文明的起源、形成、发展的历史脉络，对中华文明多元一体格局的形成和发展过程，对中华文明的特点及其形成原因等，都有了较为清晰的认识。

（3）运用生物学、分子生物学、化学、地学、物理学等前沿学科的最新技术分析我国古代遗存，使中华文明探源有了坚实的科技分析依据，拓展了我们对中国五千多年文明史的认知。我还要适当展开一下，我们现在的考古不是背着锄头到田野中去挖土，而是多学科交叉融合，运用最新高科技，比如说碳 -14，这是核物理；各种元素的检测、分析、研究，都需要化学、分子生物学、地学和物理学，甚至包括天文等方面前沿科学的研究。人文学科有了自然学科的加入，无

① 习近平：《在文化传承发展座谈会上的讲话》，《求是》2023 年第 17 期。

疑是插上了翅膀，能拓展我们对中华五千多年文明史的认知。

（4）中华文明探源工程提出文明定义和认定进入文明社会的中国方案，为世界文明起源研究作出了原创性贡献。因为我们都生活在同一个地球上，任何人类社会的发展都是整个地球、整个世界文明发展的一个部分。

研究百万年的人类史（旧石器时代）必须越过新石器时代。考古史前部分主要分两个时间段，第一个是旧石器时代。旧石器时代是从一万多年前回溯到两百多万年前，至少现在能够达到这样一个时间段。旧石器时代的特点是用石头打制石器，人类生活在荒原上或者洞穴中，没有固定的住所。人类还不会种食用植物，也不会驯化动物，而是以采集和渔猎为生。

百万年人类史，在中国有非常重要的考古发现，比如河北阳原泥河湾旧石器地层（距今 176 万至 126 万年），旧石器发展有比较完整的序列，所以泥河湾盆地是中国旧石器时代考古的圣地，到现在为止中国还没有哪一处地方能和这个地方相比，它在世界旧石器时代中考古的位置一点也不亚于非洲那些重要的考古遗址。又如，陕西蓝田人化石（距今 100 万年至 50 万年）也是极为重要的发现。广西百色盆地从距今 100 万年到 50 万年，构建了一个比较完整的旧石器文化序列。湖北十堰市郧阳区学堂梁子近几年有重要的考古发现——发现了人类的头盖骨，距今 100 万年。[①] 这是在地层土壤中发现的。很奇怪，在南方地区，按道理在这样的黏土堆积中是很难发现有机物的，但偏偏在十堰这个地方，因为埋藏环境的特殊性，保留了很多旧石器时代的动物化石，石器和动物共存，我们由此而知是人类活动遗存留下的。当然，这里也发现了人类化石。

一万年的文化史大致是从新石器时代早期开始的，这个时期中国重要的考古发现有：湖南道县玉蟾岩遗址（距今 18000 年）、北京门头沟东胡林遗址 （距今 11000 年）、浙江上山遗址（距今 11000—8000 年）。一些考古发现刷新了我们的认知。比如说，前年在山东临淄赵家徐姚遗址发现了距今 13500 年的人类活动遗存，有用火的遗迹，而且成片，一堆一堆地分布。用火的遗迹就是当时人类取火进行加工后取食的一种行为。去年山东淄博的烧烤成为一个网红打卡的地方，其历史可以追溯这么久远吗？当然这是玩笑了。赵家徐姚遗址还发现了陶器和

① 陆成秋等：《湖北十堰学堂梁子旧石器时代遗址》，《考古》2023 年第 7 期。

陶片。[①] 陶器是为了做什么？盛煮食物。原来没有陶器的时候只能烧烤，要么生吃，有了器皿就可以煮食，吃熟食了，不一样了。

经过一万多年的发展，人类加速发展，进入了新石器时代中晚期。距今五千多年的一些考古遗存，用“文明”两个字对它进行概括是不为过的。比如说，在辽西牛河梁红山文化发现了庙、坛、冢的遗迹（距今 5500 年），出土了大量的玉器，代表了当时社会阶层的分化。这些红山文化出土的玉器所暗示的是在距今 5500 年前，已有一种精神和制度的存在。南方的长江流域也有重大发现，2007 年，在安徽含山凌家滩 23 号墓发现了一层一层堆积的玉器，如玉钺、玉璜等。在一个墓葬中有三百多件玉器，说明这是一个等级非常高的权贵墓葬，体现了社会财富的集中和分化状况。

距今五千多年前后，浙江余杭良渚遗址也有非常重要的发现。良渚文化大墓（距今 5100 年），出土了很多玉器，尤其是玉琮以及上面的神徽。这种神徽是一个邦国或王国的标志。同时，还发现了水坝（见图 14–1），几乎是和墓葬同时期的。[②] 这些水坝是怎么筑起来的呢？用草裹着泥一块一块堆筑起来的。在水

图 14–1 浙江余杭良渚水坝

① 《临淄赵家徐姚遗址考古发掘收获》，《中国文物报》2023 年 2 月 3 日第 5 版。

② 郎剑锋等：《杭州市余杭区古城外围水利系统老虎岭水坝考古勘探与发掘》，《考古》2021 年第 6 期。

坝里蓄水主要是为了这座城，在它的西北高地上筑起水坝。水坝的作用是多方面的，包括防洪、蓄水、运输等，都与水的利用有关系，所以它是一个综合性的治水工程。

到了距今四千多年前后（距今 4300—3800 年），陕西神木石峁皇城台出现了，它是用石块一层一层砌筑起来的，下面垫的石块上有一些非常复杂的图像和纹饰，是典型的石雕。① 这些石雕上的图像纹饰与后来商、周铜器上面的纹饰似有渊源，同时也与长江流域的一批距今四千年前后玉器上面的图案和纹饰非常相似。这意味着距今四千年前后的早期中国，也就是夏朝之前的五帝时代不再是传说，而是随着考古工作的积累被揭示出来了。由此也说明中华文明的起源和形成是一个复杂、漫长、多元一体的过程。

山西襄汾陶寺遗址（距今 4200 年）也有重要的发现。在高大的陶鼓上面蒙着兽皮，陶器上面彩绘的是龙纹；另外一件器物上甚至还有文字。（见图 14-2）很多专家对文字进行了解释，比如说下图中这两个字，最接近历史真相的可能就是“文邑”这两个字，对应夏这个时期，是对这个地方王国的一个称呼。到了河南偃师二里头遗址（距今 3700 年），王朝国家（最早的中国）出现了，比如：出现了完整的铜容器和绿松石镶嵌的牌饰，还雕塑出一个龙形的图像。中华文明的一些因素和元素就是通过这些考古发现追溯到非常古老的历史长河里。

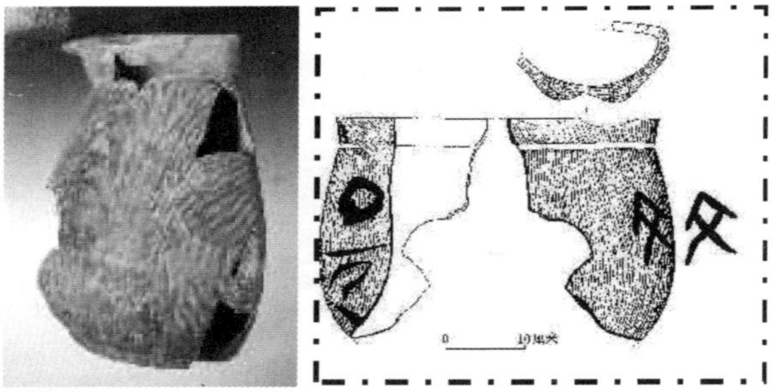

图 14-2 山西襄汾陶寺遗址出土文物

为什么说二里头遗址是中国最早的典型王朝国家都邑性遗址，而且是夏朝晚期的都邑呢？因为二里头出现的很多现象不是局部性的，而是全局性的。所谓全局性就是超越了一个地域的文化广域扩散和传播。比如说，二里头文化的牙璋，北边传到了石峁；东南边传到了福建、广东。湖南也有，常德石门桅岗墓葬出土的牙璋，

① 孙周勇等：《陕西神木县石峁城址皇城台地点》，《考古》2017 年第 7 期。

和二里头的纹饰和造型几乎是一模一样的。

中华文明探源工程实施以来，经过十多年的工作，取得了一些成绩，基本上对中华文明的起源和形成有了一个阶段性的认识。那么，在这个过程中湖南考古以及湖南是怎样参与中华文明探源工作的？我们又取得了什么样的成果呢？

二、湖南考古参与中华文明探源工作及其成果

（一）湖南考古参与中华文明探源工作概况

2006 年，我们正式和中国社会科学院考古研究所签署了“中华文明探源工程（二）——3500—1500BC 中华文明形成与早期发展阶段的社会与精神文化研究”课题任务书，主要开展澧阳平原史前聚落的研究，以城头山、鸡叫城为中心。在第三阶段“中华文明探源及其相关文物保护技术研究”中，我们也承担了聚落研究课题。

这样的大型课题和项目，一个单位是完成不了的，硬件和软件都需要多学科、跨部门、跨区域的合作。在这个过程中，我们和相关高校、科研院所成立了联合团队，有完整的学术计划和任务分工，有固定的人员构成和专家顾问团队，有明晰的考核机制。湖南最先建立了考古移动实验平台前置考古发掘现场。这个平台集成了相关科技分析、检测的仪器设备，在考古第一现场就能够第一时间获取重要信息。比如说，在田野考古发掘出来的动植物遗存，很快能在这个平台进行检测分析，也能开展文物保护。因为很多有机物一发掘出来便会很快氧化，尤其是水稻、树叶、根茎等，出来时很新鲜，但半个小时之后就氧化了，变黑了，如果再回到考古实验室进行保护就需要一个非常复杂的保护流程。我们在第一时间对它进行完整的信息提取和研究，节省了后面很多工作。将发掘现场文物保护与考古同步实施、同步推进，这是非常重要的工作。

我们实施的田野考古项目，包括从预研究到现在，所开展的课题有二十多项，有的现在还在进行。这些工作罗列如下：

（1）2003 年，湖南参与中华文明探源工程预研究课题——“文字与刻符研究”

（2）2004—2005 年，道县玉蟾岩遗址发掘

（3）2006 年，湖南接受中华文明探源工程课题任务——澧阳平原聚落形态

研究

（4）2006—2007 年，发掘澧县鸡叫城遗址

（5）2007—2010 年，澧阳平原史前聚落调查

（6）2011—2013 年，实施“中美合作澧阳平原农业起源”课题

（7）2011 年，发掘临澧杉龙岗遗址，发掘澧县城头山遗址

（8）2011 年，发掘桂阳千家坪遗址

（9）2012 年，发掘临澧华垱遗址

（10）2013 年，发掘澧县宋家岗遗址

（11）2012—2013 年，实施中华文明探源工程成果转化——老司城遗产保护项目

（12）2016—2017 年，澧县孙家岗遗址调勘

（13）2016—2017 年，发掘华容车轱山遗址

（14）2016—2017 年，发掘华容李家屋场遗址

（15）2017 年，发掘泸溪下湾遗址

（16）2018—2021 年，发掘澧县孙家岗遗址

（17）2018—2020 年，发掘华容七星墩遗址

（18）2019—2020 年，调查试掘南县卢保山遗址

（19）2020 年至今，澧县孙家岗、鸡叫城、华容七星墩遗址列入中华文明探源工程

（20）2021 年，开始第五阶段和考古中国重点项目实施

我们参与中华文明探源工程取得了重要成果：一是延伸了湖南历史轴线，增强了湖南历史信度；二是展示了湖南历史文化起源和发展的脉络，展示了远古湖南的灿烂成就；三是展示了古代湖南对中华文明的重大贡献。

（二）湖南考古延伸了湖南历史轴线，增强了湖南历史信度

前述上古文献对湖南远古时代的描述，总被若明若暗的迷雾笼罩。中国古代的历史文献都是以中原为中心进行历史叙事。上古湖南乃是华夏的边缘，历史文献中关于湖南的记载特别少。先秦文献中仅有《逸周书 · 王会解》《战国策》等中有记载。《逸周书》中说“路人大竹。长沙鳖。其西：鱼复鼓钟。钟牛”[①]。《逸周书》是战国中期的著作。《战国策》提到了湖南长沙，但是它记录的长沙

① 张闻玉译注：《逸周书全译》，贵州人民出版社 2000 年版，第 276 页。

是不是真正的长沙，不太好说。《战国策》还提到“取洞庭、五渚、江南”，[①]洞庭、五渚、江南等这些地方既可能是地名，又可能是部落，还可能是一个行政建制名。先秦时期，一个部族成为地名，或者地名成为部落的名字，都极有可能。《楚辞》中屈原记录的湖南的东西就比较多了。洞庭、沅湘、九疑都是在《楚辞》中出现的。

秦汉帝国时期，湖南依然是边缘地区。司马迁提到湖南的时候说“衡山、九江、江南、豫章、长沙，是南楚也，……与闽中、干越杂俗，故南楚好辞，巧说少信。江南卑湿，丈夫早夭”[②]。班固说江南地广，“信巫鬼，重淫祀”[③]。这是一个以中原为中心的叙事体系，对中国南方存在较大的误解。甚至到了五代李弘皋《复溪州铜柱记》还说：“上古以之要服，中古渐尔羁縻。”[④]溪州铜柱立在永顺王村，当时溪州这个地方是一个独立王国，马楚政权和彭氏政权交战以后订立了一个盟约，和平而居。李弘皋说上古以之要服，“要服”是在王畿一千五百里之外了。甚至曾国藩也说：“湖南之为邦，北枕大江，南薄五岭，西接黔蜀，群苗所萃，盖亦山国荒僻之亚。”[⑤]认为湖南开化比较晚、比较落后，这就是我们的历史文献中所谈到的湖南。

（三）文明探源工程与考古工作构建了湖南远古历史进程

实际上，湖南并非史书所说的那个历史阙如的湖南，通过中华文明探源工程与考古中国项目，我们构建了湖南远古历史进程：一是建立了旧石器时代历史的时空框架（距今 50 万—1.5 万年）；二是建立了新石器时代的历史文化序列（距今 1.5 万—4000 年）； 三是建立了夏商周时期湖南历史编年（距今 4000—2000 年）。

---

① 陈虎编，赵玉敏译注：《战国策》，吉林大学出版社 2020 年版，第 24 页。

② ［汉］司马迁撰，［宋］裴骃集解，［唐］司马贞索隐，［唐］张守节正义：《史记》，中华书局 2011 年版，第 2831 页。

③ ［汉］班固著，［唐］颜师古注：《汉书》，中华书局 1962 年版，第 107 页。

④ 李弘皋：《复溪洲铜柱记》，夏剑钦编：《湖南纪胜文选》，湖南师范大学出版社 2011 年版，第 372 页。

⑤ ［清］曾国藩：《湖南文征序》，《曾国藩全集·文集上》，河北人民出版社 2016 年版，第 74 页。

1.湖南旧石器时代文化序列（距今50万—1.5万年）

几十年的考古工作构建了湖南旧石器文化序列，建立了几个大的文化类群——以澧水中下游为中心的澧水类群、以沅水中上游为中心的㵲水类群，同时还在洞庭湖南岸发现了赤山旧石器群，在湘南地区发现了现代人的化石。湖南的旧石器文化遗存不局限于某一个地方，而是各个地方都有人类生活的遗存。上述类群中，澧水类群旧石器文化序列为：横山岗遗存——虎爪山文化——鸡公垱文化——乌鸦山文化——伞顶盖文化——十里岗文化，距今70万—1.5万年；㵲水类群旧石器文化序列为：二卵石——岩屋滩——长坪文化遗存，距今40万—2万年。

横山岗在澧阳平原西北九里一带的丘陵上，在这里发现了很多打制石器，出土的地层显示其年代比津市虎爪山还要早。虎爪山遗址出土了当时人类使用的石器，石器可以说是当时的“重工业”。旧石器时代的“工业技术”就是石器的制造，后来是青铜、铁器，再后来是电子时代，现在是数字时代，人类历史就是这么一步一步走过来的。石头打出的边刃非常锋利，无论是砍伐还是掘土以及刺杀、宰割动物等，比木头适用，也锋利得多。

洞庭湖南边的沅江赤山岛，也发现了很多旧石器（见图14–3）。里面有手斧，手斧甚至有阿舍利技术因素，见证着远古时期跨区域的人类文化交流。

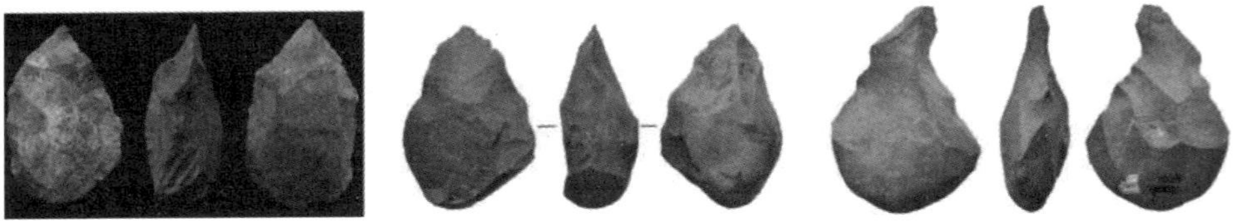

图14–3 沅江赤山岛出土石器（距今50万—20万年）

在㵲水流域，最先发现的是新晃大桥溪石器遗址（湖南第一件旧石器发现地），湘西自治州几处旧石器地点也有考古发现。同时，在湘西沅水流域、㵲水流域发现了一种很重要的石器加工技术——锐棱砸击法。在西南地区，甚至整个华南地区，锐棱砸击法都是一种非常重要的特色技术，它的传播范围最远到了台湾八仙洞遗址，南边到了东南亚，意味着在数十万年的历史进程中，华南地区以南岭为中心有一些非常值得重视的“史前文化网络”现象——我称之为“南岭中心带”[①]。正因为有这样一个文化网络和脉络的存在，所以后来形成了南方的新石器传统；正因为有这样的文化传统和文化传承，才形成了以长江流域和黄河流域为核心的多元一体的中华文明，形成了我们百万年绵延不绝的发展历史。如果是一个单一的文化进程，很可能就半途而废。在四大文明古国中，三大文明古国最后都消失了，而在东方这样一个广阔的区域里，中华文明绵延不绝，显示了突出的连续性。

在南岭一带有非常重要的文化现象：沿云贵高原东缘、雪峰山以西的区域不断开展文化交流和文化传播，萌生出早期南方文化共同体，后来在长江中游河湖平原地区开花结果。湖南道县福岩洞遗址出土了目前中国（或者世界上）最早的东方现代人牙齿化石（见图 14–4）：47 枚人类牙齿，距今 8 万—12 万年，改写了现代人从非洲起源的假说。虽然现在国际学术界主流的假说还认为现代人是在距今 10 万年到 20 万年从非洲扩散到世界各地，他们到达中国的时间为距今 6 万年前后，甚至可能更晚一点，他们到来后取代了原来在东亚的人种，我们现在都是这批人的后裔，这就意味着东亚人是从非洲来的。但是我们的考古发现对这个假说是一个改写，说明早在距今 8 万—12 万年，东亚现代人就已经在这片土地上活动了，远远早于非洲现代人扩散到东亚的年代，所以学术界提出了连续进化、镶嵌发展观。意思是说，非洲的现代人扩散了、迁徙过，但是，东亚这个地方的

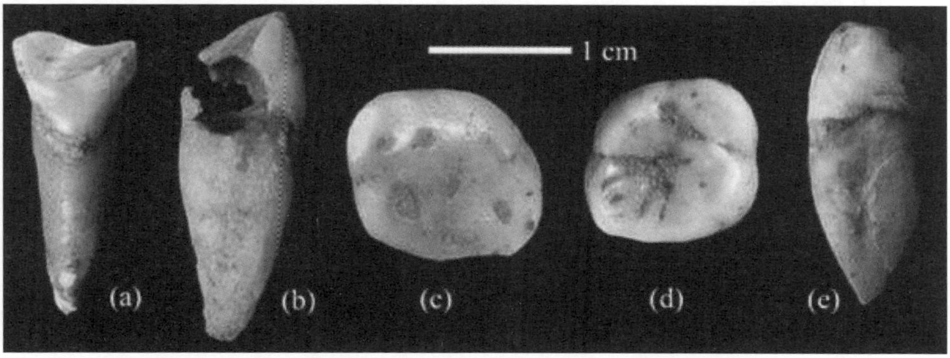

图 14–4　道县福岩洞遗址出土的中国目前最早的现代人特征牙齿化石

---

① 郭伟民：《南岭中心带史前文化现象考察》，《考古与文物》2008 年第 5 期。

人群从来就没有断过，非洲古人类扩散到这里，和本地人群发生了基因交流。

我们通过湖南考古基本上可以得出如下结论：从距今70万年到现在，湖南的文化传统不仅非常深厚，而且是连续不断的。这也充分证明了我们的人群、人种，甚至我们最早的湖南人就是在这个地域里一脉相承地传下来的。若说现在的湖南人就是70万年前非洲人的后裔，是不妥的。人类是迁徙的动物，一直都在进行着基因交流，湖南人群的迁徙在人类历史上是不断地发生的，一波波的中原人、华南人南下北上，东边的东夷人和西南的巴蜀人也进入湖南，因此发生文化交流和人群交流是很正常的。在一个广阔的地域里，人群的迁徙、文化的交流是非常正常的。连续进化、附带杂交，不存在中断和替代，这就是旧石器考古对于湖南人从哪里来的回答。

2. 湖南新石器时代的历史进程（距今1.5万—4000年）

湖南新石器时代考古学文化序列和距今年代如下：

（1）15000年，玉蟾岩遗存，十里岗文化

（2）11000年，竹马、新民遗存

（3）9000—7600年，彭头山文化

（4）7600—7000年，皂市下层文化，高庙文化

（5）7000—6300年，汤家岗文化

（6）6300—5500年，大溪文化，堆子岭文化

（7）5500—5200年，油子岭文化

（8）5200—4500年，屈家岭文化

（9）4500—4100年，石家河文化

（10）4200—3800年，肖家屋脊文化·孙家岗类型

由上可知，这个过程是非常完整的，而且这个发展序列没有任何断层。

道县玉蟾岩遗址是在喀斯特地貌盆地的一个石山的洞穴里发现的。玉蟾岩遗址出土了中国最早的陶器和水稻（陶器距今1.8万年，水稻距今1.5万年）。澧县彭头山遗址发现了中国最早的定居村落，距今9000—8000年。人类从洞穴到旷野，从搭建临时营地的游牧阶段到造房建屋的定居，是自身发展史上的一次飞跃。彭头山是湖南最早的村落，在中国也是非常早的，人们烧制陶器，从事稻作农耕，具备了农业社会村落的诸多形态。到了澧县八十垱遗址，有了土垣、壕沟

与河道，形成闭环的聚落。八十垱建筑有地面的，或类似于杆栏式、窝棚式的茅草和木结构建筑。八十垱遗址中还出土了水稻、果核、菱角、绳索、芦席，距今 8000 年，其芦席的编织经纬和现在的没有区别。

到了距今七千多年前，洞庭湖一带的聚落得到发展，不少遗址已被发掘，如石门皂市遗址、澧县鲁家山遗址等。皂市下层文化距今 7600—7000 年，澧县鲁家山遗址的环壕还保存完整。此外，在沅水中上游的雪峰山至武陵山区有高庙文化，那里有非常发达的纹饰和图像，比如说凤鸟，凤鸟还背着一个太阳（见图 14–5）。有人认为是“阳鸟负日”，在《山海经》中有大量的记载，能通神和通天的。在长沙大塘遗址同样出土了凤鸟载日彩陶罐（见图 14–6）。另外几个比较重要的纹饰图像是獠牙、獠牙翼兽、人形神面。高庙遗址还发现了跟祭祀有关的祭祀遗迹。

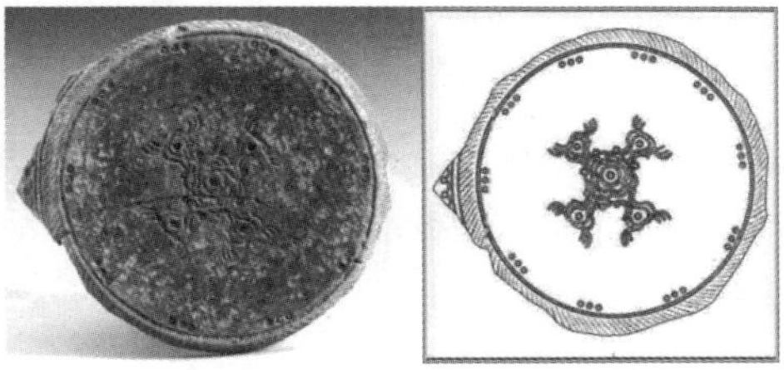

图 14–5 下湾遗址凤鸟载日

图 14–6 长沙大塘遗址凤鸟载日彩陶罐

吉首河溪教场遗址也出土了很多高庙文化陶器。湘南郴州桂阳千家坪遗址也有重要发现，那里位于舂陵江一级阶地，遗址被严重破坏。靠近河堤的小面积发掘，发现了很多重要遗存，灰坑的堆积里出土了大量白陶，白陶表面有浅浮雕的兽面图像，此外还有各种太阳、凤鸟图像。在鸟的翅膀上背负着一个太阳，展开形成等距离（等分）的纹饰图像；神面图像的鼻子、眼睛栩栩如生。另外，在泸溪下湾遗址发现了大型祭祀场所，表明这里很可能是区域性宗教祭祀活动中心的发源地之一。大量具有宗教气息的神秘图像，很可能是史前人们神灵崇拜的产物，同时印证了下湾、高庙、千家坪发现的祭祀遗存绝非偶然。这对于探讨我国史前信仰的起源及内涵具有举足轻重的作用。

距今 7000—6300 年，在高庙文化、皂市下层文化之后，出现了汤家岗文化。安乡汤家岗遗址以白陶为重要特色，这个聚落已经出现了更加明显的墙壕——壕沟里边有一道土墙。所以，墙和壕在湖南村落发展史上由一般村落到环壕聚落，再到城壕聚落，其过程是非常清晰的，能够看出一个完整的演化序列。

澧县城头山城址建于汤家岗文化之后的大溪文化一期，是目前发现的中国最早的城址，现在在地球卫星上还能见到高耸的城墙、圆形的护城河。通过对城的解剖，我们推断出这个城的建造年代距今 6300 年前后。① 在建城之前，这个地方是一个环壕聚落，聚落环壕的外面还有水稻田，水稻田直接在东门这个地方，压在城墙下面，水稻田上面建了城墙。我们在此也发现了一处建筑，建筑面积将近 100 平方米。

到了距今 4500 年，城头山东边 13 公里的地方出现了鸡叫城。鸡叫城有三重环壕，城墙外是护城河，算一重环壕，外面还有二重环壕，它们是中国最早的三环城壕结构（见图 14–7）。不仅如此，三环的外面还有很多平行水渠在它的西北边、东北边，应是稻田的灌渠。在考古发掘中，我们在一个不到 80 平方米的范围里发现了 2.2 万公斤稻谷的谷糠。值得注意的是，它不是以稻谷的方式而是以谷糠的方式保存下来的，是粮食加工完之后的副产品堆积。这说明了什么？说明当时粮食已经统筹管理了。由此可知，鸡叫城绝对不是一个单纯自给自足的小农经济社会，而是开始有集约化、统一化的统筹和管理。

我们在鸡叫城还发现了一套 420 平方米的房子（F63），加上外围廊道，共有 630 平方米，这放到现在也是豪宅了。② 这套木构房子在距今 4700 年前，有五开间七室，第二间和第三间还有前后两室。房子的铺垫极为讲究，先挖基槽，基槽里铺木板，木板上面立柱，柱上面再架梁，梁上再搭建主体建筑。木板最短的有 5 米，最长的达 9 米，宽 45 厘米，厚度 11~15 厘米。木板非常平整，当时抬木板用的竹绳都保留下来了，意味着当时木板是被一块一块抬到基槽里的，在基槽的现场把它铺垫好之后，再在上面立柱。柱子的直径有 50 厘米，方柱、半圆柱、1/4 半圆柱都有。柱内的垫板距底部 30~40 厘米的位置还有对称地打在柱子上面的斜穿孔。我们推测这个是为了增加柱子和木板之间的咬合力，有点像鲁班锁。鲁班锁就是靠榫卯之间的咬合，但是这个木构房子没有榫卯结构。房子复原

---

① 郭伟民：《城头山城墙、壕沟的营造及其所反映的聚落变迁》，《南方文物》2007 年第 2 期。

② 湖南大学岳麓书院等：《湖南澧县鸡叫城遗址新石器时代大型木构建筑 F63》，《考古》2023 年第 5 期。

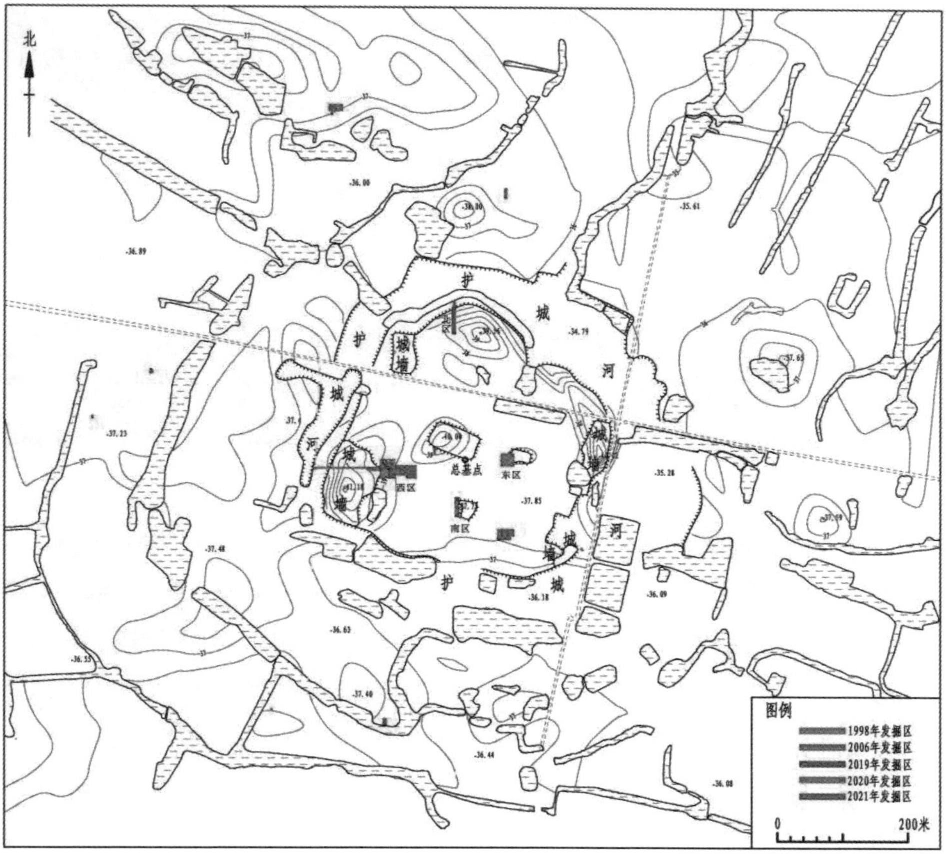

图 14–7 澧县鸡叫城三重环壕数字线划图

之后是这样的（见图 14–8），这是由北京大学考古文博学院徐怡涛教授团队进行的复原工作。

除了鸡叫城，同时期湖南还有其他三座城。岳阳华容七星墩古城，距今 5100—4300 年，有两层城圈、两层环壕，城外还有很多聚落。南县卢保山则是一座石家河文化时期的古城。此外，澧县孙家岗遗址是一座有环壕但无城墙的台城，年代要更晚一些。孙家岗墓地出土了很多玉器和陶器，距今 4200—3800 年。[①] 这些玉器有神面、蟾蜍、凤形佩、鹰首笄、虎头、柄形器等。

---

① 湖南省文物考古研究所等：《湖南澧县孙家岗遗址墓地 2016–2018 年发掘简报》，《考古》2020 年第 6 期。

图 14–8 北京大学徐怡涛教授团队所做的鸡叫城 F63 建筑复原

通过上述考古成果，我们可以对湖南史前社会历史进程做一个简单的概括与总结：（1）从城头山到鸡叫城，种种迹象表明，湖南澧阳平原在距今 6300—4000 年，因稻作农业的持续演变、社会不断进步，导致人口激增，出现了明显的分层与分化；（2）大型城池和巨型公共建筑的出现，表明权力得到强化，社会分化进一步加剧，出现了王权和国家；（3）湖南的情况表明，在中华文明起源过程中，澧阳平原文化与社会的发展一直处于领先位置，且较其他地区更早产生国家；（4）学术界认为，以澧阳平原为代表的长江中游距今 5500—4000 年的早期国家为三苗古国；（5）稻作农业支撑着澧阳平原史前社会持续稳定发展，城头山—鸡叫城古国文明就是从自己稻田和泥土里长出来的文明，为中华文明探源贡献了湖南模式。

三、史前湖南对中华文明起源的重要贡献

（一）湖南开稻作农业先河

道县玉蟾岩的水稻是目前发现的长江流域最早的栽培稻遗存。长江流域是水稻的原生地。从距今一万年前开始，湖南就是中国稻作农业最发达的地区，为天下粮仓。玉蟾岩、八十垱、城头山、鸡叫城等遗址的考古工作，呈现和揭示了完整的水稻演化过程，从野生稻到栽培稻，从一般栽培稻到更加先进、更加高产的耕作水稻，湖南史前水稻的演化序列十分完整。为什么在这样一个地区诞生了现

代神农袁隆平？无独有偶，传说中的古代神农炎帝最后也葬在湖南，不能不说这是一种神奇的关联。

（二）湖南的历史进程

史前湖南考古为理解中华文明源远流长、绵延不绝的特性提供了铁证。湖南旧石器文化发展持续稳定，旧石器文化向新石器文化过渡脉络清晰、新石器文化谱系完整、新石器向夏商周时期演进文化轨迹清楚，这些能够为湖南的历史进程提供完整的考古证据。湖南以一个区域文化的考古工作实证了中华文化连续不断的特性，为理解多元一体的中华文明格局提供了湖南模式。虽然中国不少地区史前文化确实发达，但从旧石器到新石器是有断层的，不少地区文化先进，但其发展是突变的。如良渚文化非常伟大，是中华五千多年文明的实证，但是再往前追溯，在良渚那个 C 形盆地找不到更早的遗存。湖南澧阳平原的史前文化是一脉相承的，从旧石器到新石器，文化遗存非常丰富，它是中华文明的一个罕见存在，是连续性的突出表达。

澧县八十垱遗址壕沟是依次往外开挖的，挖沟的土堆在壕沟一侧的里面，于是形成了一道土埂，后来发展成为城墙，这个过程是非常明显的。鸡叫城聚落集群也是这么走过来的，距今 8000 年，它是一个彭头山文化的村落，似乎有两个定居点。到了距今 7000 多年的皂市下层文化时期，出现了环壕聚落（鲁家山），这个村落移到外围了；距今 6000 多年的汤家岗文化时期，环壕聚落变大了（丁家岗）。距今 6000—5000 年的油子岭文化时期，产生了大型环壕聚落，面积达 45000 平方米。到了屈家岭文化时期，开始建城。到了距今 4500—4000 年的石家河文化时期、肖家屋脊文化时期，城壕聚落集群出现。这一系列变化意味着鸡叫城这个地区在距今 8000—4000 年的发展是连续不断的过程。在一个方圆 2 平方公里的范围内，聚落连续不断发展 4000 多年，这是罕见的现象。

（三）澧县城头山是中国最早的城，率先迎来了中华文明第一缕曙光

城头山是中国最早的城，这项记录到目前为止还未被改写。城头山迎来了中华文明的第一缕曙光。正因为城头山出现了最早的城，才带动整个长江中游史前古城呈网络状分布。现在我们已经在长江中游发现了二十多座史前城址，这还只是目前发现确认的，没有发现的应该不在少数。中国史前的城市是怎么发展的呢？首先是长江中游，然后往下游到了良渚，距今五千年前后到了中原、黄河下游。这些城是否都来源于城头山另当别论，但城头山早于它们，是城之最先者。

到了四千多年前往北发展，进入黄土高原，由土垒的城到土筑的城，再到石砌的城，这条路线非常清楚。从某种意义上说，城头山是万城之城，中国史前诸城都可以追溯到城头山。

（四）大型水利工程助推农业文明诞生

人类的生活离不开水，对水的利用、治理是人类生产生活中永恒的主题。八十垱遗址8000年前的环壕、鲁家山遗址7000多年前的环壕都是治水工程的见证。距今6300年，城头山在河道的边上开凿了一条人工运河，与城壕相连通，形成一个完整的水利工程体系。到了鸡叫城时代，距今5100—3800年，形成了多道环壕，建构了外围灌渠和古河道相连的水利系统。鸡叫城水利工程是从河道上游截水，在整个鸡叫城西北略高的地方建了一个大堰，所有的水都是通过西北的大堰来控制和管理鸡叫城聚落群及其周边地区的防洪、灌溉与蓄水。经过鸡叫城这个系统之后，又通过下游水道流到河水中，最后流到了东南的一片沼泽地里，充分利用了河流水系的地形、地势。鸡叫城水利工程体系是中国城市建设、农业水利工程建设的杰出范例。

（五）湖南为中国精神文化的产生提供了最早的实物证据

距今7000多年，高庙文化白陶与图像纹饰向外传播，掀起史前中国第一次艺术浪潮，为早期中国观念与信仰的产生奠定了基础。高庙文化的白陶与图像纹饰传播到整个长江以南以及秦岭至淮河的南北地区。高庙文化的兽面、獠牙被良渚文化完整继承下来，如良渚玉器上的神徽就有獠牙。从澧县优周岗、城头山、孙家岗、溆浦屈原大道汉墓，到秦汉时期常德南坪汉墓、宁远舜庙，以及现在沅水流域和资水流域的傩面，都是这个獠牙母题的表达。这是我们本土的巫傩之术，是我们古老精神信仰的重要体现。

泸溪下湾遗址的神鸟载日也是一脉相承的。凤舞九天，凤鸟片状切割、镂雕的技法和工艺背后的信仰，应该如出一辙。澧县孙家岗遗址出土的玉凤，以及河南安阳妇好墓出土的殷墟晚期玉凤，都是典型代表。后来一直延续到楚国，长沙子弹库一号墓出土的人物御龙帛画、长沙陈家大山出土的人物龙凤帛画，几乎是高庙文化图腾的再现。又如蟾蜍，象征多子多福，或许是因蟾蜍一次产卵成千上万。蟾蜍信仰还可能与农业社会有关系。从孙家岗的蟾蜍到马王堆帛画上的蟾蜍，以及在陶寺、殷墟都出现过的蟾蜍，成为中国神话中一个重要的元素，象征着子孙后代繁荣昌盛。此外，湖南澧县孙家岗出土的玉冠上面刻有十六道梁，四川广汉三星堆、江西新干大洋洲青铜人像的帽饰，一直到后来的帝王皇冠上面都是这个数目。只有到了帝王的通天冠上才变成十八道梁，其他的都是十六道，可见信仰与观念基本没变。

（六）湖南史前文化与湖湘文化有着一脉相承的文化基因

湖南史前遗存分布面积广，类型多，山区、丛林、河谷、平原都有人类生产和生活的痕迹。南方诸省，无出其右，表现了湖湘文化筚路蓝缕、勇于开拓、敢为人先的精神特质。湖南史前时期文化发展连续稳定，聚落遗址堆积深厚，文化内涵丰富，经历的时间很长，由一般村落、环壕聚落发展出城市文明，在中华境内极为罕见。由此可以探究湖湘文化的精神气质，反映出湖湘文化安土重迁，执着霸蛮，扎硬寨、打硬仗的精神特质。后来曾国藩把这个特质发挥到极致。锲而不舍，持之以恒，守正笃实，久久为功，都是湖南人与湖湘文化特质的表现。

（七）湖南创造了中华文明的两个高峰

第一个高峰在史前。湖南史前时期数十万年的人类演化至万年前的文明化起步，引领着中国远古历史进程的浪潮，最终迎来中华文明的第一个高峰——城头山古城横空出世。上海世博会上，城头山作为“中国最早的城市”被排在中国馆的入口，城头山也作为中国最早的城市进入中学教科书。第二个高峰从北宋创建岳麓书院开始，湖湘文化逐步发展出自己的文化特色，其哲学思想引领了中国历史前进的方向。第二个高峰的标志是随着近现代湖湘经世济国人才群体的井喷，有着实事求是、经世致用精神的湖湘儿女为寻找真理，不断将马克思主义基本原理同中国具体实际相结合，诞生了领袖毛泽东。因此，我们大概可以用几句话来概括湖南的远古历史和湖湘文化精髓：湖南文化基因，万年一以贯之；湖湘文化之源，源于史前湖南；湖南文化之道，泽被中华九州。

吾道南来，是要求我们从湖南历史脉络中探寻中华文化之道。湖南考古与中华文明探源，为我们找到了一条很好的路径。2020年9月17日，习近平总书记在岳麓书院考察调研，对湖南的历史、文化建设、中华民族伟大复兴作出了重要讲话，鞭策湖湘儿女进一步在建设现代化中国或中国式现代化中作出自己的贡献，这也是考古人应尽的责任。

（王琦整理并经主讲嘉宾审定）

现场互动

主持人（王琦）：谢谢郭教授的精彩演讲。刚才郭教授以大量的湖南考古实物为例，图文并茂地展现了湖南考古参与中华文明探源工作的成果，揭示了史前湖南对中华文明起源的重要贡献。湖南不仅开了稻作文明的先河，为理解中华文明的特性与中国文化精神提供了实物和例证，而且创造了中华文明的两个高峰：第一个高峰是城头山古城作为中国最早的城市横空出世，第二个高峰是近代湖南经世济国人才群体的井喷，让我们进一步了解了万古湖湘历史发展的轴线和文化特质，提升了湖南人的文化自信与文化自觉。让我们以热烈的掌声再次感谢郭教授带来的思想启迪。

谈起考古，大家可能和我一样，充满了神秘感和新奇感，因为我们看很多的电影、电视，高等级的墓中有很多的机关、毒器，所以我昨天在接郭教授来汨罗的路途中问了这个问题，郭教授说都几千年了，即使有的话也没了，所以电影、电视跟现实还是有一定差距的。在座的很多朋友和我一样有很多有关考古的问题要向郭教授请教。我们再次把郭教授请回讲坛上，让他和我们的观众朋友们互动一下。掌声欢迎！

有问题的朋友可以积极举手。

现场观众：郭教授，您好！屈原是中国第一位伟大的爱国主义诗人，《楚辞》中屈原也有不少诗篇和湖南有关，但在近现代有不少学者提出了屈原否定论，认为历史上不存在屈原这个人，请问：在湖南考古发现中有没有证据证明屈原存在？湖南这一片土地到底对屈原产生了什么样的影响？谢谢！

郭伟民：你提出的这个问题，是考古的实物和文献二重证据来构建历史、来解释历史里边遇到的问题。屈原作为一个楚国有名有姓、有血有肉的人，怎么不存在呢？肯定是存在的，他留下的诗篇和辞赋已经是历史的一部分。他到湖南、到汨罗江，这也是历史的存在，考古能够佐证他在湖南所看到的这些东西。他在《九歌》中说到的沅湘一带巫风盛行，其实都是记载湖南那个时候存在的一些文化现象。我甚至怀疑屈原到这边来，是循着舜帝南巡的轨迹到君山岛、到二妃所在之地，因为他的诗篇中就有这些描述。而且考古发现，在汨罗江、在沅湘流域有大量和屈原同时期的遗址，只是没有在哪个考古遗存发现“屈原”两个字而已。我们用各种证据链来分析，屈原作为一个真实的人的存在是不能否定的，他已经不是传说。如果将舜帝南巡、神农炎帝在湖南作为传说时代还有一定的道理，但是屈原所属的时代已经不是传说时代了。如果对于这个历史还不相信，就是典型的历史虚无主义。

主持人（王琦）：谢谢郭教授的精彩回答。郭教授的解答使我们更加相信，历史上一定有屈原这个人。屈原在诗篇中所描写的历史风俗和湖南的文化是非常吻合的，我一直深信有屈原这样一个人。

现场观众：郭教授，您好！非常感谢您精彩的讲座，我关注到湖南澧县城头山遗址、鸡叫城遗址和四川三星堆遗址都曾被评为中国年度十大考古新发现。请问：它们之间有没有联系？第二个问题是：澧县城头山、鸡叫城遗址是以稻作为特色，三星堆遗址是以青铜器为特色，其中三星堆出土的器物造型怪异，耳朵很大，眼睛凸出，这种文化是属于中华文化还是外来文化？请您做深度解读。谢谢！

郭伟民：长江文明、长江文化在历史上很早就形成了一个文化的交流圈，或者说长江上游、中游、下游在很早的时候就开始了文化互动和交流。整体而言，城头山、鸡叫城的年代比三星堆遗址要早，鸡叫城最发达繁荣的时候是距今5000—4700年，三星堆是距今3900—3700年，整个要早1000年。虽然时代不一样，但它们之间有很多东西，带有文化标志物特性的东西有很多相似的地方。您说到的有很多不相似，而我看到的有很多相似。三星堆城的建设是一层一层垒起来的，用土垒城，这样造型的建筑是从长江中游发源的。三星堆里有很多青铜人像，除了一部分有招风耳和凸出的眼睛外，另外大部分和长江中游的人头像几乎是一模一样的。祭台、祭坛等祭祀遗存在长江中游、下游都有非常明确的分布，从高庙文化到良渚文化、肖家屋脊文化，宗教、图腾、凤鸟绕日、立柱、天梯、神山，这些东西在三星堆青铜造型里边都有。三星堆有青铜树，我们的高庙白陶文化里也有山、有树。三星堆有大量中原文化的东西，如镶嵌的绿松石的牌饰、铜器的形态等，不管从外形上还是利用现代科学从高放射性元素来看，都能够看出它来自长江流域。三星堆虽然有一些怪异的外来文化，比如说那个“方向盘”——那些奇形怪状的东西，可能是他们自身的创新——但是它的主体是继承与融合了长江流域、黄河流域的文化，所以从整体上来说，三星堆是中华文明的一个重要组成部分，也为中华文明的多元一体作出了非常重要的贡献。

主持人（王琦）：谢谢郭教授的深刻阐释，我们学到了很多的知识。屈子书院讲坛自开讲以来，得到了朋友们的大力支持和关心。新春佳节即将来临，我在这里代表屈子书院山长朱汉民教授提前祝大家新年快乐、龙年大吉。我们下次再会。

（王琦整理并经主讲嘉宾审定）

后记

光阴荏苒，日月如梭。从2018年12月，汨罗市委、市政府聘任我和朱汉民教授分别担任屈子书院的执行院长、院长以来，已经过去了五年的时光。在此期间，我们秉持着守正创新、不忘初心的理念，确立了以中华优秀传统文化传播为导向的战略定位，与凤凰网湖南频道开展战略合作，启动屈子书院讲坛，邀请国内外著名的学者前来讲学，运用现代信息技术、网络技术与大数据平台，采取“线下＋线上”“文化＋融媒体”等方式，突破时空限制，以一种更为便捷、广泛、高效的方式，将最纯正的中华优秀传统文化讲给社会大众听。讲坛共计开讲38期，为线上线下约2000万观众带来了一场一场思想的盛宴。同时，我们还注意打造全方位传播矩阵，采取“中央媒体＋省级主流媒体＋市县级媒体”的形式，通过200多家媒体，将国内外一流专家的思想观点与学术精髓层层扩散，深入到不同的受众，并以“微博＋微信公众号＋短视频＋书籍出版”的方式，拉近学术与大众、传统与现代的距离，拓展文化传播的广度与深度，建构了现代书院文化传播的新范式，使屈子书院讲坛逐渐成为湖南甚至全国著名的文化讲坛，获得了学界内外与社会大众的好评。

浙江省社会科学院研究员、浙江省儒学学会会长吴光先生留言说：“贵讲坛是国内传承中华文明、弘扬国学思潮的先进基地，也是我们学习的好榜样，望再接再厉、坚持不懈地发扬优良传统，为儒者弘道事业作出更大贡献。”武汉大学哲学学院教授郭齐勇先生在其《中国文化的“两创”》（《孔学堂》2021 年第 3 期）一文中写道：汨罗屈子书院与北京中国文化书院、山东尼山圣源书院、湖南长沙岳麓书院、贵阳孔学堂、湖北经心书院等，“非常活跃，接地气，聚人气，创造了各自成功的经验，让老百姓了解中国文化的历史与现实，在民间社会的基层推动着传统文化精神与价值的继承与发展”。凡是来到屈子书院的嘉宾们，都不吝鼓励与赞美，不断地向学界同仁推荐我们的讲坛。这些都是鞭策我们不断努力前行的动力。

屈子书院的发展，离不开景海峰、刘海峰、颜炳罡、彭林、程方平、李相海、董平、王中江、吴光、李宗桂、李存山、杜保瑞、朱杰人、方铭、何人可、张建永、郭齐勇、柳肃、鲁晓波、姜广辉、向世陵、尹韵公、吴根友、郑佳明、唐浩明、舒大刚、肖永明、吕锡琛、欧阳祯人、干春松、刘悦笛、邹其昌、廖可斌、张学智、万俊人、陈霞、郭伟民等嘉宾们的大力支持。他们严谨细致的学术风尚、传道弘道的责任意识、谦虚宽厚的道德品质、精益求精的工作态度令人感动；他们精彩的演讲，如同春风化雨般感染着讲坛的听众们，让大众在品味经典中，感受中华优秀传统文化的永恒魅力与沁润人心的力量。

在打造屈子书院的过程中，让我和朱汉民院长印象最为深刻的是汨罗的领导与百姓对屈原的深厚情感与对文化事业的热情。汨罗市委书记朱平波同志对屈子书院的发展与文化品牌打造十分关心，多次莅临屈子书院讲坛并作出指示。汨罗市委常委、宣传部部长艾志军亲自调度讲坛的组织、宣传工作，每逢讲坛开讲必到。汨罗文旅集团有限公司董事长周建高为讲坛的发展提供了大量的人力、物力的支持，屈子书院秘书处的毛婷、欧阳海英等做了大量的联络与接待工作。在讲坛开讲的 38 期中，不仅有不少始终如一、风雨无阻的粉丝的衷心支持，还有很多汨罗当地志愿者们的无私付出。此外，凤凰网湖南频道的站长曾雪封、副总经理卢仕奇及其团队为讲坛直播与新闻推送付出了大量心血。这些都是值得我们铭记和感恩的。

同时，屈子书院发展到今天，还要感谢中共湖南省委网络安全和信息化委员会办公室、湖南省文史研究馆的指导，中共汨罗市委宣传部、汨罗市文旅集团有限公司、汨罗屈子文化园事务中心、凤凰网湖南频道、汨罗市融媒体中心、汨罗市文化旅游广电局、湖南嘉树文化广告传媒有限责任公司、汨罗市鸿安实业有限公司、汨罗市新时代文明实践中心、汨罗芒果文旅有限公司、湖南省屈原学会、《新阅读》杂志等单位的支持，以及汨罗市各单位领导、讲坛工作人员、媒体朋友、现场与线上朋友们的厚爱。

本书的顺利出版，还要感谢屈子书院讲坛主讲嘉宾们的辛勤付出；感谢长沙理工大学经济与管理学院金融系刘祚祥教授为本书作序；感谢湖南大学出版社责任编辑王桂贞老师的细致工作；感谢许多为讲坛提供无私帮助的朋友们。

因各种原因，屈子书院讲坛至第 38 期暂告一段落。屈子书院讲坛第一辑《家国情怀与文明传承》、第二辑《艺术创意与文化传统》、第三辑《艺术审美与文化中国》将承载着这 38 期成果，成为汨罗文化建设中的重要成果与历史见证。屈子书院的建设与文化品牌打造，也是朱汉民教授与我为促进地方文化事业发展，结合现代新技术，讲好中国故事，传播中华优秀文化所进行的一个新尝试。在汨罗屈子书院发展和屈子书院讲坛打造的过程中，与朋友们一起走过的日子，也将成为我们一生中最美好、最值得铭记的岁月。感谢一路走来，关心、支持、帮助过我们的领导、师长、同道、朋友们。

王 琦

2024 年 10 月于长沙